Laura Moisi
Die Politisierung des Abfalls

Undisziplinierte Bücher

—

Gegenwartsdiagnosen und ihre historischen
Genealogien

Herausgegeben von
Iris Därmann, Andreas Gehrlach und Thomas Macho

Band 2

Laura Moisi

Die Politisierung des Abfalls

Elemente einer Kulturtheorie häuslicher
Müllentsorgung

DE GRUYTER

Dieses Buch ist die überarbeitete Fassung der Dissertation „Ordinary Waste. Szenen des Politischen in der alltäglichen Müllentsorgung", die die Verfasserin 2017 an der Humboldt Universität zu Berlin eingereicht hat.

ISBN 978-3-11-112680-7
e-ISBN (PDF) 978-3-11-061336-0
e-ISBN (EPUB) 978-3-11-061336-0

Library of Congress Control Number: 2020937835

Bibliographic information published by the Deutsche Nationalbibliothek
The Deutsche Nationalbibliothek lists this publication in the Deutsche Nationalbibliografie; detailed bibliographic data are available on the Internet at http://dnb.dnb.de.

Dieser Band ist text- und seitenidentisch mit der 2020 erschienenen gebundenen Ausgabe.
Coverabbildung: Sasa69M / iStock / Getty Images Plus
Druck und Bindung: CPI books GmbH, Leck

www.degruyter.com

Jede Vorstellungsstruktur ist an ihren Rändern verletzlich.
– Mary Douglas

Inhalt

Teil III: **Zukünfte des Mülls**

Dank

Die vorliegende Studie ist im Umfeld von zwei Forschungszusammenhängen entstanden: am Institut für Kulturwissenschaft der Humboldt-Universität Berlin und am Graduiertenkolleg Automatismen der Universität Paderborn. Ohne die Unterstützung durch die Mitglieder beider Forschungseinrichtungen und ihre ausführliche Auseinandersetzung mit meinem Projekt hätte diese Arbeit nicht realisiert werden können. Und ohne die Idee von Kulturwissenschaft – als übergreifendes Fach und eigenständige Methode, wie sie mir in Berlin begegnet ist –, wäre sie gar nicht erst entstanden. Ich bedanke mich ganz herzlich bei all denjenigen, die mich bei der Erstellung dieses Buches auf vielfältige Weise unterstützt haben.

Mein Dank gilt an erster Stelle Iris Därmann. Sie hat den Weg meiner Dissertation von Anfang an mit wertvollen Hinweisen und ermutigenden Gesprächen begleitet. Ihr Vertrauen in mich und in das Projekt haben mir die nötige Zuversicht gegeben, um mit der Arbeit voranzukommen und den Mut, sie abzuschließen. Einen besonderen Dank möchte ich auch an Thomas Macho aussprechen, für seine Unterstützung, seine wertvollen Anregungen und für die Übernahme der Zweitbetreuung. Den Mitgliedern der Prüfungskommission, Holger Brohm, Claudia Bruns und Nina Franz, danke ich herzlich für ihr Interesse an der Arbeit. Bedanken möchte ich mich auch bei allen Teilnehmer*innen des Kolloquiums von Iris Därmann und Thomas Macho für die wertschätzende Atmosphäre, in der Ideen zum Projekt auch in unfertiger Form besprochen und erprobt werden konnten.

Ein besonderer Dank gebührt auch allen Mitgliedern und Kollegiat*innen des Graduiertenkollegs Automatismen der Universität Paderborn. Für ihre Unterstützung, für hilfreiche Anmerkungen und konstruktive Hinweise danke ich insbesondere Christina Bartz, Käthe von Bose, Hannelore Bublitz, Timo Kaerlein, Monique Miggelbrink, Martin Müller, Christoph Neubert, Simon Strick, Johanna Tönsing und Hartmut Winkler.

Auch bei Marcus Böhm, Sabina Dabrowski, Stella Diedrich und Anne Rudolph vom De Gruyter Verlag möchte ich mich ganz herzlich für ihre geduldige Begleitung des Buchprojektes bedanken. Den Mitarbeiter*innen des Umweltbundesamtes, Dessau, sei für ihre Hilfsbereitschaft bei meinen Archivbesuchen und die Genehmigung zum Abdruck des Bildmaterials gedankt.

Ein besonderer Dank gebührt jenen Menschen, die mich und mein Projekt in den verschiedenen Phasen der Bearbeitung unterstützt haben. Anne Schreiber danke ich herzlich für ihre hilfreichen Anmerkungen zum Manuskript und für Ansporn zur rechten Zeit. Annelie Pentenrieder danke ich für wichtige Impulse

https://doi.org/10.1515/9783110613360-002

und Leseeindrücke, sowie für die ermutigenden Worte, die sie vor allem dann, wenn sie am nötigsten waren, für mich bereit hatte. Jan Slaby bin ich zutiefst dankbar dafür, dass er mich beim Schreiben dieses Buches über die Jahre hinweg begleitet hat. Seine unentwegte Geduld und sein Zuspruch, sowie seine aufmerksamen Lektüren und wertvollen Hinweise, gaben mir die nötige Kraft und Energie für die Fertigstellung. Ein unermesslicher Dank gebührt schließlich meinen Eltern, Aurelia und Josef Tiroch. Ohne ihre Unterstützung und ihr Vertrauen gäbe es dieses Buch nicht.

Berlin, im Mai 2020

Einleitung

And I will show you something different from either
Your shadow at morning striding behind you
Or your shadow at evening rising to meet you;
I will show you fear in a handful of dust.[1]

– T. S. Eliot

Im Jahr 2012 begann zunächst auf lokaler Ebene, und später bundesweit, die Berichterstattung über eine Wohnsiedlung in Duisburg-Rheinhausen. Die Anlage wurde in regionalen Medien nur noch als „das Problemhaus" bezeichnet, nachdem Migrant*innen aus Osteuropa dort untergebracht worden waren. Die Berichterstattung drehte sich wieder und wieder um dieselben Motive: Es kursierten Bilder von Müll vor dem Haus, Müll auf den Gehwegen. Die Bilder waren begleitet von Anwohnerklagen über Kinder, die ihre Notdurft im Freien verrichteten, über mangelnde Sauberkeit, über den Lärm, den die Zugezogenen verbreiten würden, und über zu viel Müll, den sie produzierten, ohne ihn angemessen zu entsorgen, geschweige denn zu recyceln.[2] Wenig später schlossen sich Anwohner in Bürgervereinen zusammen und protestierten vor dem Haus. Sie hielten Schilder mit der Aufschrift „Wir sind Rheinhausen" hoch; Schilder, die deutlich machen sollten, dass die Zugewanderten hier nicht hingehörten – dass weder sie selbst noch ihr Müll als Teil der Gemeinschaft anerkannt und am Ort willkommen waren.[3]

In Duisburg wurde die Sichtbarkeit von Müll auf den Straßen zu einem Sinnbild für die Fremden, die im Ort als „fehl am Platz" wahrgenommen wurden. Dass die Zugezogenen den Müll, den sie hinterließen, nicht ordentlich beseitigten, war ein willkommenes Argument, um ihre Abschiebung zu fordern. Die Vorfälle in Duisburg, so möchte ich im Folgenden darlegen, sind nur ein Beispiel für die Szenen des Politischen, die sich in der alltäglichen Müllentsorgung abspielen. Vorstellungen von legitimen oder illegitimen Abfällen, von Schmutz und Reinheit haben einen maßgeblichen Einfluss auf gesellschaftliche Verhältnisse und politische Fragen. So kommt es, dass mancher Abfall als mehr oder weniger unnötig,

---

1 T. S. Eliot, *The Waste Land*, New York: W. W. Norton, 2001 [1922].
2 Jörg Diehl, „Das Haus des Schreckens", 2012, online: http://www.spiegel.de/panorama/justiz/problemhaus-in-duisburg-roma-hausen-unter-unmenschlichen-bedingungen-a-870340.html (10.01.2020).
3 Oliver Kühn, „Problemhaus in den Peschen soll 2014 geräumt werden", 2013, online: https://www.waz.de/staedte/duisburg/problemhaus-in-den-peschen-soll-2014-geraeumt-werden-id8767474.html (01.02.2020).

https://doi.org/10.1515/9783110613360-003

wertlos oder schmutzig erscheint – je nachdem, wer ihn zurücklässt oder unter welchen Bedingungen er entsteht.

Den Müll herausbringen: Politik einer Alltagspraxis

Den Müll herausbringen: Was ist mit diesem alltäglichen Ritual verbunden? Und wie kommt es, dass der Umgang mit Abfall in Berichten über Zugewanderte, Geflüchtete und Migrant*innen zu einem Maßstab für deren Zugehörigkeit und vermeintlich gelungene Integration wird? Dinge in den Mülleimer zu werfen, ist eine alltägliche Geste, die vieles symbolisiert. Die Wahrnehmung von Müll hängt dabei von sozialen Erfahrungen und kulturellen Bewertungen ab.

In Deutschland spielt das Thema Mülltrennung und Müllvermeidung eine besondere politische Rolle – sowohl in der Geschichte als auch gegenwärtig. Müll richtig zu entsorgen, gilt nicht erst seit dem Erwachen des ökologischen Bewusstseins in den 1970er Jahren als ein Zeichen von sozialer Verantwortung, von Pflichtbewusstsein und bürgerlichem Ethos. Bereits im Berlin des beginnenden 20. Jahrhunderts nimmt die Einteilung des Hausmülls mit dem *Charlottenburger Trennsystem* eine institutionelle Form an. Asche, Glas und Papier heißen die Recycling-Kategorien damals. Die Sortierung sollte wirtschaftsfördernd sein, erwies sich aber als unrentabel. Die kulturelle Bedeutung der sorgsamen Müllentsorgung und des sparsamen Umgangs mit Ressourcen, die in der Kriegszeit eine dramatische Note bekommt, währt in der Weimarer Republik fort, ganz zu schweigen von den perfiden, sich bis auf die kleinsten Einzelheiten des Alltags erstreckenden Müllvermeidungs- und Verwertungsobsessionen der Nationalsozialisten.

Den Müll herausbringen – ein alltägliches Ritual, das tief verwurzelte Überzeugungen preisgibt. Dies auch, und nicht zuletzt, mit Blick auf die Frage von kultureller Zugehörigkeit. „Kaum etwas ist so deutsch wie Mülltrennung und Recycling", schreibt die *Süddeutsche Zeitung*.[4] Untersuchungen des europäischen Umweltamtes legen nahe, dass in Deutschland in der Tat vergleichsweise viel recycelt wird.[5] Die Europäische Umweltagentur (EEA) weist für 2014 einen Wert von 64 Prozent aus. Mit der Recycling-Quote steigt jedoch auch die Müllproduktion kontinuierlich an. Mehr als 45 Millionen Tonnen Haushaltsmüll fallen in

---

4 Christoph Behrens, „Das deutsche Recycling-Märchen", 2017, online: http://www.sueddeut sche.de/wissen/muell-kreislauf-das-deutsche-recycling-maerchen-1.3491734 (01.02.2020).
5 Dagmar Dehmer, „Wir sind Müll-Weltmeister", 2016, online: http://www.tagesspiegel.de/politik/abfallpolitik-wir-sind-muell-weltmeister/14879074.html (20.01.2020). Deutschland und Österreich liegen in den Untersuchungen zum Recycling vorne.

Deutschland jedes Jahr an. Ein großer Teil davon wird recycelt, aber Statistiken zeigen, dass der Müll der Tendenz nach nicht weniger wird, sondern mehr.[6] Laut einer Studie des Umweltbundesamts (UBA) von 2016 fallen pro Einwohner*in 220 Kilogramm Verpackungsmüll im Jahr an. Das ist so viel wie in keinem anderen europäischen Land. Die Bedeutung des Mülltrennens geht aber über Zahlen hinaus: Wer Müll trennt zeigt Verantwortungsgefühl, Solidarität, soziales Verhalten und wächst zu einem partizipierenden Mitglied der Gesellschaft heran – das zumindest suggerieren die Erziehungsprogramme der BSR für Kitas und Schulen in Berlin.[7]

„Erst wer recycelt, ist in Deutschland richtig integriert" – so lautet die Überschrift einer Kolumne des kriegsbedingt aus Syrien geflohenen Journalisten Mohamad Alkhalaf, in der er 2016 für die *Süddeutsche Zeitung* mit Erstaunen darüber schreibt, welche Bedeutung das Trennen und Sortieren von Abfall in Deutschland offenbar haben.[8] Wenn von modernen „Wegwerfgesellschaften" die Rede ist, dann geht damit oft die Annahme einher, dass der Umgang mit Müll ein grundsätzliches Problem der heutigen Lebensweise und damit *aller* Menschen ist. Ziel dieser Untersuchung ist es aber, jenen Teil im verbreiteten Müllnarrativ unter die Lupe zu nehmen, der die „Menschheit" als eine Einheit adressiert, während er sie zugleich in Teile und Anteile von Zugehörigkeit unterteilt. Es ist nicht zufällig, dass im Umgang mit Müll eine beispielhafte Reinigungs- und Trennlogik zutage tritt. Schon die Sprache der Müllsortierung ermuntert zum grenzziehenden Denken. Was gehört hinein und was nicht? Das Trennen und Sortieren von Müll ist in Abgrenzung zu Vorstellungen eines achtlosen Wegwerfens konzipiert. Gelber Sack, Blaue Tonne, Bioabfall, Restmüll – der bundesdeutsche Müll setzt tatsächlich spezifische Trennungs- und Einteilungskenntnisse voraus. Das ist besonders deshalb erstaunlich, weil die Dinge, die zu Müll werden, sich zunächst dadurch auszeichnen, dass sie aus Zugehörigkeiten herausfallen – sei es symbolisch, materiell oder räumlich. Um zu verstehen, inwiefern Müll als ein Strukturfaktor von gesellschaftlicher Ungleichheit fungiert, ist es zunächst nötig, bei der Frage anzusetzen, was Müll eigentlich ist.

Die Bezeichnungen Abfall und Müll als Kategorien der Entsorgung sind relativ jung. 1889 taucht der Ausdruck „Abfall" in Meyers Konversationslexikon erstmals in Verbindung mit Prozessen der Produktion und Herstellung auf. Bis zum 18. Jahrhundert beschreibt die Bezeichnung in erster Linie den Abfall vom Glauben, den spirituellen Verfall. Erst im 19. Jahrhundert taucht „Abfall" in Zu-

---

6 Behrens, „Das deutsche Recycling-Märchen".
7 BSR, „Erfahren, lernen, gestalten: Umweltbildung mit der BSR", unter: https://www.bsr.de/kitas-und-schulen-20917.php (20.01.2010).
8 Ebd.

sammenhang mit Industrie- und Produktionsresten auf. So beschreibt Meyers Konversationslexikon von 1889 Abfälle erstmals als „Resultate technischer Arbeitsprozesse", beispielsweise „Hobel-, Säge- und Feilspäne der Holz- und Metallindustrie" und andere Substanzen, die durch die Bearbeitung von Rohstoffen zurückbleiben.[9]

Auch Müll ist ein Begriff, dessen lexikalischer Eintrag von 1889 als „Haushaltsabfall, Unrat" an die aufkommende Müllindustrie und Entsorgungstechniken geknüpft ist. Das Wort leitet sich von dem norddeutschen *mulli* ab, was „Abfall, Kehricht" bedeutet, oder auch „lockere Erde", „feine Erde, Sand".[10] Es geht unter anderem auf das altenglische *myl* (Staub) und auf das althochdeutsche Verb *mullen* (8./9. Jh.) zurück, was „zerstoßen, zermalmen" bedeutet, ebenso wie auf das nordeuropäische *mylja* für „zerreiben, vermahlen". Erst im 18. Jahrhundert wird das bis dahin nur im Norddeutschen übliche Wort „Müll" in die hochdeutsche Schriftsprache aufgenommen.[11] Der Einzug von „Müll" in das hochdeutsche Lexikon ist dabei unmittelbar verknüpft mit der entstehenden Entsorgungsinfrastruktur im 20. Jahrhundert.

Seit ihrer lexikalischen Eintragung tauchen Abfall und Müll vor allem als Problem der Beseitigung auf; als das Bemühen der organisierten Müllabfuhr, Abfälle zu verwerten, zu transportieren oder zu vernichten. Heute nimmt Müll auch viele unsichtbaren Formen an – etwa die eines toxischen Restes, der sich geruch- und geschmacklos in der Umwelt ablagert –, so dass die robuste Dinghaftigkeit, die den Abfall zur Zeit der Entstehung des Begriffs ausmachte, fast nostalgisch anklingt, wie Margarete Kranz in einem Beitrag zur Begriffsgeschichte und Ästhetik des Abfalls anmerkt.[12]

Während Müll in der Alltagssprache verwendet wird, um die Wertlosigkeit und kulturelle „Niedrigkeit" der Dinge zu beschreiben, tritt Abfall eher mit Blick auf die ökonomische Verwertung in der Recycling-Industrie oder in technisch-organisatorischen Fragen auf. Anders als „Abfall", scheint Müll Dinge zu bezeichnen, deren Wert oder Bedeutung bereits vollständig ausgeschöpft sind. Müll ist Müll gerade deshalb, weil sich das so Bezeichnete nicht wiederverwerten

---

9 Vgl. Eintrag in Meyers Konversationslexikon von 1889, zitiert nach Ludolf Kuchenbuch: „Abfall. Eine Stichwortgeschichte", in: Hans-Georg Soeffner (Hrsg.). *Kultur und Alltag. Soziale Welt – Sonderband 6*. Göttingen: Schwartz, 1988, S. 155–170; S. 161. Vgl. auch Margarete Kranz, „Die Ästhetik des Abfalls", in: *VOKUS. Volkskundlich-kulturwissenschaftliche Schriften* Heft 1, 16/2006, S. 51–72; S. 52.
10 „Müll", Digitales Wörterbuch der Deutschen Sprache (DWDS), online: https://www.dwds.de/wb/Müll (20.02.2020).
11 Ebd.
12 Vgl. Kranz, „Die Ästhetik des Abfalls", S. 52.

lässt, weil es nicht in den Produktionskreislauf zurückgeführt werden kann. Dabei steht, wie Susanne Hauser bemerkt, heute „jedes Ding und jede Information im Verdacht, bald zu Müll zu werden."[13]

Das angloamerikanische *waste* hat eine andere Entstehungsgeschichte. Es geht auf das 12. Jahrhundert zurück und bezeichnet ursprünglich eine Form von Landschaft – eine unbesiedelte Gegend, eine Brache. Für die kolonialen „Entdecker" im 16. Jahrhundert war Amerika beispielsweise ein *wasteland*. Das Land war in der kolonialen Wahrnehmung leer, das Leben der einheimischen Bevölkerung wurde nicht anerkannt. Die Konzeptualisierung Amerikas als *wasteland* geht einher mit dem Verschweigen und Verdecken der Spuren der Genozide an der indigenen Bevölkerung.

Im vom Schock des Ersten Weltkriegs gezeichneten Europa des frühen 20. Jahrhunderts bringt T. S. Eliots Gedicht *The Waste Land* die Bedeutung von *waste* als räumliche wie soziale und kulturelle Ödnis, Brache und Bedeutungsleere eindringlich zur Geltung.[14] Im Ausdruck *waste* verbirgt sich auch ein Verhältnis zwischen dem Gebrauch von Dingen und dem Gebrauch der Zeit. Waste kann sich auf Dinge beziehen, die ihren Wert verloren haben, aber auch auf die Zeit, die „sinnlos" vergeht, weil sie verschwendet wird oder von keiner tieferen Bedeutung mehr erfüllt ist. T. S. Eliots Gedicht wirkt streckenweise wie ein poetischer Vorbote des modernen Mülldispositivs, das zu dieser Zeit im Entstehen begriffen ist.

Kulturwissenschaftliche Müllforschung

„Schmutz als etwas Absolutes gibt es nicht", schreibt die Ethnologin Mary Douglas in ihrer Studie *Purity and Danger*, auf Deutsch „Reinheit und Gefährdung", aus dem Jahr 1966.[15] In ihrem Buch – ein Meilenstein der kulturwissenschaftlichen Müllforschung – argumentiert Douglas, dass Schmutz und Abfall nicht an und für sich existieren, sondern erst im Zuge kultureller Zuschreibungen entstehen. Etwas wird dann zu Abfall, wenn es sich am falschen Ort befindet. Müll ist „matter out of place", wie es die Anthropologin formuliert – es ist eine Kategorie von Dingen, die den Sinn für Ordnung und Regelhaftigkeit stören. Weil kulturelle Einteilungen grundsätzlich fragil sind, bedarf es der ständigen Arbeit der Grenzziehung. Deshalb gibt es immer wieder die Bemühungen, kulturelle

---

13 Susanne Hauser, *Metamorphosen des Abfalls. Konzepte für alte Industrieareale.* Frankfurt/M.: Campus, 2001, S. 22.
14 T. S. Eliot, *The Waste Land.*
15 Mary Douglas, *Purity and Danger.* New York: Routledge, 1966.

Unterscheidungen zu verankern, zu erneuern und zu bestärken. Die Kategorien Schmutz und Abfall entstehen so gesehen aus einem Bedürfnis nach Kohärenz und Orientierung. In den Szenen des alltäglichen Entsorgens wird diese Definition von Abfall anschaulich. Zahllose Verpackungen, Behälter, Plastikobjekte und Technikgeräte gehen in den Zustand des Abfalls über, sobald sie in Plastiksäcken und Mülltonnen landen. Dabei geschieht der Übergang vom Zustand der Gebrauchsgegenstände zu Müll über kulturelle Gesten, Handhabungen und Techniken, die selbst wiederum als rein oder unrein kodiert sind. So kommt es, dass Abfälle erst dann auffallen, wenn sie sich von ihrem zugewiesenen Ort entfernen – wenn sie zum Beispiel nicht in der Mülltonne, sondern daneben, auf der Straße, am Wegesrand, auf der Wiese liegen. Das, was als schmutzig, wertlos oder überflüssig wahrgenommen wird, ist, wie Mary Douglas bemerkt, nie etwas Isoliertes, sondern hat immer etwas mit unzulässigen Vermischungen zu tun. Diese gibt es aber nur dort, wo auch positiv nach ausgewählten Kriterien unterschieden wird. Schmutz und Abfall sind vor allem eine Grenzverletzung: eine Bedrohung der kulturellen Kohärenz. Die Grenzziehung zwischen rein und unrein beruht dabei auf der Frage: Zwischen welchen Dingen lohnt es zu unterscheiden, und zwischen welchen nicht? Es sind fragile Grenzen – zwischen wertvoll und wertlos, sauber und schmutzig –, die fortwährend hinterfragt und neu gezogen werden.

Ein Jahrzehnt nach der Veröffentlichung von *Purity and Danger* stellte der britische Anthropologe Michael Thompson die Frage nach der gesellschaftlichen Bedeutung von Abfall noch einmal aus einem anderen Blickwinkel. In seinem Buch *Theorie des Abfalls*, erstmals 1979 erschienen, teilt Thompson die Dinge, die wir besitzen, in drei Zustände ein: in wertbeständige oder werterhöhende Objekte wie Kunstobjekte, in Dinge, deren Wert vergänglich ist, wie die meisten Alltagsgegenstände – Geschirr, Kleidung, Möbel –, und in eine dritte, „geheime" Kategorie, den Abfall.[16]

Thompson führt seine Überlegungen zu den Bedingungen der Entstehung von Abfall mit einem Vergleich ein: zwischen einem wohlhabenden Menschen, der ein benutztes Taschentuch wieder einsteckt, und einer mittellosen Person, die das Taschentuch gar nicht erst verwendet. Es geht ihm um die um die Bedingungen der Entstehung von Abfall.[17] Im Kern von Thompsons Theorie steht die Annahme, dass die Herstellung der Kategorie des Abfalls durch Abnutzung und Zerstörung keine ökonomische Frage ist, sondern eine kulturelle. Die Aspekte der

---

[16] Michael Thompson, *Die Theorie des Abfalls. Über die Schaffung und Vernichtung von Werten.* Stuttgart: Klett-Cotta 1981, S. 25.
[17] Ebd., S. 15.

Vergänglichkeit, des Vorübergehenden und Transitorischen stehen dabei im Zentrum.

Thompson beschreibt Abfall als eine Kategorie des unsichtbaren Übergangs von einem Zustand in den anderen – vom Notwendigen zum Überflüssigen, vom Wertvollen zum Belanglosen, und wieder zurück. Wie Douglas weist Thompson auf eine brüchige Grenze hin, diese verläuft bei ihm aber woanders: zwischen Zerstörung und Schöpfung, kulturellem Wert und Unwert, Kunst und Abfall. Diese Einteilungen geschehen nicht fernab des sozialen Lebens, sondern sind eng verknüpft mit gesellschaftlichen Verhältnissen. Abfall taucht dabei als Sinnbild für das Randständige auf. Der Blick auf Abfall bietet Thompson eine Perspektive, um die Herstellung von gesellschaftlichen Gruppen zu thematisieren und das, was aus der Wahrnehmung ausgeschlossen ist, ins Zentrum zu rücken. Ausgehend von der Figur des Abfalls führt Thompson den Unterschied zwischen Armut und Reichtum auf verschiedene Verfügungsgewalten über Raum und Zeit zurück. Reichtum zeichnet sich demnach dadurch aus, dass das Vergehen der Zeit zu einer Ressource wird (das Dauerhafte), während Armut sich durch das Fehlen dieser Nutzbarmachung der Zeit auszeichnet (das Vergängliche). Für Thompson ist die Frage danach, was Abfall ist, letztlich verwandt mit der Frage danach, was Kunst ist – was als kulturell bedeutsam in die Geschichte eingeht –, und vor allem mit der Frage, wer in der Lage ist, aus dem einen das andere zu machen.

Die sich jüngst entwickelnden *Discard Studies* verhandeln aus unterschiedlichen Perspektiven die gegenwärtige politische und ökonomische Relevanz von Müll. Die heterogenen Ausdrucksformen von Müll bilden dabei den Ausgangspunkt für Untersuchungen zu Themen wie Umweltforschung, Aktivismus, Konsum- und Designgeschichte, Biopolitik und Ungleichheitsforschung. Die unter dem Titel Müll versammelten Forschungen und Studien tragen zu neuen Verständnissen von Exklusion, Ausschluss und Formen der Marginalisierung bei.[18] Rosie Cox und Ben Campkin betonen in ihrem Buch *Dirt: New Geographies of Cleanliness and Contamination* (2007), dass Theorien des Abfalls hilfreich sind, um Formen des sozialen Ausschlusses zu verstehen.[19] Cox und Campkin machen deutlich, inwiefern Vorstellungen von Sauberkeit historisch auf rassistische Entsprechungen von *Weißsein* mit Reinheit zurückgehen – und wie Reinigungs- und Dienstarbeiten auch heute auf globale Weise rassistisch und geschlechtlich strukturiert sind.

---

18 Der 2010 von der Ethnologin Robin Nagle gegründete und von Max Liboiron kuratierte Blog *Discard Studies* veranschaulicht die politischen Ambitionen des neuen Felds. Die Bandbreite der Beiträge umfasst wissenschaftliche Arbeiten wie aktivistische Manifeste.

19 Ben Campkin / Rosie Cox, „Introduction", in: Dies. (Hrsg.). *Dirt: New Geographies of Cleanliness and Contamination.* New York/London: I.B. Tauris, 2007, S. 5.

Die Ethnologin Robin Nagle stellt in ihrem Buch *Picking Up: On the Streets and Behind the Wheels with the New York Sanitation Workers* (2014) fest: Das, was wir wegwerfen, haben wir zwar selbst erzeugt, dies jedoch mit der Gewissheit, dass es *jemand anderes* sein wird, der sich um die Beseitigung, Entsorgung und weitere Bearbeitung dieser Dinge kümmert. Das Funktionieren einer Großstadt wie New York City beruht auf einem reibungslosen Müllentsorgungssystem, welches den Eindruck vermittelt, dass Müll geradezu mühelos und „wie von selbst" verschwindet.[20] Demnach ist es von unablässiger Bedeutung, dass Müll „fließt", dass er zeitlich und räumlich nicht auf derselben Stelle verharrt, sondern in ständiger Bewegung gehalten wird. Die Angestellten der Müllabfuhr verkörpern diese Abläufe wie sonst niemand: Sie holen den Müll ab, laden ihn ein, transportieren ihn zu festgelegten Abladeplätzen, und dies alles oftmals dann, wenn alle anderen noch schlafen. Das Gleiche gilt für die inoffiziellen Müllarbeiter*innen, die bei Festivals und Events am Rande stehen und leere Flaschen einsammeln, um sie später gegen Pfandgeld zu tauschen. Sie sind immer dabei, aber am Rande, sie sorgen dafür, dass Müll verschwindet, jedoch um den Preis, dass sie selber aus der Wahrnehmung herausfallen.

Es ist genau diese Ambivalenz des Mülls – randständig, aber allgegenwärtig, vergänglich, ohne zu vergehen –, die den Abfall zum vielleicht prominentesten Problem westlicher Industriegesellschaften macht. Als „Kehrseite der Dinge", wie die Kulturwissenschaftlerin Sonja Windmüller schreibt, ist Abfall zu einem „Kulturprinzip der Moderne" geworden.[21] Schließlich sind nahezu alle Bereiche des täglichen Lebens mit dem Herstellen, Sortieren und Beseitigen von Müll verbunden.

In einem aktuellen Beitrag argumentiert Joshua Reno, dass man neue Perspektiven bräuchte, die Müll nicht nur als „matter out of place" betrachten, und als gesellschaftlich konstruiert, sondern auch als ein „sign of life", als Zeichen des Lebens und des Lebendigen.[22] Die gegenwärtige Müllforschung sei von einem ausschließlich menschlichen Blickwinkel geprägt, der Müll immer nur im Sinne von Schmutz und Dreck versteht, und somit immer als Störung. Würde man Müll allerdings im Hinblick auf das Leben nicht-menschlicher Wesen betrachten, dann würde deutlich, dass es in erster Linie auf das Am-Leben-Sein und Weiter-Existieren von Wesen hinweist. „Sign of life" heißt aber auch: Spuren im Sinne von

20 Robin Nagle, *Picking Up: On the Streets and Behind the Trucks with the Sanitation Workers of New York City.* New York City, NY: Farrar, Straus and Giroux, 2014, S. 4.
21 Vgl. Sonja Windmüller, *Die Kehrseite der Dinge. Müll, Abfall, Wegwerfen als kulturwissenschaftliches Problem.* Münster: Lit Verlag, 2004.
22 Joshua O. Reno, „Toward a New Theory of Waste: From ‚Matter out of Place' to Signs of Life", in: *Theory Culture & Society* 31, 6 (2014), S. 3–27.

Geschichtlichkeit, von unwillkürlich aufgezeichneter Vergangenheit; Müll als unfreiwillige Autobiografie, die ein Spurenlesen ermöglicht, das Unwillkommenes und Verdrängtes ans Licht bringen kann.

Diesen Perspektiven, die im Folgenden verschiedentlich aufgegriffen und beleuchtet werden, wird die vorliegende Studie noch einen weiteren Blick auf den Müll hinzufügen: einen politischen Blick, der zunächst deutlich machen wird, wie die Bedeutung und die sozialen Zuweisungen, die mit Abfall einhergehen, aufgeteilt werden in einen produktiven, zukunftstragenden Teil und in einen (vermeintlich) unproduktiven Rest. Ausgehend von Jacques Rancières Begriff des Politischen geht es mir in dieser Studie darum, die Auf- und Zuteilungen, die in Hinblick auf Müll entstehen, herauszuarbeiten und zu problematisieren.

Jacques Rancière: Die Logik sauberer Trennungen

Was ist Politik? Wie auch andere politische Theoretiker*innen aus einem vor allem französischen Diskurskontext – zum Beispiel Chantal Mouffe oder Ernesto Laclau – setzt Rancière auf der Suche nach einer Antwort bei der Überlegung an, was das Eigene der Politik ist – was das Politische von den Formen der Regierungsweisen und der Ausübung von Macht unterscheidet.[23] Für Rancière läuft diese Grenze auf die Unterscheidung zwischen dem *Politischen* und dem *Polizeilichen* heraus. In seinem Buch *Das Unvernehmen* (2002) beschreibt Rancière die Logik des Politischen aus der Opposition zu der Logik der Polizei heraus. Das, was die „Polizei" im Kern ausmacht, ist in dieser Hinsicht nicht einfach die Unterdrückung, oder „Repression", sondern „eine gewisse Aufteilung des Sinnlichen".[24] Die Polizei ist demnach „eine Ordnung des Sichtbaren und des Sagbaren": Jede*r hat in ihr den ihm oder ihr angemessenen Platz einzunehmen und an diesem Platz zu bleiben.[25] Diese *Aufteilung des Sinnlichen*, ein umfassend wirksames ästhetisches Regime, markiert die Grenzen des Sozialen – Grenzen, die nicht für alle gleich sichtbar oder manifest sind. Das, was als Gemeinsames gegeben oder präsentiert wird, ist von vornherein aufgeteilt in jene, die daran Anteil haben, und jene, die davon ausgeschlossen sind.[26] Bei Aristoteles geschieht diese Aufteilung durch eine Unterscheidung zwischen jenen, die zum Sprechen befähigt sind, und jenen, aus deren Mündern lediglich Lärm kommt; zwischen der

---

23 Vgl. Oliver Marchart, *Die Politische Differenz*. Berlin: Suhrkamp 2010.
24 Jacques Rancière, *Zehn Thesen zur Politik*. 2. Auflage. Zürich/Berlin: Diaphanes, 2008, S. 31.
25 Maria Muhle (Hrsg.), *Jacques Rancière. Die Aufteilung des Sinnlichen. Die Politik der Kunst und ihre Paradoxien*. Berlin: Polypen, 2006, S. 9.
26 Rancière, *Zehn Thesen zur Politik*, S. 31.

Stimme, mit der bloß Laute und Lärm erzeugt werden und der Stimme, die den Besitz des Logos indiziert. Diese Unterscheidung zwischen Bürgern der Polis und unpolitischen Wesen, stellt Rancière heraus, ist jedoch „eine Frage sinnlicher Evidenz, bevor sie die Angelegenheit einer philosophischen oder juridischen Definition wird".[27] Deshalb sei Politik zunächst stets „die Verhandlung über das, was sinnlich gegeben ist, über das, was sichtbar ist, über die Art, in der es sagbar ist, und darüber, wer es sagen kann."[28]

Rancière sieht die Denkweise, die der polizeilichen Logik zugrunde liegt, in einer Geschichte, die Platon in der *Politeia* erzählt, beispielhaft verdeutlicht: Dem *Mythos der Erdgeborenen*. Es handelt sich dabei um eine erfundene Geschichte über die Drei-Stände-Ordnung der Polis. Demnach stammen alle Menschen von der Mutter Erde ab, aber der Gott, der sie erschuf, hat ihnen jeweils unterschiedliche Metalle beigemischt – den Herrschenden Gold, den Soldaten Silber, den Bauern und Handwerkern Eisen und Erz. Diese Metalle, mit ihren je unterschiedlichen Qualitäten, würden mit den entsprechenden Seelenteilen der unterschiedlichen politischen Klassen einhergehen: das Gold mit der Vernunft der Philosophenkönige, das Silber mit der Tapferkeit der Soldaten und Eisen und Erz mit der Begierde der Arbeiter. In dieser Ordnung haben die Arbeiter dafür zu sorgen, dass die materiellen Bedürfnisse der Stadt gesichert sind; die Soldaten stellen eine Militär-Klasse dar, die für die Sicherheit des Staats und die Ausführung seiner Expansionsbestrebungen zuständig ist, während die Philosophen-Könige über alle anderen Klassen herrschen.[29]

Dieser Mythos über den Ursprung der Menschen ist eine zu Erziehungszwecken erfundene Geschichte, um denen, die aus der Polis faktisch ausgeschlossen sind, ihre Zugehörigkeit zu suggerieren. Diese Geschichte dient Platon auch als Lehrstück über die „natürliche Ungleichheit" der Menschen. So wie Materialen und Erdstoffe eine unterschiedliche Beständigkeit oder Vergänglichkeit, Seltenheit oder Häufigkeit aufweisen, so suggeriert die Erzählung, sei es auch mit den menschlichen Wesen: Gold und Silber, Eisen und Erz – eine natürliche Verteilung. Die Parabel soll die Einteilung der Welt in Herrschende und Beherrschte und die behauptete natürliche Ungleichheit der Menschen als substantiell – in der Exklusivität des Goldes und im Überfluss des Erzes – begründet und als symbolisch kohärent erscheinen lassen. Die Vorstellung einer politischen Ordnung, in der jeder die soziale Position hat, die seinen Fähigkeiten entspricht, beruht auf einer Täuschung – von Platon selbst als „heilsame Lüge" bezeichnet –,[30] und zwar auf

---

27 Rancière, *Zehn Thesen zur Politik*, S. 38.
28 Ebd.
29 Vgl. Davis, *Jacques Rancière*, S. 18.
30 Vgl. Iris Därmann, *Figuren des Politischen*. Frankfurt/M.: Suhrkamp, 2009, S. 41.

der vorgetäuschten Überzeugung, dass ein Mensch jeweils nur eine Sache tun könne: regieren *oder* Schuhe putzen, arbeiten *oder* denken, beherrscht werden *oder* frei sein. Der Schuhmacher soll nur Schuhe herstellen, und der Bauer lediglich pflügen, sähen und ernten.[31]

Aufteilung des Sinnlichen ist dabei im doppelten Sinn des Begriffs *Teilung* gemeint und bezieht sich sowohl auf Teilung wie auf Teilhabe, auf Einteilung wie auf Zuteilung. Die Bezeichnung beschreibt eine Anordnung von Gewohnheiten, welche die Wahrnehmung des Gemeinsamen festlegen. Rancière gründet sein Verständnis des Politischen, wie Iris Därmann feststellt, darauf, dass die Logik der Teilung seit Beginn der europäischen politischen Philosophie das politische Denken prägt. Dem entspricht die Teilung der Gemeinschaft in einen Teil, der Anteil hat, und einen Teil, der ohne Anteil ist.[32] „Die politische Philosophie beginnt mit der Teilung der Gesellschaft und dem Ausschluss von politischen Anwärtern: Frauen und Kinder werden von der politischen Sphäre ebenso ferngehalten wie die Sklaven, die, wie es bei Aristoteles heißt, ,Anteil haben an nichts'."[33] Seit der Antike hat es sich die politische Philosophie demnach zur Aufgabe gemacht, als Rechtfertigung von Ungleichheit und Ausschluss aufzutreten: „die politische Philosophie [ist] von Anfang an eine Teilungs- und Exklusionsmethode, die sich in den Dienst der Unterscheidung zwischen wahren und falschen Bewerbern sowie der Zurückweisung berechtigter politischer Ansprüche stellt."[34] Die Aufteilung des Sinnlichen ist eine Anordnung oder ein „Regime" von Praktiken und Gewohnheiten, die, wie Maria Muhle schreibt, „implizit die Wahrnehmung der gemeinschaftlichen Welt bestimmen, wobei Wahrnehmung hier für eine Topologie steht, die in Abhängigkeit von den Plätzen, die die Individuen in Raum und Zeit einnehmen, ihnen bestimmte soziale Funktionen, Tätigkeitsformen und Weisen zu sprechen zuordnet."[35]

In dieser Hinsicht ist die Sphäre der Politik „ihrem Prinzip nach ästhetisch" – insofern, als der politische Status von Individuen keine Ermessenssache ist, die

---

31 Vgl. Oliver Davis, *Jacques Rancière*, S. 19. Wie Rancière verdeutlicht, taucht in Platons idealem Gesellschaftsentwurf die Spezifität der Berufe als Strategie auf, um bestimmte Menschen gezielt aus dem Politischen auszuschließen. Der Verweis Platons darauf, dass die Handwerker keine politischen Fähigkeiten haben können, weil ihnen nach getaner Arbeit keine Zeit bleibt, ist hier ganz zentral. Die Zeit, in der sie arbeiten, „gehört" nicht den Arbeiter*innen.
32 Iris Därmann, „Landnahme, Menschennahme", in: Volker Gottowik / Holger Jebens / Editha Platte (Hrsg.). *Zwischen Aneignung und Verfremdung: Ethnologische Gratwanderungen. Ethnologische Gratwanderungen.* Frankfurt/M.: Campus, 2009, S. 69 – 81; S. 71.
33 Ebd.
34 Ebd.
35 Maria Muhle, „Einleitung", in: dies. (Hrsg.), *Jacques Rancière. Die Aufteilung des Sinnlichen*, S. 10.

auf Grundlage von Diskussionen und Argumenten entsteht, sondern etwas, das auf einer stets vorangegangenen Aufteilung der Sinne beruht: Auf einer Differenzierung zwischen jenen, deren Sprache die Kennzeichen der Rede enthält, und jenen, deren Verlautbarungen als bloßer Lärm gehört werden. [36] Eine solche Aufteilung des Sinnlichen zeigte sich in Duisburg: unter Verweis auf den „Lärm", den sie vermeintlich produzierten, wies man den Anspruch auf Teilhabe der Zugewanderten zurück.

Die Idee einer Aufteilung des Sinnlichen, wie in Platos Metallenmythos exemplifiziert, so das Argument dieser Untersuchung, lässt sich auch als eine Parabel über die materiellen Dimensionen des Politischen lesen; ein Gleichnis, das die Positionen, die Menschen im sozialen Gefüge einzunehmen haben, an den Wert oder Unwert von Stoffen und Materialen knüpft. Es ist eine Lehre der politischen Ungleichheit, die mit der vermeintlichen Evidenz und Unhinterfragbarkeit materieller Hierarchien arbeitet. Die materielle Ordnung korrespondiert hier mit der symbolischen Ordnung des Sozialen. Die Erzählung von dem Metallen-Anteil in menschlichen Wesen dient dazu, jene, die von der Macht ausgeschlossen sind, auf ihren Platz zu verweisen. Man könnte den Metallmythos in diesem Sinne als eine Geschichte darüber verstehen, wie Objekte in einen politisch bedeutsamen Kontext gebracht werden; eine Geschichte darüber, wie Karen Barad schreibt, wie materielle Dinge bedeutsam werden – „how matter comes to matter".[37] Es sind bestimmte Weisen, wie menschliche Existenzen und die Ordnung von Dingen und Stoffen ko-artikuliert werden.

Während die Polizei eine Ordnung der Sichtbaren und des Sagbaren konstituiert, ist die Politik für Rancière „jene Tätigkeit, die einen Körper von seinem natürlichen oder dem ihm als natürlich zugeteilten Ort entfernt, [die] das sichtbar macht, was nicht hätte gesehen werden sollen, und das als Rede verständlich macht, was nur als Lärm gelten dürfte."[38] Das Wesentliche der Politik ist somit „die Demonstration des Dissenses, als Vorhandensein zweier Welten in einer einzigen".[39] Aus diesem Grund heißt es bei Rancière: „dissensus means a difference between sense and sense: a difference within the same, a sameness of the opposite."[40] Diese besondere Situation des Streites bezeichnet Rancière als *Dissens*. Sie entsteht in jenem Moment, in dem ein Individuum oder eine Gruppe sich

---

36 Rancière, *Das Unvernehmen*, S. 69.
37 Karen Barad, „Posthumanist Performativity: Toward an Understanding of How Matter comes to Matter", in: *Signs: Journal of Women in Culture and Society.* Vol. 28: Issue 3 (2003), S. 801–831.
38 Muhle, „Einleitung", S. 9.
39 Rancière, *Zehn Thesen zur Politik*, S. 33.
40 Jacques Rancière, „The Thinking of Dissensus. Politics and Aesthetics", in: Paul Bowman / Richard Stamp (Hrsg.). *Reading Rancière*. London/New York: Continuum, 2011, S. 1–17; S. 1.

so verhält, als hätte sie bereits die Gleichheit erlangt, die ihr nach Maßgabe der polizeilichen Ordnung nicht zusteht.

Politischer Dissens kann selbst in einer einfachen Geste stattfinden. Zum Beispiel in dem Moment, in dem ein Arbeiter seinen Blick umherschweifen lässt, anstatt sich auf die Arbeit zu konzentrieren.[41] Ein scheinbar passiver Blick offenbart sich in dieser Lesart als eine aktive widerständige Praktik, die einen Bruch mit der herrschenden Ordnung darstellt. Dissens ist so verstanden „nicht die Konfrontation der Interessen oder Meinungen. Er ist die Demonstration eines Abstands des Sinnlichen zu sich selbst."[42] Es ist ein Konflikt zwischen jenen, die sich als befähigt sehen, soziale Interessen zu organisieren, und jenen, die angeblich nur zur Reproduktion ihres eigenen Lebens fähig sind, die nun aber beginnen, das zu tun, was sie (nach Maßgabe der herrschenden Ordnung) nicht können. Politik ist diese Konstituierung eines „Teils der Anteilslosen".[43] Politischer Widerstand erfolgt aus dieser Perspektive in Form eines Vorgangs der *Subjektivierung*. Damit ist ein emanzipatorischer Prozess der Infragestellung und der Des-Identifikation mit den Kategorien einer bestehenden Ordnung gemeint: ein Prozess, in dem sich diejenigen artikulieren, denen die Fähigkeit zu Sprechen aberkannt wird. Die Form der Artikulation der Politik, die bei Rancière auf die Stimme bzw. die Sprache fokussiert bleibt, soll dabei erweitert werden auf andere Modi der Unterscheidung bzw. Aufteilung des Sinnlichen, insbesondere auf die Auf- und Zuteilung von Körpern, von Resten und Spuren.

Insofern als die Idee einer Aufteilung des Sinnlichen auf die Untrennbarkeit von manifester Wirklichkeit und Imagination, von unmittelbarer Wahrnehmung und Symbolik verweist, eröffnen sich politische Gesichtspunkte der Müll-Thematik, die auf der Ebene von alltäglichen Wahrnehmungen zum Ausdruck kommen. Diese Perspektive erlaubt es, im Alltag Szenen des Politischen zu erkunden. Es verweist auf die Idee eines „politischen Imaginären", ohne dieses Imaginäre im Gegensatz zu einer tatsächlichen Realität zu denken. Es geht dabei um eine Kategorie der Fiktion, die nicht in Opposition zu „sozialen Tatsachen" gedacht wird. Es sind vielmehr *Realfiktionen*, die die Landschaft des Politischen immer schon bestimmen und durchziehen.

Auf eine bestimmte Weise, so die These dieser Untersuchung, ist Müll paradigmatisch für die Idee einer Aufteilung des Sinnlichen. Denn ein und dieselbe Aktivität wird, je nachdem, wer sie vollzieht, und wie sie vollzogen wird, unterschiedlich bewertet: als Zeichen von legitimer politischer Praxis einerseits oder

---

41 Vgl. Jens Kastner, *Der Streit um den ästhetischen Blick. Kunst und Politik zwischen Pierre Bourdieu und Jacques Rancière*. Wien/Berlin: Turia und Kant Verlag, 2012, S. 60.
42 Rancière, *Zehn Thesen zur Politik*, S. 35.
43 Vgl. Rancière, „The Thinking of Dissensus", S. 2.

als Zeichen des bloßen Lebens, der Erhaltung der Funktionen des Körpers andererseits. Es ist eine Unterscheidung zwischen „aktiven" Entsorgungsweisen, praktiziert von bewusst entsorgenden Bürger*innen, und „passiven" Konsument*innen, die weder indifferent noch ausnahmslos ist.

Gegenstand und Forschungsfrage

Im Folgenden geht es um die politischen Dimensionen von Müll und Entsorgungsdiskursen im Alltag. Dabei steht die Frage im Zentrum, wie mit Rückgriff auf Motive des Abfalls die Welt in Zonen der Bedeutsamkeit und der Zugehörigkeit aufgeteilt wird. Mit Blick darauf soll untersucht werden, wie das Entsorgen, seit Beginn der systematischen Abfallwirtschaft im 20. Jahrhundert bis in die Gegenwart hinein, je nachdem, wer es vollzieht, unterschiedlich bewertet wird – als Ausdruck von sozialer Praxis oder als Zeichen der bloßen Lebenserhaltung. Betrachtet wird ebenfalls, wie sich Menschen auf ganz unterschiedliche Weise mit Bezug auf Figuren des Mülls gegen soziale Zuweisungen auflehnen.

Die Forschungsfrage lautet: Wie wird anhand von strukturellen, symbolischen und materiellen Formen des Mülls ausgehandelt, wer Anteil hat am Gemeinsamen hat und wer davon ausgeschlossen ist, und wie werden diese Auf- und Zuteilungen legitimiert oder angefochten? Ziel dieser Untersuchung ist es, anhand zentraler Stationen die *Domestikationsgeschichte* des Mülls, die fundamentale Rolle, die das Heraustragen von Müll für die Konstituierung des „Privaten" spielt, mit Blick auf politische Motive und Prozesse der Exklusion zu erzählen. Es geht darum, die Logik eines Diskurses – über die Entstehung, Vermeidung, Trennung und Entsorgung von Müll – zu analysieren.

Es geht darum, Brüche und Verschiebungen in den Bildern vom legitimen oder bedrohlichen Müll, vom angemessenen oder problematischen Wegwerfen herauszuarbeiten. Wie kommen Unterscheidungen zwischen der Entsorgung von Müll als einer niederen Tätigkeit, als ‚abjekthaft', störend und missachtend und einer Tätigkeit, die Zeichen von Vernunft und menschlicher Sozialität ist, zum Vorschein? Es geht in dieser Untersuchung vornehmlich um die Auf- und Zuteilungen von sozialen Positionen anhand des Mülls. Dabei soll erkundet werden, inwiefern Müll als politische Kategorie im 20. und 21. Jahrhundert dazu dient, Individuen an ihren Platz zu weisen, indem das, was bei manchen ein Ausdruck von sozialer Verantwortung wäre, bei anderen als bloßer „Lärm", als Schmutz, Dreck und Zeichen der bloßen Reproduktion des Lebens gesehen wird. Somit wird insbesondere zu untersuchen sein, welche Rolle Vorstellungen vom angemessenen Umgang mit Müll dabei spielen.

Die Geschichte des Mülls im Sinne einer Konsumgeschichte wurde bereits von vielen Autoren und Autorinnen ausführlich beschrieben. So hat Susan Strasser in *Waste and Want: A Social History of Trash* (1999) pointiert dargestellt, inwiefern *Müll* zu einer Bedingung für die entstehende Konsumindustrie im 20. Jahrhundert wird.[44] Der Fokus auf die Kulturgeschichte des Mülls liegt in dem vorliegenden Buch daher weniger auf den konsumtheoretischen Implikationen und mehr auf den Aufteilungen, Sortierungen und Unterscheidungen innerhalb der Kategorie des *Mülls:* zwischen sauber und schmutzig, effizient und verschwenderisch, nützlich und überflüssig. Der Fokus liegt auf dem, was die Allgemeinfassung des Wegwerfens als eines *menschlichen Prinzips*, oder eines *westlichen* Lebensgefühls, verdeckt. Gefragt wird, inwiefern das Wegwerfen zwischen zwei Polen angesiedelt wird: den Vorstellungen von sozial wertvollen Entsorgungspraktiken, und den Narrativen der reinen Notdurft, des gedankenlosen Wegwerfens oder des unnötigen Verschwendens. Dabei war und ist das angemessene, richtige Entsorgen eine exklusive Tätigkeit. Die Unterscheidung zwischen dem guten, produktiven, sozial-gerechten Müll und dem verachteten, ekelhaften Abjekt ist nicht nur eine technische Frage oder eine ökonomische, sondern auch eine politische.

Die Tatsache, dass menschliche Körper, wie tierische Lebewesen, Spuren hinterlassen, wird immer wieder funktionalisiert; die grundsätzliche *geteilte Körperlichkeit* wird in exklusive Formen der Teilhabe gewandelt. Ziel ist es, die Frage zu stellen, wie die physischen Konstruktionen der Müllentsorgung (Müllschacht, Mülleimer, Abwurfkanal, Aspekte funktionalen Küchendesigns etc.) mit den metaphorischen Konnotationen der Zugehörigkeit zusammenhängen.

Mit Blick auf alltägliche Szenen des Mülls geht es darum, herauszuarbeiten, inwiefern die Idee, dass die eigenen Reste an die Gemeinschaft zurückgeführt werden, einen Topos des Politischen bildet; und welche Rolle Ambivalenzen und Widersprüchlichkeiten in den Wissensordnungen des Mülls spielen. Es geht darum, Müll im Sinne einer grenzziehenden Kategorie, zwischen innen und außen, eigen und fremd, nützlich und schädlich, in seiner Wirksamkeit aufzuspüren. Davon ausgehend wird der Müll anschließend als widerständiges Material in den Blick kommen: Als ein Tableau von Resistenzen und Umkehrungen, das symbolische Ordnungen des Sozialen immer wieder unterwandert.

Es geht insofern auch um die Entwicklung einer Genealogie der Müllentsorgung, um die Kontextualisierung von Bildern des Mülls und Szenen des Entsorgens im 20. und 21. Jahrhundert. Gefragt wird nach dem Politisch-Imaginären des

---

44 Susan Strasser, *Waste and Want: A Social History of Trash*. New York City, NY: Metropolitan Books, 1999.

Mülls, nach den Grenzen und Dichotomien von Natur und Kultur, Effizienz und Verschwendung, Reinheit und Schmutz, Vergangenheit und Zukunft. Dabei sollen die politische Geschichte, die Ästhetik und die Medialität von Müll herausgearbeitet werden.

Zum Vorgehen

Diese Studie versteht sich als ein Beitrag zum Forschungsfeld einer kulturwissenschaftlichen Müllforschung, die Fragen des Mülls aus interdisziplinärer Sicht betrachtet und verdichtet. Das Vorgehen dieser Untersuchung ist dadurch gekennzeichnet, dass es verschiedene Kontexte, Fragen und Materialen zusammendenkt und zusammenführt. Der Forschungsfrage nach den politischen Szenen des alltäglichen Mülls gehe ich anhand materialorientierter, historischer und kulturtheoretischer Analysen nach. Grundlage dafür sind Bilder, Ratgeberliteratur, Filme, Zeitungsmaterialen, Romane und Erzählungen, theoretische Abhandlungen sowie historische Aufsätze und Quellen aus dem Archiv *Sammlung Erhard*, das im Umweltbundesamt Dessau die Organisation der Müllabfuhr in Deutschland in der Zeit von 1915 bis 1955 dokumentiert. Ziel der Untersuchung ist es, mit Blick auf punktuelle historische und gegenwärtige Schauplätze, die mit Theorien des Abfalls verwoben werden, herauszuarbeiten, wie Müll zu einer politischen Angelegenheit wird.

Im Verständnis von Kulturwissenschaft, das hier im Zentrum steht, geht es vor allem darum, wie Dinge an die kulturelle Oberfläche kommen, wie sie erscheinen, wie sie problematisiert und repräsentiert werden. Es handelt sich um eine ‚kulturwissenschaftlich‘ verstandene Ästhetik, die, wie Iris Därmann dazu notiert, anstelle einer „Ästhetik im beschränkten Sinne" eine „Ästhetik in einem generellen Sinne" bezeichnet.[45] Das bedeutet, all die Formen und Produktionsweisen zu betrachten, die ästhetisch in folgendem Sinne sind: „Als Gestaltungs-, Darstellungs-, Inszenierungs-, Verbildlichungs-, Verbergungs- und Entwurfspraxis ist das Ästhetische, das etwas oder jemandem Gestalt, Dramatik, Farbe, Maskierung, Gesicht, Sichtbarkeit oder Unsichtbarkeit verleiht, überall mit im Spiel."[46]

Kulturwissenschaft ist aus dieser Perspektive eine Forschungsmethode, die grundsätzlich transdisziplinär und grenzgängerisch ist; sie ist eine Art und Weise,

---

45 Iris Därmann, „Was ist eigentlich kulturwissenschaftliche Ästhetik?", in: *Forschung & Lehre*. 2/2013, S. 126 f.
46 Ebd.

um vermeintlich kohärente und selbstverständliche Narrative und Geschichts-
schreibungen in Frage zu stellen, zu verschieben, zu vermengen, und quer zu
lesen. Die Dissertation knüpft in dieser Hinsicht an Lauren Berlants Bemerkung
über die *Cultural Studies* an, wonach die Auseinandersetzung mit Dingen, die
als profan und unseriös gelten, eine Strategie ist, um den Fundus kulturwissen-
schaftlicher Beobachtungen zu erweitern, um die betrachtete Wirklichkeit in
neuem Licht erscheinen zu lassen. Die Annahme, dass bestimmte Stoffe, Objekte,
Materialen der intellektuellen Arbeit nicht würdig seien, weist Berlant mit einer
„counterpolitics of the silly object" zurück.[47] Bei näherem Hinsehen erweise sich
das vermeintlich Unangemessene, das Minderwertige und Wertlose als einer
kritischen Analyse würdig. Ein Archiv der wertlosen und unseriösen Dinge er-
laube es, neue Perspektiven auf kulturelle und politische Zusammenhänge zu
formen.[48] Kulturwissenschaft zu betreiben, bedeutet aus dieser Perspektive, die
Maßstäbe der Sinnverständlichkeit und der Eindeutigkeit zu hinterfragen. So geht
es in dieser Untersuchung darum, gerade auch Dinge und Materialien zu ver-
sammeln, die unseriös, eklig und profan sind. Es geht darum, sie aus angestammten Kontexten und Thematisierungsweisen zu lösen und unter anderen
Gesichtspunkten, in anderen Konstellationen zu betrachten. Dabei kommt eine
Praxis der Artikulation zur Anwendung, die Verbindungen sowohl aufzeigt als
auch löst und Gegenstände, Deutungen, Verständnisse neu kombiniert – auf
Augenhöhe mit den Akteuren und Materialien der betrachteten Wirklichkeit, mit
Vorbehalten gegen etablierte Zu- und Aufteilungen. Kulturwissenschaft ist in
diesem Verständnis eine Praxis des Anders-Sehens und des Hinhorchens auf
grenzwertige, ausgeschlossene oder vermeintlich minderwertige Akteure, Gegenstände, Praktiken, Materialien, Darstellungs- und Sprechweisen, Symbole und
Imaginationen.[49]

   Mieke Bal hat vorgeschlagen, die Methode der interdisziplinären *Humanities* im Sinne einer „Begriffsentwicklung" zu fassen.[50] Die methodologische Basis
dieses Fächerverbunds bildet demnach nicht eine spezifische Arbeits- oder

---

47 Lauren Berlant, *The Queen of America goes to Washington City.* Durham: Duke University
Press, 1997.
48 Vgl. ebd.
49 Ein Verständnis von Artikulation, einschließlich Dis-Artikulation und Re-Artikulation, als
kulturwissenschaftliche Methode, die sich gleichrangig auf sprachliche, symbolische, bildliche
wie auf materielle, dingliche und technische Wirklichkeiten bezieht, hat Lawrence Grossberg
entwickelt. Vgl. Lawrence Grossberg, *We Gotta Get Out of this Place: Popular Conservatism and
Postmodern Culture.* New York: Routledge, 1992.
50 Mieke Bal, *Travelling Concepts in the Humanities: A Rough Guide.* Toronto: University of Toronto Press, 2002.

Analysemethode, sondern der Begriff. Kulturwissenschaftliche Analyse bedeutet, so gesehen, eine Sensibilität für den vorläufigen und transitorischen Charakter von Begriffen. Bal beschreibt dies mit der Idee der *travelling concepts:* dass Begriffe durch Sachgebiete und Anwendungsfelder „wandern", Bedeutungen mitnehmen, wechseln, transformieren, Neues aufnehmen und somit zu transversalen Vermittlern und Verdichtern werden.[51] Es geht dabei um die Verbindung und das Quer- und Gegeneinander-Lesen von Begriffen, und um das Neukonstellieren von Ideen, Konzepten und Beispielen, in Tuchfühlung mit Phänomenen der kulturellen Wirklichkeit, die sich etablierten Beschreibungen und Kategorien nicht ohne weiteres fügen. Die Forschungsfrage nach den politischen Szenen des Mülls arbeite ich anhand theoretischer Begriffe ebenso ab, wie anhand konkreter Beispiele und Phänomene.

Aufbau und Kapitelübersicht

Das Buch ist in drei Teile gegliedert, die jeweils eine kulturelle Figuration des Mülls näher beschreiben: *Intimitäten des Mülls, Eigensinnigkeiten des Mülls* und *Zukünfte des Mülls.* Es handelt sich nicht um eine chronologische Darstellung, auch wenn sie sich vom 20. Jahrhundert bis in die Gegenwart fragmentarisch bewegt. Im Fokus stehen jeweils unterschiedliche historische, wie auch gegenwärtige Schauplätze.

Der erste Teil – *Intimitäten des Mülls* – geht der Frage nach, wie Abfall als eine Kategorie der Grenzziehung fungiert. Es widmet sich den materiellen und symbolischen Domestizierungen von Müll, ebenso wie der metonymischen Dimensionen von Abfall. Im ersten Kapitel (1.) geht es um die Untersuchung von Ratgeberliteratur für „effizientes Haushalten" um 1920 in Deutschland und in den USA. Mit Blick auf Christine Fredericks *Scientific Housekeeping* (1913) und der von Margarete Schütte-Lihotzky entworfenen *Frankfurter Küche* (1926) geht es um die exklusiven Logiken des Abfalls und der Verschwendung, die in den Sphären des Hauses zum Ausdruck kommen. Im daran anschließenden Kapitel (2.) rücken kulturelle Motive des Hauses für die Aufbewahrung von Müll in den Fokus, beispielsweise die Verkapselung und Einschließung von Abfällen in Müllschränken, Müllboxen und „Müllschluckern". Schließlich handelt das darauffolgende Kapitel (3.) von den metonymischen Übertragungen des Abfalls auf Menschen in der Absicht, ihnen einen Platz in der Ordnung des Sozialen zuzuweisen.

---

51 Ebd.

Im zweiten Teil stehen die *Eigensinnigkeiten des Mülls* im Vordergrund. Ausgehend von Sara Ahmeds Formulierung des Eigensinnigen in ihrem Buch *Willful Subjects* (2014) geht es um die vielfältigen Formen von Protest und Komplizenschaft, die zwischen Menschen und Motiven des Abfalls entstehen. Mit Blick auf die Figur des müllsammelnden „Messies" stehen zunächst die Anomalien des Entsorgens im Vordergrund (4.). Daran anschließend geht es um kulturelle und soziale Performativität der Mülldeponie als ein Ort, an dem Hausmüll weiter existiert (5.). Schließlich stehen im daran anschließenden Kapitel (6.) die widerständigen Praktiken von fiktionalen und realen Müllsammler*innen im Vordergrund. Dabei stehen die eigensinnigen Bedeutungen, Verwandlungen und Metamorphosen des Abfalls im Fokus der Betrachtung; sowie die Art und Weise, wie Abfall zu einer Ressource für Formen der Subjektivierung wird und in affektive Allianzen eintreten kann.

Schließlich rückt im dritten Teil der Fokus auf die *Zukünfte des Mülls*. An dieser Stelle geht es um die Utopien, Zukunftsvorstellungen und Lebensentwürfe bis hin zu den Todesbildern, die sich ausgehend von Themen der Nachhaltigkeit und Fragen des Mülls entwickeln. Zunächst geht es um die Frage, wie der Müll als ein post-apokalyptisches Motiv auftaucht (7.). Anschließend geht es darum, wie im Kontext von Zero-Waste-Bewegungen Spuren des menschlichen Lebens ausgehandelt werden und spezifische Objekte, wie das Einmachglas, das das Müllaufkommen eines ganzen Jahres fassen soll, als Vorreiter einer neuen Müll-Kultur gefeiert werden (8.). Die Untersuchung schließt mit einem Blick auf den gegenwärtigen Diskurs um Toxizität und Schadstoffe in menschlichen Körpern (9.). Dabei werde ich herausarbeiten, wie und unter welchen Umständen Müll zu einer symbolischen und politischen Streitsache wird.

Teil I: **Intimitäten des Mülls**

Because, she thought, as she fixed the pails to the yoke, ducked into it, and staggered upright, really no one should have to deal with another person's dirty linen. The young ladies might behave like they were smooth and sealed as alabaster statues underneath their clothes, but then they would drop their soiled shifts on the bedchamber floor, to be whisked away and cleansed, and would thus reveal themselves to be the frail, leaking, forked bodily creatures that they really were. Perhaps that was why they spoke instructions at her from behind an embroidery hoop or over the top of a book: she had scrubbed away their sweat, their stains, their monthly blood; she knew they weren't as rarefied as angels, and so they just couldn't look her in the eye.[52]

Jo Baker, *Longbourn*

Das sind die Worte von Sarah, Dienstmädchen und Protagonistin in Jo Bakers *Longbourn: The Servants Story* (2014) – ein Roman, der Jane Austens *Stolz und Vorurteil* (1813) aus Sicht der Dienerschaft neu erzählt. Diese Passage gibt einen Einblick in die fiktive Gedankenwelt der jungen Frau, deren Lebensalltag darin besteht, die organischen Spuren zu entfernen, die jene hinterlassen, für die sie arbeitet. Sarah wäscht Kleider, schrubbt Böden, reinigt Bettlaken von Blut und Schweiß und entfernt Essensreste. Wenn sie den Nachttopf morgens entleert, konzentriert sie sich darauf, möglichst viel Abstand zu dem abstoßenden Inhalt einzuhalten. Beim Reinigen des Topfes fragt sie sich, wieso es ihr Schicksal ist, sich um die Fäkalien und Abfälle der anderen zu kümmern. Sie kommt, wie Baker es im Roman formuliert, zu dem Schluss: „If this was her duty, then she wanted someone else's".[53]

Longbourn handelt von den alltäglichen Arbeiten, die im Hintergrund des Geschehens von Jane Austens *Stolz und Vorurteil* erledigt werden, und von jenen, die sie verrichten. Jo Baker erzählt eine bekannte Geschichte auf neue Weise. Der Roman porträtiert den Aufwand und die Mühen, die darin bestehen, jene Welt aufrechtzuerhalten, die als Bestseller in die Geschichte der Literatur eingegangen ist und um Elizabeth Bennet und Fitzwilliam Darcy kreist.

Zwar geht mit der Nähe zu Schmutz und Abfall auch die soziale Stellung im Hause Longbourn einher; die soziale Position, die Sarah zugewiesen wird, bestimmt aber nicht alles, was ihr widerfährt. Während Bennett und Darcy in den oberen Geschossen der Wohnung flirten, durchlebt sie ihre eigenen Abenteuer. Der ihr zugewiesene Platz in der Hierarchie des Hauses verschiebt sich in den konspirativen Passagen des Romans, in denen Sarah die Stimme ist, durch die der täglich entstehende Schmutz und Abfall ein verdrängtes, geheimes Wissen um das poröse Leben der höheren Herrschaften an die Oberfläche bringt. In der Arbeit mit Schmutz und Abfall sieht sie Dinge, die ihre Arbeitgeber lieber geheim halten

---

52 Jo Baker, *Longbourn: The Servants' Story.* New York: Random House, 2014, S. 4.
53 Ebd., S. 151.

würden. Die soziale Ordnung mag vorschreiben, dass ihre Position niedrig ist, aber die Reste, die Sarah beseitigt, decken auf, inwiefern jene, die in den oberen Geschossen wohnen, wie sie selbst, „forked, bodily creatures", verwundbare und endliche Wesen sind. Bakers Roman macht es evident: Müll ist eine intime Angelegenheit. Was auch immer mit den Speiseresten, Körperflüssigkeiten und Spuren passiert, die im Alltag übrigbleiben, und wie auch immer sie beseitigt werden – sei es mithilfe der Klospülung, des Küchenabflusses oder der Müllabfuhr –, Abfälle sind Zeugnisse des alltäglichen Lebens. Und: sie sind dabei alles andere als neutral. Abfälle schaffen ambivalente Abhängigkeiten.

In ihrer zum Klassiker gewordenen Untersuchung *Reinheit und Gefährdung* aus dem Jahr 1966 hat Mary Douglas auf die sozialen und kulturellen Bedingungen hingewiesen, die der Wahrnehmung von Schmutz *als* Schmutz vorausgehen. Douglas entwickelt darin die These, dass die Zuschreibungen „schmutzig" oder „unrein" nur innerhalb kultureller Ordnungen Sinn ergeben. Die Definition von „Schmutz", die Douglas bereithält, ist eine, die Sozialität räumlich denkt: Ob etwas schmutzig ist oder nicht hängt demnach davon ab, wo es sich befindet. Schmutz oder Abfall ist *matter out of place*, wie es die Anthropologin formuliert. Etwas ist dann schmutzig, wenn es sich von seinem vorgesehenen Platz entfernt. Unreinheit, so folgert Douglas, ist nie etwas Isoliertes, sondern sie hat immer etwas mit unzulässigen Vermischungen zu tun. Die gibt es aber nur dort, wo auch positiv nach ausgewählten Kriterien unterschieden wird: „Wo es keine Differenzierung gibt, gibt es auch keine Verunreinigung".[54] Diese Ordnung der Reinheit ist in historische – oftmals misogyne und rassistische –, Kontexte eingebunden.

Douglas verweist zum Beispiel darauf, dass die weibliche Sexualität und der weibliche Körper im Allgemeinen kulturell in die Nähe des Schmutzigen gestellt und tabuisiert werden. Ausgehend von Menstruation und Mutterschaft werden weibliche Körper als „undicht" und porös imaginiert. Diese Ideen von einer spezifisch weiblichen Unreinheit kommen auch in der oben zitierten Passage aus *Longbourn* zum Ausdruck, wenn die weiblichen Bewohnerinnen als jene gekennzeichnet werden, deren Körper regelmäßig die Grenze zwischen rein und unrein überschreiten, und „leaking bodies" schlechthin symbolisieren. Die kulturelle Verortung von weiblicher Sexualität in der Nähe des Unreinen ist Bestandteil einer langen misogynen Tradition, die Frauen für ihre angeblich exzessiven Körper verurteilt.[55]

---

54 Mary Douglas, *Reinheit und Gefährdung.* Berlin: Reimer, 1985 (1966), S. 208.
55 Vgl. Mary Russo, *The Female Grotesque: Risk, Excess, and Modernity.* New York: Routledge, 1995. Vgl. auch Cohen, „Introduction", in: William Cohen / Ryan Johnson (Hrsg.). *Filth. Dirt, Disgust, and Modern Life.* Minneapolis, MN: University of Minnesota Press, 2004, S. vii – xxxvii; hier S. xii.

In *The Powers of Horror: An Essay on Abjection* (1982) entwickelt Julia Kristeva die These von Douglas weiter, wonach Dinge nicht an und für sich schmutzig oder ekelhaft sind, sondern erst in sozialen und kulturellen Kontexten zu solchen werden.[56] Kristeva beschreibt den von ihr sogenannten Vorgang der Abjektion als einen sozialen und psychologischen Prozess, bei dem Körperflüssigkeiten und Essensreste starke unmittelbare Gefühle wie Entsetzen, Verachtung und Verabscheuung hervorbringen. Kristeva entwickelt eine psychoanalytische Theorie, in der die Erfahrungen von weiblichen Körpern, wie Geburt und Menstruation, Insignien der Abjektion darstellen. Vorgänge der Abjektion, und Reaktionen von Ekel und Aversion, symbolisieren demnach die fundamentale Vulnerabilität menschlicher Körper. Die menschliche Leiche beschreibt Kristeva als „the utmost form of abjection".[57] So wie der Kadaver – ein Wort, das von *cadere*, Herunterfallen, stammt – den Tod ankündigt, so seien auch verfaulte Reste, blutende Hände oder geronnene Milch für Kristeva Sinnbilder des Todes:

> A wound with blood and pus, or the sickly, acrid smell of sweat, of decay, does not signify death. In the presence of signified death – a flat encephalograph, for instance – I would understand, react, or accept. No, as in true theater, without makeup or masks, refuse and corpses show me what I permanently thrust aside in order to live. These body fluids, this defilement, this shit are what life withstands, hardly and with difficulty, on the part of death. There, I am at the border of my condition as a living being. My body extricates itself, as being alive, from that border. Such wastes drop so that I might live, until, from loss to loss, nothing remains in me and my entire body falls beyond the limit – cadere, cadaver.[58]

Wie das Tabu bei Douglas steht das Abjekt bei Kristeva sinnbildlich für all das, was nicht sichtbar und sagbar ist, und dennoch jegliche Erfahrung prägt. Abjektion ist für Kristeva eine Grenze, eine Schwelle, und „abjection is above all ambiguity".[59] So gesehen ist es nicht ein Mangel von Sauberkeit oder Gesundheit, der eine Grenzziehung zwischen Subjekt und Abjekt begründet, sondern das, was die Identität durcheinanderbringt, was eine gegebene soziale Ordnung bedroht und verschiebt: „What does not respect borders, positions, rules. The in-between, the ambiguous, the composite. The traitor, the liar, the criminal with a good conscience".[60] Es ist die Verschiebung und Durcheinanderbringung der sozialen, symbolischen und logischen Parameter, die Abjektion auszeichnet. „Abjection

---

56 Julia Kristeva, *The Powers of Horror. An Essay on Abjection.* New York: Columbia University Press, 1982.
57 Julia Kristeva, „Approaching Abjection", in: Neil Badmington / Julia Thomas (Hrsg.). *Cultural Theory Reader.* New York: Routledge, 2008 [1980], S. 245–266; S. 247.
58 Ebd.
59 Ebd., S. 251.
60 Ebd., S. 247.

[...] is immoral, sinister, scheming, and shady: a terror that dissembles, a hatred that smiles, a passion that uses the body for barter instead of inflaming it, a debtor who sells you up, a friend who stabs you".[61]

Das Abjekt ist insofern das, was außen vor ist, was Ordnungen dadurch prägt, dass es in ihnen nicht vorgesehen ist. Somit ist es kein Zufall, dass das, was ausgeschlossen wird von der Wahrnehmung, was als niedrig, schmutzig, eklig gilt, oft wesentlich ist für kulturelle Selbstbeschreibungen.[62] Die Logik der Abjektion hat dabei vielfältige soziale und kulturelle Ausdrucksformen, die über die Wahrnehmung von materiellen Objekten hinausgehen.[63] Auch Orte, Personen und Erfahrungen können aus dieser Perspektive thematisiert werden: als prägende Leerstellen in kulturellen Erzählungen und Imaginationen.[64] Dazu gehören auch die unverfügbaren Aufzeichnungen und ausradierten Historizitäten von Dienstarbeit. Jene, die den Schmutz und die Reste von anderen beseitigen, tauchen oftmals nur noch als Sedimente und geisterhafte Spuren der Geschichte auf.

Dazu ein Beispiel: 1941 begann Virginia Woolf eine Geschichte zu schreiben, die sich in einem Klosett für Frauen in der Nähe eines Restaurants an der Meeresküste zuträgt. In dem ersten Entwurf beobachtet eine *lavatory attendant* (Toiletten-Aufseherin) die anderen Charaktere. Wie würden die Memoiren dieser Frau aussehen, was hätte sie erlebt und was hätte sie zu sagen gehabt, fragt sich Woolf. Im zweiten Entwurf, nachdem Woolf die Geschichte überarbeitet hat, ist diese Aufseherin, „part-muse, part-artist", wie Allison Light in ihrer Studie zu Virginia Woolf schreibt, verschwunden. Den Entwurf hat Woolf schließlich in eine kurze Szene gewandelt, mit dem poetischen und mehrdeutigen Titel *The Watering Place*. Die Figur der Toiletten-Aufseherin ist aus dieser Fassung verschwunden. Sie prägt die Kurzgeschichte nur noch als geisterhafte Spur.

In ihrer historischen Studie über die Rolle von Dienstboten in der Literatur von Virginia Woolf, beschäftigt sich Allison Light mit dem spannungsreichen Verhältnis zwischen Woolf und ihren Haushälterinnen. Mit Blick auf die ausradierte Passage in Woolfs *The Watering Place* schreibt Light: „The shadowy outlines of the poor and of servants can be seen in many of the earlier versions of Woolf's work", und stellt die Frage: „Why did she so often blue-pencil them out?"

---

61 Ebd.

62 Vgl. Cohen, „Introduction", in: Cohen / Johnson (Hrsg.). *Filth. Dirt, Disgust, and Modern Life*, S. xvi.

63 Vgl. David Sibley, *Geographies of Exclusion: Society and Difference in the West*. New York: Routledge, 1995; sowie auch Anne McClintock, *Imperial Leather: Race, Gender, and Sexuality in the Colonial Contest*. New York: Routledge, 1995.

64 Vgl. Vinay Gidwani / Rajyashree N. Reddy, „The Afterlives of 'Waste': Notes from India for a Minor History of Capitalist Surplus", in: *Antipode* 43 (2011), S. 1625–1658.

Light geht von folgendem Gedanken aus: „[Woolf] was driven by the urgent need to handle and reshape what she found unaesthetic, even repulsive, especially when it concerned the life of the body."[65]

Die häuslichen Arbeiten – Kochen, Saubermachen, den Reste entfernen – spielen sich im viktorianischen wie im modernen Haushalt fernab der nach außen hin sichtbaren, oftmals repräsentativ „herausgeputzten" Wohnräume ab. Der Keller, der Dachboden, die marginalen Orte des Hauses sind die Wohn- und Schlafräume der Bediensteten und die Aufenthaltsorte der Objekte und Reste, die bei der alltäglichen Arbeit übrigbleiben. „Without all the domestic care and hard work which servants provided there would have been no art, no writing, no 'Bloomsbury'", bemerkt Light über das Verhältnis von Virginia Woolf zu ihren Haushälterinnen.[66] In Woolfs Schriften sind Dienstboten sichtbar und unsichtbar zugleich, sie gehören zur Familie – oder vielmehr zum *Haus* – sie sind aber zugleich Außenstehende. Sie organisieren die notwendigen Belange des Alltags und führen damit aber die Abhängigkeit der Hausbewohner*innen von ihrer Arbeit vor.

Light macht deutlich, dass Woolf immer wieder Versuche anstellte, das Leben der Dienstangestellten und der *poor working class* in ihren Werken zu verarbeiten. Aber ein Buch über Dienstboten hat Virginia Woolf nie geschrieben. Das liegt vielleicht auch daran, weil es eine subtile Umkehrung der Positionen, und damit eine explizitere „Personalisierung" und auch Identifizierung mit jenen, die den Schmutz beseitigen, erfordert hätte. Jedenfalls lässt sich die ambivalente Haltung gegenüber Dienstangestellten erahnen, die sich durch das Werk von Woolf zieht, ebenso wie durch die Theoriegeschichte von „Hausarbeit".

Vielleicht erinnern die häuslichen Bediensteten ihre wohlhabenden Arbeitgeber*innen zu sehr an ihre eigene Körperlichkeit, und damit an ihre Verletzlichkeit und Vergänglichkeit, wie Jo Bakers Sarah vermutet. Die Figur der häuslichen Bediensteten scheint wie die Dinge, mit denen sie während ihrer Arbeit zu tun hat, von einer sozialen und historischen Negativität markiert. Sie prägt den Blick auf Reinigungs- und Dienstarbeit durch eine geisterhafte Abwesenheit ihrer eigenen Stimme. Währenddessen gestaltet sich der sogenannte Dienstbotendiskurs zum Dreh- und Angelpunkt der Rationalisierung des Haushalts im 20. Jahrhundert.

Dieser erste Teil der Untersuchung zu den *Intimitäten des Mülls* widmet sich dem häuslichen Eigenleben des Mülls, den materiellen und symbolischen Do-

---

65 Allison Light, *Mrs. Woolf and the Servants: An intimate History of Domestic Life in Bloomsbury.* New York: Bloomsbury, 2008, S. xix.
66 Ebd., S. xvii.

mestizierungen des Abfalls, ebenso wie der metonymischen Übertragung von Bedeutungen des Abfalls auf Menschen, um ihre Körper wie Objekte zu gebrauchen, verfügbar zu machen und zu zerstören. Es geht in den drei Kapiteln dieses ersten Teils um die Art und Weise, wie Formen der alltäglichen Exklusion anhand der Kategorie Müll entstehen, und welche Rolle Intimität und Nähe dabei spielen.

Die folgenden drei Episoden werden punktuell, in Form von historischen Momentaufnahmen und Szenen, betrachtet: Zunächst geht es um die US-amerikanische und deutsche Haushaltsliteratur um 1920 und 1930, und die darin zum Ausdruck kommenden Logiken von Effizienz und Verschwendung (Kapitel 1). Anschließend geht es um die Architekturen und Fassaden des Abfalls, die in der Nachkriegszeit in Deutschland entstehen (Kapitel 2). Schließlich wird die Frage nach der strukturellen Ungleichheit und Gewalt Thema, die sich in Formen der sozialen Abjektion ausdrücken (Kapitel 3). In der Ausarbeitung dieser Frage greife ich auf Jacques Rancières Denkfigur einer *Aufteilung des Sinnlichen* zurück, um die Verhältnisse, Zuschreibungen und Abstände, die im Kontext von Abfall entstehen, zu untersuchen. Es geht darum zu erkunden, wie Müll als eine intime und persönliche Sache mit strukturellen und kulturellen Systemen der Ungleichheit verbunden ist. Das alltägliche, häusliche Leben wird dabei zum Kontext, in dem diskutiert und verhandelt wird, was wertvoll und wertlos ist, was verschwenderisch und was effizient ist. Dabei geht es um eine Erkundung dessen, wie Abfall Grenzen zieht, die gleichermaßen physisch und imaginär, unmittelbar und politisch sind; und wie diese Grenzen kulturelle Übergänge und Schwellen markieren.

1 Weniger ist mehr: Kalkül der Verschwendung

The home problem for the woman of wealth is simple: it is solved. Money, enough of it, will always buy service, just as it can procure the best in any other regard. The home problem for the women of the very poor is also fairly simple. The women of the poor themselves come from the class of servants. Their homemaking is far less complex, their tastes simple, and society demands no appearance-standard from them. (...) The problem, the real issue, confronts the middle-class woman of slight strength and still slighter means, and of whom society expects so much – the wives of ministers on small salary, wives of bank clerks, shoe salesmen, college professors, and young men in various businesses starting to make their way.[67]

Christine Frederick

In dieser Passage aus ihrem 1912 erstmals publizierten Ratgeberbuch zum *New Housekeeping* macht Christine Frederick unmissverständlich klar, an wen sich ihre Ratschläge zum modernen Haushalten richten. Hausarbeit wird gemäß Frederick erst dann zu einem Problem, wenn sie von Ehefrauen der *weißen* amerikanischen Mittelschicht ausgeübt wird. Christine Frederick proklamiert die Befreiung von Strapazen der Hausarbeit durch Prinzipien der Standardisierung nach Vorbild von Frederick Taylor. Exakte Berechnungen von Arbeitsschritten sollen überflüssige („wasteful") Bewegungen im Raum verhindern und die alltägliche Reinigungs- und Versorgungsabreiten von der Mühseligkeit, Zeit und Energie, die sie kosten, befreien.[68] Dabei spielt der Bedeutungshorizont der englischen Bezeichnung *waste*, was Verschwendung oder Abfall bedeuten kann, eine wesentliche Rolle. *Waste* kann sich auf die Wertlosigkeit von Dingen ebenso wie auf die Sinnlosigkeit von Tätigkeiten beziehen. So taucht in Christine Fredericks Büchern *waste* einerseits im Sinne des tayloristischen Produktionsideals als ein Verlust von „Kosten" auf, sei es Zeit, Bewegung oder Arbeit – angewendet auf die Reproduktionsarbeiten des Hauses – und andererseits wird unter dem Stichwort *creative waste* ein neues ökonomisches Modell propagiert, das sich an die *weißen* Hausfrauen Amerikas wendet, um sie zum Kaufen (und zum Wegwerfen) von Produkten zu bewegen. Diese Entwicklungen werden im Folgenden auf ihre exklusiven Teile – also mit Blick auf das, was den Hintergrund und Kontext dieser „waste" und Rationalisierungsbewegungen ausmacht – diskutiert. Dabei soll vor

---

67 Christine Frederick, *The New Housekeeping: Efficiency Studies in Home Management*. Garden City, New York: Doubleday Management, 1919, S. 11 f.

68 Vgl. Christine Frederick, *Household Engineering: Scientific Management in the Home*. Chicago: American School of Home Economics, 1920; vgl. auch Ellen Lupton / Abott J Miller, *The Kitchen, the Bathroom, and the Aesthetics of Waste: A Process of Elimination*. New York: Princeton Architectural Press, 1992, S. 7.

https://doi.org/10.1515/9783110613360-005

allem herausgearbeitet werden, inwiefern die Figur von *waste*, die Doppelbedeutung von Abfall und Verschwendung, Ambivalenzen des Mülls vorwegnimmt.

Das folgende Kapitel blickt auf zwei zentrale Momente der Geschichte des „rationellen" Haushaltens: auf Christine Fredericks Ratgeberbücher zu *Efficiency in the Home* (1912) und auf die Frankfurter Küche, die Margarete Schütte-Lihotzky 1926 im Rahmen eines groß angelegten Wohnprojektes in Frankfurt entwickelte. Es geht mir dabei um eine Untersuchung der kulturellen Imaginationen von Geschlecht und Effizienz, von Instruktion und Verausgabung, die den Diskurs der Haushaltsführung zu Beginn des 20. Jahrhunderts prägen. Wann und wie werden biologische Vorgänge und geschlechtsspezifische Körper-Bilder in den entstehenden Wohnarchitekturen relevant? Wie vollzieht sich dabei die Grenzziehung zwischen natürlichen und technischen Abläufen? Und welche Rolle spielt Abfall als materielle oder symbolische Figur für Zukunftsvisionen und Narrative von Modernität? Ziel ist es, zu analysieren, inwiefern die Entwicklung von standardisierten Räumen Hausarbeit als feminine Tätigkeit kodiert und als Dienstarbeit naturalisiert. Zunächst soll ein kurzer Blick auf den US-Amerikanischen Entstehungskontext geworfen werden, der das Design der Frankfurter Küche anregte. Anschließend geht es um die Modellierung der rationellen Küche nach hygienischen, digestiven und raumökonomischen Prinzipien, und das ambivalente Verhältnis zu Geschlechterordnungen, das sich darin äußert.

Mit der Frage nach der Organisation des Haushaltes verhandelt die US-amerikanische Ratgeberliteratur eine Reihe verschiedener Themen: Sauberkeit und Hygiene, Arbeitserleichterung und Leistungssteigerung, aber auch Erziehung, Bildung und Modernisierung. So versteht Catherine E. Beecher in ihrem einflussreichen *Treatise on Domestic Economy* (1841) den Bereich des Häuslichen als Kern allen gesellschaftlichen Lebens. Ein ausgeglichener Haushalt ist für Beecher die Grundlage des Wohlergehens der US-amerikanischen Bevölkerung. Es ist die Idee einer Optimierung des Menschen durch Veränderungen der Umwelt – im Sinne der häuslichen „Umwelt", in der das Leben in seiner ganzen Spannweite stattfindet. Ein halbes Jahrhundert später beschäftigt sich die Chemikerin Ellen Richards in *The Cost of Shelter* (1905) mit der Verbesserung von Arbeits- und Lebensbedingungen im Haushalt unter dem Stichwort *Euthenics* – ein Wort, das im 19. Jahrhundert entsteht und vom altgriechischen „eutheneien" stammt, was florieren oder gedeihen bedeutet. Ein Artikel von 1926 in der *New York Times* kündigt ein Sommerprogramm im Fach *euthenics* am *Vassar College* mit der Frage an: „Why do women fail to apply the same efficiency in the home that men find successful in business?". *Euthenics*, so der Artikel, bedeutet letztlich nichts anderes als die Lehre einer effizienten Lebensführung. Jene, deren gebürtiges Los es ist, *Home-Making* zu betreiben, sollen dies professionell erlernen. „It is now time for women's colleges [...] to train women for their business of living."[69]

Ausgangspunkt der Ratgeberzeitschriften und Bücher zur Haushaltsführung ist immer wieder die sogenannte *Dienstbotenfrage*. Ausgehend von einem weithin proklamierten Mangel an Dienstangestellten befassen sich Zeitschriften, wie das *Ladies' Home Journal*, mit der Umgestaltung von Hausarbeit.[70] Damit bleibt die Annahme unausgesprochen, dass Hausarbeit, vor allem dann, wenn sie mühevoll ist, eine Dienstarbeit ist; etwas, das *andere* erledigen – und zwar jene, die von Geburt an mit einem niederen sozialen Status versehen sind. In dem Moment, als die US-amerikanischen *home economists* den Haushalt in eine Sphäre der zeit- und angeblich arbeitssparenden Profession umwandeln wollen, tauchen *Dienstboten* als rhetorische Figuren auf, um den Bruch mit der Vergangenheit zu thematisieren. Die kulturellen Imaginationen von Armut und Privileg, von pathologischer und gesunder Hauswirtschaft, von Herrschen und Dienen, die sich in der Dienstbotenfrage abzeichnen, bleiben Dreh- und Angelpunkt der Rationalisierungsbewegungen. Auch Christine Frederick führt den sozialen Status und die Dienstarbeit als Ausgangsproblematik in ihren Ratgeber an.

Beeinflusst von Beechers *Treatise,* entwickelt Christine Frederick mit ihrem 1912 erstmals publizierten *The New Housekeeping: Efficiency Studies in the Home* ein Standardwerk der Ratgeberliteratur zum Thema Modernisierung und Effizienzsteigerung im Haushalt. Zu einer Zeit, in der die Steigerung von Effizienz als Universalmaßnahme für die Modernisierung der amerikanischen Gesellschaft gilt, proklamiert Frederick die Befreiung von den Lasten und Strapazen der Hausarbeit durch Prinzipien der Standardisierung nach Vorbild von Frederick Taylor. Es sind Vorstellungen von Rentabilität und Effizienz, die sich an der analytischen Zergliederung komplexer Arbeitsprozesse in einzelne Arbeitsschritte orientieren. Dazu entwickelt Frederick ein prototypisches Küchenlabor: die *Applecroft Home Experiment Station* in Greenlawn, New York. Mittels Zeit- und Bewegungsstudien misst Frederick die Abstände zwischen Arbeitsplatten, Spüle und Schränken und berechnet die Zeit und die Schritte, die nötig sind, um Mahlzeiten zu kochen oder Geschirr abzuräumen. Frederick wandelt den häuslichen Alltag in einen Rhythmus von Stufen und Etappen, um die im Haus verbrachte Zeit genau zu messen, zu teilen und zu ordnen. Es ist eine Transformation

---

69 Rose C. Feld, „Vassar Girls to study Home-Making as Career: New Course in Euthenics, the Science of Human Betterment, will adjust women ot he Needs of Today and Act as a check on the Spread of Divorce", *The New York Times*, 23. Mai 1926.
70 Vgl. Lupton / Miller, *The Kitchen, the Bathroom, and the Aesthetics of Waste*, S. 14 f.

der Küche in einen Raum von exakter Wissenschaft.[71] Frederick betont die Professionalität und Unternehmerschaft der Haushaltsführung, sowie die Anschaffung von zeitsparenden Küchenausstattungen und Geräten, die das Kochen, Waschen etc. quasi wie von selbst erledigen, und verspricht die Erlösung von der Fron banaler, körperlich anstrengender Tätigkeiten.[72] Im Zentrum von Fredericks Visionen steht die Idee, die Küche in eine Fabrik umzuwandeln – eine Fabrik, die müheloses Arbeiten und erfüllende Tätigkeiten garantieren soll.[73] Frederick überträgt Methoden des Ingenieurbetriebs auf den Bereich des Hauses, nicht zuletzt, um den Status der Hausarbeit von Care-Arbeit auf Ingenieurarbeit zu erhöhen, ohne sich durch die dazugehörige Frage des Lohnes, der die berufliche Tätigkeit auszeichnet, beunruhigen zu lassen.

Frederick wandelt den häuslichen Alltag in einen Rhythmus von Stufen und Etappen, um die im Haus verbrachte Zeit genau zu messen, zu teilen und zu ordnen.[74] Dabei betont sie, dass ein zentrales Problem des zeitverschwenderischen Haushaltens darin liege, dass die Arbeit in der Küche im Grunde aus zwei unterschiedlichen Prozessen bestehe:

> In planning for any kitchen, I have found, after close study, that there are just two main processes in all kitchen work. Every task done, peeling potatoes or washing a skillet, can be divided clearly under one or the other group. One group is those processes which prepare the meal; the second group is those processes which clear away the meal. Each of these processes covers distinct equipment. The reason for so much inefficiency in kitchen work is almost solely because these two processes are not kept separate, and because, particularly, the equipment of each process is not kept together.[75]

Die Aufteilung der Hausarbeit in zwei voneinander getrennte Prozesse, in die Zubereitung von Speisen und in die Reinigungs- und Beseitigungsarbeit, taucht hier als eine wesentliche Grundvoraussetzung für den standardisierten Haushalt auf. Genauer gesagt, das Entfernen der Reste, das Wegräumen der schmutzigen Teller und des Geschirrs, sollte Frederick zufolge strenger als eine Einheit

---

71 Christine Frederick, *The New Housekeeping: Efficiency Studies in Home Management.* New York, NY, 1919 [1913], S. 101.
72 Vgl. Christine Frederick, *Meals that Cook themselves and Cut the Costs.* New Haven: Sentinel Manufacturing Co., 1915.
73 Frederick beschreibt das Haushalten als einen selbstständigen Beruf: „Housework, the science of home-making and motherhood, if followed out on an efficient plan, can be the most glorious career open to any woman – one that will not stultify nor degrade, but which offers her peculiar talents their widest and most varied scope.“ Frederick (1919), *The New Housekeeping*, S. 101.
74 Vgl. Frederick, *The New Housekeeping*, S. 48.
75 Ebd.

gesehen, als etwas durchaus Eigenes im Haushalt wahrgenommen werden. Der Schlüssel zum richtigen „Gebrauch" der Zeit liegt somit in einer grundlegenden Veränderung der eigenen Wahrnehmung: „The working out of the proper arrangement of my kitchen is only a means to proper ‚dispatching' of both processes of preparing and clearing away a meal."[76] Versorgung und Entsorgung treten hier als getrennte Einheiten auf, die verschiedenes *Equipment* erfordern. Fredericks Lehren der Haushaltsführung setzen also eine Trennung zwischen der Zubereitung von Speisen und dem Wegräumen der Reste voraus – und schaffen somit eine konzeptuelle Grundlage, um die anfallenden Reste des Tages als etwas für sich Stehendes, mit einer eigenen räumlichen Einteilung, mit eigenen zeitlichen Bewegungsmustern und eigener Abwicklung zu verstehen.

Damit gehen spezifische Vorstellungen vom angemessenen Umgang mit Abfall und Speiseresten einher. Das Entsorgen von Abfall versteht Frederick als lästiges, aber notwendiges Übel in der täglichen Routine: „Another minor detail is the emptying of garbage, and cleaning of the pail. If this is not provided for, other work will be interrupted by this unpleasant task."[77] An dieser Stelle betont Frederick die Wichtigkeit des kontinuierlichen Entsorgens des angesammelten Hausmülls aus der Küche – eine unangenehme Tätigkeit, wie sie bemerkt – mit der Begründung, dass das Wegräumen der Nahrungsreste, den anderen, wichtigeren, Aufgaben des Haushaltens nicht im Wege stehen sollte. Frederick deutet hier an, dass Entsorgen und Wegwerfen – die Präsenz des Abfalls in der Küche – eine notwendige, wenn auch unangenehme Aufgabe ist, die für das Aufrechterhalten der Ordnung des Hauses wesentlich ist. Das Entsorgen von Abfall taucht in Fredericks Ratgebern als ein Bestandteil der täglichen Routine auf – als grundlegende Voraussetzung dafür, dass *alles andere* funktioniert und ein geregelter Alltag möglich ist.

1.1 *Creative Waste*

In ihrem zehn Jahre später erschienenen *Selling Mrs. Consumer* entfaltet Christine Frederick eine ausgeklügelte Vision zur Rolle von Abfall, Verschwendung und ökonomischer Rationalität im Haus. In diesem Ratgeberbuch, in dem die Autorin *weiße* amerikanische Hausfrauen, in erster Linie als *Konsumentinnen*, spricht Frederick der Entstehung von Abfällen explizit einen eigenen adressiert, ökono-

---

76 Ebd., S. 96.
77 Christine Frederick, *Household Engineering: Scientific Management in the Home*. Chicago: American School of Home Economics, 1920, S. 75.

mischen Wert zu. Mit *creative waste* bezeichnet Frederick eine Form von Müll, die nicht zerstörerisch, sondern fördernd, wertvoll und kreativ ist – eine Vorstellung von Abfall als bedeutsamer Ressource. Vorstellungen einer natürlichen Warenökonomie und geplantem Überfluss konvergieren hier: „It is now time to assert and proclaim (...) a bold new policy, already in existence, without fear of being called extravagant and wasteful. This is the policy of creative waste in spending".[78] Christine Frederick führt in *Selling Mrs. Consumer* einen Unterschied zwischen ‚richtiger‘ Verschwendung und ‚*kreativer*‘ *Verschwendung* ein.[79] Kreative Verschwendung bestehe darin, Gegenstände, die fortwährend ersetzbar sind, auch wirklich zu ersetzen – zum Beispiel mit einem neueren oder besseren Produkt. „There isn't the slightest reason in the world why materials which are inexhaustibly replenishable should not be creatively 'wasted'", schreibt Frederick.[80] Die Entsorgung von älteren Gegenständen und ihre Ersetzung durch neuere, moderne Geräte im Haushalt, spart demnach nicht nur Arbeitszeit, sondern stärke auch die nationale Wirtschaft. Wohin die Dinge verschwinden, die kreativ entsorgt werden, bleibt dabei unklar.

Mit der Idee von *creative waste* wird die Entsorgung von Gütern als eine eigene Form von produktiver Tätigkeit beschrieben. Die Vorgänge des Wegwerfens tauchen hier als notwendige Bestandteile, ja als Triebkräfte der entstehenden Konsumindustrie auf. Darüber hinaus weist Frederick auf den sozialen Aspekt des kreativen Wegwerfens hin. Der Ersatz von Gütern durch neue Waren wird zum einen zu einer eigenen Form von produktiver Tätigkeit, die zudem auch vergnüglich ist. In *Selling Mrs. Consumer* führt Frederick einen patriotischen Imperativ des Verbrauchens ein und erklärt die ‚moderne Hausfrau‘ zum treibenden Motor der entstehenden Warenökonomie: „[...] the modern housewife has been forced by these industrial and economic changes into even a more responsible position, that of spender and buyer – she has become the purchasing agent of the home and of society."[81]

Susan Strasser weist in *Waste and Want: A Social History of Trash* darauf hin, dass Christine Frederick eine zentrale Rolle einnahm in der Propagierung von Konsumpraktiken und damit auch Anteil hatte daran, dass Müll sich zu einem treibenden Motor der Industrie im 20. Jahrhundert entwickelte. Materiell wie konzeptuell spielen Fragen des Verbrauchs, der Verschwendung und der Ent-

---

78 Christine Frederick, *Selling Mrs. Consumer*. New York: Sears Publishing Company, 1929, S. 79.
79 Janice Williams Rutherford, *Selling Mrs. Consumer. Christine Frederick and the Rise of Household Efficiency*. Athens, Georgia: University of Georgia Press, 2003, S. 150.
80 Frederick, *Selling Mrs. Consumer*, S. 81 ff.
81 Frederick, *Household Engineering*, S. 103.

sorgung eine zentrale Rolle in Fredericks Ratgebern. *Creative waste* entwickelt sich zum Schlagwort einer neuen Konsumkultur, die mit Ideen von *productive obsolence* einhergeht.[82] Strasser betont, dass die amerikanische Bevölkerung angeleitet, trainiert und überzeugt werden musste, ein neues Entsorgungsverhalten anzunehmen. So verhielt es sich zum Beispiel mit den ersten Einwegbinden, die 1921 unter dem Markennamen „Kotex" auf den Markt kamen.[83] „Even users of the most disposable of disposables – feminine sanitary napkins – had to be taught how to throw away their Kotex", bemerkt die Müllforscherin Max Liboiron.[84] Fredericks Ratgeber reihen sich in einen kulturellen Kontext ein, in dem Anleitungen zum Wegwerfen entstehen.

Strasser zeichnet die historischen Spuren des Mülls im Sinne einer Kehrseite der Geschichte westlicher Konsumindustrien nach.[85] Während es über Jahrhunderte hinweg üblich war, die im Haushalt entstehenden Abfälle (Kehricht, Asche, Schmutz, Fäkalien) in Eimern und Schüsseln zu sammeln, um diese an den Randzonen des Hauses, auf dem Misthaufen, zu entleeren, wandert der Abfall im 20. Jahrhundert als notwendiges Übel, als Quelle von gesundheitlicher Gefahr einerseits, und als Symbol für Hygiene und ordentliches wie effizientes Haushalten andererseits, in die Zonen des Hauses hinein. Als „matter out of place" bekommt Abfall Räume, Funktionen und Zeiten zugewiesen – der Müll zieht ein in die Wandschränke von Küchen, in die Plastiksäcke von Mülleimern und in die bunten Recyclingtonnen vor den Wohnhäusern, die regelmäßig von der Müllabfuhr entleert werden. Das Entsorgen wird zu einem antizipierten Bestandteil der Alltagskultur mit designierten Räumen und Funktionen im häuslichen Leben.

Neben den Ausbau der Kanalisation und der städtischen Müllabfuhr, war es demnach vor allem das strategische Ziel von Industrie und Herstellermarken, Müll als positives Objekt und Wegwerfen als freudige Tätigkeit zu entwerfen. Die im 20. Jahrhundert entstehenden Konsumprodukte (Verpackungen, Behälter, Dosen, Flaschen etc.) gehen aus dieser Perspektive auf eine von der Industrie gezielt vorangetriebene Vision von einer inhärent menschlichen Wegwerfmentalität zurück, die letztlich „naturalisiert" wurde. Die Müllforscherin Max Liboiron bringt diese Beobachtung auf den Punkt, wenn sie schreibt: „The truism that humans are inherently wasteful came into being at a particular time and place, by design."[86] Liboiron beschreibt, inwiefern Anfang des 20. Jahrhunderts Müll an-

---

82 Vgl. Strasser, *Waste and Want*, S. 197.

83 Vgl. Ebd., S. 165 f.

84 Max Liboiron, „Modern Waste as Strategy", in: *Lo Squaderno: Explorations in Space and Society*. Special edition on Garbage & Wastes. No 29, 2013, S. 9 (open access).

85 Strasser, *Waste and Want*.

86 Liboiron, „Modern Waste as Strategy", S. 9.

fängt, eine zentrale Rolle einzunehmen in industriellen Strategien des Wachstums und des Profits. Zunächst in den USA, kurz darauf auch in anderen Regionen der Welt, steigt im letzten Jahrhundert die Menge des produzierten Abfalls massiv an, die Toxizität der entsorgten Materialen erhöht sich, und der Müll wird immer heterogener.[87]

Abfälle erhalten in den Management-Studien von Frederick eine *positive* Funktion. Die Paradoxien des Abfalls werden selbst zu einem notwendigen Bestandteil der kapitalistischen Ökonomie. Das kreative Entsorgen von Gegenständen gestaltet sich zu einer Bedingung für Fortschritt und Modernisierung. Diese Vorstellung vom Abfall als ökonomische Figur – die Idee, dass sich im Müll ein geheimes Vermögen verbirgt – reflektiert ein eher modernes Verständnis von Müll. Auch in Don DeLillos Roman *Unterwelt* (1994) stellt Abfall ein lukratives Geschäft dar. Mit Blick auf das kreative Wegwerfen invertiert der Protagonist des Romans die gesamte Narration von der Entwicklung moderner Zivilisationen. Dem Geschäftsmann zufolge, der als ein Symbol des amerikanischen kleinkriminellen Kapitalismus auftaucht, ist Müll nicht die elende Folge von Industrieentwicklungen und Zivilisation, sondern vielmehr deren Grundlage: eine zukunftstragende Formation.

Fredericks Haushaltsstudien stellen historische Spuren einer gegenwärtigen Müllkultur dar. Aber diese Grundsätze von positiver Verschwendung und Müll-Erzeugung erschöpfen sich nicht in der Entstehung von neuen Konsumindustrien. Mit den Ideen zum sinnvollen *wasting* gehen auch Vorstellungen von nationaler Zugehörigkeit und Ausschluss einher. Die Lektüre von Fredericks Texten gibt dabei Vorstellungen von Abfall preis, die über die Entstehung von Konsumkulturen und Müll-Kapitalismus hinausgehen. Fredericks haushaltsökonomische Lehrsätze fungieren als ein kulturelles Narrativ über das Verhältnis, das zwischen degradierten und zukunftstragenden Subjekten, zwischen vergeudeter Zeit und Effizienz gezogen wird. Das Entsorgen als kreative, soziale Tätigkeit ist in der US-amerikanischen Haushaltsliteratur ein Anzeichen von Exklusivität, noch bevor es zu einer Anleitung zum angemessen Konsum wird. Ob das Entsorgen eine produktive Tätigkeit ist oder eine verschwenderische, hängt auch damit zusammen, welchen sozialen Status, welche Hautfarbe man hat, und welche Herkunft man ausweisen kann. Die an *weiße* Frauen der US-amerikanischen Mittelschicht gerichteten Lehren zum richtigen Haushalten sind Gebote und Privilegien zugleich, die letztlich diesen Frauen ein strukturelles Erbe der Hausarbeit aufbürden, wie Annegret S. Ogden in *The Great American Housewife:* schreibt: „[...] the typical

---

[87] Ebd.

white middle-class women still worked as many hours in the home as her grandmother did."[88]

In der US-amerikanischen Geschichte stehen *weiße*, exklusive Vorstellungen von Häuslichkeit in unmittelbarer Verbindung mit rassistischen Strukturen. Die historische Verflochtenheit von sozialer Herkunft, Rassismus und Geschlecht, wenn es um häusliche Pflege- und Reinigungsarbeiten geht, hebt Angela Davis in ihrem Buch *Women, Race and Class* (1983) hervor.[89] Nicht vorgesehen in den Ratgebern zum Haushalten war das Leben afro-amerikanischer Frauen, die oftmals neben ihrem eigenen Haushalt noch den von *weißen* Familien erledigten. Die Dienstboten, Haushälterinnen, Mägde und Haussklaven prägen das Narrativ der Rationalisierung durch eine geisterhafte Abwesenheit.

Für jene, die im Erbe der Sklaverei aufgewachsen sind, wich die Frage von Hausarbeit anderen, überlebenswichtigeren Fragen. „As a direct consequence of their outside work – as ,free‘ women no less than as slaves – housework has never been the central focus of Black women's lives."[90] So schreibt die Bürgerrechtsaktivistin Mary Church Terrell in ihrer Autobiografie *A Colored Woman in a White World* (1940) über ihr Verhältnis zur Haushaltsmanagementliteratur: „I studied all the new notions [...] and made a business of keeping up with the housekeeping times".[91] Die Segregation hatte ihr gesamtes Leben beeinflusst und die Frage des *housekeeping* fiel hinter dringenderen Fragen zurück, wie etwa Fragen des Wohnens.[92] „As white middle-class housewives involved themselves with household engineering, Black housewives could never deceive themselves about the forces that really controlled their homes: labor economics and racial discrimination."[93] Jene, die nicht dem Bild der weißen Mittelschicht entsprechen, haben keinen Anteil an der als kreativ propagierten Verschwendung und der für nationalwirtschaftlich wertvoll erklärten Müll-Erzeugung.

Es wäre daher verkürzt, Fredericks Ideen zum Abfall, sowie die Lobby des Konsumbetriebs, alleine im Kontext einer Erzählung über die Entwicklung von gegenwärtigen Konsum- und Müllkulturen zu lesen. Denn die „Wegwerfgesellschaft" war von Beginn an eine exklusive Gesellschaft. Die Prinzipien moderner Haushaltsführung und kreativer Verschwendung waren ebenso wenig für alle gedacht, wie die Sanitätsbewegungen und Gesundheitsreformen.

---

88 Annegret S. Ogden, *The Great American Housewife: From Helpmate to Wage Earner, 1776 – 1986*. Contributions in Sociology, Volume 61. Westport: Greenwood, 1986, S. 148.

89 Angela Davis, *Women, Race and Class*. New York, NY: Vintage Books, 1983, S. 222.

90 Ebd., S. 230.

91 Mary Church Terrell zitiert in Ogden, *The Great American Housewife*, S. 148.

92 Ebd., S. 149.

93 Ebd., S. 150.

Creative waste markiert in der Haushaltsliteratur von Frederick einen größeren Zusammenhang, ein Verhältnis zu *Weißsein* und „Nation", das sich in physischen Konstellationen im Haus umsetzt. Das regelmäßige Konsumieren wird in konkrete häusliche Kontexte und Modelle des Müll-Entsorgens eingebunden. Es wird ganz deutlich, dass es guten Abfall gibt – nämlich Abfall, der für die „Nation" nützlich und ökonomisch ist – und schlechten Abfall, der Schmutz und niedrigen Status suggeriert. Dabei werden Schmutz und Sauberkeit selbst rassistisch konnotiert. So stellt Kathleen Anne McHugh fest: „[...] a careful analysis of the changing representations of women's domestic labor [reveals] how the construction of American (white bourgeois) feminity is inextricably linked to class mystification and its very racialized and racist manifestations."[94] Während alle als fremd markierten Personen generell verdächtiger waren, nicht den Maßstäben der Sauberkeit zu entsprechen, waren African Americans, wie Rosie Cox deutlich macht, besonders betroffen von rassistischen Fundierungen von Hygiene, Schmutzarbeit etc. „Racial thinking, particularly in the nineteenth century, relies on a language of hygiene, purity, and taint, frequently establishing distinctions through notions of mixture and hybridity".[95] Wie Richard Dyer argumentiert, gründet die Konstruktion von Weißsein historisch auf die symbolische und rassistische Entsprechung von Weißsein und Reinheit.[96]

Waste nimmt in den haushaltsökonomischen Ratgebern von Frederick eine ambivalente Rolle ein; einerseits verweist es auf die Verschwendung von Zeit, Mühe und Arbeit. Die temporale Definition von *waste*, im Sinne von Verschwendung, bezieht sich auf die Vergangenheit, auf die veralteten Weisen, Arbeiten im Haushalt zu erledigen; *waste* bezeichnet also eine *defizitäre* häusliche Arbeitsweise. Andererseits formuliert Frederick mit *creative waste* einen Anspruch des positiven Abfalls, der ganz in die Richtung der Lesart von Susan Strasser geht, die in Frederick eine frühe Vertreterin und Lobbyistin von geplanter Obsoleszenz sieht. Die Doppeldeutigkeit von *waste* wird eingebettet in einen Bedeutungskontext von Produktivität und Verschwendung, Vergangenheit und Zukunft. Die Grenzen einer imaginären Gemeinschaft, die der *weißen* Mittelschicht-Hausfrau, werden mit Blick auf den Umgang mit Produkten, ebenso wie mit dem Entsorgungsverhalten, neu definiert. Müll zu produzieren, zu entsorgen, und Dinge zu ersetzen, wird zu einem Maßstab der Zugehörigkeit. Damit werden auch alle anderen Körper, Identitäten und Biografien, die nicht in das Bild der *weißen* Mittelklasse passen, zum unproduktiven Rest erklärt.

---

94 Kathleen A. McHugh, *American Domesticity: From How-to Manual to Hollywood Melodrama.* New York: Oxford University Press, 1999, S. 7.
95 Cohen, „Introduction", in: Cohen/Johnson (Hrsg.). *Filth. Dirt, Disgust, and Modern Life,* S. xvi.
96 Richard Dye, *White.* London: Routledge, 1997, S. 72–81.

Den guten Abfall zu erzeugen, bleibt aber ein Privileg. Es ist jenen vorbehalten, die das Verschwenden vom Bewahren unterscheiden können, die den Wert der Dinge (und den der Menschen) einteilen können. Es ist eine Unterscheidung zwischen jenen, die in der Position sind, Wert von Unwert trennen, und jenen, die nur selbst getrennt, segregiert und unterschieden werden. Frederick baut auf die konservativen Haltungen zur Rolle von Frauen im Häuslichen auf und bestärkt Frauen darin, mit neuen Mitteln alte Ideale und Werte zu pflegen und fortzuführen. Mit neuen Dingen und Objekten soll eine alte Hierarchie bewahrt werden. Die Dinge, die konsumiert, verspeist, gereinigt und schließlich weggeworfen werden, sollen eine Aufteilung des Sinnlichen, eine symbolische Ordnung von *White American Feminity* bewahren.

Während Frederick in der Entwicklung ihrer Studien und Schriften häusliche und betriebliche Wissensbereiche durchquert, schreibt sie die Trennung in weibliche und männliche Arbeits- und Existenzbereiche fort. Inmitten der Frauenbewegung der 1920er Jahre dienen Fredericks Ratgeberkolumnen dem Schutz traditioneller Geschlechterordnungen und der Aufrechterhaltung rassistischer Hegemonien. Mit neuen Methoden sollen alte Hierarchien bewahrt werden. Nach diesem Blick auf die Mittelschicht in den USA geht es im Folgenden um die Übertragung des US-amerikanischen Effizienz-Narrativs nach Deutschland. Dieses hielt mithilfe eines Küchenmodells Einzug in den deutschen Kontext: mit der Frankfurter Küche.

1.2 Die Frankfurter Küche (1926)

Auch in Deutschland beschäftigen sich Hausfrauenverbände mit der Erleichterung und Optimierung von häuslichen Arbeiten, als 1921 die von Irene Witte übersetzte Version von Fredericks *Scientific Management in the Home* unter dem Titel *Rationelle Haushaltsführung* erschien.[97] „Eine Küche ist eigentlich nichts anderes als ein Laboratorium"[98] – dieser Vorstellung vom Haushalt als Bereich exakter Wissensproduktion setzt die Architektin Margarete Schütte-Lihotzky ein historisches Denkmal mit der von ihr 1926 entwickelten Frankfurter Küche (Abb. 1). Es handelt sich um eine vollständig ausgestattete Kücheneinrichtung auf

---

[97] Irene Witte, *Die rationelle Haushaltsführung. Betriebswissenschaftliche Studien.* Berlin: Springer Verlag, 1921.
[98] Margarete Lihotzky, „Einiges über die Einrichtung österreichischer Häuser unter besonderer Berücksichtigung der Siedlungsbauten", in: *Das Schlesische Heim*, 8, 1921, S. 221.

5 – 6 m².[99] Nicht nur bewegt man sich in dieser Küche wie in einem Labor, sie ist auch in experimenteller Weise entstanden, durch genaue Messungen von Abständen, Schritten und Bewegungsmuster. Die Standardisierungen, aus denen die Frankfurter Küche hervorgeht, bezeugen spannungsreiche Verflechtungen zwischen Abstraktion und Verkörperung, Technik und Naturalisierung. Ziel des Entwurfs war es, ausgehend von normierten Körpermaßen und Imaginationen von weiblicher Physiognomie, Prinzipien der Leistungssteigerung, wie man sie aus Fabriken und Betrieben kannte, auf die Hausarbeit zu übertragen.

Für Schütte-Lihotzky ist die von ihr konzipierte Küche in erster Linie ein Baukonzept für preisgünstige Arbeiterwohnungen, und kein Möbelstück. Sie beschäftige sich nämlich mit einer ganzheitlichen Vorstellung von Gesellschaft und sah die von ihr entworfene Küche in Verhältnis zu den Infrastrukturen der Stadt. Nachdem sie von 1915 bis 1919 als erste und damals einzige Frau an der Kunstgewerbeschule in Wien Architektur studierte, gewann Lihotzky mit einem Entwurf für seriell fabrizierte Fertigteile 1920 einen Wettbewerb für eine Siedlungsanlage in Wien.[100] Sie beginnt in Wiener Architekturbüros an preisgünstigen Wohnungsentwürfen zu arbeiten, und stößt um die gleiche Zeit auf die deutsche Übersetzung von Fredericks Buch zur „rationellen Haushaltsführung". Sie sagt später, sie sei von den Methoden der US-Amerikanerin beeindruckt gewesen und wollte diese gerne auf Fragen des Sozialbaus übertragen. Als sie im Alter von 30 Jahren nach Frankfurt gerufen wird, und als Leiterin der „Unterabteilung Hausrat" im Frankfurter Hochbauamt mit der Umgestaltung der häuslichen Küche beauftragt wird, liefert die Buchvorlage zur Effizienzsteigerung im Haushalt einen Anstoß, „die dort angeführten Prinzipien auch beim Wohnbau anzuwenden".[101] Ziel dieses Entwurfes war es, im Einklang mit den von Frederick propagierten Prinzipien der Leistungssteigerung im Haushalt, „die Grundsätze arbeitssparender, wirtschaftlicher Betriebsführung, deren Verwirklichung in Fabriken und Büros zu ungeahnten Steigerungen der Leistungsfähigkeit geführt haben, auf die Hausarbeit übertragen"[102]. Als Bestandteil der in Frankfurt geschaffenen Wohnungen in Arbeitersiedlungen eröffnet die Frankfurter Küche als materieller Zeitzeuge einen Blick in eine Zukunft, wie sie von Architekten und Planern damals imaginiert wurde.

---

99 Antonia Surmann, *Gute Küchen – wenig Arbeit: Deutsches Küchendesign im westeuropäischen Kontext 1909 – 1989.* Berlin: wvb, Wiss. Verlag, 2010, S. 16.
100 Margarete Schütte-Lihotzky, *Warum ich Architektin wurde.* Salzburg: Residenz Verlag, 2004, S. 40.
101 Ebd., S. 89.
102 Margarete Schütte-Lihotzky, „Rationalisierung im Haushalt", in: *Das Neue Frankfurt, 1. Jg., 5 (1927)*, S. 120 – 123; S. 120.

Abb. 1: Prototyp einer Frankfurter Küche (1926)

Eine prototypische Frankfurter Küche besteht aus zwölf Aluminiumschütten, einer Zeile mit Ober- und Unterschränken, einem Abtropfbrett, zwei Auszieh-platten darunter, acht Schubladen mit Holzgriffen, einer Spüle, einer Arbeits-platte, und dem an der Wand befestigten Bügelbrett, das jederzeit herunterge-klappt werden kann. In ihrem Zentrum steht ein höhenverstellbarer Drehstuhl, mit dem alle Tätigkeiten im Sitzen verrichtet werden können. Merkmal der Frankfurter Küche sind die eingebauten Küchenzeilen, die Fächer, die sich öffnen und schließen lassen, damit mehr Bewegungsfreiheit herrscht. Grundprinzip dabei: Alles in Reichweite. Alles soll mit einem Handgriff erledigt werden können. Die Höhe des Arbeitsstuhls ließ sich je nach Körpergröße verstellen, und die Maße der Küche waren insgesamt genau an typisierte Merkmale (Gewicht, Größe, Hal-tung) von normierten Frauenkörpern angepasst. Es handelte sich um ein System, das es ermöglichen sollte, alle Gerätschaften in dem kleinen Raum zu platzieren – von Bügelbrett und Tisch bis hin zu Vorratsschränken und Abfallrinne. Sämtliche Arbeitsabläufe sind bereits antizipiert. So hatten manche Versionen der Küche am Rand eine Aussparung, in die man die Gemüseabfälle mit einem Griff hinein-werfen konnte. Und dies ohne dabei einen Blick in den Mülleimer werfen zu müssen, als Einsparung von Raum, in dem die Reste der Küchenarbeit und der Reinigungsarbeit verschwinden.

Die Küche, die in Frankfurt entsteht, hängt mit grundlegenden Fragen über die Umstrukturierung des häuslichen Lebens zusammen.[103] Ziel des Architekten Ernst May, der als Stadtrat 1925 sämtliche für Bauaktivitäten zuständige Ämter in Frankfurt übernahm, vom Siedlungsamt zum Hochbauamt, Tiefbauamt und der Baupolizei, war es, „vom Kochtopf zur Fassade [zu] bauen".[104] Dabei sollte die Wohnungsgestaltung von innen nach außen geschehen und die Küche und die Hauswirtschaft sollten das „Herzstück" im Siedlungsprojekt bilden.[105] Im Zuge des sozialen Wohnungsbaus hatten sich die Frankfurter Architekten das Ziel ge-setzt, mit der reduzierten Gestaltung der Frankfurter Küche soziale Unterschiede zu nivellieren.[106] Im Kontext von Visionen über das „neue Wohnen" und den „neuen Menschen" sollte die Ästhetik des Ornaments zugunsten einer Ästhetik des Schlichten und der seriellen Produktion verabschiedet werden. Die kosten-günstig hergestellten Einbauküchen waren Grundbestandteil der Wohnungen,

---

103 Joachim Krausse, „Vom Kochtopf zur Fassade bauen", in: Renate Flagmeier / Werkbund-archiv – Museum der Dinge (Hrsg.), *Die Frankfurter Küche. Eine museale Gebrauchsanweisung*. Berlin: Museum der Dinge, 2012, S. 19 – 34; S. 27.
104 Ebd.
105 Ebd.
106 Flagmeier / Werkbundarchiv – Museum der Dinge, *Die Frankfurter Küche*, S. 11.

deren Miete den Wochenlohn eines Arbeiters nicht übersteigen sollte.[107] In Serienproduktion entstanden zwischen 1926 und 1930 in Frankfurt im sozialen Wohnungsbau ungefähr 10.000 solcher Küchen.[108]

Die funktionale Ästhetik der Frankfurter Küche bricht mit dem bürgerlichen Wohnstil der Zeit. Als „Arbeitsküche" verstanden, sollte die Frankfurter Küche die Wohnküche ablösen – in ideeller, wie pragmatischer Hinsicht. In seinem Text *Die neue Wohnung* wendet Bruno Taut sich gegen jede Form von Erinnerungsstücken und „historischen Plunder".[109] Mit dem Schnörkel soll die Vergangenheit selber entsorgt werden. Erna Meyer schreibt dazu: „Jetzt geht's ums Ganze, der neue Mensch sucht seine neue Haut."[110] Man sah sich am „Ende einer sentimentalen Periode" und es sollte einen „Bruch mit der Vergangenheit" geben.[111]

Diese ästhetischen Fragen waren eng verflochten mit Vorstellungen von Sauberkeit und Hygiene im Wohnraum. Margarete Schütte-Lihotzky äußert sich dazu, indem sie sagt, „daß die Wohnküche eine in unseren Augen niedrigere Wohnform war, weil alles, der Schmutz, der Dreck, das Gemüseputzen, die Schalen alle, der Abfall, das alles war im Wohnzimmer, nicht wahr. So war das eine niedrigere Form."[112] Für Schütte-Lihotzky war Krankheit auch persönlich ein zentrales Motiv. Ihre beiden Eltern starben an Tuberkulose und sie selbst erkrankte daran Ende 1924 schwer und konnte sich erst ein Jahr später wieder erholen. Diese biografischen Elemente zeichnen sich in dem Versuch ab, eine Wohnform zu konstruieren, welche die darin lebenden Personen vor Krankheiten schützt – zum Beispiel durch die Absonderung von Schmutz und Abfall in dafür vorgesehene Räume und Behälter. Die schmutzabweisenden Aluminiumschütten symbolisieren ebenso diesen Anspruch von Hygiene und Aufgeräumtheit in den klaren Formen und den metallischen Materialien.

In ihrer historischen Rückschau auf Küchen und Badezimmer zur Jahrhundertwende beschreiben Ellen Lupton und Abott Miller, inwiefern neu aufkommende Vorstellungen von der Entstehung und Verbreitung von Krankheiten die Wohnarchitekturen maßgeblich prägen. Während man früher davon ausging, dass schlechte Gerüche die Auslöser von Krankheit waren, entwickelt sich im

---

107 Krausse, „Vom Kochtopf zur Fassade bauen", S. 19.
108 Ebd., S. 20.
109 Vgl. Flagmeier / Werkbundarchiv – Museum der Dinge, *Die Frankfurter Küche*, S. 15.
110 Erna Meyer, „Wohnungsbau und Hausführung", in: *Der Baumeister*, H.6, 1927, S. 89. Vgl. auch: Flagmeier / Werkbundarchiv – Museum der Dinge (2012), *Die Frankfurter Küche*, S. 15.
111 Schütte-Lihotzky, *Warum ich Architektin wurde*, S. 65.
112 Krausse, „Vom Kochtopf zur Fassade bauen", S. 28.

19. Jahrhundert ein Verständnis von unsichtbaren Keimen und von Ansteckung. [113] Das neue Verständnis von Sauberkeit und Körperpflege manifestiert sich dabei in flachen, schmutz- und wasserabweisenden Waschanlagen, Fassaden, Badewannen, Toiletten.[114] In Zuge dessen erhalten Ideen von Sauberkeit im Haus erhalten eine neue Bedeutung. „At the core of popular sanitarian writings about the home was a vision of life as an intimate process of respiration, consumption, excretion, and decay, in which the individual body figured prominently as a pollutant.“[115] Der Körper wird so wie das Haus als eine Quelle von Gefahr kodiert – Gefahren im gesundheitlichen Sinne wie auch im sozialen oder kulturellen. Zugleich werden soziale Fragen im 20. Jahrhundert zunehmend medikalisiert. Vor diesem Hintergrund gelten Körper als hygienische und medizinische Probleme: „bodies [are] construed as objects of therapeutic intervention or as problems to be solved.“[116] Körper gestalten sich zunehmend zu einer Frage der öffentlichen „Gesundheit“, die institutionell verhandelt wird.

Inwiefern der Zustand von Wohnräumen als direkte Erweiterung von individuellen Körpern betrachtet wurde, besonders wenn es um als „arme“ Bevölkerungen ging, drückt sich bezeichnenderweise in einer Untersuchung der Berliner Krankenkasse aus. In Berlin wohnt um 1910 ein großer Teil der Bevölkerung mit bis zu fünf Personen in einem Raum – eine Situation, die nach dem ersten Weltkrieg noch drastischer wurde. Die Berliner AOK gibt in den Jahren 1901 bis 1921 eine Untersuchung ihrer Kassenpatienten in Auftrag, die das fotografische Dokumentieren und die Kontrolle der häuslichen Zustände der Mitglieder vorsieht. Das Aussehen der Wohnungen wird dabei in direktem Zusammenhang mit den Krankheiten der Kassenmitglieder gebracht. Die Notizen halten zunächst die Zustände der Wohnungen fest, und erwähnen direkt im Anschluss die Krankheit der Betroffenen. So zeigt eine Fotografie das Zimmer, in dem ein Kassenmitglied wohnt, und kommentiert das Bild mit der Notiz, dass es sich um eine „kleine, schmutzige und dunkle Stube“ handelt, die „voll Möbel steht“ und „an den Wänden ist der Putz abgebröckelt. Patientin leidet an Unterschenkelgeschwür.“[117]

---

113 Ellen Lupton/Abbott J. Miller, *The Kitchen, the Bathroom, and the Aesthetics of Waste: A Process of Elimination.* New York, NY: Princeton Architectural Press, 1992.
114 Ebd., S. 7.
115 Nancy Tomes, „The private side of public health: sanitary science, domestic hygiene, and the germ theory, 1870–1900“, in: Judith W. Leavitt / Ronald L. Numbers (Hrsg.). *Sickness and Health in America. Readings in the History of Medicine and Public Health.* Wisconsin, WI: University of Wisconsin Press, 1997, S. 506–528; S. 512.
116 Robert Heynen, *Degeneration and Revolution: Radical Cultural Politics and the Body in Weimar Germany,* Leiden/Boston, MA: Brill, 2015, S. 4.
117 Bilderläuterungen der AOK-Untersuchung, zitiert in: Gesine Asmus (Hrsg.), *Hinterhof, Keller und Mansarde. Einblicke in Berliner Wohnungselend 1901–1920.* Mit Beiträgen von Gesine Asmus,

Der persönliche Gesundheitszustand wird in Bezug zur Wohnsituation dokumentiert. Das fotografische Zeugnis einer anderen Wohnungen ist wie folgt annotiert: Die Stube sei „in schlechtem Zustande; alles verwahrlost"[118] oder „Alles zeugt von großer Unordnung und Unsauberkeit."[119] „Der Raum ist verräuchert und düster und mit allerlei Hausrat und Gerümpel aufgefüllt."[120] „Die Wohnung besteht aus Zimmer und Küche, die Luft ist fast unerträglich, der Fußboden ohne Farbe und schwarz von Schmutz, Lumpen und Abfälle lagern in den Ecken."[121] Der Zustand der Wohnräume, spiegeln hier – nach Ansicht der Analysten der AOK – die soziale Vulnerabilität der Personen, die darin leben. Was diese fotografischen Kommentare bemühen, ist die Idee, dass, um die Krankheiten des Körpers zu heilen oder ihnen vorzubeugen, zunächst die Wohnbedingungen geändert werden müssen. Der Zusammenhang, den die Gesundheitskasse zwischen dem körperlichen Zustand von Patienten und dem Zustand ihrer Wohnungen zieht, drückt eine tiefe kulturelle Vorstellung von einer inhärenten Verbindung zwischen Haus und Körper aus. Den eigenen Körper zu „bewohnen" und einen Raum zu „bewohnen" werden dabei in Verhältnis zueinander gedacht.

1.3 Stoffwechsel und Spurenbeseitigung

Die Visionen des Wohnungsbaus, aus dem die Frankfurter Küche hervorgeht, waren von der Vorstellung inspiriert, dass die häuslichen Räume, allen voran die Küche, analog zum menschlichen Körper Prozesse des Stoffwechsels betreiben; dass sich die Küche gewissermaßen selbst verzehrt. Es handelt sich hierbei um ein ganz spezifisches Verhältnis von Haushalt und Architektur, das auf dem Vorbild einer natürlichen Digestion beruht, und den Haushalt als einen stofflichen Austausch mit der Umgebung, mit der Natur, versteht.[122] Wie Joachim Krausse feststellt, ist die Frankfurter Küche „eine exemplarische Lösung für die Verkleinerung

Rosmarie Beier u. a. Hamburg: Rowohlt Taschenbuch Verlag, 1982, S. 222. Die Bilderläuterungen wurden, wie Gesine Asmus notiert, größtenteils direkt von den Bildunterschriften der von der AOK erlassenen Studie übernommen.
118 Bilderläuterungen der AOK Untersuchung, zitiert in: ebd., S. 238.
119 Ebd., S. 236.
120 Ebd., S. 230.
121 Ebd., S. 223.
122 Vgl. Joachim Krausse, „Eine Architektur der Raum-Zeit. Joachim Krausse im Gespräch mit Renate Flagmeier" in: Flagmeier / Werkbundarchiv – Museum der Dinge (2012), *Die Frankfurter Küche*, S. 34–57; S. 36.

eines Raumes mit den zentralen metabolischen Funktionen, dem Stoffwechsel mit der Natur: Heizen und Kochen, Bevorratung, Belichtung und Belüftung, Wasserversorgung und -entsorgung, Sanitäreinrichtungen und Hygiene".[123] Ein zentrales Motiv ist dabei die Idee eines natürlichen Wertstoffkreislaufs, eines kontinuierlichen Kreises der Erzeugung, des Erwerbs und des Verbrauchs von Speisen und Gütern – einem Wertstoffkreislauf der Küche.

Im Jahr 1989 entwirft der Künstler William Stumpf das Modell eines „metabolischen Hauses", mit dem Hinweis darauf, dass die Architekten des 20. Jahrhunderts die Küche mit Blick auf Prozesse des Verbrauchens eingerichtet haben, ohne aber Spuren und Abfälle effektiv zu entfernen.[124] Zwar zeichnen sich moderne Küchen durch eine Ästhetik des Verschwindens aus, doch ist der Abfall damit zunächst nur aus dem Blickfeld *verbannt*. Stumpf zufolge bestehe die Aufgabe zukünftiger Designer darin, Wege zu finden, um die Küchenräume zu effektiveren Abbauprozessen zu befähigen. Müll, so Stumpf, sei das zentrale Problem der Küchendesigner der Zukunft: „Our bodies do a good job of taking in oxygen, food, and water, getting nutrition, and dispelling waste. Our houses don't do that very well. They should have a digestive system just like we do."[125]

Zwar haben die Arbeitsküchen, die im Rahmen des Frankfurter Wohnprojektes zwischen 1926 und 1930 entstanden, Schmutz und Reste nicht endgültig beseitigt, doch sie haben das organische Stoffwechselmodell, das Stumpf hier propagiert, zur Grundlage genommen für die Entwicklung von Räumen, in denen Abbauprozesse und die Vulnerabilität von Körpern von Beginn an einen festen Platz haben. Die auf Sauberkeit und Hygiene ausgelegten Standardisierungen fungieren dabei als Kulturtechniken der Transformation des Häuslichen. So wie Körper Fäkalien hinterlassen, sollten Häuser und Wohnungen Müll herausgeben. Die Entsorgungsinfrastruktur des Wohnens ist als visionäres Projekt der Zukunft angelegt worden. Dabei wird das Leben im Frankfurter Wohnungsbau inventarisiert und eine Bilanz gezogen: Was braucht der Mensch zum Leben? Von zentraler Bedeutung ist die Trennung jener häuslichen Bereiche, in denen Schmutz entsteht, von denen des Wohnens – eine Trennung zwischen Wohnen und Arbeiten, Sauberkeit und Schmutz, die in einem gemauerten Müll-und Besenschrank zwischen Küche und Wohnzimmer verkörpert wird. Ein weiteres Detail zur Einrichtung von Öffnungen, Übergängen und Kanälen für Abfälle, das die Küche damals zu einer Kuriosität machte, erscheint heute als visionäres Vorbild: Der Müll verschwindet in einer Abfallrinne. Die eingebaute Abfallrinne symbolisiert auf be-

---

123 Ebd.
124 Vgl. Patricia Leigh Brown, „Space for trash: a new design frontier", in: *The New York Times*, 27. Juli 1989.
125 Ebd.

sondere Weise die ambitionierten Vorstellungen von steriler Sauberkeit und einer Logik des Verschwindens.

Die Frankfurter Küche antizipiert Abbauprozesse, die Öffnungen des Hauses und des Körpers, und macht die Entsorgung von Abfall zu einem integralen Bestandteil häuslichen Lebens – das Wegwerfen wird zu einer zweiten Natur. In diesem architektonischen Gebilde kommt dem Müll die Ambivalenz zu, als Problem *und* Lösung zugleich aufzutauchen. Hygienische Fragen entstehen mit Blick auf die Rolle von Müll, Schmutz etc. im Wohnraum, und zugleich sind der Müllschrank und die Abfallrinne die Lösung für das Problem. Dem Abfall einen eigens zugewiesenen Platz zu geben, heißt dann, ihn als störendes Element aus dem Blickfeld zu verbannen. Die Frankfurter Küche und der damit verbundene Haushaltsdiskurs ist von Bedeutung für eine Theoretisierung des Abfalls, weil sie die Ambivalenzen des modernen Abfalls in einem architektonischen Modell verkörpert. Die Frankfurter Küche antizipiert Abbauprozesse, die Öffnungen des Hauses und des Körpers, und macht die Entsorgung von Abfall zu einem integralen Bestanteil häuslichen Lebens.

1.4 Zeit und Müll

Mit der Frankfurter Küche entsteht eine enge Verflechtung von Raum und Zeit, die zur Grundlage einer neuen Raumökonomie wird. Dabei handelt es sich um eine Ökonomie, die den Raumverlust als Mehrwert propagiert, als Zunahme von Komfort, Effizienz und Entlastung, nach dem Motto „Weniger ist mehr".[126] Grundrisse und Arbeitsplatzstudien der Frankfurter Küche zeigen, mit welcher Überzeugung die Entwürfe darauf abzielten, Raum zu sparen, Leerflächen und überflüssige Wege zu vermeiden. Es handelt sich um ein spezifisches Verständnis davon, dass weniger Raum mehr Effizienz, weniger Platz mehr Freiheit bedeutet.[127] Das hat auch mit Vorstellungen von Verausgabung und Verschwendung zu tun, in denen sich Bilder von physischen Resten, wie Abfall und Schmutz, mit Narrativen von überflüssigen Handhabungen und unnötigen Bewegungen verbinden.

---

126 Krause, „Vom Kochtopf zur Fassade bauen", S. 28.
127 Die Konzeptualisierung der Küche als Bewegungsraum hängt auch mit den Entwicklungen des Films zusammen. Die Ingenieurin Lillian Gilbreth, die sich als ebenfalls mit Bewegungsstudien beschäftigte, entwickelte in filmischen Studien eine Reorganisation von Arbeitsabläufen. Wie Joachim Krause mit Blick auf die Arbeiten von Gilbreth feststellt, macht die zu der Zeit entstehende Kinematografie die Beobachtung des Bewegungshaushaltes möglich. Vgl. Krause, „Vom Kochtopf zur Fassade bauen", S. 39.

Die Doppelbedeutung des englischen Worts *waste* – die zeitliche Bestimmung des Überflüssigen und die materielle Verwertung von Zeitlichkeit – kommt in den Management-Theorien deutlich zum Ausdruck. Denn *Waste* kann sich auf die Wertlosigkeit von Dingen beziehen ebenso wie auf die Sinnlosigkeit von Tätigkeiten. *To „waste" movement* bedeutet im rationellen Haushalten zu viele Bewegungen zu machen, sich an zu vielen Orten zugleich aufzuhalten und damit die Zeit selbst zu Abfall zu machen. Die Optimierung von Hausarbeit besteht darin, Tätigkeiten wie Putzen, Kochen, Abräumen auf einer Zeitachse anzugliedern und durch Beobachtung „sinnlose" Bewegungen zu vermeiden.[128] Die *Efficiency*-Bewegung selber ist freilich schon immer eine Theorie der Verausgabung und der Einsparung, in der es um die Beseitigung von überflüssigen Bewegungen und Zeit-Kosten geht. Dabei werden die Bewegungen und die Orientierung im häuslichen Raum zum Kern der Visionen von Erneuerung und Modernisierung.

Dabei überschreitet das Verhältnis zwischen Abfall und Zeit rein ökonomische Verhältnisse. Wie William Viney in *Waste: A Philosophy of Things* schreibt: „waste negotiates a specific idea of time, a time rendered explicit by particular interactions and encounters with physical objects".[129] Das Verhältnis von Müll und Zeit hängt, wie Viney verdeutlicht, von der Art der Darstellung ab: „is waste passive or active, the product or producer of time?"[130] Dinge, die als Müll gelten, zeichnen sich dadurch aus, dass sie aus der Zeit gefallen sind, dass sie der Vergangenheit angehören –„waste objects are untimely or without a proper time of their own".[131] Fragen des Abfalls haben so gesehen nicht nur mit räumlichen Zuweisungen von Schmutz und Sauberkeit zu tun, sondern auch mit dem Vergehen von Zeit. Wenn Dinge zu Müll werden, dann fallen sie nicht nur aus einer räumlichen und visuellen Ordnung heraus, sondern auch aus einer kulturellen Ordnung der Zeit. Sie sind dann nicht nur *matter out of place*, sondern auch *matter out of time:* „We are left with a conception of waste that is not entirely dominated by an idea of the 'correct' or the 'proper' or with a notion of economic or aesthetic value but one that has, at its first step, the separation and temporal organization of things."[132] Aber in welchem Verhältnis steht der Wert, der den Dingen zugewiesen wird, zu der Zeit, die sie „einsparen" oder die sie „kosten"?

Etymologisch geht das deutsche Wort *Verschwendung* auf „verswenden, zerbrechen, vernichten, verzehren" zurück, was dann zu „verswinden" wird, was so

---

128 Frederick, *Household Engineering*, S. 21.
129 William Viney, *Waste: A Philosophy of Things*. London: Bloomsbury Academic, 2015, S. 4.
130 Ebd., S. 30.
131 Ebd.
132 Ebd., S. 21.

viel bedeutet, wie „machen, daß etw. verschwindet".[133] Damit gehen bestimmte Narrationen über das Vergehen von Zeit einher. Wenn beispielsweise die Rede davon ist, dass Dinge ihren Dienst getan haben, dann wird das Vergehen von Zeit, das sich anhand von Abfall manifestiert, deutlich. Und umgekehrt ist die Frage nach dem Wert der Zeit selber eng geknüpft an das, was als wertlos, überflüssig und unnötig gilt.

So überrascht es wenig, dass die Frankfurter Küche nicht nur auf neu aufkommende Vorstellungen von Schmutz und Sauberkeit zurückgeht, sondern auch maßgeblich von Bewegungsökonomien und Transporträumen inspiriert ist. Lihotzky hatte die Küche ausgehend von dem Modell eines Speisewagens in Zügen entworfen. Mobilität und Beweglichkeit waren zentrale Vorbilder. Die Bewegungsstudien orientierten sich dabei an biometrischen Maßstäben von normierten, weiblichen Körpern. Der größere Trend von Ergonomie und Effizienz am Arbeitsplatz, auf den die australische Kulturwissenschaftlerin Melissa Gregg hinweist, und der sich beispielsweise im Kontext von *Typewriting* und Telefonieren manifestierte, hat auch die Küchen-Forschung geprägt.[134]

Vorstellungen von Überfluss, Verschwendung und Geschlecht spielten eine gewichtige Rolle im deutschen Haushaltsdiskurs. Zwar wurden viele Prinzipien der „Rationalisierung" aus dem US-amerikanischen Kontext übernommen, aber die Themen Verschwendung und Sparsamkeit wurden in Deutschland grundsätzlich anders bewertet als in der US-amerikanischen Haushaltsliteratur. Christine Frederick prägte in ihren Ratgeberbüchern zum Haushalten den Begriff der kreativen Verschwendung und sie adressierte *weiße* Frauen der Mittelklasse in ihrer Rolle als Konsumentinnen. Anders sah dies im deutschen Kontext aus: hier wurde die Unterscheidung zwischen Verschwendung und Effizienz in ein Narrativ von Sparsamkeit übersetzt.

Weniger ist mehr: Dieses Motto spielt noch auf eine andere Weise eine gewichtige Rolle im deutschen Haushaltsdiskurs. Zwar wurden viele Prinzipien der „Rationalisierung" aus dem US-amerikanischen Kontext übernommen, aber die Frage des Aufwandes und der Zeit-Intensität wurde in Deutschland grundsätzlich anders bewertet als in der US-amerikanischen Haushaltsliteratur. Der Aufwand, der mit Hausarbeit verbunden war, galt nicht als Verschwendung, wenn dadurch der Kauf von Gütern verhindert werden konnte.

---

133 http://drieschverlag.blogspot.de/2012/05/vergeuden.html, zuletzt aufgerufen am 30.01. 2020.

134 Melissa Gregg, „The athleticism of accomplishment. Speed in the workplace", in: Judy Wajcman / Nigel Dodd (Hrsg.), *The Sociology of Speed: Digital, Organizational, and Social Temporalities*, Oxford: Oxford University Press, 2017.

Die wirtschaftliche Not und Güter-Knappheit während des Ersten Weltkriegs machte Sparsamkeit gewiss zu einer Notwendigkeit. Die kulturelle Bedeutung von Sparsamkeit ging aber über rein pragmatische Gründe hinaus. Wie Nancy Reagin in *Sweeping the German Nation* argumentiert, war sparsames Haushalten eine Weise, seine Zugehörigkeit zur imaginären Gemeinschaft zu zeigen. Das häusliche Leben und alltägliche Objekte spielten, so Reagin, bereits seit dem 19. Jahrhundert eine wesentliche Rolle für die Konstruktion von nationaler Identität. Der Begriff der *Heimat* bringt dieses Verhältnis zwischen Haus und Nation zum Ausdruck. „Deutsch" zu sein, bedeutete nicht nur, bestimmte historische Narrative von Kriegen und Territorien zu teilen, sondern beinhaltete auch eine spezifische Art, den Haushalt zu führen, allen voran die Idee des sparsamen Umgangs mit Gütern.

Dabei bestanden viele der sparsamen Methoden der Haushaltsführung, die von Hausfrauenverbänden in der Weimarer Republik vorgebracht wurden, in einem erhöhten Aufwand. Günstig und sparsam bedeutete oft zusätzliche Arbeit. So griffen die Hausfrauenverbände auf ältere, arbeitsintensivere Modelle von Hausarbeit und Nahrungszubereitung zurück, die den Frauen abverlangten, dass sie Lebensmittel einmachen, um diese länger haltbar zu machen, anstatt importierte Produkte einzukaufen. Aus dem Ausland importierte Lebensmittel zu kaufen, Orangen oder Bananen, galt als unbedacht, faul und bequem. Überhaupt war Komfort an und für sich etwas Schmutziges – ein Zeichen von Trägheit und Faulheit.[135]

Es galt, so wenig „Abfall" wie möglich im Gebrauch von Lebensmitteln zu hinterlassen. Zum Beispiel sollten Pellkartoffeln auf spezifische Weise geschält werden, um so wenig wie möglich vom „Guten" der Kartoffel zu entfernen. Die Kartoffeln sollten erst gegart werden, da in diesem Zustand die Schale entfernt werden konnte, ohne dass viel von an der Schale hängen bleibt. Dieser Vorgang war zwar deutlich unbequemer, da man sich die Hände an der heißen Kartoffel verbrennen konnte, aber sie war die sparsame und von Hauswirtschaftsratgebern empfohlene Methode zum „richtigen" Kartoffelschälen.[136]Der Imperativ der Sparsamkeit richtete sich zwar an alle Haushalte; sozial und kulturell sanktioniert wurden aber besonders Haushalte mit niedrigem Einkommen. So wurden als weiblich markierte Körper im Zuge der Rationalisierung des Haushaltes zu Beginn des 20. Jahrhunderts in den USA, und anschließend in Deutschland, kulturell auf verschiedene Weisen zu Akteur*innen der Sicherstellung von Sparsamkeit, Gesundheit, Sauberkeit und Ordnung erklärt.

135 Nancy Reagin, *Sweeping the German Nation: Domesticity and National Identity in Germany, 1870–1945*. New York City, NY: Cambridge University Press, 2007, S. 42.
136 Ebd.

1.5 Narrative von Fortschritt und Emanzipation

Die Imagination von Hausarbeit als weibliche Tätigkeit materialisiert sich in der Frankfurter Küche – obwohl die Architektin selbst ihren Entwurf als eine Intervention in Geschlechterordnungen versteht. Das erklärte Ziel von Margarete Schütte-Lihotzky war es berufstätigen Frauen zu ermöglichen, neben ihren häuslichen Verpflichtungen auch einer Erwerbsarbeit nachzugehen. Folge der Raumgestaltung war aber, dass der Person, deren Lebensqualität durch den Entwurf dieser Küche verbessert werden sollte, die Rolle einer Bediensteten zugeteilt wird: „Sie kauft ein, verschwindet in der Küche, kocht, trägt das Essen auf, während der Mann sich in der Zeitung vertieft und die Kinder bei laufendem Fernseher am Esstisch, der nicht zur Küche gehört, warten. Nach dem Essen geht wiederum die Frau in die Küche, in der ohnehin nur Platz für eine arbeitende Person ist, wäscht ab und räumt auf."[137] Es sind Narrative von Fortschritt und Emanzipation, die eine intrinsische Nähe zwischen weiblichen Köpern und der Sphäre des Häuslichen voraussetzen. „Die Hausfrau sollte nach diesen Vorstellungen entlastet werden, um ihr letztlich noch mehr aufzubürden."[138] Lothar Binger und Susann Hellemann bringen diesen Punkt zum Ausdruck, wenn sie über den Architekten Bruno Taut und seine Vision von der Arbeitsküche schreiben: „Taut wies der Hausfrau am Eßtisch seines Hauses sogar einen bestimmten Platz zu, von dem aus sie noch müheloser die anderen Familienmitglieder bedienen sollte."[139] Noch bevor das Wohnungsbauprojekt begann, hatte Taut seiner Frau einen Schrittzähler gegeben. Er zeigte sich äußert überrascht über die vielen Schritte, die sie täglich machte. Er war überzeugt, dass da etwas nicht stimmte.

Die rationelle Küche beruht auf hegemonialen Vorstellungen von Rationalität und Effektivität. Jeder Schritt wird berechnet, jeder Millimeter und jede Sekunde gezählt; jede erdenkliche Handlung vermeintlich vorweggenommen. Es herrscht eine völlige Abwesenheit von Leere, alle Plätze sind vergeben, alle Aufgaben verteilt. Das, was die Küche verhindern sollte, war zu viel Bewegung. Aber vor der Rationalisierung hatte niemand so genau die Bewegungen gemessen. Wenn die standardisierte Arbeit in Produktionsbetrieben die Energie und Zeit der Arbeiter maximal ausschöpfen sollte, so haben die Rationalisierungen von

---

137 Ines Heindl, „Kulinarische Diskurse als Indikatoren sich wandelnder Gesellschaften", in: Manfred Blohm, Sara Burkhardt und Christine Heil (Hrsg.), *Tatort Küche: Kunst, Kulturvermittlung, Museum. Die Küche als Lebens- und Erfahrungsraum*. Flensburg: Flensburg University Press, 2009, S. 65–77; S. 69.
138 Lothar Binger / Susann Hellemann, *Küchengeister. Streifzüge durch Berliner Küchen*. Berlin: JOVIS Verlags- und Projektbüro, 1996, S. 116.
139 Ebd.

Küchen eine maximale Verwertung und Kontrolle der Zeit, Energie und Bewegungsraums weiblicher Arbeitskraft im Privaten beansprucht. Prozesse der Standardisierung, so wie sie in der Frankfurter Küche zum Ausdruck kommen, unterstellen eine natürliche Zugehörigkeit von weiblichen Körper zum Bereich des Häuslichen – und damit einhergehend, eine natürliche Befreiung von maskulinen Körpern von den Sorgearbeiten im Privaten. Die rationelle Küche ist so gesehen eine Kulturtechnik der Naturalisierung von Zweigeschlechtlichkeit und der Trennung zwischen Sorge- bzw. Erwerbsarbeit.

Bereits in Schütte-Lihotzkys eigenen Darstellungen kommen die Ambivalenzen in diesem Projekt zwischen Befreiung und Bürde, Loslösung und Bewahrung zum Ausdruck. Sie erzählt, wie der damalige Architekt Ernst May sie als zuständige Leiterin für die Entwicklung der Küche einsetzte, um zu vermitteln, die Küche sei von einer Frau für Frauen geschaffen. In ihrer Autobiografie *Warum ich Architektin wurde*, schreibt sie:

> Es kam den damaligen bürgerlichen und kleinbürgerlichen Vorstellungen entgegen, daß die Frau im Wesentlichen am häuslichen Herd arbeitet. Deshalb wisse auch eine Frau als Architektin am besten, was für das Kochen wichtig ist. Das machte sich eben damals propagandistisch gut. Aber, um der Wahrheit Ehre zu geben, ich habe bis zur Schaffung der Frankfurter Küche nie einen Haushalt geführt, nie gekocht und keinerlei Erfahrungen im Kochen gehabt.[140]

Das Frankfurter Wohnprojekt und die Frankfurter Küche sind ein zeithistorisches Dokument für den Versuch, Geschlechterordnungen aufzubrechen, indem man sie aufrechterhält. Schließlich bleibt die Frage offen, was Hausarbeit eigentlich ist. „Homework is quite simply work you are asked to do when you are at home, usually assigned by those with authority outside the home"[141] schreibt die Kulturwissenschaftlerin und feministische Autorin Sara Ahmed in *Living a Feminist Life*. Hausarbeit im Sinne der Frankfurter Küche ist die Arbeit der Lebenserhaltung, es ist die Herstellung der Bedingungen von Tätigkeiten, die als wertvoller und bedeutender gelten. Die optimierten Bewegungsabläufe innerhalb des Haushaltes sollten andere Bewegungen ermöglichen, andere soziale Orientierungen erleichtern – die außerhalb des Hauses. So hat es Schütte-Lihotzky selber beschrieben: sie hat die Frankfurter Küche für alleinlebende und berufsstätige Frauen entwickelt, das hat sie in Interviews und Gesprächen immer wieder betont. Die Arbeit in der Küche soll Zeit für andere Dinge zulassen – die Anwesenheit in der Küche als Bedingung für die Abwesenheit aus der Küche. Man könnte mit

---

140 Schütte-Lihotzky, *Warum ich Architektin wurde*, S. 150.
141 Sara Ahmed, *Living a Feminist Life*. Durham: Combined Academic Publ., 2017, S. 7.

Sara Ahmed von einem maskulinen Verständnis von produktiver Arbeit sprechen, bedingt von der Abwesenheit und der Distanz zu reproduktiver Arbeit: „A masculinist model of creativity is premised on withdrawal. She is there; there she is: engaged in the endless repetitive cycle of housework."[142]

Dahinter stehen kulturelle Vorstellungen davon, welche Bewegungsmuster und Orientierungen im Raum sich auf welche Weise lohnen, nach dem Prinzip: Wenn alles in Reichweite ist, mit einem Handgriff erledigt, dann wandelt sich die endlose Schleife von Sorgearbeit in einen kontrollierbaren Rhythmus. Das eigentliche Ziel der Frankfurter Küche war in der Tat radikal: letzten Endes ging es darum, die Küche selbst gewissermaßen abzuschaffen, und reproduktive Tätigkeiten, wie Kochen und Reinigen, auf ein Minimum zu reduzieren. Aber die Schritte, die man geht, erschaffen Fußpfade – persönliche und kollektive Wege, die passiert und tradiert werden. Die Bewegungsanalysen der Frankfurter Küche sind mehr als nur Orientierungen im Raum. Sie stellen nicht nur optimierte Abläufe der Hausarbeit bereit, sondern eine soziale Anordnung von Körper und Geschlecht, von Lebenswegen und Laufbahnen. Über dieses kulturelle Erbe von Sorgearbeit im Alltag bemerkt Ahmed: „A way is cleared that enables or eases the progression of some bodies. And that way is cleared by requiring that others do less-valued work, housework; the work that is required for the reproduction of their existence." [143]

Resümee

In der Rückschau stellt die Frankfurter Küche ein wichtiges Zeugnis dar für die Übertragung von Prinzipien der Effizienz und der Standardisierung in den Bereich des privaten Wohnens. Die Polizei, so Rancière, ist eine Aufteilung des Sinnlichen, die Tätigkeiten, Aufgaben und Körper an bestimmte Räume und Fähigkeiten knüpft; sie bestimmt, was sichtbar und sagbar ist, und was unsichtbar und stumm bleibt. Für die Polizei besteht die Gesellschaft aus „Gruppen, die Weisen spezifischen Tuns verschrieben sind, aus Plätzen, wo diese Tätigkeiten ausgeübt werden, aus Seinsweisen, die diesen Tätigkeiten und diesen Plätzen entsprechen."[144] In dieser vollständigen Einigung über die Plätze, Aufgaben und Kompetenzen in der Gesellschaft darf es keine „Leere" geben.[145] Diese Auftei-

---

142 Ebd., S. 158.
143 Ahmed, *Living a Feminist Life*, S. 158.
144 Rancière, *Zehn Thesen zur Politik*, S. 32.
145 Ebd. Susanne Krasmann stellt fest, dass Rancières Beschreibung der Polizei an Foucaults Diskurspolizei erinnert. Anders als Foucault, gehe es Rancière jedoch nicht um die „produktive

lungen der sozialen Welt in Aufgaben, Personen und Dinge, die zählen und andere, die nicht zählen und überflüssig oder unbedeutend sind, so das Argument in diesem Kapitel, gehen dabei mit materiellen, stofflichen Aufteilungen einher. Die soziale Dimension des Mülls zeigt sich eng verbunden mit der Imagination von Armut und Dienstarbeit. Über Jahrhunderte hinweg von Angehörigen mit niederem Status ausgeübt, in den USA im 18. und 19. Jahrhundert oft von afro-amerikanischen Haus-Sklav*innen, ist die Beschäftigung mit Schmutz und dessen Entfernung etwas, das jenen aufgebürdet wurde, deren Stimmen und deren Leben nicht zählte. Im Sinne eines Überschüssigen vermag der Blick auf Abfall die unverfügbare Vergangenheit und die nicht eingetretene Zukunft zu exponieren.

Walter Benjamin hat über Adolf Loos und die Architekten des funktionalen Wohnens gesagt, sie hätten „Räume geschaffen, in denen es schwer ist, Spuren zu hinterlassen".[146] Die Frankfurter Küche symbolisiert mit ihrer sterilen Optik einen derartigen Raum, bewohnt von einem „neuen Menschen", wie es die Architekten ersehnten – von Menschen, denen Ornamente und Schmuck nichts bedeuten, und deren Spuren sofort beseitigt und in spezifischen Behältern verborgen werden. Die Frankfurter Küche ist ein zeitgeschichtliches Zeugnis dafür, wie die symbolischen, zeitlichen und räumlichen Dimensionen des Abfalls – als übrigbleibender Rest, als Schmutz, als verschwendete Zeit – dazu dienten, das Leben zu inventarisieren und eine Bilanz darüber zu erstellen, was zählt und was nicht.

Zwar hat die Frankfurter Küche keine neuen Menschen hervorgebracht, aber sie hat deutliche Spuren hinterlassen in der gegenwärtigen Wohnkultur, besonders mit Blick auf die häuslichen Entsorgungsinfrastrukturen. Ohne einen Platz für die Reste, die im Alltag übrigbleiben, ohne einen fest integrierten Platz für Müll – unter der Spüle, hinter einem unteren Regalschrank – wäre eine moderne Küche heute nicht zu denken. Historische Spuren dieses Aufbaus von Einbauküchen mit einer integrierten Logik der Entsorgung, einer „Ästhetik des Verschwindens", finden sich in den Rationalisierungsbewegungen des Haushaltes zu Beginn des 20. Jahrhunderts.[147] Lihotzkys Entwurf der Frankfurter Küche kehrte in den 1950er Jahren in Form der modernen Einbauküche nach Deutschland zurück

Seite der Macht", sondern um „das Ausgeschlossene, das die Ordnung des herrschenden Diskurses hervorbringt." Vgl. Susanne Krasmann, „Rancière. Polizei und Politik im Unvernehmen", in: Ulrich Bröckling / Robert Feustel (Hrsg.). *Das Politische Denken. Zeitgenössische Positionen.* Bielefeld: Transcript, 2010, S. 77–98; S. 78.

146 Walter Benjamin, „Literarische und ästhetische Essays. Erfahrung und Armut", in: *Gesammelte Schriften*, unter Mitwirkung von Theodor W. Adorno und Gershom Scholem. Hrsg. Von Rolf Tiedemann und Hermann Schweppenhäuser, Band II.1, Frankfurt/M, 1977, S. 213–219.

147 Lupton / Miller, *The Bathroom, the Kitchen and the Aesthetics of Waste*, S. 7.

und fand sich fortan in deutschen Haushalten wieder, wenn auch ohne die radikal reduzierte Ästhetik.

Mit Blick auf die Standardisierungen der Küche ging es in diesem ersten Kapitel um die Verflechtungen von materiellen Ordnungen im Häuslichen mit Fragen von Geschlecht und sozialer Differenz. Es ging dabei um die Politiken, die sich anhand von Vorstellungen von Verschwendung, Sparsamkeit und Effizienz in den USA der 1920er ausbilden und in Deutschland kurz darauf in der Frankfurter Küche einen spezifischen Ausdruck finden. An diesem Beispiel deutet sich an, wie Prozesse der Normierung und der technischen Standardisierung mit der Legitimation von Geschlechterordnungen einhergehen. Die Frankfurter Küche wurde als sozialpolitischer Bauplan entworfen, der Arbeiter*innen mit geringem Einkommen es ermöglichen sollte, platzsparend und hygienisch zu wohnen – unter der Bedingung, dass weibliche Körper die Räume des Privaten verwalten und sauber halten. Auch heute wird das Entfernen und Beseitigen von Spuren noch immer hauptsächlich von Frauen, und oft von Migrantinnen ausgeübt. Der Blick auf die politische Ästhetik von materieller Alltagskultur erlaubt es, grundlegende Auf- und Zuteilungen von sozialen Positionen, Pflichten und Aufgaben im Alltag kritisch zu beleuchten und potentiell zu unterwandern. Die Frankfurter Küche lebt fort: als Zukunftsvision der Vergangenheit und als kulturelle Vermessung von Ungleichheit im Gewand von Freiheit.

2 Fassaden des Abfalls: Von Müllschluckern und anderen Ungeheuren

In der Anfangsszene der Filmkomödie *As Good as It Gets* (1997) versucht der gereizte Melvin (Jack Nicholson), den Hund seines Nachbarn daran zu hindern, sich auf den Fluren des noblen Wohnkomplexes zu erleichtern. Nach erfolglosen Versuchen öffnet Melvin den Deckel des Müllschluckers, der an einer Wand im Wohnhaus angebracht ist. Es ist noch die Aufschrift *Trash only* zu lesen, da steckt Melvin den armen Hund schon hinein und sagt „Don't worry – this is New York. If you can make it here, you can make it anywhere", bevor er ihn in den schmalen Schacht hineinschubst. Es sind nur noch diffuse Laute zu hören, die aus dem Müllschacht erklingen.[148]

Der Entsorgungsschacht, der gemäß dem Prinzip der Schwerkraft Dinge einem dunklen Nichts anheimgibt, symbolisiert den Prozess des Verschwindens von ungeliebten Objekten wie kaum eine andere Einrichtung. Der französische Begriff *chute*, der auf Deutsch Sturz, Herunterfallen, Absturz bedeutet, weist auf das plötzliche Verschwinden von Dingen hin, die in den *garbage chute* geworfen werden. Es handelt sich dabei zum einen um den Fall im Sinne eines Verfalls vom Zustand der Wert- und Gebrauchsobjekte in die Zustandsform des Mülls – ein Übergang, der den Status der Dinge betrifft. Andererseits geht es um den Sturz im Sinne einer Bewegung des Absturzes, eines tiefen Falls in den Abgrund, der dem Müll, der in den Müllschlucker geworfen wird, widerfährt. Dabei ist es sicherlich kein Zufall, dass der bedauerliche Hund sich kurz zuvor auf den Fluren des Wohnhauses erleichtert hat. Der Abjektstatus überträgt sich in dieser Szene quasi auf den Hund selbst.

Müllschlucker erscheinen als Orte, die düster, unheimlich und gefährlich sind, weil sich von außen nicht erkennen lässt, was sich am unteren Ende des Schachts befindet. Der Müllabwurfschacht symbolisiert die Anonymität, die mit Abfall einhergeht, auf besondere Weise: In dem Moment, in dem der Müllsack am unteren Ende des Schachts aufprallt, ist eine Schwelle übertreten. Der Müll ist nicht länger als „Eigener" kenntlich und wird zu einer öffentlichen Angelegenheit. So unsichtbar für die Bewohner*innen eines Wohnhauses ist, was täglich im Müllschlucker landet, so ungewiss ist auch das Leben der Anwohner, das hinter verschlossenen Türen stattfindet und wovon der Abfall ein Zeugnis ablegt.

---

148 James R. Brooks (Reg.), *Besser geht's nicht* (Originaltitel: As Good as It Gets). USA 1997. Drehbuch: Mark Andrus. 139 Min.

https://doi.org/10.1515/9783110613360-006

Im Folgenden geht es um die kulturellen Ausdrucksformen, die sich in der Unterbringung von Müll in Eimern, Tonnen und Abwurfanlagen manifestieren. Es geht dabei um die Frage, inwiefern die Fassaden des Abfalls und die Schwellen, die Müll passiert, ein spezifisches Verhältnis zwischen privaten Sphären und öffentlichen Räumen vorrausetzen. Mit Bezug auf die materiellen und symbolischen Infrastrukturen des Mülls werden folgende Fragen diskutiert: Wie organisiert die im 20. Jahrhundert entstehende systematische Müllwirtschaft die Sichtbarkeit und Unsichtbarkeit von Müll? Auf welche kulturellen Motive des Hauses greifen die Diskussionen um die richtige Müllentsorgung und Müllsammlung zurück? Inwiefern verbindet die Mülltonne auf materielle und imaginäre Weise intime Wohnräume mit öffentlichen Institutionen? Und welche impliziten Auf- und Zuteilung des Sozialen kommen dabei zum Ausdruck?

Zeitungsberichte und Bildmaterialen aus der Sammlung Erhard im Umweltbundesamt Dessau geben dabei einen momenthaften Einblick in die Genealogie von Mülltonnen im 20. Jahrhundert.[149] Zunächst geht es um die Entwicklung der „staubfreien" Müllabfuhr in Deutschland und die Mülltonne als ein Schwellenobjekt, das privat produzierte Reste zu öffentlichen Angelegenheiten macht. Anschließend geht es um moderne Infrastrukturen des Mülls, wie zum Beispiel der Müllabwurfschacht. Schließlich wird in diesem Kapitel ein Blick auf das Bedürfnis nach ästhetischer Reinigung und Aufgeräumtheit geworfen, das sich im Kontext der deutschen Nachkriegszeit in neuen „Fassaden des Abfalls" ausdrückt. Anhand dessen soll besprochen werden, inwiefern die Organisation der Sichtbarkeit oder Unsichtbarkeit von Mülltonnen nicht nur auf technische und hygienische Ambitionen zurückzuführen ist, sondern auch im Sinne einer Architektur des Vergessens fungiert.

2.1 Das stille Einverständnis mit der Mülltonne

In *La poubelle agréée*, ein Essay, den er im Zeitraum von 1974 bis 1976 in Paris verfasst, schildert Italo Calvino, was in ihm vorgeht, wenn er seinen „kleinen Eimer" aus der Küche in den größeren Behälter vor dem Haus entleert – ein Ritual, das für Calvino „kein Akt [ist], den ich gedankenlos verrichte, sondern etwas, das

---

149 Die Sammlung Erhard ist Bestandteil der zentralen Fachbibliothek Umwelt im Umweltbundesamt Dessau und dokumentiert Technik und Organisation der Müllbeseitigung in den Jahren 1915 bis 1955. Die hier zitierten Materialien gehen auf eine Archivreise in die Sammlung im Januar 2016 zurück.

wohlbedacht sein will und das in mir eine besondere Befriedigung des Denkens weckt".[150] Die Umfüllung von einem Behälter in den anderen, erweist sich als eine „Überführung aus dem Privaten in das Öffentliche"; als eine letzte Schwelle, auf der das Private selbst beruht. Die in militärischem Grün gekleidete Mülltonne verweist nämlich auf den Part, „den im Leben eines jeden von uns die öffentliche Dimension, die Bürgerpflichten, die Verfassung der Polis spielen."[151] Die Mülltonne symbolisiert dabei den sozialen Vertrag, den er stillschweigend, in Form einer steuerlichen Abgabe, mit der Stadt eingeht. „[I]n dem Moment, in dem ich den kleinen Mülleimer in den großen entleere und diesen an beiden Henkeln vor unsere Haustür hinaustrage [schlüpfe ich] in eine soziale Rolle".[152] Benannt nach Monsieur Poubelle, der im Jahr 1884 als Präfekt des Departments Seine den Gebrauch dieser Einheitstonnen vorschrieb, verbirgt sich in der Mülltonne „der Stempel der väterlich sorgenden Behörden".[153] Nicht umsonst würde die Bezeichnung der Tonne *poubelle agréée* lauten, was so viel bedeutet wie „genehmigte, gebilligte, akzeptierte Mülltonne".[154] Die Mülltonne vor dem Haus, stellt Calvino fest, ist „wahrhaft agréée", denn sie ist „nicht nur genehmigt, sondern vor allem mir genehm, von mir angenommen, wenn auch nicht unbedingt angenehm – so wie es nötig ist, das Unangenehme anzunehmen [...].‟[155]

Das Entleeren seines Abfalls stellt sich als eine Schwellenerfahrung für Calvino dar: Nicht nur im Sinne eines Übergangs vom Privaten zum Öffentlichen und vom Intimen zum Sozialen, sondern auch im Sinne einer Schwelle, auf der das häusliche Leben in seiner Alltäglichkeit beruht. An seine Amerikareise zurückdenkend, erinnert sich Calvino an seinen Freund Barolini, der ihm „die Regel, den garbage jeden Tag hinauszutragen als eine der Grundregeln des domestic life erklärte [...]".[156] Das Bedürfnis, die täglich anfallenden Reste aus dem Wohnraum zu entfernen, geht aber über behördliche und hygienische Vorschriften hinaus. Das „ungeschrieben stärkere Gesetz", das die Müllentsorgung prägt, besagt, „daß die Ausscheidung der Abfälle des Tages mit dem Ende desselben zusammenfällt und daß man sich schlafen legt, nachdem man die möglichen Quellen schlechter

---

150 Italo Calvino, „Die Mülltonne", in: *Die Mülltonne und andere Geschichten*. München: Deutscher Taschenbuch Verlag, 1997, S. 77–194; S. 83. Italienisches Original: „La poubelle agréée", in: *La Strada di San Giovanni*. Mailand, 1990.
151 Ebd., S. 80.
152 Ebd., S. 81
153 Ebd.
154 Ebd., S. 80.
155 Ebd., S. 81.
156 Ebd., S. 82.

Gerüche von sich entfernt hat [...]".[157] Das Heraustragen des Mülls kommt zum einen als die „Erfüllung einer Vertragspflicht" zur Geltung und zum anderen als ein „Ritus der Reinigung".[158] Dieser Wunsch nach Selbstreinigung erschöpft sich aber nicht in hygienischen Bedürfnissen. Die Reste, die sich während des Tages ansammeln, müssen auch deshalb beseitigt werden, „damit wir morgens beim Aufwachen einen neuen Tag beginnen können, ohne uns noch mit dem abplagen zu müssen, was wir am Abend zuvor für immer von uns haben abfallen lassen."[159] Den Abfall vor Augen zu haben würde ihn auf eine ekelerregende Weise an die Dinge erinnern, die er am vorherigen Tag verzehrt hat. Um den Tag von Neuem zu beginnen, um in die Zukunft blicken zu können, stellt Calvino fest, müssen die Reste von gestern verschwinden. Müll, der routiniert von den Straßen entfernt wird und aus den Augen verschwindet, macht es so gesehen möglich, in die Zukunft zu blicken.

Das Ritual der Müllentsorgung deutet Calvino als eine fortwährende Aufschiebung des eigenen Todes. Es gründe auf der Notwendigkeit, „mich von einem Teil dessen, was mein war, zu trennen, die Hülle oder Larve oder ausgedrückte Zitrone des gelebten Lebens abzuwerfen".[160] Das Wegwerfen sei insofern eine „erste unverzichtbare Bedingung des Seins."[161]

> Der Inhalt der *poubelle* stellt jenen Teil unseres Seins und Habens dar, der täglich ins Dunkel versinken muß, damit ein anderer Teil unseres Seins und Habens da-bleibt, um das Licht der Sonne zu genießen [...]. Bis zu jenem Tag, an dem auch die letzte Stütze unseres Seins und Habens, unsere physische Person, zu einer toten Hülle wird, die ebenfalls abgeholt und zur Verbrennungsanlage abtransportiert werden muß.[162]

Das tägliche Entsorgen von Abfällen erlaubt so eine Vergewisserung darüber, dass man selbst noch zu den Lebenden gehört. Das „[h]äusliche und städtische Begräbnis des Mülls ist demnach in erster Linie dazu gedacht, das Begräbnis der Person in die Ferne zu rücken, es aufzuschieben, wenn auch nur ein wenig."[163] Das Heraustragen des Mülls macht evident, so Calvino, „daß ich noch einen weiteren Tag lang Produzent von Abfällen gewesen und nicht selber Abfall bin."[164] Diese Nähe zur Müllentsorgung lässt sich als düstere Vorahnung des

---

157 Ebd., S. 84.
158 Ebd.
159 Ebd.
160 Ebd., S. 85.
161 Ebd., S. 86.
162 Ebd.
163 Ebd.
164 Ebd.

Todes lesen, aber auch als Evidenz für die Kontinuität der physischen Existenz selbst. Diese positive Seite der Todesmetaphorik von Abfall hat Joshua Reno in einer Analyse von Müll-Verständnissen in den *Discard Studies* herausgestellt. Reno betont, dass Abfall nicht nur ein Element der Störung ist – im Sinne von Schmutz und Dreck – sondern, dass Müll auch als ein Zeichen des Lebendigen gelten kann. Verstehen wir Abfall nicht im Sinne einer rein menschlichen Angelegenheit, sondern speziesübergreifend, so Reno, dann ist Müll zunächst ein „sign of life", eine Spur, die auf die Existenz eines Lebewesens verweist, noch bevor es zu einer Belästigung der Sinne wird.

Mittlerweile verbirgt man den Müll „in glatten und glänzenden Hüllen, ein Fortschritt, den kein Nostalgiker der Vergangenheit oder Feind des Plastikmaterials leugnen wird".[165] Die kleinen Mülleimer in der Küche sind durch neue ersetzt, die sich durch das Betätigen eines Pedals automatisch öffnen. Es ist nicht mehr der Eimer mit Abfall, der transportiert wird, sondern nur noch der Plastikbeutel, der sofort durch einen neuen ersetzt wird. Den mit einem Bändchen zum Verschluss versehenen und „wie ein Weihnachtsgeschenk mit einem Schleifchen verschnürten Beutel" trägt Calvino hinaus und merkt an: „eine geniale Vorrichtung, dieses Bändchen, verdienstvoll wie jede kleine Erfindung, die uns das Leben erleichtert."[166]

2.2 Der erste Mülleimer

Über viele Jahrhunderte hinweg war es in Europa üblich, Abfall aus dem Fenster zu werfen. Als „einzige Schwelle" zwischen dem privaten Bereich der Abfallproduktion und der öffentlichen Sphäre der Entsorgung, kam dem Fenster die Rolle eines Mülleimers zu.[167] Sogar im alten Rom, das eine entwickelte Infrastruktur mit Abwasserkanälen besaß, war es üblich, die häuslichen Abfälle über das Fenster zu entsorgen. Auf diese Praxis weist das römische Gesetz „Dejecti Effusive Actio" hin, das Passanten tagsüber vor herabfallenden Unrat bewahren sollte.[168] Und im Mittelalter waren Fenster, wie Alessandra Ponte schreibt, „Öffnungen, die für jede Art von Entleerung dienten, und sie waren Grenzen, die vielfältige Überschrei-

---

165 Ebd., S. 101.
166 Ebd., S. 102.
167 Alessandra Ponte, „Müllschlucker. Die Domestizierung des Abfalls", in: Laurent Stadler et al. (Hrsg.), *ARCH+ 191/192 – Schwellenatlas: Vom Abfallzerkleinerer bis Zeitmaschine*. Aachen: Arch+, 2009, S. 78–83; S. 78.
168 Ebd.

tungen erfuhren."[169] Das Fenster fungierte als eine Art „Bühne": „Schreie und Schimpfworte wurden zusammen mit dem Müll und allem, was schmutzig war oder im Wege stand durch die Fensteröffnung hinausgeschleudert."[170] Je nach sozialem Status, ließ sich die Verantwortung für die Entfernung von Schmutz und Abfall auch an andere delegieren. So ließen die reichen Bürger römischer Städte ihre Sklav*innen die Abfälle vor ihren Häusern beseitigen.[171]

Das Fenster fungiert gewissermaßen als ein Medium des Abfalls. Auch bei modernen Einrichtungen, wie dem Müllschlucker, entsorgt man den Abfall, indem man eine Klappe öffnet und wieder schließt. Das Fenster stellt wie die Müllschlucker-Klappe eine Grenze und gleichsam einen Übergang dar zwischen den inneren Räumen der Müllproduktion und einem Außen, das den Müll aufnimmt. Als Medium des Abfalls geht das Fenster mit einem hierarchischen Verhältnis zwischen oben und unten, zwischen dem Höheren und dem Niederen einher. „Der Schmutz, der im Inneren erzeugt wurde, aus der Höhe, von oben kam, hatte an sein vorbestimmtes Ziel zu gelangen, nach Außen, in die Tiefe, nach unten."[172] Dieser Austausch wurde aber von außen, von der Straße erwidert. Von außen rückten „Licht, Lärm und pestilenzialische Gerüche ins Haus".[173] Sobald der Abfall den Wohnraum verlassen hatte, blieb er auf den Straßen liegen. „Die Ordnung und Sauberkeit des Innenraums, aus dem Exkremente und Abfälle systematisch entfernt wurden, fanden ihr Gegenstück im Durcheinander und im Schmutz eines Außenraumes, dessen Bestimmung es war, das Ausgestoßene aufzunehmen."[174]

In der Zeit nach dem Zerfall des römischen Reiches waren in den Städten Europas „streunende Tiere wie Ratten, Hunde und vor allem Schweine die wirksamste Form der Straßenreinigung."[175] Wie Ponte betont, tritt die Reinigung der Straßen und Müllentsorgung „von Anfang an als eine polizeiliche Maßnahme" in Kraft. König Louis IX (1214–1270) verordnete in Frankreich eine gesetzliche Straßenreinigung und im Jahr 1506 führte Louis XIII die öffentliche Müllabfuhr ein, für die eine Steuer zu entrichten war. Schließlich sollten Bürger auch vor ihren

---

169 Ebd.
170 Ebd.
171 Ebd.
172 Ebd.
173 Ebd.
174 Ebd.
175 Ebd. Dass lange Zeit Tiere die Reinigung von Straßen und Entfernung von Müll übernahmen, drückt sich aber auch in den modernen Technologien der Müllbeseitigung aus, wenn von in der Küche integrierten „Müllwölfen" und hungrigen Müllwagen die Rede ist, und öffentliche Mülleimer mit der Aufschrift „Bitte füttern" versehen sind.

Häusern kehren und ihren Müll in Körben oder anderen Behältern aufbewahren und „diese ordentlich und zur rechten Zeit auf der Straße deponieren."[176]

Die Modernisierung der Müllbeseitigung zeigt dabei eine doppelte Wirkung. „Der Staat übernimmt die Zuständigkeit für den Müll, wodurch dieser zu einer öffentlichen Angelegenheit wird; zugleich aber wird er privatisiert und ‚domestiziert'."[177] Das Transportieren des Mülls aus dem Bereich des Sichtbaren bedeutet also nicht, dass Müll weniger eine private Angelegenheit war. Mit der Übernahme der Beseitigung von Müll durch öffentliche Behörden gehen Verordnungen zur privaten Handhabung mit Müll einher, die dazu führen, dass Abfall in „seine eigentliche Sphäre", das Private zurückgewiesen wird. Die Handhabung des Abfalls, seine Platzierung und zeitliche Koordination wird als sozialer Beitrag von den Bewohnern der Städte eingefordert. Das Aufstellen der Müllbehälter wird zu einer Pflicht von Bürger*innen und somit zu einer Weise, um die eigene Zugehörigkeit geltend zu machen: Man erweist sich als zugehörig zu einer realen oder imaginierten Gemeinschaft, indem man den Müll zur rechten Zeit am rechten Ort zur Abholung bereitstellt. Oder man wird kriminalisiert, weil man den Müll nicht gemäß der Verordnungen beseitigt. In dem Augenblick, in dem der Umgang mit dem eigenen Abfall eine soziale Ausdrucksweise wird, tauchen auch neue Weisen auf, wie man als nicht-zugehörig und fragwürdig in der Öffentlichkeit erscheinen kann.

Das hat Auswirkungen auf die Art und Weise, wie Personen sich als Bürger*innen mit Bezug auf ihre Rolle als Müllproduzent*innen verstehen. Den Müll vor den Augen der anderen Bewohner*innen in der Öffentlichkeit zu verbergen, bezeugt soziale Zugehörigkeit. Den Müll hingegen „weiterhin aus dem Fenster in den öffentlichen Raum zu werfen, kommt Aggression, Rebellion und Protest gleich."[178] Die Gesetze zur Müllhandhabung führen auch zu Veränderungen in der sinnlichen Wahrnehmungsschwelle für Abfall. „Zuerst wird der Geruchssinn beleidigt, dann der Blick. Müll kann nur noch dann geduldet werden, wenn er in einem Behälter ‚eingesperrt' ist, der ihn von allem anderen trennt."[179] Das führt dazu, dass die Vorgänge des städtischen Lebens zunehmend abstrahiert und „in die Ferne gerückt, entkörperlicht, zum Schweigen gebracht, desodoriert" werden.[180] Die Interaktion der Bewohner verändert sich und die Hinterhöfe übernehmen immer mehr Funktionen von öffentlichen Straßen und Plätzen der Müllbeseitigung. Mit den Architekturen des Abfalls, die seit dem 19. Jahrhundert

---

176 Ebd., S. 79.
177 Ebd.
178 Ebd.
179 Ebd., S. 78.
180 Ebd., S. 79.

entstehen, wird Müll so gesehen zunehmend domestiziert. Die Städte organisieren die Beseitigung von Abfällen aus den Wohngebieten, dafür trägt aber jeder einzelne die Verantwortung für das rechtmäßige Entleeren und Aufstellen der Tonnen.

2.3 Die „staubfreie" Müllabfuhr

In Deutschland verfolgen die städtisch organisierten Müllabfuhren zu Beginn des 20. Jahrhunderts das Ziel, den Mülltransport einheitlich festzulegen. Sonja Windmüller stellt in ihrer kulturgeschichtlichen Studie über die *Kehrseite der Dinge* (2004) fest, dass sich mit der systematischen Müllabfuhrwirtschaft ein gesellschaftlicher Wandel vollzieht. Während die häuslichen Abfälle traditionell in beliebigen Gefäßen gesammelt und in zumeist offenen Wagen zur Abfalldeponie gebracht wurden, entstehen Ende des 19. Jahrhunderts gesetzliche Regelungen zur Förderung einer systematischen Entsorgungsökonomie.[181] Dazu gehört das „Preußische Kommunalabgabengesetz" von 1893, das die „Erhebung allgemeiner Müllabfuhr-Gebühren" vorsieht und das Entsorgen von Hausmüll ausführlich regelt und polizeilich verordnet.[182]

Strikte Verordnungen der Formen, Größen und Verschlussweisen von Müllsammelbehältern dienten der Vereinheitlichung von Entsorgungspraktiken. Um 1906 forcierte die städtische Verwaltung in Hannover ihre Bemühungen, die neuen Regelungen zur Verwendung von einheitlichen Mülltonnen durchzusetzen, indem 877 Müllgefäße, die nicht den Richtlinien entsprachen, beschlagnahmt wurden und die Inhaber eine Strafgebühr erhielten (Abb. 2). Die Müllgefäße wurden konfisziert, da sie nicht den Polizeiverordnungen entsprachen, „welche die Verwendung von ,eisernen, mit einem gut schließenden Deckel versehenen Gefäßen' zur Müllsammlung vorschreiben"[183].

Die Standardisierung der Müllabfuhr macht sich auch in einer Normierung der Expertensprache bemerkbar, sowie in der beständigen Entwicklung von Fachbegriffen und genau festgelegten Kategorien der Müllsammlung, Entleerung und des Transports.[184] Dabei konkurrierten unterschiedliche Systeme wie Umleer- und Wechseltonnensystem sowie ein Dreiteilungssystem miteinander. Während beim Umleersystem die genormten Müllbehälter in entsprechende Müllwagen

---

181 Vgl. ebd., S. 67.
182 Vgl. ebd.
183 „Wie Polizeiverordnungen befolgt werden", Sign. Sammlung Erhard: F Fotos, Nr. 643.
184 Vgl. Sonja Windmüller, *Die Kehrseite der Dinge: Müll, Abfall, Wegwerfen als kulturwissenschaftliches Problem.* Münster: Lit Verlag, 2004, S. 72.

Abb. 2: Beschlagnahmte Mülleimer in Hannover (1906)

entleert wurden und klein genug waren, um von Hand getragen zu werden, waren die Behälter des Wechseltonnensystems voluminöser und wurden von mehreren Haushalten gemeinsam genutzt. Sie standen in der Regel in Hinterhöfen, und die Müllabfuhr tauschte sie regelmäßig gegen gereinigte Tonnen aus.[185] Das Dreiteilungsverfahren, das in Charlottenburg auf „obligatorischer Grundlage" eingeführt wurde, basierte hingegen auf Müllbehältnissen mit drei getrennten Kammern für Küchenabfälle, Kehricht und solchen Müll wie Papier oder Glas, bei dem eine Wiederverwertung in Betracht kam. Es sollte „im nationalökonomischen Interesse", wie Carl von der Linde, Geschäftsführer der Charlottenburger Abfuhrgesellschaft, schrieb, „die Wiederverwertung von Abfällen ermöglichen"[186].

Die Charlottenburger Dreiteilung sollte ein nationalwirtschaftliches Modell der Müllentsorgung werden, das bis in die Privatwohnungen hinein den Umgang mit Müll festlegte. So ging das System der Dreiteilung mit „in Privathaushaushalten zur Vorsortierung aufgestellten Müllschränken"[187] einher. Die Behälter für Asche und Kehricht waren dabei ganz unten platziert (Abb. 3). Zwar wurde das System 1917 aufgrund des ausbleibenden wirtschaftlichen Erfolgs wieder eingestellt, aus kulturgeschichtlicher Sicht hat die vorgeschriebene Mülltrennung

---

185 Vgl. ebd., S. 77.
186 Carl v. d. Linde, *Müllvernichtung oder Müllverwertung insbesondere das Dreiteilungssystem. Ein Beitrag zur Hygiene des Mülls mit Rücksicht auf ihre volkswirtschaftliche Bedeutung.* Charlottenburg, 1906, S. 29 f.
187 Windmüller, *Die Kehrseite der Dinge*, S. 174.

jedoch nachhaltige Spuren hinterlassen. Das Dreiteilungsverfahren war als ein Aufruf an die Bevölkerung konzipiert, wiederverwertbare Reste im Interesse einer imaginierten Gemeinschaft richtig zu entsorgen und zu trennen – ein Prinzip der Müllentsorgung, dem im Hinblick auf die gegenwärtige Bedeutung von Mülltrennung, Wiederverwertung und Zero-Waste-Vorstellungen eine historische Vorläuferrolle zukommt.

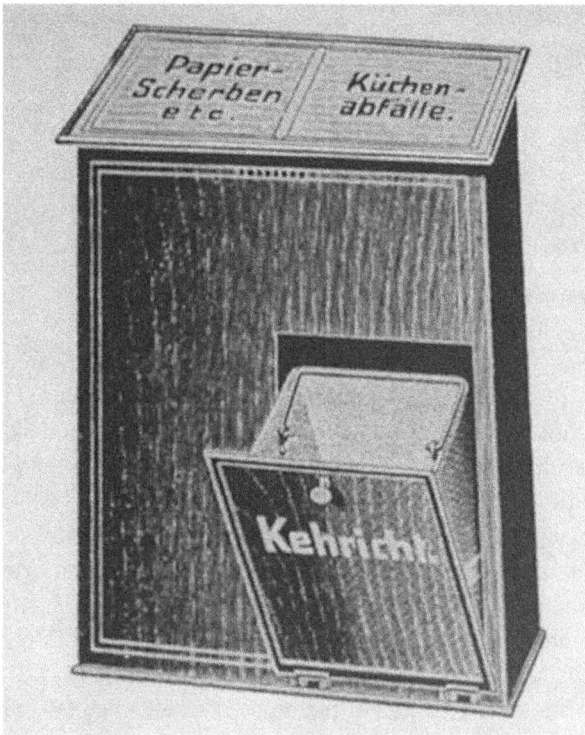

Abb. 3: Das Charlottenburger Dreiteilungsmodell (1912)

Die „staubfreie Müllabfuhr" entwickelte sich zu einem Überbegriff für die unterschiedlichen Entsorgungssysteme, die seit Beginn des 20. Jahrhunderts Schmutz und Staub bei der Mülleinsammlung kontrollieren sollten. In der ingenieurswissenschaftlichen Literatur zur Müllsammlung tauchte die Beseitigung von Abfall zwar als eine rein technische und pragmatische Frage auf, die Entscheidungen für bestimmte Verfahren der Müllbeseitigung gingen jedoch mit spezifischen kulturellen Vorstellungen von Schmutz, Hygiene und Sauberkeit einher.[188]

Die eingesetzten Sammelsysteme, Geräte und Materialen sollten die Abfälle sauber und hygienisch entfernen, ohne an ihre *Abjekthaftigkeit* zu erinnern. Ausgehend von der hygienischen Bedeutung einer „staubfreien" Entladung von Mülltonnen in Abfuhrwagen waren Werbekampagnen von Mülltonnen- und Fuhrwerk-Herstellern bemüht, das Bild einer modernen und technisch fort-schrittlichen Müllabfuhr zu vermitteln. So hebt die Blechwarenfirma Schmidt & Melmer in ihrer Übersicht zur Müllbeseitigung von 1940 die Staubfreiheit und Undurchlässigkeit des von ihr entwickelten Systems hervor. Das Ringtonnensys-tem *Es-Em*, das die Firma im Jahr 1925 erstmals vorstellt und das ein halbes Jahrhundert lang in vielen deutschen Städten zum Einsatz kommen wird, setzt sich aus „zwei Hauptbestandteilen" zusammen: „die der Müllsammlung die-nenden Müllgefäße und die an dem Müllwagen anzubringende, die staubfreie Entleerung der Müllgefäße sichernde sogenannte Schüttung"[189]. Diese Schüttung besteht aus „drei zwischen Seitenwänden schwindenden Scharnierplatten" (vgl. Abb. 4). Während die Mülltonnen entleert werden, „befindet sich die auf dem Gefäßdeckel angebrachte Deckelnase im Eingriff mit der Verschlußklappe"[190]. Der Patentschutz der Firma Schmidt & Melmer umfasste die Idee eines automatischen Mechanismus zum Öffnen und Schließen der Mülleimer, sobald diese zur Ent-leerung an die Vorrichtung am Müllwagen angekoppelt wurden. Der undurch-lässige Schüttmechanismus sollte den Austritt von Staub „praktisch völlig un-terbinden"[191] (vgl. Abb. 5). Die staubfreie Müllabfuhr manifestiert sich als die „lückenlose", vollständige Verschließung von Mülltonnen während ihres Einsat-zes bei der Entleerung und beim Transport.

---

188 Vgl. ebd., S. 63.
189 Fa. Schmidt & Melmer (Hersteller von Müllgefäßen, Weidenau-Sieg.) (Hrsg.), *Zusammen-fassende Darstellung des gesamten Aufgabenkreises der Hausmüllbeseitigung.* Feudingen, 1940, S. 29 f. (Sign. Sammlung Erhard: A 729).
190 Ebd.
191 Ebd., S. 32.

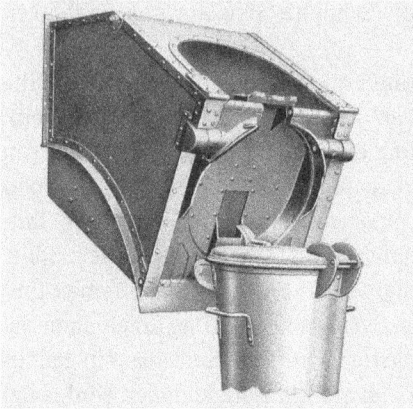

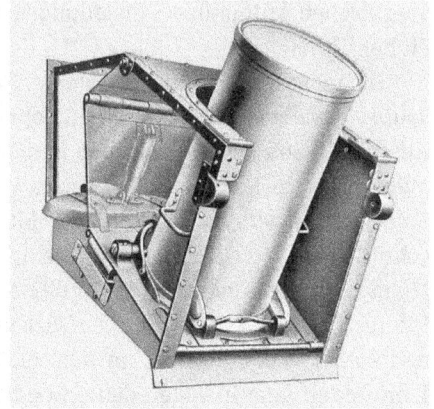

Abb. 4: Schüttsystem Es-Em der Blechwarenfirma Schmidt & Melmer (1940)

Abb. 5: Ringsystem Es-Em

In diesen Abbildungen vom Müllsammelsystems *Es-Em* ist die Müllbeseitigung als ein technischer Kreislauf konzipiert – ein Kreislauf, in dem organische Stoffe wie etwa Speisereste maschinelle Kanäle durchfließen: draußen eine präzise mechanische Anordnung, drinnen organische Materie. Die Abfuhrwagen und der skizzierte Gefäßkreislauf erwecken den Anschein einer apparativen Verschaltung. Ziel dieser Technik ist eine Konstruktion, die organisches Material in eine unsichtbare und möglichst rückstandslose Bewegung bringt. Speisereste, Abfall und Müllmasse werden von einer automatisierten Technik und metallischen Ästhetik absorbiert.

Die Technologien des „Öffnens" und des „Schließens" der Müllgefäße greifen dabei auf symbolische Weise den Übergang zwischen individuellen Haushalten und kommunaler Verwaltung auf. Die „lückenlose" Verkopplung von genutzter Mülltonne und industriellem Entsorgungsfahrzeug knüpft die Sphäre des Privaten materiell und sinnbildlich an eine öffentliche Entsorgungsmaschinerie. Es handelt sich um die entscheidende Schnittstelle der modernen häuslichen Müllentsorgung: die Verbindung des persönlichen Wohnraums, des privaten Alltags mit der öffentlichen Verwaltung, mit einer imaginierten Gemeinschaft, und zugleich um die Absorption des organischen Materials in eine vermeintlich reibungslos laufende technische Anordnung.

2.4 Abgründe des Abfalls

Die Vorstellung, dass das, was hineingeworfen wird, ganz gewiss nicht zurückkommt, ist in den Müllschlucker gewissermaßen eingebaut. Der Müllabwurfschacht erscheint so gesehen als eine konkrete Materialisierung der allgemeinen Vorstellung von Müll als etwas, das aus dem Nichts kommt – weil es ganz plötzlich, von einem Moment zum anderen, zu Müll wird – und das in das Nichts auch wieder verschwindet. Dieses Nichts – das andere Ende des Müllschachts – geht mit seinen eigenen kulturellen Erzählungen einher. In *Star Wars: Episode IV: A New Hope* gibt es eine Szene, in der Leia Organa, Luke Skywalker, Han Solo und Chewbacca im „Death Star Garbage Masher", dem Müllabwurfschacht des Todessterns von Darth Vader, gefangen sind. Durch den Entsorgungsschacht – einen sogenannten *trash compactor* – werden die auf dem Death Star anfallenden Metallreste in einen Tunnel hinabgeschleudert, an dessen Ende in der Müllpresse die Abfälle zerkleinert werden. In dem Moment, als die Star-Wars-Helden dem Schicksal der Müllpresse gerade noch entgehen und Leia sagt, es hätte schlimmer kommen können, werden sie von einem „Diagona" angegriffen – einem galaktischen Ungeziefer, das sich von Metallschrott ernährt.

Was diese Szene deutlich macht – jenseits der Erkenntnis, dass auch der Todesstern Darth Vaders nicht ohne ein entsprechendes Müllentsorgungssystem auskommt – ist, dass die Räume des Mülls in der kulturellen Imagination tückische Gefahren bergen und von fremdartigen Geschöpfen bewohnt werden. Die Orte der Aufbewahrung von Dingen, die überflüssig, entbehrlich und aufgebraucht sind, erscheinen als lebensgefährlich und von monströsen und unvermuteten Wesen heimlich bewohnt. Die Frage nach dem Gehäuse des Mülls eröffnet so gesehen auch die Frage danach, wer oder was im Müll „haust".

Müllschlucker scheinen prädestiniert dafür, dass Dinge eingeworfen werden, die nicht hineingehören. Der Verstoß zeigt aber auch, dass die Entsorgung von Abfall im Wesentlichen in der Einhaltung von Regeln besteht, oder eben in dem Verstoß gegen sie. Der Müllschlucker definiert so gesehen eine Schwelle, eine Schnittstelle zwischen den Räumen der privaten Wohnung, den Familienangehörigen, der Nachbarschaft und der Sphäre des Öffentlichen. Bevor der Müll in eine öffentliche Müllanlage transportiert wird, versammelt der zumeist im gemeinsamen Hausflur positionierte Müllschlucker die erzeugten Abfälle der einzelnen, gemeinsam getrenntlebenden Individuen im Wohnhaus. Müll ist eine Sache der Nachbarschaft und damit Gegenstand von sozialen Fragen, Aushandlungen, Konflikten und Missverständnissen. Nicht zufällig handelt es sich bei dem Hund, den Jack Nicholson im eingangs erwähnten Film in den Müllschlucker wirft, um den Hund des Nachbarn.

Müllschlucker sind „Kanäle, durch die organische und anorganische Materie vertikal oder schräg nach unten geleitet wird".[192] Sie werden hauptsächlich in Hochhäusern mit mehreren Parteien eingesetzt, um den Müll des gesamten Hauses an einem Ort zu sammeln. Die scheinbar einfache Abfolge von Handgriffen „wird in Wirklichkeit durch ein komplexes System von Regelungen und Verboten gesteuert".[193] So verbieten es zum Beispiel die „typischen Hinweistafeln, die in US-amerikanischen Hochhäusern direkt am Müllschlucker angebracht sind", die Abfälle lose in den Schacht zu werfen.[194] In Wohnhäusern neueren Baujahrs sind mehrere Müllschächte für die unterschiedlichen Müllsorten angebracht, so dass die Trennung von Papier, Glas, Plastik und Restmüll automatisch geschieht.[195]

Der Philosoph Cyrille Harpet beschreibt den Müllschlucker als räumliches und symbolisches Gegenstück zum Fenster, das, wie oben beschrieben, selbst lange Zeit als „Mülleimer" fungierte. „Der Müllschlucker eröffnet eine vollständige Finsternis, er blickt auf ein Meer des Schattens; das Fenster lässt die Dunkelheit der Nacht, aber auch das Licht des Tages hinein. Müll gehört der Nacht an; dreckige, verschmutzte Dinge sollen der Zeit und dem Ort ihres Ursprungs zurückerstattet werden, der Dunkelheit."[196] Mit den kulturellen Formen des Umgangs mit Müll gehen nicht nur architektonische Strukturen und technische Verschaltungen einher, sondern ebenso Körpertechniken des Entsorgens. Der Müllschlucker symbolisiert eine sehr spezifische Weise um mit Dingen umzugehen, derer man sich entledigen will.

Der Industrielle Jean-Baptiste Andre Godin (1817–1888) entwarf um 1850 einen Vorläufer des Müllschluckers. Godin konzipierte ein mehrstöckiges Wohnhaus, ein „familistiere", das ein „Palast" für die Arbeiter*innen und Angestellten, die in seiner Fabrik arbeiteten, sein sollte. Jedes Geschoss hatte eine Kehrrichtklappe, über die man Schmutz beseitigen konnte. Ponte stellt fest: „Godin hatte, wie jeder andere Erfinder oder Sozialreformer, eine neue Art von Mensch entworfen. Dieses neue Individuum hat die Kontrolle über seine Ausscheidungen und hebt damit die Gesellschaft auf eine neue Stufe der analen Entwicklung."[197]

In der deutschen Nachkriegszeit werden Wohnungshäuser mit Müllschlucker für „bestimmte" Familienverhältnisse entworfen, er sollte genutzt werden in

---

192 Ponte, „Müllschlücker", S.81.
193 Ebd.
194 Ebd.
195 Ebd.
196 Cyrille Harpet, *Du déchet: philosophie des immondices: corps, ville, industrie.* Paris: L'Harmattan, 1998, S. 271f. Zitiert in Ponte, „Müllschlucker", S. 82.
197 Ponte, „Müllschlucker", S. 80.

„Ledigenheimen", in Wohnhäusern für „Junggesellen" und Alleinstehende. „Beim Bau von Wohn-Hochhäusern, Wohnheimen für berufstätige Frauen und Ledigenheime wäre der Einbau von Müllschluckanlagen besonders wünschenswert", bemerkt die Berliner Morgenpost 1952.[198] Jeder Haushalt wäre mit einem „speziellen Mülleimer" ausgestattet, „der zur Entleerung in die auf dem Treppenflur befindliche Müllschluckerstation eingeführt und hier durch eine Drehung des Handrades staub- und geruchslos entleert wird."[199] Der Vorteil dieser Einrichtung sei nicht nur, dass die Anlage nicht verschmutzen kann, sondern auch, dass „kein Benutzer sieht oder riecht, was der Vorbenutzer eingeworfen hat".[200] In den Zeitungsberichten, wie in diesem Bericht der Berliner Morgenpost, sind Frauen abgebildet, die Mülleimer in einen Abfallschacht entleeren und die neuen Apparate bedienen. Es sind weibliche Körper und Hände, die als prototypische User dieser neuen Müll-Maschinerie auftreten. Der Müll ist hier eine sichtbar weibliche Angelegenheit (Abb. 6). Die abgebildete Frau tritt als Akteurin für die Reste- und Spuren-Verwaltung im Inneren des Hauses auf; sie ist verantwortlich für den glatten Übergang vom Privaten in das Öffentliche. Die Müllschlucker-Anlagen, erwähnen Berichte immer wieder, ersparen der „Hausfrau" viel Arbeit, indem sie „ihren Abfall" leichter entsorgen kann.

Die imaginäre Verbindung zwischen Weiblichkeit und die Zuständigkeit für den alltäglich anfallenden Abfall, die bereits in der Rationalisierung der Küche zum Ausdruck kam, kommt hier noch einmal deutlich ins Bild. In den Berichten ist die Rede von „der Hausfrau", die *ihren* Mülleimer hinausträgt, fast so als ob der Mülleimer, und die damit verbundene Aufgabe, zu ihrer Person dazugehörte. „Besonders die Hausfrau wird die neue Müllschutt-Anlage als praktisch empfinden. Überall zwischen den einzelnen Stockwerken sind kleine Kammern – eine Art ‚Müllstation'."[201] In dieser Anlage sei eine Schütt-Vorrichtung eingebaut, „in die die Hausfrau einfach ihren Müllkasten hineinschiebt, der extra für diese Anlage konstruiert ist. Ein Hebeldruck – und der Mülleimer stülpt sich um."[202] Die Entledigung von Abfällen wird als Care-Arbeit dem figurativen Personenstatus der *Hausfrau* bildlich eingeschrieben.

Die neuen Entsorgungsapparate errichten neue Vernetzungen mit der Umwelt. Mit dem Müllschlucker oder dem Müllzerkleinerer kommen neue Kanäle für organische und anorganische Abfälle in den Wohnraum. Sie bringen Öffnungen und Schließungen mit sich, die das Private und das Öffentliche imaginär ver-

---

198 *Berliner Anzeiger*, 3.12.1952, Sign. Sammlung Erhard: ZA m.
199 Ebd.
200 Ebd.
201 *Berliner Anzeiger*, 13.9. 1950, Sign. Sammlung Erhard: ZA m.
202 Ebd.

Abb. 6: Müllabwurfschacht in Hamburg (1955)

binden. Mit dem Abfallzerkleinerer – ein Apparat, der organische Küchenabfälle in kleine Partikel zerhackt, so dass die durch den Abfluss entsorgt werden können – kommt eine neue Schnittstelle zwischen privaten und öffentlichen Sphären ins Haus.[203] Es handelt sich um Stoffwechsel-Imaginationen, die mit kulturellen Vorstellungen über Produktion und Destruktion einhergehen. So sollen Abfallzerkleinerer fast alles im Haushalt zerkleinern können: „welke Blumen, Kartoffelschalen, Gemüseabfall, Asche, Papier und kleine Knochen" – und das „lautschwächer als ein Staubsauger."[204]

Während die räumliche Trennung zwischen Lebewesen und Müll eine wesentliche Rolle in der Entwicklung der organisierten Müllabfuhr spielt, greifen die Darstellungen und Beschreibungen von Mülltonnen und Müllwagen oft explizit auf animistische Motive und Metaphern zurück. Die Mülltonnen und die Abfuhrwagen zur Beladung und zum Transport des Mülls weisen eine figurale „Lebendigkeit" auf und werden oft mithilfe von Tiermetaphern beschrieben, zum

---

203 Elke Berger, „Abfallzerkleinerer", in: ARCH+ 191/192 – *Schwellenatlas: Vom Abfallzerkleinerer bis Zeitmaschine*, S. 26.
204 Die Westdeutsche Allgemeine berichtet über einen Abfallzerkleinerer namens „Müllex", *Westdeutsche Allgemeine*, Essen, 14.3.1951, Sign. Sammlung Erhard: ZA m.

Beispiel als „hungrige Tiere" bezeichnet.[205] Ein Zeitungsbericht im *Generalan-zeiger Leer* von 1955 beschreibt Müllwagen als „hungrige Wölfe" mit einem „sehr leistungsfähigen Magen", die Müll „fressen".[206] Ein anderer Artikel mit der Überschrift „Der Müllwolf geht um" berichtet über „eine kleine Maschine, die alles zerkleinert, was mit ihr in Berührung kommt"[207]. Es handelt sich um einen Abfallzerkleinerer, welcher die Abfälle, die in das Spülbecken geworfen werden, mithilfe eines Elektromotors unter Zufluss von Wasser zermahlt und in die Ka-nalisation schwemmt. Bemerkenswert ist dabei, dass in diesen animistischen Beschreibungen der Müllbehälter ein deutlicher Fokus auf das „Fressen" und den „Hunger" gelegt ist. Der Mülleimer wird als Figur von unstillbarem Hunger und Essensgier porträtiert.

Auch heute greifen Stadtentwickler*innen auf animistische Elemente in der Gestaltung von öffentlichen Abfallbehältern zurück. So präsentieren sich in neueren Kampagnen der BSR in Berlin, die zur Entsorgungsmotivation beitragen sollen, die orangenen Mülleimer der Stadt als „Kippendiener" oder „Häufchen-helfer", während andere die Aufschrift „Bitte füttern" tragen und mitunter ver-suchen, ein Streichelzoofeeling zu erwecken.[208] Die Technologien der Müllent-sorgung und die öffentliche Entsorgungsinfrastruktur treffen auf das Organische, allerdings auf die abjekthafte Kehrseite, die Gefühle des Ekels und Abscheus hervorruft und an Tod und Verfall erinnert. Mit der Beschreibung der Entsor-gungsinfrastruktur in positiv konnotierten, animistischen Begriffen wird diese düstere Organizität des Abfalls euphemistisch gewendet und die positive Kehr-seite des Abjektes betont – die Mülltonne wandelt sich symbolisch von einem Behälter für Konsumreste, die menschliche Lebewesen hinterlassen, zu einem lebendigen Konsumenten eigener Art, der von Appetit und Hunger getrieben ist.

---

205 *Der Mittag*, Düsseldorf, 01.12.1956. „Schrank für Mülltonnen". Sign. Sammlung Erhard: ZA SCH („Schrank für Mülltonnen").
206 *Generalanzeiger Leer*, 21.10.1955: „,Hungriger Wolf' frißt Abfälle. Neuer Müllwagen wird ausprobiert – Er nimmt mehr Ballast auf!". Sign. Sammlung Erhard: Z VX.
207 *Allgemeine Rundschau Nürnberg* vom 02.07.1952: „Der Müllwolf geht um. Gesichtet auf der Ausstellung ,Die Wirtschaft im Dienste der Hausfrau'". Sign. Sammlung Erhard: ZA M Müllwolf.
208 Henriette Teske, „Für die Tonne. Mülleimer-Sprüche in Berlin", 2014, online: http://www.ta gesspiegel.de/berlin/muelleimer-sprueche-in-berlin-fuer-die-tonne/10838764.html (21.01.2020).

2.5 Architekturen des Vergessens: Mülltonnen in der Nachkriegszeit

> Wir alle müssen den Gräueln der Vergangenheit den Rücken zuwenden. Wir müssen in die Zukunft schauen. Wir können es uns nicht leisten, in die kommenden Jahre den Hass und die Rache hineinzuziehen, die aus den Wunden der Vergangenheit entstanden sind. Wenn Europa von endlosem Unheil und endgültigem Untergang gerettet werden soll, müssen wir es auf einen Akt des Glaubens an die europäische Familie und einen Akt des Vergessens aller Verbrechen und Irrtümer der Vergangenheit gründen.[209]
>
> *Winston Churchill (1946)*

Diese Worte Winston Churchills in einer Rede vor Studenten in Zürich 1946 beschwören ein konstruktives Vergessen, das die Nachkriegszeit bestimmt. Nach Kriegsende „wurden Hitlerbilder und Hakenkreuze umgehend entsorgt, Bücher wie Mein Kampf, die in jedem Haushalt im Regal standen, verschwanden spurlos."[210] Ein konstruktives Vergessen wird zur Grundlage der neuen Republik. Wie Aleida Assmann in *Formen des Vergessens* (2016) feststellt, war es in Zeiten der Trümmerbeseitigung und des wirtschaftlichen Aufbruchs „tatsächlich die Schwäche des Gedächtnisses, die im Westen Deutschlands den Menschen Stärke verlieh."[211] Dieses schöpferische Vergessen schlägt sich auch in den Architekturen des Abfalls in der deutschen Nachkriegszeit nieder. Die Bemühungen um die Herstellung eines neuen Zustands, einer *tabula rasa*, tauchen auch in den Ambitionen um möglichst unsichtbare Fassaden für Müll auf.

Mit dem Beginn des Wiederaufbaus macht sich in der deutschen Nachkriegszeit ein ambivalentes Verhalten zu Müll bemerkbar. Nach dem Zusammenbruch während des Krieges wird die Müllabfuhr in der westdeutschen Nachkriegszeit wiederaufgenommen und grundlegend modernisiert. Abfuhrwagen, die noch mit Pferden betrieben wurden, löst man durch elektrische Müllwagen ab. Die Pferde werden, wie Zeitungen berichten, in „Rente" geschickt. Es entstehen neue Apparaturen der Entsorgung nach amerikanischem Vorbild. Zum Beispiel in Form des schon erwähnten Abfallzerkleinerers, der, wie Zeitungen berichten, im Handumdrehen Müll beseitigt und „den Mülleimer überflüssig machen soll".[212] Und im Westen, wie im Osten der Stadt, sollen Müllschlucker in Hochhäusern eingerichtet werden. Die Schächte der Müllschlucker sollen dabei

---

209 Randolph S. Churchill (Hrsg.), *The Sinews of Peace. Post-War Speeches by Winston S. Churchill*. London: Cassell, 1948, S. 200.
210 Aleida Assmann, *Formen des Vergessens*. Göttingen: Wallstein, 2016, S. 60.
211 Ebd.
212 *Frankfurter Nachtausgabe*, 16.3.1951, Sign. Sammlung Erhard: ZA m.

mit Kacheln ausgestattet sein, „um eine glatte und reibungslose Wandung zu erzielen".[213]

Der Wirtschaftsaufschwung der 1950er Jahre macht sich schließlich auch im anfallenden Müll bemerkbar. Das Heidelberger Tageblatt notiert 1955: „Der steigende Müllanfall ist ein Beweis des Wohlstandes" und ein Zeichen für die „Wiederaufwärtsentwicklung Westdeutschlands".[214] Einerseits wird der steigende Anfall von Müll begrüßt, da es auf steigenden Wohlstand der Bevölkerung deutet. Dabei geht es natürlich erneut um die Wirtschaftlichkeit des Abfalls, denn „[d]er Dreck der Stadt ist nützlich", wie die Nürnberger Nachrichten 1953 berichten.[215] Das kann aber auch ins Gegenteil umkehren. Der gleiche Bericht beklagt die hohe Lebensmittelverschwendung „deutscher Hausfrauen", auch wenn es nur die Hälfte der Verschwendung der Amerikanerinnen wäre. Auch die *Badischen Neuesten Nachrichten* lesen im Abfall 1955 etwas über die Bevölkerung heraus: „Man kann hieraus unschwer ablesen, wie gut es manchen Leuten heute wieder geht".[216]

Andererseits wird Müll als ein visuelles Störungsbild zu einem Problem neuen Ausmaßes. Die Bedürfnisse nach einer klaren Ordnung, nach einer Kohärenz des visuellen Alltags sind überdeutlich. Zeitungsartikel greifen die Thematik der Unordnung, Verwüstung und des leidlichen Anblicks von Mülltonnen auf den Straßen auf. Ein Kölner Zeitungsbericht aus dem Jahr 1955 berichtet, es gäbe „noch viele Städte, in denen die Mülltonnen in allen Größen, Formen und Unformen zugelassen sind. Da gibt es Mülleimer, das sind gar keine Mülleimer!"[217] Mit den illegitimen Behausungen des Mülls sind zum Beispiel offene „Pappkartons" gemeint, die mit Asche und Abfall gefüllt sind.[218] Der folgende Bericht mit dem Titel „Tu das Deine dabei! Sorg mit für ein schöneres und sauberes Stadtbild" zieht deutliche Parallelen zur Entfernung von Resten und Spuren im privaten Wohnraum. Die „fleißige[n] Hände", die das Stadtbild verschönern, stehen hier in direktem Zusammenhang zur Figur „der Hausfrau", die sich „zum herkömmlichen Osterputz [rüstet], wobei dann im Hause oder in der Wohnung aus allen Winkeln und Ecken der letzte verbliebene Rückstand und Staub [...] hervorgeholt wird."[219]

---

213 *Wirtschaft*, Berlin, 30.5.1942, Sign. Sammlung Erhard: ZA m.
214 *Heidelberger Tagesblatt*, 15.9.1955, Sign. Sammlung Erhard: ZA m.
215 *Nürnberger Nachrichten*, 3.6.1953, Sign. Sammlung Erhard: ZA.
216 *Badische Neueste Nachrichten*, Karlsruhe, 9.7.1955, Sign. Sammlung Erhard: ZA.
217 *Welt der Arbeit*, Köln, 30.11.1952: „Wohin mit den Mülltonnen?". Sign. Sammlung Erhard: Z SCH.
218 Vgl. ebd.
219 *Westfalen-Post*, Soest, 15.3.1950: „Tu das Deine dabei! Sorg mit für ein schönes und sauberes Stadtbild". Sign. Sammlung Erhard: Z X III.

In den Aufrufen an die Bevölkerung, ihren Beitrag zu leisten, um „Sauberkeit und Ordnung" der Straßen zu sichern, taucht die Sichtbarkeit oder Unsichtbarkeit von Müll als eine zentrale Problematik auf. Dabei wird Müll als ein Objekttyp verhandelt, der die Sphäre des Häuslichen – die „Winkel und Ecken", aus denen Schmutz entfernt wird – mit den Zonen des öffentlichen Lebens, den Straßen und Wegen, figurativ verbindet. Auch die Düsseldorfer Zeitung *Der Mittag* fragt im Jahr 1956: „Wer kennt nicht den häßlichen Anblick der vor den Häusern stehenden Müllbehälter, die – oft mit klaffenden Deckeln – unsere Straßen auf nahezu unerträgliche Weise verschandeln und vielfach den Fußgängerverkehr behindern?"[220] Nötig seien gut verschließbare Müllgefäße, die nicht von Tieren durchgewühlt werden können. Hinsichtlich der Frage „Wohin mit dem Müll?" schlägt der Artikel vor, dass Architekten und Bauplaner sich zukünftig kreative Ideen für die Platzierung von Mülltonnen einfallen lassen, damit diese nicht länger vor den Häusern stehen und das Stadtbild „verschandeln". Was die hygienische und ästhetische Unterbringung von Mülltonnen angeht, sei zu beachten, „daß die Mülltonnen möglichst unsichtbar bleiben", zum Beispiel, indem sie „in geschlossene Nischen, die entweder frei stehen oder in die Hauswand eingebaut" sind, platziert werden.[221]

Westdeutsche Zeitungsberichte bezeugen eine Problematisierung des Straßenbildes und der Häuserfronten. In den Diskussionen um die richtige Unterbringung von Mülltonnen und die Ästhetik von Häuserfassaden manifestiert sich ein auffällig starker Wunsch nach Hygiene. Der Dortmunder Ingenieur Otto Zweig, der ein Patent zum sogenannten Müllschrank entwickelt, geht sogar soweit, dass er im Jahr 1956 eine Feststellungsklage vor dem Landesverwaltungsgericht in Frankfurt erhebt, in der es um einen „allgemein vorgeschriebenen Platze im oder am Hause" von Mülltonnen geht.[222] Otto Zweig beklagt die mangelnde Konzeption einer legitimen architektonischen Unterbringung von Mülltonnen. Zu viele Mülltonnen würden vor den Häusern stehen, ohne dass ihnen ein spezifisch zugehöriger Platz zugewiesen wird. Zweig fordert neue Architekturen des Abfalls, um „eine das Straßenbild nicht störende und hygienische Unterbringung der Mülltonnen" zu garantieren, wie die *Düsseldorfer Nachrichten* 1952 berichtet.[223] Öffentlich sichtbare Mülltonnen würden deutsche Städte ästhetisch entstellen

---

220 *Der Mittag*, Düsseldorf, 1.12.1956. Sign. Sammlung Erhard: ZA SCH.

221 Ebd.

222 *Westdeutsche Allgemeine*, Essen, vom 6.1.1956: „Oft vergessene Mülltonnen kämpfen um Platzrecht. Technisch kein Hindernis – Bochumer Müllsatzung musterhaft". Sign. Sammlung Erhard: ZA U.

223 *Düsseldorfer Nachrichten*, 13.3.1952. Sign. Sammlung Erhard: ZA t.

und verschmutzen. Bezugnehmend auf Otto Zweig schreibt die *Westdeutsche Allgemeine* 1956 „Das Bild der Städte würde verschandelt, die Volkshygiene käme in große Gefahr".[224] „Der Tag ist nicht mehr fern, da man Deutschland den nicht gerade schmeichelhaften Beinamen ‚Land der Mülltonnen' geben wird", so Otto Zweig laut der *Neuen Ruhr-Zeitung* 1956.[225] Der moralische Zustand der Städte misst sich am Anblick der Häuserfassaden.

Otto Zweig schlägt vor, Abfälle zukünftig in einem „Schrank für Mülltonnen" unterzubringen, und lässt seine Idee zur Einkapselung von Müll in Form der sogenannten „Müllbox" patentieren (vgl. Abb. 7).[226] Die *Braunschweiger Presse* schreibt über die Müllbox, man habe mit ihr einen „Apparat" aufgebaut, „der zeigt, wie man die Mülltonnen aus dem Wege und ‚aus dem Auge' schaffen könnte"[227]. Der Apparat (vgl. Abb. 8) stelle einen neuartigen Müllschrank dar, eine Stahlblechtür mit einem Stahlblechrahmen, hinter der eine Mülltonne an einer starken, festen Achse aufgehängt ist. Tür mit Mülltonne sind in eine Mauer eingebaut. Dahinter befindet sich eine Kammer, ein Verließ, ein Schacht oder eben ein Schrank für Abfall. [228] Bald berichten Zeitungen, die sich auf Städtebauer, Politiker und Architekten berufen, Mülltonnen „sollen endlich im ‚Schrank' verschwinden".[229] „Ich sehe nur noch Mülltonnen, wenn ich durch manche Straßen in Revierstädten fahre", zitiert eine Zeitung den NRW-Wiederaufbauminister bei einer Rede vor Städteplanern, „denen er die Berücksichtigung eines neuen ‚Müllbox' bei allen Neubauten empfahl."[230]

Die *Müllbox*, notiert die *Braunschweiger Presse*, ist in Hannover an verschiedenen Neubauten angebracht worden, und dies sei auch für die Stadt Braunschweig zu hoffen. „Müllschränke, in beliebiger Zahl in Häuserwände, Torpfosten, Kellerlöcher und Mauern eingelassen, haben viele Vorteile. Sie lassen die Müllbehälter von der Straße verschwinden und verschönern so indirekt das Straßen- und Stadtbild."[231] Der Artikel endet mit dem Aufruf an alle Architekten und Hausbesitzer, „solche modernen und hygienischen Schränke" einzubauen,

---

224 *Westdeutsche Allgemeine,* „Oft vergessene Mülltonnen kämpfen um Platzrecht", 6.1.1956. Sign. Sammlung Erhard: ZA m.
225 *Neue Ruhr-Zeitung,* „Kalter Krieg um Mülltonnen", 2.1.1956, Sing. Sammlung Erhard: ZA m.
226 *Der Mittag,* Düsseldorf, 1.12.1956: Sign. Sammlung Erhard SCH.
227 *Braunschweiger Presse* vom 25.5.1955: „Ein Vorschlag des Tiefbauamtes: Jeder Mülltonne ihren Schrank!". Sign. Sammlung Erhard: ZA U.
228 Ebd.
229 Ebd.
230 Ebd.
231 Ebd.

Abb. 7: Mülltonnen in der Müllbox (1955)

und mit der Bemerkung, dass es nun „mit allen Braunschweigern" zu hoffen bleibe, „daß eines Tages jede Mülltonne ihren eigenen Schrank hat"[232].

Auf der Suche nach „gut durchdachte[n] Lösungen für die Standplätze der Mülltonnen" tauchen immer wieder Figuren des Hauses und des Wohnens – die *Kammer*, der *Schrank*, der *Kasten*, die *Tür* – ebenso wie Kategorien der Verwandtschaft als räumliche und metaphorische Bezugspunkte auf.[233] Die kulturelle Nähe zwischen der Entsorgung von Müll und den Symbolen des häuslichen und familiären Lebens geht sogar so weit, dass im Zuge des sozialen Wohnungsbaus in der Nachkriegszeit der Müll als ungeliebtes Familienmitglied auftaucht. Mit Bezug auf eine architektonische Lösung für Müll ist in manchen Zeitungsartikeln zu lesen, es sei an der Zeit, dass Architekten bei der Planung von Wohnungen und Neubauten das Problem der Müllentsorgung stärker berücksichtigten und die Mülltonnen nicht länger „stiefmütterlich" behandelten.[234]

---

232 Ebd.
233 *Norddeutsche Hausbesitzer-Zeitung*, Kiel, 20.9.1952, ZA
234 *Welt der Arbeit*, „Wohin mit den Mülltonnen?", Köln vom 30.11.1952. Sign. Sammlung Erhard: ZA m.

Abb. 8: Mülltonnen im Schrank (1955)

Angesichts des Problems der Unterbringung von Müllgefäßen in Wohngebieten wird die Mülltonne zum „Stiefkind der Architektur" ausgerufen.[235] Die Bezeichnungen „stiefmütterlich" und „Stiefkind" weisen auf die Annahme hin, der Müll sei letztlich ein Familienmitglied, dessen Zugehörigkeit allerdings fragwürdig und marginalisiert ist. Die Problematisierung der Müllunterbringung in Begriffen und Metaphern aus dem Bereich der Familie, sowie das Motiv des Hauses, in dem sich Familienangelegenheiten abspielen, führen die Domestizierung von Müll noch einmal vor. Die vorgeschlagenen Müllgehäuse sind nach dem Vorbild häuslicher Möbel konstruiert, die das Aufbewahren, aber auch Verbergen von Gegenständen, ermöglichen.

Die Müllhäuser und -schränke sind Verhandlungen über eine Form von Unterbringung von Abfall, die so wenig wie möglich auffällt. Zwar drängt sich in den Diskussionen um die Aufbewahrung von Müll die Frage auf, inwiefern der Müll

---

235 Ebd.

als ein notorisch minderwertiges, unseriöses und abstoßendes Objekt zu einem Gegenstand der intellektuellen Arbeit von Architekten werden kann. Das Ziel dabei ist aber, den Müll und jede Assoziation mit ihm unsichtbar zu machen. Abfälle, die Affekte des Ekels auslösen und womöglich an die Reste der vorherigen Tage erinnern, sollten in den robusten Tonnen und grauen Behältern möglichst unkenntlich gemacht werden. Im Endeffekt kommen aber auch diese architektonischen Planungen nicht um das Problem herum, dass, so sehr man auch versucht, ihn zu verbergen, die assoziative Nähe zwischen Müll und seinen Gehäusen erhalten bleibt.[236]

Hygiene ist zwar Teil des Argumentes für das Verbergen von Abfall in einem Müllschrank. Aber der Wunsch nach Häuserfassaden ohne Mülltonnen erschöpft sich nicht in Gründen der Hygiene. Otto Zweigs Patent zum Müllschrank stellt auch eine Arbeit am Bild von Deutschland dar. Es sind Bemühungen um einen sauberen und gereinigten Eindruck, der von deutschen Städten und Häuserfronten ausgehen soll. Im Bestreben um ordentliche Fassaden des Abfalls in der Nachkriegszeit vermischen sich die technischen Neuerungen nach US-amerikanischem Vorbild, wie Müllschlucker und Abfallzerkleinerer, mit einem kollektiven Vergessen, das sich einreiht in Markus Krajewskis Analyse zur Architektur der *Kachel* in der westdeutschen Nachkriegszeit. In *Bauformen des Gewissens* (2016) beschäftigt sich Krajewski mit jener „kulturellen Gemengelage", die dazu geführt habe, dass in der Phase des Wiederaufbaus in Westdeutschland, im Zeitraum zwischen ca. 1948 bis 1960, die Kachel zu einer beliebten Bauform wird. Während Fliesen- und Kachelornamente aus den südlichen Städten Europas bekannt sind, ist ihre Beliebtheit in deutschen Städten, wie beispielsweise in Köln, etwas, das jedenfalls nicht mit den „Kühleffekten" der Kachel zu erklären sei.[237] Als „visuelle Hinterlassenschaften" bekunden die Kacheln aber den tiefen Wunsch nach Neuordnung, Reinigung und Vergessen in der deutschen Nachkriegszeit.

Die Zeit nach dem Krieg ist bestimmt von dem Versuch, Ordnung zwischen den Trümmern zu finden. Zeitzeugen berichten von „vollkommener Orientierungslosigkeit" nach Bombenangriffen.[238] Inmitten der Reste und Trümmer erscheint die Kachel als etwas, das Klarheit ausstrahlt – eine Wirkung, die auch Heinrich Böll in seinem Roman *Der Engel schwieg* von 1949 der Kachel attestiert: „Dieser Trümmerhaufen war nackt und kahl. Rohe Steine, frisch gebrochenes

---

236 Vgl. Windmüller, *Die Kehrseite der Dinge*, S. 93.
237 Markus Krajewski, *Bauformen des Gewissens. Über Fassaden deutscher Nachkriegsarchitektur*. Stuttgart: Kröner, 2016, S. 12.
238 Ebd., S. 23.

Mauerwerk [...]. Nur die Kacheln, dort wo sie erhalten waren, glänzten in Unschuld."[239] Die grünen Kacheln heben sich von den Trümmern ab. „[D]ieses Motiv von Reinheit und Sauberkeit, das die hygienischen Baustoffe in Nassräumen wie Schwimmbädern oder Badezimmern vermitteln", nimmt in Krajewskis Analyse eine übergreifende Bedeutung in der Nachkriegsarchitektur ein.[240] Die Vorstellung einer Stunde Null, eines Neuanfangs und die „Löschung des Grundrisses" ist, wie Krajewski notiert, „fast zum Menetekel für Gedächtnisverlust" geworden.[241] Die *tabula rasa* verfährt als eine „planmäßige Tilgung von Erinnerungen".[242]

Doch es gibt, wie Krajewski feststellt, keinen Neuanfang, sondern immer nur Reste, die übrigbleiben. „Es kann keinen reinen Tisch geben. Etwas bleibt immer zurück, sei es materiell oder nicht, sei es auf den Tisch selbst oder darunter".[243] Und diese Reste, die bleiben, werden verwendet, eingesetzt, wiederverwertet. Sie tragen andere Namen, haben aber die gleiche Konstruktion. Wie wenig es eine Stunde Null tatsächlich gab, äußert sich beispielsweise in den Entwürfen für Wohnbauten, die „statt Behelfsheime vom Reichseinheitstyp 001 für verdiente Volksdeutsche" nur wenige Jahre später als Notunterkünfte für Flüchtlinge fungieren, und „die genauso aussehen, aber anders heißen."[244] Denn „[d]ie Schubladen der Architekten und Planer erweisen sich als gut gefüllt. Während die Reste, die hier lagern, ideologischer Natur sind, findet man die materiellen auf der Straße".[245] Der Wiederaufbau gestaltet sich, wie Krajewski betont, als ein „Recyclingprojekt",[246] als ein Prozess der Sortierung und Wiederverwertung der „Reste".

In ihrer Symbolik als sanitäre Substanz, die für nasse Räume und Badezimmer verwendet wird, bringt die Kachel den starken Wunsch nach Hygiene, und danach, „reinen Tisch" zu machen, zum Ausdruck.[247] Die Begeisterung für hygienische Bauformen und -stoffe ließe sich auch als Reaktion deuten auf die sinnlichen Wahrnehmungen und Gerüche, die während der NS-Zeit womöglich nicht unbemerkt blieben. 1943 notiert Hans Erich Nossack: „Und dann der Geruch

---

239 Heinrich Böll, *Der Engel schwieg*. Köln: Kiepenheuer & Witsch, 1992 [1949], S. 92f. Vgl. auch Krajewski, *Bauformen des Gewissens*, S. 26.
240 Krajewski, *Bauformen des Gewissens*, S. 27.
241 Ebd.
242 Ebd., S. 29.
243 Ebd., S.41.
244 Ebd., S. 42.
245 Ebd.
246 Ebd.
247 Ebd., S. 110.

von verkohltem Hausrat, von Fäulnis und Verwesung, der über der Stadt lag. Und dieser Geruch war sichtbar als trockener roter Mörtelstaub. Der über alles hinwegfegte. In uns erwachte plötzlich eine Gier nach Parfüm."[248]

Der Wiederaufbau als ein „Akt des Aufräumens" macht sich auch in den Ambitionen um ein „sauberes Straßenbild" und unsichtbare Mülltonnen bemerkbar. Das „Häßliche" und „Ekelhafte" soll aus Deutschlands Straßen und Häuserfassaden verschwinden. Der Kachel „kann nichts anhaften, kein Schmutz, kein Vorwurf. Sie bewahrt vor der Gefahr, mit dem Vorherigen konfrontiert zu werden. Alles bleibt rein."[249] Mit einer die Spuren verwischenden Haltung verbindet sich „die allgemeine Herstellung erinnerungsloser Räume" und die moderne Architektur, die „nicht nur Raumpolitik" betreibt, „[s]ondern auch eine Politik des Gedächtnisses oder vielmehr des Vergessens".[250] So drückt sich in der „Feststellungsklage" Otto Zweigs der Wunsch nach Orientierung, aber auch nach vollständiger Planung aus. Alle Aspekte des Lebens sollen „von vorne" geplant und bedacht werden. Der Neuanfang wird symbolisch und materiell beansprucht. Doch der Müll, versteckt in Mülltonnen, die wiederum versteckt werden in Müllhäusern, lässt sich dennoch nicht ganz aus dem Gedächtnis und dem Gesichtsfeld drängen.

In den Architekturen des Abfalls in der Nachkriegszeit tritt, in Einklang mit Krajewskis Analysen, eine Politik des Vergessens zutage. Eine Obsession mit dem Eindruck von Grauen, Hässlichkeit und Verfall, den die Häuserfronten auf den Betrachter machen. Im Diskurs um den Müllschrank und die Verkleidung von Mülltonnen macht sich ein kollektiver Wunsch nach Ordnung und Sauberkeit im Zuge der Arbeit am Bild von Deutschland bemerkbar. Es handelt sich nicht um rein hygienische Argumente. Nicht der Abfall per se, sondern seine Aufbewahrung, seine Hüllen, Behausungen und Fassaden, sind das Problem. Die Tonnen selber werden zum *Problem*. Man sieht ihnen den Abfall an, den sie umfassen. Wie Krajewski mit Blick auf die Kachel feststellt, soll sie in der deutschen Nachkriegszeit eine kathartische Wirkung auf den Betrachter haben, seine „Seelenhygiene" pflegen.[251] Im Sinne eines kreativen Sehens soll der Blick auf saubere Fassaden die Wahrnehmung und das Gedächtnis läutern. Es handelt sich um eine aristotelische Poetik, die Gegenstand der baulichen Ambitionen ist: Durch Zuschauen und Hinschauen soll Reinigung stattfinden. Die Blicke sollen gereinigt

---

248 Hans Erich Nossack zitiert in Krajewski, *Bauformen des Gewissens*, S. 110.

249 Krajewski, *Bauformen des Gewissens*, S. 110.

250 Albrecht Koschorke, *Körperströme und Schriftverkehr. Mediologie des achtzehnten Jahrhunderts*. München: Wilhelm Fink Verlag, 1999, S. 669. Vgl. auch Krajewski, *Bauformen des Gewissens*, S. 110.

251 Krajewski, *Bauformen des Gewissens*, S. 110.

werden.[252] Auch den Mülltonnen soll man den Müll nicht *ansehen*, es geht um die Fassade, um die Wirkung auf die *Betrachter*innen*, die hier kritisch ist. Der Schmutz, die Reste von gestern, das Vergangene sollen aus dem Bereich des Sichtbaren verschwinden. Aber auch in der Architektur von Müllschränken lassen sich die Assoziationen mit dem Müll nicht ganz verbergen. Auch hier bleiben Reste übrig.

Wie Menschen, haben auch Räume, Häuser, Wohnungen und Mülltonnen eine Biografie; sie hinterlassen Spuren, die zurückbleiben. Die Spuren der Architekturen des Vergessens der westdeutschen Nachkriegszeit sind zum Beispiel in einem Bildband von Michael C. Glasmeier zu sehen. In *Mülleimer im Stadtbild* porträtiert Glasmeier verschiedene Müllgefäße und setzt die Mülleimer in der Stadt Gelsenkirchen um 1980 bildlich in Szene. Der Band zeigt Aufnahmen von Mülleimern, Mülltonnen und Müllgehäusen in unterschiedlichen Wohngebieten und städtischen Schauplätzen (vgl. Abb. 9). Unter dem Titel „Kleine schmucke Häuschen – Große Architektur?" präsentiert Glasmeier betonierte Wände und „Gehäuse", in denen sich die Mülltonnen befinden. Diese Bilder verdeutlichen die Funktionen des Verbergens von Abfall und des Unsichtbarmachens von Resten, die Müllgefäße erfüllen sollen. In Mülltonnen am Straßenrand verborgen, die nicht selten ihrerseits noch in einem weiteren „Gehäuse" (vgl. Abb. 10) versteckt werden, soll der Müll nicht mehr als Müll erkennbar sein. Diese Architekturen des Mülls, Umbauungen und Bebauungen, gehen auch auf die städtischen Herausforderungen der Müllabfuhr in der Nachkriegszeit zurück. Sie sind, unter anderem, auch Zeugnisse einer Infrastruktur des Vergessens.

Resümee

In diesem Kapitel ging es um die Bedeutungshorizonte, die sich in den Verkapselungen, Verkleidungen und Umhüllungen des Mülls artikulieren. Es ging zum einen um das ambivalente Verhältnis zwischen den technisch wie ästhetisch „sauberen" Infrastrukturen des Mülls und dem Abjekthaften, das sie verbergen, behausen und transportieren. Zum anderen ging es darum zu zeigen, wie die apparativen Verschaltungen des Mülls symbolische Ordnungen begründen, deren Funktion darin besteht, das Soziale zu organisieren. Müllschränke, Müllboxen und Müllschächte können als mediale Verkapselungen betrachtet werden, insofern sie das kontinuierliche Verschwinden von Abfall aus der Alltagswelt steuern und die Sichtbarkeit des Mülls regeln, technisch implementieren und ästhetisch

---

252 Ebd., S. 122.

Abb. 9: Müll-Gehäuse in Gelsenkirchen, Michael C. Glasmeier (1984)

inszenieren. Dabei taucht die Unterscheidung zwischen dem angemessenen und dem disruptiven Müll immer wieder als gesellschaftliche Frage und politische Thematik auf.

Die Organisation der Müllbeseitigung ist eng mit Motiven der Sozialität, Sauberkeit und Ordnung verbunden. Mülldiskurse vermögen es in dieser Hinsicht, das aufzuzeigen, was Jacques Rancière als ein „Monopol des Realen"[253] bezeichnet. In der Dingwelt der Müllabfuhr manifestiert sich eine „sinnliche Verfassung von sozialen Konfigurationen"[254], die den Bereich des Denkbaren und des Möglichen anordnet. Die ästhetischen Ordnungen des Mülls stellen eine Art und Weise her, wie Dinge Sinn haben; sie erzeugen eine Kohärenz, die sich materiell und symbolisch äußert – so wie beispielsweise die Aufteilung und Trennung zwischen den Lebensbereichen und Verortungen von menschlichen und

---

253 Vgl. Jacques Rancière. *Die Aufteilung des Sinnlichen.* Berlin: PoLypen, 2006, S. 61.
254 Vgl. ebd.

Abb. 10: Bildaufnahme eines Müllschranks in Herten, Nordhrein-Westfalen (2015)

nicht-menschlichen Lebewesen einerseits und leblosen Dingen, wie Müll, andererseits. Diese Aufteilungen der Welt „machen selektiv Sinn, indem sie separieren, aus- und einschließen und die Welt in für uns wahrnehmbare Dinge organisieren"[255]. Der Fokus auf die Ästhetik von Müllbehältern zeigt auf, wie anhand des Mülls Fragen der Zugehörigkeit zu einer „imaginierten Gemeinschaft" verhandelt werden.[256]

In den Diskussionen um die Platzierung von Mülltonnen taucht deutlich die Vorstellung von Müll als „matter out of place" auf, als einem Material, das den Sinn für Ordnung und Regelhaftigkeit stört, wie es Mary Douglas in *Purity and Danger* (1966) formuliert.[257] Die Beschreibung von Müll als *matter out of place* verweist dabei nicht nur auf das kategorische Herausfallen aus einer symbolischen Ordnung des Sozialen, sondern auch auf die physische Ruhelosigkeit der

---

255 Dorothy H. B. Kwek / Robert Seyfert, „Affekt. Macht. Dinge. Die Aufteilung sozialer Sensorien in heterologischen Gesellschaften" in: Hanna Katharina v. Göbel / Sophia Prinz (Hrsg.), *Die Sinnlichkeit des Sozialen*. Bielefeld, 2015, S. 123–146; S. 127.
256 Benedict Anderson, *Imagined Communities: Reflections on the Origin and Spread of Nationalism*. London: Verso, 1983.
257 Vgl. Douglas, *Purity and Danger*.

Dinge, die als schmutzig, verfault, ekelhaft oder nutzlos gelten. Die Vorstellungen vom Müll als Material ohne Platzrecht, dessen Unterbringung grundlegend „notdürftig", verschoben und verlagert ist, kommt in vielen Darstellungen und Auseinandersetzungen mit der Frage nach der räumlichen Platzierung von Müllgefäßen in Wohngebieten zur Geltung. Mit Blick auf seine Verschließungen und Einkapselungen lässt sich der Müll nicht nur als *matter out of place*, sondern auch als *matter that puts into place* verstehen – als klebriges Material, institutionelles Organ und ästhetische Figur, die Dingen und Personen einen Platz in der symbolischen Ordnung des Sozialen zuweist, und so die Welt in Zonen der Zugehörigkeit und Nicht-Zugehörigkeit aufteilt. Dass die kulturellen Dimensionen des Mülls über diese Feststellungen hinausgehen und Abfall, wie Joshua Reno feststellt, auch als ein „sign of life"[258] fungiert – als zurückbleibende Ablagerung, die auf das Leben und Fortleben von Lebewesen hinweist –, wird in den Hüllen und Fassaden des Abfalls ebenso deutlich.

Die verschiedenen Architekturen des Mülls ordnen bestimmte Skalen des Lebendigen an und teilen Lebensformen ein. Es ist eine Aufteilung der Welt in Menschen, Tiere und Dinge und die systematische Zuweisung einer Hierarchie von Lebendigkeit, die sich auf vielfältige Weise ausdrückt. Die organisierte Müllabfuhr stellt mit der Verkapselung von Müll in Schächten, Schränken, Tunneln und geschlossenen Entsorgungskreisläufen eine Ordnung her, die auf der grundlegenden sinnlichen Aufteilung der Welt in leblose Dinge, menschliche und nicht-menschliche Wesen beruht. Der gehinderte Zugang zum Müll für Tiere bzw. „Ungeziefer" wird zu einem wichtigen Motiv der Müllabfuhr und spielt eine wesentliche Rolle bei der Entwicklung spezieller Konstruktionen wie Müllbox, Müllschrank und Müllschlucker.

Vom Müllschlucker über Abfallzerkleinerer und Müllschrank macht sich ein komplexes Gewebe der Architekturen des Abfalls in der deutschen Nachkriegszeit bemerkbar. Technische Neuerungen nach amerikanischem Vorbild, die zugleich weiterhin kulturelle Gegenbilder sind, vermischen sich mit den diffusen Kriegserfahrungen und Politiken des Verbergens. Dieses Kapitel hat versucht zu zeigen, inwiefern die Hüllen und Fassaden, in denen Müll verborgen und untergebracht wird, auch als Architekturen des Vergessens gedeutet werden können.

Der Blick auf den Diskurs um die Sichtbarkeit von Mülltonnen in der Nachkriegszeit ruft noch einmal Calvinos Worte über die Mülltonne in Erinnerung; Worte darüber, wie die Beseitigung der übrigbleibenden Reste es uns erlaubt, in die Zukunft zu blicken; Worte darüber, wie nötig es ist, die Abfälle des vorherigen Tages aus den Augen zu schaffen, um einen neuen Tag beginnen zu können. Das

---

258 Joshua O. Reno, „Toward a New Theory of Waste".

Versprechen auf eine Zukunft ohne die Reste von Gestern könnte hinter den Be-mühungen gestanden haben, Mülltonnen so gut wie möglich in Steingehäusen und in ordentlich aufgestellten Schränken zu verstecken.

Diese Perspektive auf die Architekturen des Abfalls in der Nachkriegszeit gibt Calvinos Worten aber noch eine andere Bedeutung. Calvino betont, dass das Entfernen von Abfällen nicht nur eine hygienische oder körperliche Reinigung ist, sondern auch eine kollektiv-psychische. Das, was an die Vergangenheit erinnert, wird neutralisiert und verbannt, um das Erinnern selber, die Spuren und die Evidenz des Todes, sowie die ideologischen Reste, die in den Innenbereichen der Nachkriegszeit bis in die Gegenwart hinein walten, vergessen zu machen. Als Zeuge muss Müll zum „Schweigen" gebracht werden. An dieser Stelle deuten sich die Gefahren an, die dem Abfall als disruptive Denkfigur zukommt: Die Gefahr, die von Dingen, aber auch von Ereignissen, Erfahrungen und Affekten, ausgehen kann, die entfernt worden sind, oder die es nie in die Archive der Geschichte geschafft haben. Dies führt dazu, den Blick darauf zu richten, wie Rückstände und Leerstellen in Historiografien der Gewalt zu Zeugnissen von Unrecht und Gewalt werden können.

3 Soziale Abjektion: Politik einer Denkfigur

Wer über Menschen herrschen will, sucht sie zu erniedrigen; ihren Widerstand und ihre Rechte ihnen abzulisten, bis sie ohnmächtig vor ihm sind wie Tiere. [...] Sein letztes Ziel ist es immer, sie sich ‚einzuverleiben‘ und auszusaugen. Es ist ihm gleichgültig, was von ihnen übrigbleibt. Je ärger er ihnen mitgespielt hat, um so mehr verachtet er sie. Wenn sie zu gar nichts mehr nutze sind, tut er sie heimlich ab wie seinen Kot und sorgt dafür, daß sie die Luft seines Hauses nicht verpesten. [...] Der Kot, der von allem übrigbleibt, ist mit unserer ganzen Blutschuld beladen. An ihm läßt sich erkennen, was wir gemordet haben. Er ist die zusammengepreßte Summe sämtlicher Indizien gegen uns.[259]

Elias Canetti

In ihrem Buch *Lose your Mother: A Journey through the Transatlantic Slave Route* (2007) umreißt Saidiya Hartman die historischen Spuren des transatlantischen Sklavenhandels. Auf ihrer Reise nach Ghana macht Hartman einen grauenvollen Fund. In der Nähe der Küste von Accra stößt sie auf Festungen und Höhlen, sogenannte *slave dungeons*, in denen man die Versklavten einst gefangen hielt. Die dunklen Zellen geben Abscheuliches preis. „After the last group of captives had been deported, the holding cells were closed but never cleaned out. For a century and a half after the abolition of the slave trade, the waste remained."[260] Um den Geruch einzudämmen, schüttete man Sand und Limetten auf den Boden. Erst im Jahr 1972 haben Archäologen die Höhle freigelegt und eine 40 cm hohe Schicht von Schmutz und Abfällen beseitigt. Die obersten Schichten des Höhlenbodens haben die Archäologen als zusammengedrückte Rückstände identifiziert, die aus Fäkalien, Blut und abgeschälter Haut der Gefangenen bestanden.[261]

In *Lose your Mother* bringt Saidiya Hartman die Unverfügbarkeit, die fehlenden Aufzeichnungen und die ausradierten Biografien zum Ausdruck, die mit dem transatlantischen Sklavenhandel einhergehen. Als Afroamerikaner*in aufzuwachsen, beschreibt Hartman als Verlust der eigenen Herkunft, als Einbuße der Vergangenheit: „slavery made the past a mystery, unknown and unspeakable."[262] Die Reise zu den Spuren des transatlantischen Sklavenhandels, die Hartman unternimmt, ist eine Reise in die Vergangenheit. Es ist ein Ziel, das sie niemals erreicht. Angekommen in Ghana, an dem Ort, wo die Sklavenschiffe einst angelegt hatten, begreift sie, was es heißt, sich fremd zu fühlen. Fremd zu sein, so Hartman, heißt, *keine Vergangenheit zu haben.* „I am a reminder that twelve million

---

259 Elias Canetti, *Masse und Macht*. Frankfurt/M.: Fischer, 2014, S. 245 f.
260 Saidiya Hartman, *Lose your Mother. A Journey through the Transatlantic Slave Route.* New York: Farrar, Straus and Giroux, 2007, S. 115.
261 Ebd., S. 115.
262 Hartman: *Lose your Mother*, S. 14.

https://doi.org/10.1515/9783110613360-007

crossed the Atlantic Ocean and the past is not yet over. I am the progeny of the captives. I am the vestige of the dead."[263]

Hartman weist in ihrer Analyse wiederholt auf die materiellen, historischen und symbolischen Spuren des Sklavenhandels hin; auf den Kontext, in dem Gold, als Tauschmittel und Metall, eine Nähe zu Imaginationen von Schmutz und Exkrementen aufweist – eine Verflechtung, die Hartman auch in Thomas Mores *Utopia* aus dem 16. Jahrhundert erkennt. More konzipiert in Utopia eine Welt, in der alle Bürger*innen friedlich zusammenleben und ein angenehmes Leben führen. In dieser utopischen Welt herrscht Gleichheit zwischen den Bürgern, keiner muss erniedrigende Aufgaben für andere erledigen. Man respektiert sich gegenseitig und begegnet sich auf Augenhöhe. Aber wie Hartman anmerkt, kommt auch diese „Utopie" nicht ohne die Existenz von Sklav*innen aus, denen man die unangenehmen Tätigkeiten und erniedrigten Arbeiten aufbürdet. Aus Gold stellen die Sklaven in Mores *Utopia* Nachttöpfe her, in denen die wohlhabenden Bürger ihre Notdurft verrichten, und es ist dasselbe Metall, das der Herstellung der Fesseln dient, mit denen die Herrschenden ihre Sklaven zu den niederen und unangenehmen Arbeiten zwingen.[264]

Die Formen der Herabsetzung, die mit Gold als allgemeinem Tauschmittel einhergehen, zeigen sich auch in den Zuständen der Höhlen, in denen die Versklavten gefangen gehalten wurden. „European traders were transforming humans into waste and back again through the exchange of gold."[265] Jene, die in diesen Räumen gefangen gehalten wurden, waren in der Wahrnehmung ihrer Händler keine Menschen wie sie selbst, sondern, wie Aimé Césaire es beschreibt, „walking compost hideously promising tender cane and silky cotton".[266] Die Höhlen von Accra bezeugen diese Ökonomien der Gewalt. Die Spuren der Verbrechen, und die Gegenwart der Vergangenheit, sind nur noch in Form von Schmutz und Abfall wahrnehmbar. „The only part of my past that I could put my hands on was the filth from which I recoiled, layers of organic material pressed hard against a stone floor."[267]

Nachdem Saidiya Hartmans Perspektivierung auf die Verbrechen des transatlantischen Sklavenhandels – und die Gegenwart der Vergangenheit – das Thema des Kapitels eingeleitet hat, geht es im Folgenden um die Frage, was es heißt, strukturell, symbolisch, visuell oder sprachlich verworfen, verabscheut oder zum Abjekt gemacht zu werden. Die sanitären Bewegungen des 20. Jahrhundert und das

---

263 Ebd., S. 18.
264 Ebd., S. 47.
265 Ebd.
266 Aimé Césaire zitiert in Hartman, *Lose your Mother*, S. 111.
267 Ebd., S. 115.

Leben im Erbe der Sklaverei sind dabei strukturell verwoben. Sie gründen auf einer Logik des Gemeinsamen, die untrennbar mit Strukturen von Rassismus und Ungleichheit verknüpft ist. In der modernen Müllbeseitigung zeichnet sich eine Trennung ab in jene, die in den Genuss von sanitären Entwicklungen kommen, und jene, die selbst in der Nähe des Wertlosen und Überflüssigen verortet werden und wurden; deren Erfahrungen und Zeugnisse weder aufgezeichnet noch überliefert wurden.

Die Frage, wie mit Rückgriff auf Figuren des Abfalls die Welt in Zonen des Wertvollen und Wertlosen aufgeteilt wird, stellt sich hier mit Blick auf unterschiedliche Formen und Metaphern sozialer Abjektion. Es geht um das Stigma des Wertlosen, und wie es sich auf soziale Auf- und Zuteilungen überträgt. Dabei werden die Tradierungen, Spuren und Überlieferungen, die das Abjekt als politische Denkfigur preisgibt, beleuchtet.

Um diese Fragen herauszuarbeiten, geht es zunächst um die Performativität des Ekels, die Sara Ahmed mit Bezug auf Kristevas Arbeit zum Abjekt entwickelt, und daran anschließend um den Begriff der *sozialen Abjektion* und die rassistischen Konnotationen von Reinheit. Vor dem Hintergrund von Saidiya Hartmans Überlegungen wird, zum Teil in kritischer Wendung gegen die ahistorische Anlage von Kristevas Konzeption, die historische Dimension der Abjektion deutlich. In diesem Zusammenhang wirft das Kapitel auch einen Blick auf die strukturelle Abjektion von Menschen, auf die Aufteilung zwischen jenen, die zählen, und jenen, die nicht zählen, die sich mit Bezug auf Figuren der Armut vollzieht. In diesem Kontext wird der Begriff *White Trash* betrachtet. Dabei geht es um die Frage, wie die kulturelle Imagination der Armut mit politischen Motiven des Mülls zusammenhängt. Es geht also um das Verhältnis einer Theorie des Politischen zu Theoretisierungen des Abjektes.

3.1 Die kulturelle Performativität des Ekels

In *Waste Away: Working and Living with a North American Landfill* (2016) beschreibt der Anthropologe Joshua Reno die Erfahrungen, die er während seiner Feldforschung auf der Mülldeponie „Four Corners" im US-Bundesstaat Michigan gemacht hat. In seiner ersten Arbeitswoche ist er erstaunt darüber, wie der Müll, der ihn tagsüber umgibt, auch nachdem er sich gewaschen hat, förmlich an ihm zu kleben scheint. Die Notizen aus seiner ersten Arbeitswoche bezeugen die Mühe, die er hat, den Staub aus seinen Ohren und seinem Mund zu entfernen, und an den dabei empfundenen Ekel. Dieser Ekel, den Reno verspürt, und das, was er als die „klebrige" Eigenschaft von Müll erlebt, trifft auch auf die metaphorischen Verwendungen von Schmutz und Abfall zu, wenn sie sich beispielsweise gegen die Ausübung bestimmter Tätigkeiten oder gegen bestimmte Personen richten: Auch diskursiv weisen solche Markierungen eine Klebrigkeit auf; auch Worte können an dem, was sie bezeichnen, hartnäckig haften bleiben.

Was aber ist Ekel? Der Literaturwissenschaftler Winfried Menninghaus erkundet diese Frage, indem er historische Erscheinungsformen dieser „starken Empfindung" nachzeichnet.[268] Ekel beschreibt Menninghaus als „die Erfahrung einer Nähe, die nicht gewollt ist".[269] Dabei wird Ekel als ein Gefühl erst ab dem 17. und 18. Jahrhundert thematisiert.[270] In antiken Texten ist zwar die Rede von Wunden und Eiter, aber nicht von Ekel als eigenständigem Phänomen. „Das Ekelhafte der ‚üblen Wunde' interessiert aber Sophokles und seine Zuschauer nirgendwo um seiner selbst willen."[271] Das Auftauchen von Ekel als ein Gefühl, das menschliche Erfahrungen prägt, führt Menninghaus auf die zunehmende Bedeutung von Geschmacksurteilen in der Moderne zurück. Die „Diskursivierung von ‚Ekel'" ist Menninghaus zufolge die Kehrseite dieser Entwicklung. Menninghaus attestiert dem Ekel eine moralische Dimension, „denn der Ekel erfaßt Qualitäten nie einfach nur als Gegebenheiten, sondern stets als solche, die nicht sein sollen, zumindest nicht in der Nähe des Urteilenden."[272]

Aber warum erscheinen manche Dinge ekelhafter als andere? In ihrem Buch *The Cultural Politics of Emotion* (2004) untersucht Sara Ahmed die Performativität des Ekels und betont, dass es beim Ekel um mehr als nur um Bauchgefühle gehe.[273] Die Frage, was es heißt, sich vor etwas zu ekeln, leitet Ahmed mit Blick auf ein Zitat von Darwin ein:

> The term 'disgust', in its simplest sense, means something offensive to the taste. [...] In tierra del Fuego a native touched with his finger some cold preserved meat which I was eating [...] and plainly showed utter disgust at its softness; whilst I felt utter disgust at my food being touched by a naked savage, though his hands did not appear dirty.[274]

Wie Ahmed notiert, richtet sich der Ekel, den Darwin an dieser Stelle in der Reaktion des Eingeborenen erkennen will, gegen die Substanz des Fleisches. Darwins eigener Ekel aber gilt der bloßen Nähe des „nackten Wilden". „The other is already seen as dirt, as the carrier of dirt, which contaminates the food that has

---

268 Winfried Menninghaus, *Ekel. Theorie und Geschichte einer starken Empfindung*. Frankfurt/M.: Suhrkamp, 1999.

269 Ebd.

270 Ebd., S. 10.

271 Ebd.

272 Ebd., S. 13. Hervorhebung im Original.

273 Sara Ahmed, *The Cultural Politics of Emotion*. New York: Routledge, 2004, S. 84.

274 Charles Darwin zitiert in Ahmed, *The Cultural Politics of Emotion*, S. 82.

been touched."[275] Die Performativität des Ekels hängt von spezifischen Beziehungen zwischen Dingen, Oberflächen und Körper, die als „anders" oder „fremd" markiert, sind, ab. Es ist also nicht eine Qualität, die inhärent in den Dingen liegt, die Ekel hervorruft, sondern die Abweichung vom Vertrauten.

Ahmed nimmt in ihrer Analyse zur Performativität des Ekels auf die Arbeit von Mary Douglas, sowie auf Kristevas Theorie zur Abjektion in *The Powers of Horror* (1982) Bezug. Das Wort *Abjekt,* das im Kern von Kristevas Theoretisierung des Ekels steht, leitet sich von dem Lateinischen „abiectus" ab. Es bezeichnet „von der Gesellschaft weggeworfenes Material oder [ein] Thema, das beim Menschen Ekel und Aversion hervorruft und seine Welt und ihre bestehende Ordnung bedroht."[276] Unter *Abjekt* versteht Kristeva alles, was in einem Menschen Ekel hervorrufen kann: Leichen, Eiter, bestimmte Lebensmitteln wie z. B. die Haut der Milch. Dabei ist Abjektion für Kristeva eine Form des Angriffs auf vertraute Strukturen der Erfahrung. „There looms, within abjection, one of the violent, dark revolts of being, directed against a threat that seems to emanate from an exorbitant outside or inside, ejected beyond the scope of the possible, the tolerable, the thinkable."[277] Kristeva gründet ihre psychoanalytische Theorie der Abjektion auf Figuren der Mutterschaft und der Geburt als Ursprungs- und Begründungsmotiv der Abjektion.[278] Die Geburt ist dabei die ursprüngliche Abjektion, die in psychoanalytischer Tradition einen Archetypus bildet. In jeglicher Erfahrung von Aversion und Ekel – in dem Wunsch, die eigene Subjektivität von dem, was als fremd oder bedrohlich wahrgenommen wird, fernzuhalten – ist für Kristeva dieses Ur-Motiv der Abtrennung aus dem Mutterleib am Werk. Das Abjekt zerstört die Kohärenz eines „own and clean self". Es ist nicht deshalb gefährlich, weil es den Körper von außen bedroht, sondern weil es die Kohärenz der Bestimmungen „innen" und „außen" als solche zerstört – oder, wie Ahmed es formuliert: „It is not that the abject has got inside us; the abject turns us inside out, as well as outside in."[279]

Im Prozess der Abjektion ist es die Grenze selbst, die zu einem Objekt wird.[280] Kristeva betont, dass dem Ekel die Funktion zukommt, die Grenze zwischen dem Subjekt und dem Abjekt aufrechtzuerhalten, es soll das Subjekt vor allem, was ihm äußerlich ist, bewahren. Das, was den Ekel hervorruft, ist aber, wie Ahmed an

---

275 Ahmed, *The Cultural Politics of Emotion*, S. 82.
276 Valentina Torrado, *Die Präsenz des Abjekten in der zeitgenössischen Kunstproduktion – Projekt/Schlafbox*. Weilerswist: Velbrück Wissenschaft, 2014, S. 10.
277 Kristeva, *The Powers of Horror*, S. 1.
278 Ebd.
279 Ahmed, *The Cultural Politics of Emotion*, S. 86.
280 Kristeva, *The Powers of Horror*, S. 4.

dieser Stelle verdeutlicht, genauso das verabscheute Objekt, wie die physische Reaktion des Angewidert-Seins selbst. Die feine Hautschicht, die sich auf erhitzter Milch bildet, ist eine derartige Grenze, die sich im Gefühl des Ekels in ein Objekt verwandelt. Zugleich wird diese Grenze erst durch ihre Gefährdung zu einem Objekt, zum Beispiel, indem man spuckt oder sich übergibt. Das Gefühl des Abscheus ist so gesehen das, was die Grenze zugleich gefährdet und bestätigt. Die Grenze wird nur aufrechterhalten, indem sie in Frage gestellt wird. Das Abstoßen und Abwehren ist nicht nur eine Reaktion auf etwas, das ekelerregend wirkt, sondern es ist gleichermaßen das, was den Ekel als solchen konstituiert.

> Perhaps the ambiguity relates to the necessity of the designation of that which is threatening: borders need to be threatened in order to be maintained, or even appear as borders, and part of the process of 'maintenance-through-transgression' is the appearance of border objects. Border objects are hence disgusting, while disgust engenders border objects.[281]

Das Abjekt ist für Kristeva die Negation des Subjekts, es ist „that which opposes the I".[282] Aber, wie Ahmed dem hinzufügt, können wir die Performativität des Ekels auch anhand der Beziehung zwischen Objekten verstehen. Reaktionen des Ekels gegenüber Objekten oder Tätigkeiten, die als schmutzig, verdorben oder abscheulich wahrgenommen werden, rühren daher, dass diese Dinge verunreinigende Effekte haben: Sie übertragen sich auf alles, was mit ihnen in Berührung kommt. „Objects come to matter within disgust reactions not simply insofar as they oppose ‚the I‘, *but through their contact with other objects.*"[283] Ekel basiert so gesehen auf einer Historizität, die dem Ereignis vorangeht; auf einem vorhergehenden Kontakt, der Dinge zu ekelerregenden Objekten werden lässt. Die Zuweisung von Ekel gründet auf einer Geschichtlichkeit und liegt nicht in der Natur der Dinge selbst: „[A]n object becomes disgusting through its contact with other objects that have already, as it were, been designated as disgusting before the encounter has taken place."[284] Gefühle des Ekels beziehen sich also nicht einfach auf die Art, wie Dinge wahrgenommen werden. Vielmehr erscheint Ekel in Form einer Art und Weise, wie Gegenstände und Personen, Oberflächen und Körper, miteinander in Berührung kommen – als eine „contact zone". [285] Es ist nicht das Objekt selbst, das als ekelhaft wahrgenommen wird, sondern *die Nähe* zu dem Objekt. Ekel erschöpft sich jedoch nicht in der Nähe dieses Kontakts. „The body

---

281 Ahmed, *The Cultural Politics of Emotion*, S. 87.
282 Kristeva, *The Powers of Horror*, S. 3.
283 Ahmed, *The Cultural Politics of Emotion*, S. 87, Hervorhebung im Original.
284 Ebd.
285 Ebd., S. 85.

recoils from the object; it pulls away with an intense movement that registers in the pit of the stomach. The movement is the work of disgust; it is what disgust does."[286]

Dinge sind nicht an und für sich ekelhaft, wertlos oder schmutzig, sondern sie werden innerhalb eines kulturellen Systems als solche markiert, wie Mary Douglas in ihrer Theorie in *Purity and Danger (1966)* argumentiert hat.[287] Aber wie Ahmed deutlich macht, ist diese Zuweisung alles andere als arbiträr. Die Zuweisung „ekelig" bleibt da, wo sie einmal zustande gekommen ist, bestehen, und sie wirkt fort. Sie werden in der Folge *wie eine objektive Sache*, wie ein Ekel, der in den Dingen selbst liegt, wahrgenommen. Ekel besitzt also sowohl eine hartnäckige Prägnanz und Beharrungskraft als auch eine metonymische Qualität, ein Vermögen der Übertragung bzw. *Verschiebung*. „It is this metonymic contact between objects or signs that allows them to be felt to be disgusting as if that was a material or objective quality."[288]

Das hat zur Folge, dass alles, was mit den Dingen, die gemeinhin als „ekelerregend" betrachtet werden, in Berührung kommt, selbst als ekelhaft empfunden wird. Zum Ekel gehört auch, dass er nicht frei flottiert, sondern unmittelbar an den Objekten klebt. Ahmed spricht in diesem Kontext von der *stickiness* des Ekels – er bleibt an allem kleben, was damit in Berührung kommt. Der Ekel vor Dingen, die gemeinhin als schmutzig gelten, hält insofern die symbolische Ordnung zwischen dem Bedeutsamen und dem Belanglosen beharrlich aufrecht, und markiert dieses „oben" und „unten" als Eigenschaft bestimmter Dinge, Körper und Räume.

Ekel hängt so gesehen mit sozialen Hierarchien zusammen, denn die ekelerregenden Objekte treten nicht nur als Bedrohung der Kohärenz des Subjektes auf; die ekelerregenden Objekte werden auch als niedere betrachtet. Wie Ahmed deutlich macht, werden untere Regionen des Körpers mit Sexualität assoziiert und mit dem Abfall, den Exkrementen, die wortwörtlich von Körpern ausgestoßen werden. Das Niedere wird mit niederen Regionen des Körpers assoziiert, weil es mit spezifischen Körpern und Räumen in Verbindung gebracht wird. Es ist auch eine räumliche Differenzierung von unten und oben, die damit einhergeht: „disgust at 'that which is below' functions to maintain the power relations between above and below, *through which 'aboveness' and 'belowness' become properties of particular bodies, objects and spaces.*"[289]

---

286 Ebd.
287 Douglas, *Purity and Danger.*
288 Ahmed, *The Cultural Politics of Emotion*, S. 88.
289 Ebd., S. 89. Hervorhebung im Original.

In seiner Arbeit zu den sozialen Dimensionen des Abfalls macht der Historiker Alain Corbin deutlich, inwiefern Müll eng verbunden ist mit der Aufrechterhaltung einer bürgerlichen Ordnung.[290] Die Angst vor Schmutz und Unrat habe sich im 19. Jahrhundert nicht nur gegen Dinge gerichtet, die als schmutzig galten, sondern ebenso gegen jene Gruppen von Menschen, die in eine Verbindung mit Schmutz gebracht wurden. Als verdächtig und gefährlich seien jene Personen markiert worden, die sich mit Dingen oder Tätigkeiten, die als schmutzig galten, befassten, „,die Unberührbaren' der Stadt, Kumpanen des Gestanks, alle, die mit Schlick, Unrat, Kot und Sexualität arbeiten"[291].

In politischer Hinsicht kommt Kristevas Theorie insofern an ihre Grenzen, da sie eine universelle und überhistorische Gültigkeit voraussetzt. Letztlich führt Kristeva jegliche Form von Grenzziehung, wie Rassismus, Xenophobie oder strukturelle Frauenfeindlichkeit, auf einen einzigen Archetyp und inneren Konflikt zurück: die Trennungs- und Teilungserfahrungen nach einer Geburt. Diese Abstrahierung von politischen Ausschlüssen, gesellschaftlichen Herabsetzungen und Erfahrungen der Ungleichheit läuft Gefahr, Formen von Xenophobie und Rassismus mehr zu mystifizieren als zu erklären. Das ist insbesondere deutlich in Kristevas Texten zum Thema Fremdenhass. Die Figur des Fremden ist für Kristeva ein Platzhalter für das mütterlich Abjekte. Der oder die Fremde ist für Kristeva ein „Symptom" eines tiefer liegenden inneren Konfliktes: „psychologically he signifies the psychological difficulty we have of living as an other and with others."[292] Fremdenhass ist für Kristeva insofern eine Reaktion auf eine wahrgenommene Gefahr für die subjektive Integrität des Individuums ebenso wie für den „Staatskörper". Diese Exklusion könne nur therapiert werden, indem man zunächst das Fremde in sich anerkenne, bevor man die eigenen Normen anderen, die als fremd wahrgenommen werden, auferlege.[293] Als politische Denkfigur eignet sich Kristevas Konzept von Abjektion insofern, um Formen von struktureller Ungleichheit zu thematisieren, als sie die beharrliche Form der Positionsmarkierung und im gleichen Zug die innere Ambivalenz von Grenzziehungen unterstreicht. Aber um politische Vorgänge zu beschreiben, erfordert der Begriff der Abjektion, wie Imogen Tyler notiert, eine Erweiterung und eine Umdeutung.[294] Denn in der psychoanalytischen Theoriekonstruktion Kristevas beschreibt Ab-

---

290 Alain Corbin, *Pesthauch und Blütenduft. Eine Geschichte des Geruchs.* Aus dem Französischen von Grete Osterwald. Berlin: Wagenbach, 1984, S. 191.
291 Ebd., S. 193.
292 Julia Kristeva, *Strangers to ourselves*, übersetzt von Leon S. Roudiez. New York: Columbia University Press, 1991, S. 103.
293 Ebd.
294 Tyler, *Revolting Subjects*.

jektion eine über-historische Figur, und reduziert somit jegliche Exklusion auf einen inneren, psychischen Konflikt und lässt auf diese Weise außen vor, inwiefern die Grenzen des Gemeinsamen auf historisch produzierten Formen von Rassismus, Xenophobie und struktureller Ungleichheit gründen.

Die kulturelle Herabsetzung von Dingen, Personen und Tätigkeiten unter Rückgriff auf Motive des Abfalls geschieht nicht beliebig, sondern hängt mit konkreten Historizitäten zusammen. Um eine solche Historizität der Abjektion und ihre Kontinuität in der Gegenwart soll es im Folgenden gehen, und zwar zunächst mit Blick auf einen US-amerikanischen Ausdruck, der sprachlich eine unmittelbare Beziehung zwischen Menschen und Müll herstellt: *White Trash*.

3.2 *White Trash*

> In meinem ganzen Leben ist es stets so gewesen, dass ich nicht gemeint war, wenn vom Dörflichen, vom Gemeinsamen, vom öffentlichen Interesse gesprochen wurde. Ich war immer die Gefahr, die Bedrohung, der Wurm im Essen.[295]
>
> *Didier Eribon*

In seinem autobiografisch geprägten Buch *Rückkehr nach Reims* (2016) erzählt der französische Philosoph Didier Eribon von der Rückkehr in sein Elternhaus in der französischen Provinz, zu den Schauplätzen seiner Kindheit.[296] Die Scham darüber, in einer Arbeiterfamilie aufgewachsen zu sein, sei in seinem erwachsenen Leben immer wieder durchgebrochen. Seine Identität als schwuler Intellektueller, sein sexuelles Coming Out, habe nicht nur, wie er lange Zeit annahm, zu einer Abkopplung von seiner Familie geführt, sondern es ihm vielleicht erst ermöglicht, seine soziale Herkunft hinter sich zu lassen und so gut wie möglich zu verbergen. Gefühle der Inferiorität – wohlgemerkt aber auch des Dissenses in Momenten, wenn in gehobenen Kreisen abschätzig vom „gemeinen Volk" die Rede war – haben ihn sein Leben lang begleitet. Im Zuge seiner Emanzipation befasste sich Eribon eingehend mit den „Wirkmechanismen jener sozialen Inferiorisierung und ‚Abjektion'," die er mit Blick auf seine sexuelle Orientierung erfahren hat.[297] Doch inwiefern diese Mechanismen, „wenn man von seiner Mitwelt abgesondert, verabscheut wird", sich auch gegen die soziale Herkunft richten und bei dem Be-

---

295 Didier Eribon im Gespräch mit Felix Stephan, veröffentlicht am 4.7.2016, Zeit Online: http://www.zeit.de/kultur/2016-07/didier-eribon-linke-angela-merkel-brexit-frankreich-front-national-afd-interview/komplettansicht?cid=7559308 (20.01.2020).
296 Didier Eribon, *Rückkehr nach Reims*. Berlin: Suhrkamp, 2016.
297 Ebd., S. 21.

troffenen eine „Herkunftsscham" auslösen können, ist Thema des autobiografischen Buches von Eribon.[298]

Diese Absonderung einer als nieder markierten sozialen Zugehörigkeit aus einem imaginären Gemeinsamen, die sich spezifisch mit Blick auf Figuren der Armut oder der Arbeiterklasse bildet, die Didier Eribon beschreibt, trägt viele Namen. *Lumpenproletariat* und *White Trash* sind nur zwei Beispiele für Wörter, die eine Verbindung herstellen zwischen dem niederen Status von Dingen und dem niederen Status von Menschen. Das, was Dinge als wertlos, nutzlos oder schmutzig markiert, wird in diesen Ausdrücken auf Menschen übertragen. Die Idee, dass manche Menschen überflüssiger sind als andere, ist dabei eng mit Imaginationen von Armut verbunden.

Die Armen werden als eine abstrakte soziale Kategorie von Menschen immer wieder in die Nähe des Abfalls, des Faulen und der Verdorbenheit gerückt. Joseph Townsend notiert in seinem Pamphlet *Über die Armengesetze*, das 1786 in England anonym veröffentlicht wurde, über „die Armen", dass „viele von ihnen eine gewisse Ähnlichkeit mit jenem Tier haben, das Reisende als Nimble Peter – Faultier – beschreiben."[299] Dem fügt Townsend hinzu: „Es scheint ein Naturgesetz zu sein, dass die Armen bis zu einem gewissen Grad unfähig zum Vorausdenken sind, dass es immer Menschen geben mag, denen die besonders unwürdigen, schmutzigen und demütigenden Dienste in der Gemeinschaft obliegen".[300] Townsend nimmt in der Schrift, wie Philipp Lepenies feststellt, „drei Schlüsselgedanken der kommenden Epoche vorweg: das Bevölkerungsprinzip von Thomas Robert Malthus, die Idee der natürlichen Selektion von Charles Darwin und vor allem den Glauben, dass sich selbst regulierende Märkte ein universelles Organisationsprinzip in Natur und Gesellschaft sind".[301] Es äußert sich bei Townsend die Angst, die Armen könnten sich weigern, die „schmutzigen" Tätigkeiten auszuführen und sich gegen die bestehende Ordnung und Aufteilung der Welt in „freie Berufe" und „Frondienste" auflehnen.[302] Alleine die Existenz- und Überlebensangst würde die Armen dazu bringen, „die verächtlichsten Beschäftigungen, die mühsamsten Arbeiten und die gefährlichsten Aufgaben" auszuüben. Der hier beschriebene Mensch ist einer, der durch „seine Trägheit,

---

298 Ebd.
299 Joseph Townsend, *Über die Armengesetze*. Herausgegeben und mit einem Nachwort von Philipp Lepenies. Berlin: Suhrkamp, 2011 [1786], S. 21.
300 Ebd., S. 26.
301 Philipp Lepenies, „Von Ziege und Hunden. Joseph Townsend, die Armengesetze und der Glaube an die Überlegenheit von Märkten", in: Townsend, *Über die Armengesetze*, S. 65 – 123; S. 65.
302 Townsend, *Über die Armengesetze*, S. 21.

Verschwendungssucht und seine Laster in selbstverschuldete Armut gestürzt"
ist.[303]

Eine inhaltliche Nähe zu Marx' Beschreibung des Lumpenproletariats, zu
dieser von ihm als „Auswurf, Abfall, Abhub aller Klassen" bezeichneten Personengruppe ist nicht von der Hand zu weisen.[304] Die Bezeichnung „Lumpenproletariat", die Marx verwendet, um die guten Proletarier, die für die Revolution
geeignet sind, von den schlechten Arbeitern, die träge und unzuverlässig seien, zu
trennen, artikuliert Ideen von Schmutz mit Bezug auf die Klassenidentität. Wenn
bei Marx die Rede ist von einer „passive[n] Verfaulung der untersten Schichten der
alten Gesellschaft"[305], dann artikuliert er damit Vorstellungen von einer Reinheit
der Klassen: die Idee einer legitimen und reinen Klasse von Arbeiter*innen,
die ihre politische Kompetenz durch angemessene Lebensweise beweist. Der
Begriff des Lumpenproletariats markiert ein spezifisches Verhältnis zwischen
dem Begriff des Lumpens, dem übriggebliebenen und nicht verwertbaren Rest,
und der metaphorischen Beschreibung von Arbeitern, die als arm, arbeitslos und
nicht revolutionstauglich gelten. Die Imaginationen des „Lumpenproletariats"
reichen von betrunkenen und „faulen" Arbeitern hin zu Kranken und Pflegebedürftigen. „Lumpenproletariat" markiert ähnlich wie *Poor White Trash* die Grenze
der Zugehörigkeit zu einer imaginären Gemeinschaft, die auf diffusen Assoziationen mit *Weißsein* gründet.[306]

White Trash ist, wie der Soziologe Matt Wray, feststellt, keine gewöhnliche
Beleidigung.[307] In *Not Quite White. White Trash and the Boundaries of Whiteness*
(2006) beschäftigt sich Wray mit den historischen und rassistisch motivierten
Dimensionen der Bezeichnung *White Trash*. Der Ausdruck, der sich aus *white* und
trashy zusammensetzt und mit Gefühlen der Verachtung und des Abscheus zusammenhängt, verkörpert eine grundlegende Spannung und strukturelle Anomalie: „between the sacred and the profane, purity and impurity, morality
and immorality, cleanliness and dirt."[308] *White Trash*, so Wray, beruht auf einer
symbolischen Ordnung von rassifizierten Klassifikationen und Wertzuschrei-

303 Ebd., S. 27.
304 Karl Marx, „Der Achtzehnte Brumaire des Louis Bonaparte", in: Karl Marx, Friedrich Engels:
Werke [MEW]. Bd. 8. Berlin 1969, S. 115–207; S. 161.
305 Manifest der Kommunistischen Partei, MEW 4, S. 472.
306 Matt Wray, *Not Quite White. White Trash and the Boundaries of Whiteness*. Durham, NC: Duke
University Press, 2006, S. 3.
307 Wray, *Not Quite White*, S. 2.
308 Ebd.

bungen, die der Begriff zugleich durcheinanderbringt: „White trash names a people whose very existence seems to threaten the symbolic and social order."[309]

Die ersten Aufzeichnungen der Verwendung des Begriffs gehen auf Sklav*innen in den Südstaaten Amerikas um 1830 zurück, die mit *Poor White Trash* ihre Verachtung für *weiße* Arbeiter*innen und Haushaltsangestellte ausdrückten – wobei es sich bei den *weißen* Dienern, wie Wray vermutet, um Arbeiter*innen irischer Herkunft handelte. Es war ein Ausdruck der Verachtung gegenüber den *weißen* Arbeitern, weil sie arm waren, aber es diente zugleich auch als eine subversive Strategie, um die Überlegenheit der *Weißen* aufgrund ihres *Weißseins* in Frage zu stellen. Wie Wray feststellt waren die *weißen* Bediensteten im frühen 19. Jahrhundert fast ausschließlich irische Einwanderer. Wray verdeutlicht, dass es unklar ist, in welchen Zusammenhang der Begriff genau auftauchte. Geht er auf Sklav*innen auf Plantagen zurück oder wurde er von freien Schwarzen, die in den Städten lebten, geprägt? „It is impossible to know, but it is clear that black slaves in northern Maryland were by no means the first to note that there were in the slave states poor whites whose means and standard of living was well below that of other whites."[310]

In jedem Fall ist *White Trash* ein Begriff, der die Bedingungen der Zugehörigkeit zu einer imaginären, rassistisch begründeten *weißen* Gemeinschaft, exponiert. *White Trash* markiert die Grenzen von *Weißsein* und den Privilegien, die damit einhergehen. *White,* so Wray, fungiert als ein ethnisches Zeichen, und *Trash* als ein „signifier of abject class status".[311] Während der genaue Kontext der Entstehung des Begriffs unklar ist, ist es deutlich, wie die Verwendung des Ausdrucks für Sklavenbesitzer und die *weiße* Mittelschicht sehr nützlich wurde, um jene, die als arm galten, in die Nähe zu Schmutz und Abfall zu setzen.

> Blacks may have invented and used the term poor white trash as an act of symbolic violence and micropolitical protest, but it was literate, middle-class and elite whites who invested its meaning with social power, granting it the powers of social stigma and prejudice and enforcing its discriminatory effects with regard to labor.[312]

Die Bezeichnung stellt eine Verbindung her zwischen „[the] lower classes and the lower races": eine Überschneidung von rassistischen Zuschreibungen und herkunftsbasierten Herabsetzungen. „This new term, like cracker before it, altered popular conceptions of poor and outcast whites and offered new ways to make

---

309 Ebd.
310 Ebd., S. 43.
311 Ebd., S. 3.
312 Ebd., S. 43.

sense of their stigmatized identity and their low status."[313] Arme *Weiße*, Native Americans und Schwarze Menschen sahen sich mit Stigmatisierungen konfrontiert: „poor whites, Indians, and blacks are described – as immoral, lazy, and dirty."[314]

Der Begriff wurde von jenen, die die Sklaverei zu rechtfertigen versuchten, ebenso verwendet wie von Gegnern der Sklaverei. Die Rechtfertigung der Sklaverei drückte sich, wie Carl A. Zimring feststellt, nach 1820 vor allem im Sinne eines biologischen Rassismus und in sanitären Begriffen und Konzepten von Reinheit aus. Die Sprache der entstehenden Modernisierungen und sanitären Bewegungen war aus dieser Sicht unmittelbar verflochten mit rassistischen Ideen von *weißer* Reinheit.[315]

Auch Harriet Beecher Stowe, eine prominente Gegnerin der Sklaverei, beschrieb arme *weiße* Südstaatler als deklassiert und unwürdig. Beecher Stowe führte die Demoralisation der in armen Verhältnissen lebenden *Weißen* auf die Missstände der Sklaverei zurück. Sie schreibt: „The institution of slavery has produced not only heathenish, degraded, miserable slaves, but it produces a class of white people who are, by universal admission, more heathenish, degraded, and miserable".[316] Wie Wray feststellt, sind auch die Argumente der Gegner*innen der Sklaverei mit *White-supremacy*-Denken verstrickt. Die soziale Klasse der niederen armen Weißen ist demnach ein Problem, weil sie Vorstellungen von *Weißsein* gefährden. Ihre Mitglieder werden als „degraded specimens of the the proud white race" betrachtet.[317] J.S. Bradford schreibt in *Lippincott's Magazine* 1870:

> [I]n Virginia, he is known as the 'mean white' or 'poor white' and among the negroes as 'poor white trash'. In North Carolina he flourishes under the title of 'conch'. In South Carolina, he is called 'low-downer'. In Georgia and Florida, we salute him with the crisp and significant appellation of 'Cracker'. But in all these localities, and under all these names, he is, with slight differences, the same being [...] [of] the genus Homo, though from the effects of long generations of ignorance, neglect, degradation, and poverty, it has developed few of the higher qualities of the race to which it belongs.[318]

---

313 Ebd., S. 22.
314 Ebd., S. 23.
315 Carl A. Zimring, *Clean and White: A History of Environmental Racism in the United States.* New York City, NY: NYU Press, 2016, S. 4.
316 Harriet Beecher Stowe, 1854, S. 365, zitiert in Wray, *Not Quite White*, S. 58.
317 Wray, *Not Quite White*, S. 59.
318 J.S. Bradford, 1870, S. 457, zitiert in Wray, *Not Quite White*, S. 59.

White Trash lässt sich auch aus dem politischen Framework Rancières nach-
zeichnen. Denn es bringt das Soziale im Sinne einer Logik, die Positionen, Rollen
und Aufgaben an bestimmte Identitäten knüpft, zum Ausdruck. [319] Bezeichnungen wie *White Trash* und Lumpenproletariat stellen eine symbolische Ordnung
her, die auf dem Prinzip der *Reinheit* basiert: Jede*r hat in ihr den ihm oder ihr
angemessenen Platz einzunehmen, und an diesem zu bleiben.

3.3 Soziale Abjektion

Als Echol Cole und Robert Walker am 1. Februar 1968 ihre Arbeitsschicht für
die Müllabfuhr in Memphis im US-Südstaat Tennessee antreten und es heftig zu
regnen beginnt, steigen sie in den hinteren Teil des Müllwagens, in dem der
Müllkompressor angebracht ist. Die städtische Verordnung verbot es Schwarzen
Angestellten, Schutz vor Regen zu suchen, außer im hinteren Bereich ihres
Kompressorlastkraftwagens – also dort, wo auch der Müll lagerte. Es kam zu einer
technischen Fehlfunktion, und Cole und Walker wurden zusammen mit dem sich
im Wagen befindenden Abfall von der Müllpresse zu Tode gedrückt. Die Mitarbeiter*innen der Müllabfuhr schlossen sich daraufhin zusammen, um gegen die
Arbeitsbedingungen und die systematische Diskriminierung der Schwarzen Angestellten zu protestieren. Zwölf Tage später schlossen sich etwa 1300 Schwarze
Angestellte des *Memphis Department of Public Works* dem Streik an. Die Protes-
tierenden und Bürgerrechtler*innen, die trotz gewaltsamer Einsätzen durch Polizei und Militär weiter demonstrierten, trugen Schilder und Plakate mit der
Aufschrift „I am a Man" – ein ikonischer Slogan, der die Forderung der Protes-
tierenden nach der Anerkennung ihrer Würde und Menschlichkeit proklamiert (zu
einer Zeit, als erwachsene Schwarze Männer von *Weißen* oft despektierlich als
„boy" angesprochen wurden). Die Streikenden forderten höhere Löhne, sicherere
Arbeitsbedingungen und die Anerkennung ihrer Gewerkschaft. Sie forderten auch
einen Ort, um sich nach Schichtende zu waschen. Die Behörden gingen nicht auf
die Forderungen ein, der Streik ging weiter und die Gewalt gegen die Protestie-
renden eskalierte.

Die Infrastruktur der Müllsammlung und -entsorgung sind geprägt von kulturellen, symbolischen, und sozialen Dimensionen von institutioneller Ungleichheit. Strukturelle Ungleichheit und Rassismus sind, wie Carl A. Zimring

---

319 Vgl. Katja Genel / Jean-Philippe Deranty (Hrsg.). *Honneth and Rancière. Recognition or Disagreement. A Critical Encounter on the Politics of Freedom, Equality and Identity.* New York: Columbia University Press, 2016, S. 20.

bemerkt, deutlich sichtbar in der Geschichte der US-amerikanischen Müllabfuhr. Während das Personal der Müllabfuhr zu einem großen Teil aus afroamerikanischen Arbeitern und Einwanderern bestand, herrschten an den Orten, die von Afroamerikanern*innen bewohnt wurden, oft mangelhafte hygienische Zustände. Die Versuche, saubere Straßen herzustellen und die produzierten Abfälle in einem Kreislauf verschwinden zu lassen, erfolgten nicht überall und nicht für alle Bewohner mit der gleichen Anstrengung. Rosie Cox stellt fest: „Areas that African Americans were confined to often lacked paved streets, sewers, toilets or garbage collection, making attempts at household cleanliness both difficult and demoralizing.“[320] Die strukturelle Abjektion von Schwarzen Menschen und der Eindruck, dass nur der Müll der *Weißen* verschwindet, sind so gesehen zwei Seiten derselben Medaille.

Die Vorstellung, dass das Leben mancher Menschen mehr „wert“ ist als das anderer, ist in gegenwärtigen politischen Theorien auf vielfältige Weise im Sinne einer *disposability*, die Menschen aufgrund ihrer Herkunft zukommt, artikuliert worden. Henry Giroux beschäftigt sich mit Blick auf die Katastrophe in New Orleans im August 2005 mit der Frage, wie Regierung und Medien eine *politic of disposability* gegenüber den überwiegend schwarzen Bewohner*innen von New Orleans zum Ausdruck brachten. Anstatt die Betroffenen als Opfer einer Katastrophe zu sehen, war die unmittelbare Reaktion auf den Hurrikan Katrina die, jene, die vor allem Hilfe brauchen, zu kriminalisieren und sie wie *disposable bodies* zu behandeln.[321] So rückte das Militär zunächst gegen vermeintliche – aber de facto inexistente – „Plünderer“ aus, und erst viel später zum Rettungseinsatz. Dieser lief letztlich auf eine großangelegte Umsiedlung nicht zählender, weil nicht hinreichend kaufkräftiger „Körper“ aus den urbanen Zonen von New Orleans hinaus.

In *Frames of War* (2009) weist Judith Butler darauf hin, dass westliche Medien über den Tod von Menschen in Ländern, wo Krieg und Armut herrschen, anders berichten als über den Tod von Menschen, die in einer imaginären Verbindung und Identifikation mit dem Westen stehen. Butler beschreibt diese Unterscheidung in der Art, wie Tote betrauert werden, als einen Rahmen (frame), der die Berichterstattung über Kriegsopfer prägt: „the frame is always throwing something away, always keeping something out, always de-realizing and de-legitimi-

---

320 Rosie Cox, „Dishing the Dirt: Dirt in the Home“, in: Rosie Cox et al. (Hrsg.). *Dirt: The Filthy Reality of Everyday Life.* London: Profile Books, 2011, S. 37–74; S. 61.
321 Vgl. Henri Giroux, *Stormy Weather: Katrina and the Politics of Disposability.* New York: Routledge, 2006. John Protevi, *Political Affect: Connecting the Social and the Somatic.* Minneapolis, MN: University of Minnesota Press, 2009.

zing alternative versions of reality, discarded negatives of the official version."[322] Das Leben und Sterben jener, die als weit weg, fremd oder arm gelten, nimmt nicht die gleichen Ausmaße von Anteilnahme und Trauer an. Die einen gelten als tragischer Verlust, während der Tod der anderen in abstrakten Zahlen registriert wird. Die mediale Berichterstattung inszeniert eine Wirklichkeit, die den Eindruck entstehen lässt, dass nicht jeder Tote einen Verlust darstellt. In *Precarious Life* (2004) stellt Butler die Frage: „Who counts as human? Whose lives count as lives? And, finally, what makes for a grievable life?"[323] Manche Leben würden gar nicht erst als „richtiges Leben" oder „lebenswertes Leben" betrachtet, so dass das Sterben nicht betrauert werden muss. Es geht in Judith Butlers Analyse um die Unterscheidung zwischen Menschen, deren Leben etwas wert ist, und Menschen, deren Tod nicht betrauert werden muss, weil ihr Leben nicht als solches zählt.

Auch Ilija Trojanow weist in *Der überflüssige Mensch* (2013) auf die Unterteilung hin, die im modernen Kapitalismus entsteht zwischen jenen, die zählen, und jenen, deren Leben für unbedeutsam erklärt wird. Viele Menschen, so Trojanow, gelten „als überflüssig" – wer „nichts produziert und – schlimmer noch – nichts konsumiert, existiert gemäß den herrschenden volkswirtschaftlichen Bilanzen nicht."[324] Nicht nur die Teilnahme an Konsumpraktiken, auch die regelmäßige Entsorgung sei ein nötiges Kriterium, um selber nicht überflüssig und entsorgbar zu sein. In diesem Diskurs der *Disposability* reiht sich auch die verbreitete Klage über das globale Bevölkerungswachstum ein. Unser Planet sei „voll", erklärte zum Beispiel CNN-Gründer Ted Turner 1996 in einem Interview für die Zeitschrift *Audubon*: „Eine Bevölkerung von weltweit 150 bis 300 Millionen Menschen, also ein Rückgang um etwa 95 Prozent, wäre ideal."[325] In diesem Kontext ist der Mensch ein „Virus, von dem der Planet geheilt werden muss".[326] Wie Trojanow bezüglich der Rhetorik der Überbevölkerung feststellt, gelten dabei jedoch „keineswegs alle als überzählig, sondern nur einige von ihnen".[327]

„The wretched are those whom are deemed fundamentally unequal, rightless, 'the scum of the earth'", notiert Hannah Arendt in ihrer Theorie zum Totalitarismus.[328] Jene, denen man ihre Bürgerrechte entzogen und die man für unwürdig und verachtenswert erklärt hat, würden nur noch als „Auswurf" der Ge-

322 Judith Butler, *Frames of War: When is Life Grievable?* New York: Verso, 2009, S. xiii.
323 Judith Butler, *Precarious Life: The Power of Mourning and Violence.* London: Verso, 2004, S. 20.
324 Ilija Trojanow, *Der überflüssige Mensch.* Salzburg: Residenz Verlag, 2013, S.7.
325 Ebd., S.19.
326 Ebd.
327 Ebd., S. 9.
328 Hannah Arendt. *The Origins of Totalitarianism.* New York: Harcourt, Brace. 1973 [1951], S. 267.

meinschaft behandelt. Imogen Tyler entwickelt in ihrem Buch *Revolting Subjects* (2013) mit Bezug auf die Arbeit von u. a. Frantz Fanon, Judith Butler und Gayatri Chakravorty Spivak, das Konzept der *sozialen Abjektion*.[329] Der Begriff soll beschreiben, wie Machtverhältnisse durch eine Form von „inklusiver Exklusion" entstehen.[330] Es ist eine Revision von Kristevas psychoanalytischem Begriff der Abjektion als universeller Norm des psychischen Lebens. Es stellt eine Kritik dar an dem vor- oder ahistorischen Ansatz Kristevas, der jegliche Form von Grenzziehung auf eine psychoanalytisch deutbare Urszene zurückführt: die Trennung vom Kind bzw. den konkreten Akt des „Auswurfs" des Kindes aus dem Mutterleib. Diese Perspektive macht aus der Abjektion einen Gedächtnisverlust (das Subjekt, das seine ursprüngliche Ab-Trennung vergisst) und erlaubt auf diese Weise, dass die koloniale Geschichte verborgen bleibt.[331] Xenophobie würde Kristeva somit auf eine *paneuropäische Subjektivität* reduzieren.[332]

Anstelle dieser Deutung Kristevas von Ausländerhass im Sinne einer Spannung in der eigenen Subjektivität wendet Tyler den Fokus auf die politischen Aushandlungen und Reaktionen von Menschen, die selber Formen der Exklusion im gegenwärtigen Großbritannien erfahren. Tyler theoretisiert *Abjektion* im Sinne einer konkreten sozialen Kraft, als eine kulturelle und politische Ökonomie des Ekels, die auf verschiedene Weisen funktioniert, um den Status der Exklusion und die Prozesse der Abjektion aus dem Blick derer, die ihre gewaltvollen Effekte erleiden, zu fassen. „Why abjection? [...] [A]bjection describes the violent exclusionary forces of sovereign power: those forces that strip people of their human dignity and reproduce them as dehumanized waste, the disposable dregs and refuse of social life."[333] Tyler meint damit jene Formen der Gewalt und der Exklusion, die sonst nicht zum Thema werden. „Social abjection is a revolting concept which names, but also has the capacity to trouble the symbolic and material forms of violence it describes."[334] Es geht um die Art und Weise, wie Geschichte erzählt wird und aus wessen Sicht, wer Autor*in ist, und wer nur am Rande steht. Mit Blick auf Beispiele aus dem gegenwärtigen Großbritannien zeichnet Tyler verschiedene Weisen, von Mikroakten der Subversion bis hin zu organisierten Protesten, um Formen struktureller Ungleichheit anzuklagen und evident zu machen. Tyler beschreibt die Gewalt der Abjektion als eine Gewalt, die auf verschiedene Weisen einen als wertlos markieren will. Soziale Abjektion

---

329 Vgl. Frantz Fanon, *Black Skin, White Masks*. New York: Grove Press, 1991 [1952], S. 111.
330 Tyler, *Revolting Subjects*.
331 Ebd., S. 32.
332 Ebd., S. 29 f.
333 Ebd., S. 21.
334 Ebd., S. 47.

heißt: „to be tortured by words, images, policies and mechanisms which continuously produce you as less than human".[335]

Tyler stellt die Erfahrungen jener, die diesen Angriffen ausgesetzt sind in Form von „politische Parabeln" vor. Sie erzählt von Asylsuchenden, von „maternal bodies", von denen, die als „chavs" und rebellische Jugend verachtet werden, und von Menschen mit Behinderungen, deren Rechte und Zugehörigkeit in Frage gestellt werden, zum Beispiel durch neue Wohlfahrtsreformen und die Neuorientierung der Regierung, diese Menschen als „Sozialschmarotzer" zu de-legitimieren.[336] Tyler beschreibt, wie Ekel und Aversion eingesetzt werden, um soziale und politische Klassifikationen und Einteilungen zu begründen und aufrechtzuerhalten.

Mit Blick auf jene, die zum Abjekt gemacht werden, stellt Tyler aber auch Formen dar, wie sich Menschen gegen die Politik der Deklassierung in Großbritannien wehren. Zum Beispiel der iranische Geflüchtete Abas Amini, der sich nach der Entscheidung der britischen Regierung, ihn abzuschieben, seine Augen und seinen Mund mit Fäden zugenäht hat.[337] Es ist eine ästhetische Inszenierung, die gegen die Politik der Regierung, die ihn zum Schweigen bringen will, protestiert. Tyler schreibt über Amini: „So he found himself, standing before a mirror in his Nottingham home, needle and threat in his hand, determined to communicate and protest against his abject constitution as ‚living dead'."[338] Das Politische ist ästhetisch. Die Ereignisse und Handlungen, die Tyler in ihrem Buch beschreibt, und die disruptive Ästhetik, die darin zum Ausdruck kommt, macht noch einmal deutlich, inwiefern das Politische sinnlich ist – insofern, als die beschriebenen Akte des Dissenses es erfordern, Ordnungen der Repräsentation und Wahrnehmung in Frage zu stellen.

Dieses Verständnis des Politischen ist so auch eine Theorie des Ästhetischen. „Die Aufteilung des Sichtbaren und Sagbaren ist das, worum es dabei geht: the division between the visible and the invisible, between what is speech and what is noise, is what's at stake in politics."[339] Die Ordnung wird überall dort bedroht, „wo ein Schuster etwas anderes als Schuhe macht" notiert Rancière in *Der Philosoph und seine Armen*.[340] Während die Polizei also eine Logik der Reinheit ist, taucht das Politische auf im Sinne eines leeren Parameters auf, als grundlegende Austauschbarkeit von Aufgaben und Positionen.

---

335 Ebd., S. 213.
336 Ebd.
337 Vgl. Ebd., S. 78.
338 Ebd.
339 Vgl. Genel / Deranty (Hrsg.), *Honneth and Rancière*, S. 21.
340 Jacques Rancière, *Der Philosoph und seine Armen*. Wien: Passagen Verlag, 2010, S. 88.

Rancière deutet auf die Exklusivität von Wahrnehmung hin, auf das, was unsichtbar bleibt, was nicht gesehen und gehört wird; was sich unterhalb der Wahrnehmung abspielt, und genau dadurch die Grundlage des Politischen bildet. In Rancières Analyse des Politischen ist jede Gemeinschaft von vornherein geteilt, sie konstituiert sich durch einen Anteil der Anteilslosen, durch jene, die nicht dazugehören und außen vor sind.

Auch Müll nimmt als diskursiver Gegenstand teil an der Etablierung von imaginären Gemeinschaften und an der Unterteilung von dem, was gemeinsam ist und von allen geteilt wird. Das Vokabular der Reinheit und der Grenzziehung haben in der politischen Gegenwart besondere Aktualität. Spätestens seit dem Sommer 2015, als sich eine Vielzahl von Schutzsuchenden auf dem Weg nach Europa machten, prägt die Obsession mit sauberen Trennungen und klaren Grenzen die öffentliche Debatte. Man denke nur an die Forderung nach einer „Obergrenze" für Geflüchtete, oder an die Wege der Flucht durch Europa, die symbolisch und sprachlich in die Nähe des Unreinen gestellt wurden, z. B. im Kontext von Empörungen über hinterlassene Abfälle auf der sogenannten „Balkanroute".

Es kommt nicht selten vor, dass jene, die als fremd gelten als fehl am Platz wahrgenommen werden. Die Kulturwissenschaftlerin und feministische Autorin Sara Ahmed beschreibt in ihrem Buch *Strange Encounters* (2000) die Logik von Fremdenfeindlichkeit und Rassismus in Anlehnung an Mary Douglas. Fremde, so Ahmed, seien Personen, die kulturell zu Körpern am falschen Ort erklärt werden, so dass ihre bloße Anwesenheit bereits die Kohärenz der gewohnten Ordnung gefährde. Solche „bodies out of place" bedrohten durch ihre schiere Anwesenheit diejenigen, die sich an ihrem rechtmäßigen Platz wähnen.[341] Ahmed beschreibt, inwiefern der oder die Fremde eine sozial und kulturell konstruierte Figur ist, die im Grunde allzu vertraut ist: „The figure of the stranger is far from simply being strange; it is a figure that is painfully familiar in that very strange(r)ness. The stranger has already come too close; (...) we recognise somebody as a stranger, rather than simply failing to recognise them."[342] Fremde sind aus dieser Perspektive jene, die zu Fremden gemacht werden: „the one who is recognized as ›out of place‹, the one who does not belong, whose proximity is registered as crime or threat".[343] Deshalb können diejenigen, die das eine Mal über zu viele Ausländer*innen in deutschen Innenstädten klagen, ein anderes Mal offen gegenüber

---

341 Vgl. Sara Ahmed, *Strange Encounters: Embodied Others in Post-Coloniality*. London/New York: Routledge, 2000.

342 Ebd., S. 21

343 Sara Ahmed, *On Being Included: Racism and Diversity in Institutional Life*. Durham, NC: Duke University Press, 2012, S. 2.

Fremden sein. Die oder der Fremde wird dann zum Problem, wenn sie oder er „hier" ist, „hier" bleibt. Für jene, die als fremd erkannt werden, ist Nähe an und für sich bereits ein Verbrechen. Jemanden als „fremd" wahrzunehmen ist eine affektive Zuschreibung. Manche Personen, Individuen oder Gruppen werden mit einem Mal als suspekt und bedrohlich erkannt. Sara Ahmed macht deutlich, inwiefern die Zuschreibung des Fremdseins eine soziale Zuweisung ist, die sich wie eine objektive Realität verhält – und wie die sinnbildlichen Grenzziehungen oftmals geräuschlos in metaphysische übergehen. Denn die kulturelle Zirkulation von Gefühlen wie Angst und Hass erschafft oftmals erst die Grenzen, deren Überschreitung als Bedrohung wahrgenommen wird: „To this extend, fear does not involve the defense of borders that already exist; rather, fear makes those borders, by establishing objects from which the subject, in fearing, can stand apart".[344]

3.4 Unmögliche Biografien

In *Between the World and Me (2015)* schreibt Ta-Nehisi Coates: „perhaps being named 'black' was just someone's name for being at the bottom, a human turned to object, object turned to pariah."[345] In seinem Buch, das in Form eines Briefs an seinen Sohn verfasst ist, spricht sich Coates dagegen aus, das Leben der in Sklaverei gefangenen Vorfahren als einen Schritt auf dem Weg zur Freiheit zu verklären: „The enslaved were not bricks in your road, and their lives were not chapters in your redemptive history. They were people turned into fuel for the American machine. Enslavement was not destined to end".[346]

Coates betont die Verstrickung sämtlicher Aspekte der US-amerikanischen Geschichte, und ihrer Bedeutung in der Gegenwart, mit der Praxis der Sklaverei. „You cannot forget how much they took from us and how they transfigured our very bodies into sugar, tobacco, cotton, and gold."[347] Die Sklav*innen, deren Leben Händler und Plantagenbesitzer in Profit verwandelten, waren die Grundlage, der „Motor" der kommenden industriellen Revolution.

> As they [gemeint sind die *Royal African Company* sowie die *Company of the Merchants*, L.M.] saw it, the dungeon was a womb in which the slave was born. The harvest of raw material and

---

344 Sara Ahmed, „Affective Economies", in: *Social Text*, 79 (Volume 22, Nr. 2), 2004, S. 117–139, S. 128.
345 Ta-Nehisi Coates, *Between the World and Me.* New York: Spiegel & Grau, 2015, S. 55.
346 Ebd., S. 70.
347 Ebd., S. 71.

the manufacture of goods defined the prison's function. The British didn't call it a womb; they called it a factory, which has its first usage in the trading forts of West Africa. (The very word „factory" documents the indissoluble link between England's industrial revolution and the birth of human commodities.) [...] The miracle of the slave trade was that it resuscitated useless lives and transformed waste into capital. (Hartman 2007, 111)

Wenn Hartman durch die Sklavenhöhle in Accra geht und das Gefühl hat, von den Räumen absorbiert zu werden, dann ist das nicht bloß metaphorisch gemeint. Die Angst davor, von den Fängern einverleibt und dem Monster des westlichen Kapitalismus als Nahrung zugeführt zu werden, ist mit Bezug auf den Sklavenhandel nicht nur sprichwörtlich zu verstehen, sondern wortwörtlich. Elias Canetti hat in seiner Theorie der Macht darauf hingewiesen, dass alles, was gegessen wird, selbst Ursprung der Macht ist. Wie Hartman dazu notiert, wusste das niemand besser als die Sklav*innen selbst. Sie beschrieben ihre Fänger immer wieder als Kannibalen und waren davon überzeugt, dass sie von ihnen gegessen würden. „Flesh eaters and roasters of men personified the dynamics of plunder and dispossession, unlike the euphemism of trade, which made the rout appear bloodless and consensual."[348]

Der transatlantische Sklavenhandel, das macht Hartman deutlich, ist als ein kannibalistisches System zu verstehen. Die Angst davor, den *weißen* Geschäftsmännern und dem Kapitalismus als Nahrung zu dienen, stellt mehr als nur einen Mythos unter den Gefangenen dar. Es ist eine akkurate Beschreibung des historischen Verlaufs und der ökonomischen Wirklichkeit der Sklaverei. „None of the enslaved had ever agreed to any bargain that landed them there. Anthropophagy, the practice of eating the flesh of other human beings, aptly described the devouring of life by the machinery of the slave trade. „[349]

Aber das Abjekt bleibt nicht an Ort und Stelle. Es ist, wie bei Hartman, auch eine Figur, die Verdecktes ans Licht bringt. In *Lose your mother* deutet Hartman den Abfall, über den sie stolpert, im Sinne einer paradoxen Figur, die zwischen dem Lebendigen und dem Toten, zwischen der Vergangenheit und der Gegenwart hin- und herschweift. Hartman stellt die Grenzen zwischen dem Realen und Fiktiven, dem Vergangenen und dem Gegenwärtigen in Frage. Abfall ist die dabei Spur, die von jenen Erlebnissen und Widerfahrnissen, die aus der dokumentierten Zeitgeschichte herausfallen, übrigbleibt. Er widerlegt die Unschuld, wie Canetti bemerkt. Oder wie James Baldwin schreibt: „[T]his is the crime of which I accuse my country and my countrymen and for which neither I nor time nor history will ever forgive them, that they have destroyed and are destroying

---

348 Hartman, *Lose your Mother*, S. 113.
349 Ebd., S. 113.

hundreds of thousands of lives and do not know it and do not want to know it. [...] It is the innocence which constitutes the crime."[350]

Wenn Hartman durch die *Slave Dungeons* geht und die organischen Reste, die mittlerweile größtenteils entfernt wurden, vor sich sieht, dann weisen die Exkremente nicht nur auf das nackte Sterben hin, das mit der gänzlichen Missachtung der Toten durch die Nachwelt einherging. Der Abfall in den Sklavenhöhlen bezeugt nicht nur die Demütigung der Gefangenen und die Missachtung der Getöteten, sondern auch die Aberkennung des Rechts auf eine erzählte Herkunft und subjektive Vergangenheit. „No longer anyone's child, the slave had no choice but to bear the visible marks of servitude and accept a new identity in the household of the owner."[351]

Wie Thomas Macho in *Das Leben ist ungerecht* schreibt, kommt in Toni Morrisons Roman *Beloved* die Idee zum Ausdruck, dass „dieses Fleisch", das auch das Fleisch des kannibalistischen Sklavenhandels bildet und das der Motor der industriellen Revolution ist, „wiederkehren [wird]: Im Glücklichen wie im Schrecklichen. *Beloved* ist die Zurückgekehrte, in deren Auftritt Erinnerung ermöglicht wird, ein Körper der Integration, der das Trauma nicht verleugnet, sondern enthüllt."[352] Die Vergangenheit und das widerfahrene Unrecht kommen in Form eines Fluchs zurück, in Form von Körpern, die an die Stelle von anderen Körpern treten.

Die Gewalt der Versklavung, so Hartman, besteht auch darin, die Erinnerung an ein Leben vor der Sklaverei auszulöschen und somit die Möglichkeit des Erzählens zu nehmen. „In every slave society, slave owners attempted to eradicate the slave's memory, that is, to erase all the evidence of an existence before slavery."[353] Der oder die Gefangene entscheidet dabei nie von sich aus, zu vergessen. Auch ihre Großmutter, so Hartman, „was always tricked or bewitched or coerced into forgetting, like an accident or a stroke of bad fortune".[354] Die Einzelheiten in den Geschichten unterscheiden sich, aber sie alle enden auf gleiche Weise: „the slave loses mother."[355] In Hartmans Schilderungen sind die Höhlen von Accra Zeugnisse des Unrechts und der Gewalt; sie bringen die Gegenwart des Vergangenen an die Oberfläche.

In einem anderen Text – ihrem Essay *Venus in Two Acts* (2008) – hat sich Hartman eingehend mit der Frage nach den Grenzen des Archivs mit Blick auf den

---

350 James Baldwin zitiert in Hartman, *Lose your Mother*, S. 169.
351 Hartman, *Lose your Mother*, S. 157.
352 Thomas Macho, *Das Leben ist ungerecht*. Salzburg: Residenz Verlag, 2010, S. 88.
353 Hartman, *Lose your mother*, S. 155.
354 Ebd.
355 Ebd.

transatlantischen Sklav*innenhandel beschäftigt. Wie lässt sich eine Geschichte der Gewalt aus Sicht der durch Gewalt zum Schweigen Gebrachten erzählen? Wie lassen sich die Erfahrungen auf dem transatlantischen Sklav*innenschiff während der Kolonisation aus Sicht der weiblichen Opfer schildern, wenn es kein einziges überliefertes Zeugnis einer weiblichen Überlebenden der *Middle Passage* gibt – keinerlei Aufzeichnungen oder Hinweise, die die Perspektiven der Betroffenen widergeben? Und wie fordert das Schreiben von unmöglichen Biografien die Gewalt des Archivs heraus? Diese Fragen umreißt Saidiya Hartman in ihrem Essay. Ausgehend von den Leerstellen der Geschichte – den Wirklichkeiten, von denen niemand Notiz genommen hat – exponiert Hartman die Grenzen historiografischer Forschung. Sie zeigt auf, inwiefern eine Wissensgeschichte der Versklavung, die nur das in Betracht zieht, was nachweisbar ist, immer eine Geschichte der Gewalt ist; eine Geschichte, die Gewalt nicht nur bezeugt und belegt, sondern die selber Gewalt *ist*, weil sie die Grenzen des Denkbaren einhält, die das Archiv vorgibt.

Hartmans Essay dreht sich um die (fehlende) Geschichte einer jungen Frau, die an Bord des Sklavenschiffs *Recovery* im Jahr 1792 ermordet wurde – und damit für ähnliche Geschichten von hunderttausend anderen Frauen steht. Sie taucht in den Akten des Gerichtsverfahrens gegen den Kapitän auf. Ihm wird vorgeworfen, zwei Frauen ermordet zu haben. „Venus", so nennt man sie, ist eine davon. Ihr wahrer Name ist unbekannt. Sie ist kaum mehr als eine Nebenbemerkung in dem Verfahren, das ihren Mörder freisprechen wird. Um sie geht es nicht. Weder in der Anklageschrift gegen ihren Mörder noch im Vermächtnis der Sklaverei spielt das Schicksal der Frau, die ihre Peiniger und deren Nachfolger in herabwürdigender Sexualisierung „Venus" nennen, eine Rolle. In den Akten des Archivs ist „Venus" bestenfalls als Kollateralschaden des transatlantischen Sklavenhandels verbucht. Die Aufzeichnungen und Dokumente, die existieren, sind lediglich ein Zeugnis der Gewalt – mehr noch, sie *sind* selber Gewalt – weil sie nur das widergeben, was sich die Sklavenhändler haben vorstellen können.

In der Geschichtsschreibung des transatlantischen Sklavenhandels, so zeigt Hartman, erweist sich die Grenzziehung zwischen Fakt und Fiktion als Illusion. Denn das, was überliefert ist, beruht auf einem nahtlosen Ineinander von Wirklichkeit und Fantasie. Das zeigt sich beispielsweise in der Bemerkung des Kapitäns James Barbot über die „Freuden", die das Sklavenschiff für die männliche Besatzung bereithält: „the young, sprightly maidens, full of jollity and good humor, afforded an abundance of recreation."[356] Innerhalb der Geschichtsschreibung zu verbleiben bedeutet somit, die undurchsichtigen Übergänge zwischen

---

356 Saidiya Hartman, „Venus in Two Acts", in: *Small Axe*, 12 (2008), H. 2, S. 1–14; S. 5.

Fantasien und Fakten unbemerkt zu lassen. Und es bedeutet, die Geschichte aus der Perspektive jener (weiter) zu erzählen, die ihren Blick auf die Welt – die rassistische und koloniale Gewalt ihrer Handlungen und Vorstellungen – der Nachwelt hinterlassen haben.

Der insgesamt vielleicht wichtigste Punkt, auf den Hartman hinweist, ist, dass es relativ einfach ist, den Rassismus und die Brutalität der historischen Gewalt von Sklavenhändlern zu verurteilen. Aber die koloniale Verstricktheit der *weißen* Welt zu erkennen – das Erbe der Gewalt, überliefert in und als Bilder und Erzählungen (aber nicht nur dort) – ist eine unbewältigte Aufgabe der Gegenwart. In der Rekonstruktion von unmöglichen Biografien mit Methoden der Fiktion implodieren Gegenwart und Vergangenheit, und das, was niemand eines Blickes würdig befand, rückt in den Fokus. Es sind erzählerische Experimente, die nicht den Toten ihre Stimme zurückzugeben versuchen, sondern der Gegenwart und jenen, die im Erbe der Versklavung leben, gegenhegemoniale Geschichten (zurück-) geben. Darin liegt das Politische für die Gegenwart: Es ist eine Politik der Narration, denn das Erdenken und Spekulieren über das, was hätte sein können, entsteht immer in den Möglichkeitsräumen der Wirklichkeit.

Indem sie eine Reihe von spekulativen Betrachtungen in Form des Konjunktivs beschreibt, also in einer grammatischen Form, die Zweifel, Wünsche und Möglichkeiten ausdrückt, indem sie eine kritische Lesart des Archivs vollzieht, beabsichtigt Hartman einerseits eine unverfügbare Geschichte zu erzählen, und andererseits die Unverfügbarkeit selbst ins Zentrum zu stellen, sie sichtbar zu machen. Es ist eine Methode des bewussten Stolperns über die Realität, des Entgleisens in die Fantasie, um nicht einfach über die Leerstelle hinwegzugehen, sondern um der Unverfügbarkeit zu gedenken. Denn: auch und gerade das, was nicht erzählbar ist oder dokumentiert worden ist, trägt zur Geschichte bei.

Resümee

Abfall taucht auch heute immer wieder als symbolische und visuelle Figur auf, um Menschen, deren Zugehörigkeit in Frage gestellt wird, zu markieren und eine Logik der Ungleichheit zu perpetuieren. Während manche Praktiken des Entsorgens als produktiv und wertvoll betrachtet werden, gelten andere als abjekhaft und animalisch. Müll, Abfall, Reste markieren den Übergang zwischen Leben und Tod, und daher tauchen sie immer wieder auf, um die grundlegenden Rechte, Befugnisse, Vorenthaltungen von Menschen zu bezeugen.

Müll-Forscher*innen stellen die Frage, wie das, was weggedrängt wird, neu auftaucht und Ordnungen des Sozialen verschiebt. Geographen, Soziologen und andere Wissenschaftler*innen, die die Rolle von Abfall in Bezug auf soziale

Fragen und Umweltgerechtigkeit erforschen, beziehen sich auf das Abjekthafte als eine Denkfigur, um nachzuzeichnen, wie Dinge und Personen als schmutzig kodifiziert und marginalisiert werden.[357] In diesen Forschungen zu Müll und zu entsorgten Materalen ist das Abjekt oft ein Mittel, um zu verstehen, wie die ausgeschlossenen Dinge Vermittler werden von soziokulturellen und räumlichen Inklusionen, Ausschlüssen und Markierungen von Unterschieden. Zum Beispiel hat die Geografin Sarah Moore in einer Untersuchung zu Müll in Oaxaca, Mexiko, gezeigt, wie die Bewohner*innen einer verlassenen Nachbarschaft den Kreislauf von Müll blockiert haben, um die öffentliche Aufmerksamkeit auf ihr soziales Ausgeschlossensein und ihre Marginalisierung zu lenken.[358] Wahrnehmungen von Abfall können ein Verhältnis zwischen oben und unten, zwischen wertvoll und wertlos aufrechterhalten. Es geht dann auch um die strukturellen Kontinui-täten in der Art und Weise, wie Materie klassifiziert wird und wie Menschen aufgrund von Aussehen, Herkunft, Geschlecht und Sexualität als mehr oder we-niger wertvoll, zugehörig und legitim eingestuft werden.

Mit der Figur der Abjektion von Kristeva und mit Sara Ahmeds Ausführungen zur Performativität des Ekels lässt sich diese Perspektive und die Pointe der Un-sichtbarkeit der Marginalisierten, auf die Rancière hinweist, von dem her denken, was aus einer bestehenden Ordnung ausgeschlossen wird. Ähnlich wie Rancière das Politische charakterisiert, beschreibt Kristeva das Abjekt: als einen leeren Signifikanten, als das Nicht-Identische und als Zusammenbruch einer Kohärenz und inneren Ordnung. Das, was das Abjekt ausmacht, ist keine essentielle Ei-genschaft, die Ekel oder Abscheu hervorruft, sondern es kann alles sein, was die Grenzen und Unterteilungen der symbolischen Ordnung bedroht und eine Un-terbrechung herbeiführt in der Weise, wie Sinn generiert und zugewiesen wird. Wie Ahmed und Tyler deutlich machen, hängt soziale Abjektion mit einer His-torizität zusammen, die zugleich eine Einteilung ist, eine soziale Ordnung des Niederen. Die *stickiness* des Abfalls, die Ahmed beschreibt, bringt die sinnliche Dimension dieser Unterteilungen zum Vorschein. Es geht um eine Ordnung des Sehens, Sprechens und Hörens, in der die Stimmen mancher Personen als be-deutungsvoll wahrgenommen werden, während die Stimmen anderer – jener, die in die Nähe von Schmutz und Müll gestellt werden – als belanglos gelten. Es ist zwar eine Zuschreibung – *out of place* zu sein, „Abfall" zu sein –, diese verhält sich aber, nicht zuletzt aufgrund der sinnlichen Prägnanz des Ekels und des mit dem Ekel Assoziierten, wie ein objektiver, realer Tatbestand. Es ist die Wahr-

---

357 Vgl. Sibley, *Geographies of Exclusion*.
358 S.A. Moore, „The politics of garbage in Oaxaca, Mexico", in: *Society and Natural Resources: An International Journal* 21 (2008); S. 597–610.

nehmung einer objektiven Realität, die wesentlich ist. Es ist eine Einteilung, die Klebrigkeit erzeugt, die anhaftet, die aber auch zu einem Mittel werden kann, mit dem genau jener Ausschluss zum Thema und zu einer öffentlichen Streitsache gemacht werden kann. Gerade deshalb, weil Müll, Schmutz und Exkrete die Ränder von kulturellen Ordnungen markieren, sind diese ausgestoßenen Dinge auch besonders geeignet, um dieselben Ordnungen, aus denen sie *als* Abfall – als verunreinigend und nieder – hervorgehen, zu exponieren.

Die vielseitige subversive Aneignung der Begriffe *Abjektion, Schmutz* und *Abfall* ist dabei ein gutes Beispiel für derartige Formen des Widerstands, die die Exklusion zum Thema machen. Der Begriff kam in feministischen Theorien zum Einsatz, um Formen der Unterdrückung zu beschreiben. Er wurde aber auch in LGBTQ Protesten angeeignet. In ihrem Kampf um Gleichheit und Rechte haben etwa queere Aktivist*innen für sich beansprucht, dass ihre Abjektion aus der Gesellschaft gesehen und anerkannt wird. Vergleichbares gilt für Theorien zur *racial abjection*, etwa jener von Frantz Fanon, der damit den Moment beschreibt, in dem ihm plötzlich klar wird, wie sehr seine eigene Selbstwahrnehmung und die „Geformtheit" seiner Existenz miteinander in Konflikt stehen.[359] Die Abjektion wird zu einer Formel, um die eigene Konstitution und Selbstbeschreibung zu beanspruchen, indem man die fremde Zuschreibung als solche markiert.

Das Leben lässt sich nämlich, wie Rancière schreibt, „niemals auf das ‚nackte Leben', auf die reine biologische Notwendigkeit, reduzieren. Es lässt sich auch nicht in Notwendigkeiten und Nebensächlichkeiten unterteilen."[360] So, wie es niemals ein nacktes Leben gibt, so gibt es auch keinen Abfall, der nur das eine bezeugt oder verheißt. Vielmehr enthält der Abfall immer Hinweise und Anfangspunkte und Verdichtungen. Die Aufteilung in Abfall und wertvolle Ressource, in „Trash" und Kunst, in abjekthafte und zugehörige Teile der Gemeinschaft, ist immer eine Achse, die widerlegt, angegriffen und herausgefordert wird. *Bodies cannot be contained* – allen noch so gründlichen Bemühungen zum Trotz, genau dies zu tun.

---

359 Fanon, *Black Skin, White Masks*, S. 111.
360 Rancière, „Die Arbeit des Bildes", S. 18.

Teil II: **Eigensinnigkeiten des Mülls**

„Garbage has a stubborn ontological persistence that I had never fully appreciated until the first day I worked with a crew", schreibt die Anthropologin Robin Nagle in *Picking Up: On the Streets with the New York Sanitation Department* (2013).[361] Nagle hat die Arbeit der New Yorker Müllabfuhr begleitet bis sie schließlich selber am Steuer der Mülltransporter saß. Schon nach kurzer Zeit stellt sie fest: Müll ist buchstäblich eine *schwere* Angelegenheit. Das Heben und Tragen von Abfallsäcken ist nicht nur anstrengend und erschöpfend, es ist auch gefährlich. „Garbage is extremely heavy, and I had no idea how to move it without doing myself harm."[362] Für einen *sanitation worker* in New York City ist die Unfallgefahr und die Wahrscheinlichkeit, tödlich im Beruf zu verunglücken, höher als für Beschäftigte von Feuerwehr und Polizei.[363]

Täglich fallen zahllose Verpackungen, leere Flaschen, Plastikbecher, Haushalts- und Technikgeräte aus ihrem Gebrauchszusammenhang und sinken als Müll hinab in die Papierkörbe, Mülltonnen und Plastiksäcke dieser Welt – oder sie landen auf dem Gehweg, dem Hof, der Straße oder am Waldrand. Sie sind dann nur noch als störender und unangenehmer Müll wahrnehmbar. Die Dinge, die beseitigt werden, und die an die Ränder des Sichtbaren und Hörbaren gedrängt werden, lösen sich aber nicht auf, nur weil sie nicht länger erwünscht sind. Die Topografie des Mülls – die räumlichen Aufteilungen und Zuteilungen in saubere und schmutzige, müllfreie und toxische Zonen – lässt sich als politische Frage konturieren. Sie lässt sich als eine „Aufteilung des Sinnlichen" verstehen. Mit dieser Formulierung weist Jacques Rancière auf die soziale und kulturelle Organisation der Wahrnehmung hin, die politischen Entscheidungen und Strukturen vorausgeht.

Seit Beginn der Abfallwirtschaft ist Müll Teil einer ebenso realen wie symbolischen Ordnung, die Menschen, Räume, Stadtviertel und Zonen einteilt in diejenigen, die Anteil haben an den Infrastrukturen der Moderne, und diejenigen, die davon ausgeschlossen sind. Aber dieselben Dinge, die zu Müll werden, können auch zum Einsatz kommen in einem Aufbegehren gegen ebendiese Ordnung und damit eine Bühne der Sichtbarmachung und Herausforderung solcher Ordnungen eröffnen. Aufgrund ihrer ungefügigen Qualität können Abfälle zu Komplizen werden für jene, die aus einer symbolischen oder ökonomischen Ordnung herausfallen.

In diesem Kapitel geht es um solche widerständigen Momente, die in Verbindung mit Abfall als Materie und Denkfigur eintreten. Im Zentrum stehen For-

---

361 Nagle, *Picking Up*, S. 49.
362 Ebd.
363 Vgl. ebd.

men der Subjektivierung und der Emanzipation, die in Komplizenschaft mit dem Überflüssigen, dem Weggeworfenen und vermeintlich Wertlosen entstehen. Es geht insbesondere um die Frage, inwiefern eine „abweichende" Interaktion mit Müll die symbolische Ordnung des Sozialen unterbricht, sei es für einen kurzen Augenblick, sei es längerfristig. Dabei werden unterschiedliche Formen der Abweichung mit Bezug auf Schauplätze des Mülls diskutiert. Es geht auch um die Frage nach der Verteilung von Ressourcen, um die beanspruchte Zugehörigkeit, die sich im Umgang mit der (Un-)Sichtbarmachung von Müll entfaltet. Im Zentrum steht eine Perspektive auf den Müll durch die Denkfigur des Eigensinnigen. Es geht um die widerständigen Momente, die marginalisierte Individuen oder Gruppen gewissermaßen „in Zusammenarbeit" mit Müllhaufen, Schrott und Abfall entfalten und ausagieren.

Die Vorstellung einer objektiven Realität und einer symbolischen Aufteilung der Welt gerät zum Beispiel dann ins Wanken, wenn die Dinge nicht das tun, was sie sollen, wenn sie nicht an ihrem angestammten Ort bleiben, oder wenn Menschen Dinge tun, zu denen sie der allgemeinen Auffassung nach nicht in der Lage sind. Mit Bezug auf Sara Ahmeds Analyse von *willful subjects* in ihrem gleichnamigen Buch soll die Figur des *Eigensinnigen* als eine spezifische Form des politischen Dissenses – der Unterbrechung einer polizeilichen Logik – erkundet werden. Anschließend geht es um Momentaufnahmen von „eigensinnige Allianzen" zwischen Menschen und Müll.

Einleitung: Politik des Eigensinns

Es war einmal ein Kind eigensinnig und tat nicht, was seine Mutter haben wollte. Darum hatte der liebe Gott kein Wohlgefallen an ihm und ließ es krank werden, und kein Arzt konnte ihm helfen, und in kurzem lag es auf dem Totenbettchen. Als es nun ins Grab versenkt und die Erde über es hingedeckt war, so kam auf einmal sein Ärmchen wieder hervor und reichte in die Höhe, und wenn sie es hineinlegten und frische Erde darüber taten, so half das nicht, und das Ärmchen kam immer wieder heraus. Da mußte die Mutter selbst zum Grabe gehen und mit der Rute aufs Ärmchen schlagen, und wie sie das getan hatte, zog es sich hinein, und das Kind hatte nun erst Ruhe unter der Erde.[364]

Brüder Grimm, Das Eigensinnige Kind

Diese grausame Erzählung der Gebrüder Grimm figuriert in Sara Ahmeds *Willful Subjects* als eine Parabel über Herrschaft und Widerstand. Das eigensinnige Kind, das seiner Mutter nicht gehorcht, erweist sich in Ahmeds Lesart als eine Denkfigur des Politischen. Jene, die dem Kind als Autoritäten gegenübertreten – Mutter, Priester und Gott – beanspruchen für sich, wie Ahmed feststellt, das Recht, einen Wunsch in einen Befehl zu transformieren. Eigensinnigkeit ist dann die „Diagnose", die dem Kind attestiert wird, das nicht auf richtige Weise handelt oder nicht die richtigen Dinge will.[365] Diese sture Eigensinnigkeit währt selbst nach dem Tod des Kindes fort, als somatischer Impuls im Ärmchen des Kindes: Immer wieder schießt das Ärmchen aus der Grabstäte hervor und manifestiert eine eigene Lebendigkeit, ein zombiehaftes Nachleben. „The arm inherits the willfulness of the child insofar as it will not be kept down, insofar as it keeps coming up, acquiring a life of its own."[366] Das Ärmchen taucht als Instrument des Widerstands auf; es erbt die Auflehnung des Kindes, das sich seinem Schicksal nicht fügen und nicht an seinem Platz bleiben will.

So wie der aus dem Grab emporschießende Arm in dieser Szene eine Verkörperung des Ungehorsams ist, agiert die Rute als das Instrument der Herrschaft. Sie nimmt in der Erzählung eine entscheidende Rolle ein:

The rod could be thought of as an embodiment of will, of will given the form of a command. And yet, the rod does not appear under the sign of willfulness; it becomes instead an instrument for its elimination. One form of will seems to involve the rendering of other wills as willful. [367]

---

364 Brüder Grimm, „Das eigensinnige Kind", in: *Kinder- und Hausmärchen* (Erstfassung 1819). München: Artemis & Winkler Verlag, 1949/1988, S. 564.

365 Sara Ahmed, *Willful Subjects*. Durham, NC: Duke University Press, 2014, S. 1.

366 Ebd.

367 Ebd., S. 2.

https://doi.org/10.1515/9783110613360-008

Die Rute taucht also nicht einfach als Zeichen eines autoritären Willens auf, sondern als das Mittel, mit dem man einen Willen bändigt und beseitigt. Die Rute erweist sich als eine Erweiterung des Befehls, zu gehorchen – ähnlich wie die Peitsche fungiert sie als eine Technik der Unterwerfung. Der Rute kommt die Aufgabe zu, die Herrschaftsbeziehungen zugleich vorauszusetzen und zu bestätigen.

Das eigensinnige Kind ist eine Erzählung mit einer pädagogischen Funktion. Die titelgebende Feststellung – das Kind sei „eigensinnig" – manifestiert und bekräftigt die Annahme, dass nicht alle Wünsche von gleicher Qualität sind. Die Zuschreibung festigt und belehrt zugleich über eine Unterscheidung zwischen zwei Vollzügen – ein Wille einerseits und ein Befehl andererseits –, die ansonsten allzu verwechselbar wären. Die sozialen Positionen, die des Kindes und die der Autoritäten, legen die Art fest, wie die jeweiligen Willensbekundungen zu hören sind. Die Wahrnehmung selbst wird – in diesem Fall mittels des Refrains der Märchenerzählung – einer Strukturierung, einer Lehre unterzogen. So wie Rancière in seiner Analyse von politischen Philosophien eine Aufteilung der Sprache ermittelt – in die Stimme, die auf der einen Seite Zeichen von Logos ist, und der Stimme, die auf der anderen Seite Anzeichen bloßen Lärms ist –, erfährt in Ahmeds Analyse die Bekundung eines Willens eine Aufteilung. Im Kern der Geschichte vom eigensinnigen Kind steht eine Anweisung: „it teaches us to read the distinction between will and willfulness as a grammar, as a way of ordering human experience, as a way of disrupting moral worth."[368]

Der *Duden* definiert *Eigensinn* als „hartnäckiges Beharren auf einer Meinung [...] [oder] Absicht".[369] Und das *Grimmsche Wörterbuch*, erschienen 1854, führt *Eigensinn* und *Eigensinnig* in eigentümlicher Nachbarschaft an zu Eigenmacht und eigenmächtig.[370] Eigensinnig bedeutet hier „animus difficilis, obstinatus" (ein schwieriger, störrischer Geist) oder „difficilis homo" (ein schwieriger Mensch).[371] Es bleibt aber unklar, worin das Schwierige besteht. *Meyers Konversations-Lexikon* von 1888 beschreibt Eigensinnigkeit noch konkreter im Sinne einer Abweichung von den Regeln der Vernünftigkeit und Mäßigkeit. Eine Person ist demnach eigensinnig, wenn sie entgegen besserer Argumente am eigenen

---

368 Ahmed, *Willful Subjects*, S. 2.
369 „Eigensinn, der", in: *Duden*, zitiert nach: http://www.duden.de/rechtschreibung/Eigensinn (30.01.2020).
370 Stichwort „Eigensinn", in: DWB (Deutsches Wörterbuch von Jacob und Wilhelm Grimm), 16 Bde. In 32 Teilbänden, Leipzig 1854–1961, Quellenverzeichnis Leipzig 1971, zitiert nach: http://woerterbuchnetz.de/cgi-bin/WBNetz/wbgui_py?sigle=DWB&mode=Vernetzung&hitlist=&pat ternlist=&lemid=GE01222 (30.01.2020)
371 Ebd.

Standpunkt festhält: „Eigensinn, das hartnäckige Beharren bei einer Meinung oder einem Streben, trotzdem, daß durch einleuchtende Gründe das Irrige und Verkehrte derselben nachgewiesen ist, aus keinem andern Grund, als weil es die oder das eigne ist."[372] Die Definition des englischen *will-fullness* hingegen legt den Fokus stärker auf die Abweichung aus einer *affektiven* Ordnung. Es geht hier weniger um das Beharren auf einem Standpunkt als um das Beharren auf einem Willen oder einem Bedürfnis. Unter *Willful* versteht das *OED* „having or showing a stubborn and determined intention to do as one wants, regardless of the consequences or effects".[373] Beide Bezeichnungen beschreiben eine Differenz gegenüber der allgemeinen Ordnung des Fühlens, des Denkens und des Seins. Das englische *Willfulness* ebenso wie die deutsche Bezeichnung *Eigensinnigkeit* figurieren als spezifische Weisen, um Verstöße gegen nicht weiter spezifizierte Maßstäbe der Vernunft und der angemessenen Verhaltensweisen zu markieren: „the ways in which someone becomes described as willful insofar as they will too much, or too little, or in the wrong way." [374] Die Diagnose „Eigensinnigkeit" bzw. *willfulness*, die Personen, Gruppen oder auch Dingen durch ein solches Verdikt zuteilwird, bringt eine Einteilung der Welt hervor in Verhaltensweisen, Gefühle und Positionen, die angemessen und legitim sind, und in solche, die lediglich als Zeichen von Widerspenstigkeit und Ungehorsam gelesen werden.

Wenn Rancière das emanzipative Moment von Freiheit und Gleichheit anhand einer einfachen Szene erläutert – anstatt sich auf die Arbeit zu konzentrieren, die er vor sich hat, lässt ein Arbeiter verträumt und zweckfrei seinen Blick herumschweifen –, dann manifestiert sich darin auch eine Abweichung von einer Ordnung, die vorgibt, welche geistigen, affektiven und körperlichen Tätigkeiten angemessen und welche unangemessen sind. Der Arbeiter befindet sich in einer sozialen Situation, die ihm vorschreibt, wie er seinen Körper zu gebrauchen hat, welche Funktion seine Hände haben, und wohin seine Augen zu blicken haben. Indem er seine Aufmerksamkeit von der Arbeit ablenkt, und sich seinen Gedanken und Wahrnehmungen hingibt, bricht er mit einer stillschweigenden Aufteilung des Sinnlichen. Er bricht mit der Kohärenz der sinnlichen Ordnung, die subjektive Erlebnisse an Aufgaben und Tätigkeiten und an soziale Positionen bindet. Das schlichte Herumschweifen des Blickes, die geistige Regung, die die Gesichtszüge des Arbeiters verraten, stellt in Rancières theoretischem Gerüst einen kritischen Moment der politischen Emanzipation dar. Selbst in der minimalen

---

372 Meyers Konversationslexikon, 4. Aufl., Leipzig/Wien, 1885–1892, 5. Bd., S. 374, zitiert nach: http://www.retrobibliothek.de/retrobib/seite.html?id=104774 (30.01.2020).
373 Stichwort „Willful", in: English Oxford Dictionaries, zitiert nach: https://en.oxforddictionari es.com/definition/us/willful (30.01.2020).
374 Ahmed, *Willful Subjects*, 3.

Abweichung vom vorgesehenen Wahrnehmungs- und Tätigkeitsregime liegt eine Missachtung der Befehle, ein Verstoß gegen eine unausgesprochene Einrichtung der Wirklichkeit.[375] Der Abstand zur sozialen Zuweisung „Arbeiter", die sich in diesem herumschweifenden Blick manifestiert, ist demnach ein Akt der Loslösung von den Ordnungen des Sozialen, die jeder und jedem vorschreiben, wie man sich zu verhalten, wie man seinen Körper zu gebrauchen und auf was man seine Aufmerksamkeit zu richten hat. „Dabei ist die Unangemessenheit entscheidend", wie Ines Kleesattel über diese Szene bemerkt, denn es sei nicht „der reine Blick selbst", der für Rancière einen widerständigen Akt begründet, „sondern dessen Einsatz zur falschen Zeit am falschen Ort von den falschen Personen".[376] Gerade deshalb, weil der vermeintlich reine, zweckfreie Blick von einer Person getätigt wird, die es sich nicht „leisten" kann, zweckfrei umherzublicken, deren Existenz auf Zwänge und Nöte reduziert wird, stellt dieser umherschweifende Blick einen emanzipatorischen Akt, und damit eine Erscheinungsform von Politik dar.

Für diese Differenz zur zugewiesenen Identität – ein Abstand, der figurativ wie auch konkret räumlich gemeint ist – wählt Rancière die Bezeichnung *Subjektivierung*. „Die Politik ist Sache der Subjekte oder vielmehr der Subjektivierungsweisen".[377] Subjektivierung ist demnach der Modus, in dem politische Prozesse sich als solche konstituieren. „Jede politische Subjektivierung ist die Demonstration eines Abstandes".[378] Worin aber besteht Subjektivierung? „Subjektivierung" taucht in Rancières Politikverständnis als ein Prozess der Infragestellung und der Desidentifikation mit den Kategorien einer bestehenden Ordnung auf. Subjektivierung ist der politische Prozess, in dem sich diejenigen artikulieren, denen die Fähigkeit zu Sprechen aberkannt wird oder deren Existenz als Kollektiv geleugnet wird.

> Eine politische Subjektivierung ordnet das Erfahrungsfeld neu, das jedem seine Identität mit seinem Anteil gab. Sie löst und stellt die Verhältnisse zwischen den Weisen des Tuns, den Weisen des *Seins* und den Weisen des *Sagens* neu zusammen, die die sinnliche Organisation der Gemeinschaft, die Verhältnisse zwischen den Räumen, wo man eines macht, und denen, wo man anderes macht, die an dieses *Tun* geknüpften Fähigkeiten und jene, die für ein anderes benötigt werden, bestimmen.[379]

---

375 Jacques Rancière, *Der emanzipierte Zuschauer*. Wien: Passagen Verlag, 2008, S. 75.
376 Ines Kleesattel, „Ästhetische Distanz. Kritik des unverständlichen Kunstwerks" in: Jens Kastner / Ruth Sonderegger (Hrsg.). *Pierre Bourdieu und Jacques Rancière. Emanzipatorische Praxis denken*. Wien: Turia+Kant, 2014, S. 63 – 93; S. 9.
377 Rancière, *Das Unvernehmen*, S. 48.
378 Ebd.
379 Ebd., S. 52 (Hervorhebung im Original).

Rancière gründet sein Verständnis von Subjektivierung auf eine Annahme, die auch in den politischen Subjekttheorien von Foucault und Butler zentral ist: der Tatsache, dass Subjekte sozialen und politischen Ordnungen nicht vorausgehen, sondern dass sie im Rahmen dieser Ordnungen infolge machtgewirkter Positions- und Identitätszuweisungen erst hervorgebracht werden. Rancière beschreibt in einem Interview, inwiefern er mit seinem Begriff der Subjektivierung versucht, „das Verhältnis zwischen Identität und Befähigung" neu zu denken. Subjektivierung bedeutet für ihn „Entidentifizierung"; es ist eine Absage an „die starre Korrelation zwischen Identität und Kapazität".[380] Sein Ziel sei, „Subjektivierung unabhängig von Subjektivation als Unterwerfung zu denken."[381] Zwar denken Foucault und Butler, wie Oliver Flügel-Martinsen feststellt, Subjektivierungsprozesse ebenfalls „keineswegs nur von der Seite der Unterwerfung, sondern auch von der Seite des Widerstands aus".[382] Die widerständigen Prozesse von Subjektbildung erhalten aber besondere Betonung in Rancières Schriften. Für ihn ist Subjektivierung zwingend als Form des Aufbegehrens, als grundlegender Akt der Auflehnung gegen eine bestehende Ordnung des Sozialen zu denken.[383]

Subjektivierung bedeutet somit die Fabrikation einer *eigenen* Subjektposition als direkte Folge einer Desidentifikation mit der sozialen Zuweisung. Es beschreibt eine Loslösung von der polizeilichen Aufteilung des Sinnlichen – dem „Monopol des Realen", das bekundet, dass die Tätigkeiten, die man ausübt, mit einem Besitz, oder Mangel, bestimmter Attribute und Fähigkeiten einhergehen. Subjektivierung ist somit jener Modus, in dem ein Bruch entsteht mit der Annahme, dass die Dinge nur so sein können, wie sie gerade sind. Subjektiv bedeutet hier, wie Rancière betont, nicht das Gegenteil von universell, sondern von *objektiv* – es ist eine Auflehnung gegen die Grenzen des Möglichen und die angeblich unabweisbaren Realitäten.

Hinter diesem Verständnis steht ein anderer zentraler Begriff, der für Rancière politische Vorgänge in direktem Gegensatz zu sogenannten polizeilichen Vorgängen konstituiert: das Prinzip der Gleichheit. Im Kern steht dabei die Frage: „Von welchen Dingen gibt es Gleichheit und von welchen nicht, zwischen wem

380 Thomas Claviez / Dietmar Wetzel, „Interview mit Jacques Rancière", in: dies. (Hrsg.), *Zur Aktualität von Jacques Rancière. Einleitung in sein Werk.* Wiesbaden: Springer VS, 2016, S. 153–170; S. 163.
381 Ebd.
382 Oliver Flügel-Martinsen, *Befragungen des Politischen. Subjektkonstitution – Gesellschaftsordnung – Radikale Demokratie.* Wiesbaden: Springer Fachmedien, 2017, S. 233.
383 Ebd.

und wem?"[384] Dass diese Fragen und Verhältnisse nicht selbstverständlich sind, zeigt sich in folgendem Satz von Hannah Arendt:

> Gleichheit ist uns nicht gegeben, sondern wird durch eine vom Prinzip der Gerechtigkeit abgeleitete menschliche Organisation produziert. Als Gleiche sind wir nicht geboren, Gleiche werden wir als Mitglieder einer Gruppe erst Kraft unserer Entscheidung, uns gegenseitig gleiche Rechte zu garantieren.[385]

Arendt reflektiert hier die Notwendigkeit von Staatsbürgerschaft und weist auf die Grenzen der politischen Tragweite von Menschenrechten hin. Denn jene, die auf ihr bloßes Menschsein zurückgeworfen wurden, „[d]ie Überlebenden der Vernichtungslager, die Insassen der Konzentrations- und Internierungslager, ja selbst noch die verhältnismäßig glücklichen Staatenlosen" mussten selber erleben, „dass die abstrakte Nacktheit ihres Nichts-als-Mensch-Seins ihre größte Gefahr war."[386] Sobald der Staat das Recht seiner Bürger*innen nicht mehr gewährleistet oder ihnen ihre Staatsbürgerschaft entzieht, fallen die Menschen demnach aus allen rechtlichen Bezügen heraus. Denn im Privaten, jenseits der öffentlichen Sphäre und des rechtlichen Rahmens der Staatsbürgerschaft, lassen sich Menschen nicht als „Gleiche" konstituieren. Das Private ist für Arendt der Ort der Verschiedenheiten und somit der Ungleichheit: „[D]ie öffentliche Sphäre ist auf das Gesetz der Gleichheit ebenso fest gegründet, wie die private auf das Gesetz der Verschiedenheiten und Unterscheidung."[387]

In seinem Aufsatz *Wer ist das Subjekt der Menschenrechte?* problematisiert Rancière die Thesen der Philosophin zur Bedeutung von Staatsbürgerschaft und Menschenrechten. „Freiheit und Gleichheit [sind] keine Eigenschaften bestimmter Subjekte" notiert Rancière. Politische Eigenschaften seien vielmehr als „offene Eigenschaften" zu verstehen, denn „sie eröffnen einen Streit darüber, was sie genau zur Folge haben und wen sie in welchen Fällen betreffen."[388] Die entscheidende Frage sei, wie man die Grenzen zieht. Für Arendt beispielsweise verläuft die Grenze zwischen dem privaten und dem öffentlichen Leben.

Während Arendt Politik als das Zusammentreffen unter Gleichen auf einer öffentlichen Bühne verortet, und Menschen ihre politische Bestimmung und

---

384 Rancière, *Das Unvernehmen*, S. 9.
385 Hannah Arendt, „Es gibt nur ein einziges Menschenrecht", in: Christoph Menke / Francesca Raimondi (Hrsg.), *Die Revolution der Menschenrechte. Grundlegende Texte zu einem neuen Begriff des Politischen.* Berlin: Suhrkamp, 2011, S. 394–410; S. 404.
386 Ebd., S. 403.
387 Ebd., S. 404.
388 Rancière, „Wer ist das Subjekt der Menschenrechte", in: Menke / Raimondi (Hrsg.), *Die Revolution der Menschenrechte*, S. 474–490; S. 483.

Menschlichkeit in einer Sphäre der Öffentlichkeit erlangen, ist für Rancière das Politische eine Bühne, auf der jene, denen die Fähigkeit zu sprechen untersagt wird, sich Gehör verschaffen. Es handelt sich dabei nicht um eine Form des Lebens, um die Manifestation eines *zoe* in Kontrast zum *bios*, Ökonomie versus Politik. Vielmehr ist der *Mensch* für Rancière ein Name, eine Variable, die verwendet wird, um eine grundlegende Gleichheit zu beanspruchen. „Mensch" ist insofern keine deskriptive Bezeichnung, sondern ein Titel, der den Auftakt zu einem Streit markiert. Während das alltägliche Leben und die materielle Basis, wie Nahrung, Kleidung, Schutz und dergleichen für Arendt lebensnotwendige Grundvoraussetzungen sind, die aber noch keine politische Existenz begründen, rücken mit der Formulierung einer „Aufteilung des Sinnlichen" Formen des politischen Protestes in den Fokus, die weder an bestimmte Orte, noch an irgendwelche sozialen Voraussetzungen gebunden sind.

Politische Emanzipation besteht dann darin, dass man auf die eine oder andere Weise so fühlt und handelt, als besitze man schon immer die Rechte und Fähigkeiten, die einem nach offizieller Maßgabe abgesprochen werden. „Ein Dissens ist kein Interessens-, Meinungs- oder Wertekonflikt, sondern eine Teilung im Gemeinsinn: ein Streit darüber, was gegeben ist, und über den Rahmen, in dem wir etwas als gegeben wahrnehmen."[389] Diese offene Bestimmung von Politik und Menschenrechten als grundlegendes Streitgeschehen führt Rancière aus, in dem er sich auf die Frauen, die in der französischen Revolution zum Tode verurteilt wurden, bezieht. Ihnen wurden zwar keine Menschenrechte zugeschrieben, „sie waren angeblich Teil des privaten, häuslichen Lebens", und daher keine politischen Bürgerinnen. Aber wenn sie in ihrem „nackten Leben", das zum Tod verurteilt wurde, „unter der Guillotine den Männern und Menschen" gleich waren, so mussten sie es doch auch im Leben sein.[390] „Sie handelten als Subjekte, die die Rechte, die sie hatten, nicht hatten, und die Rechte hatten, die sie nicht hatten."[391] Politische Widerständigkeit gründet somit auf einer Figur des Überschüssigen, auf Verrichtungen, Fähigkeiten und Impulsen, die *strukturell absent* sind.[392]

Mit Blick auf das Prinzip der Gleichheit ergibt sich daraus, dass Gleichheit nicht erst verliehen wird, sondern dass sie von vornherein gegeben ist. Und es ist gerade die Zurschaustellung und Inszenierung dieser Gleichheit, die den Dissens und die Emanzipation ausmachen. Dass Gleichheit „gegeben" ist, ist dabei keine empirische Feststellung, sondern eine philosophische. Dahinter steht nicht die Annahme, dass alle Menschen gleich sind. Der Punkt ist vielmehr, dass alle

---

389 Rancière, „Wer ist das Subjekt der Menschenrechte", S. 483.
390 Ebd., S. 482 f.
391 Ebd., S. 483.
392 Ebd., S. 484.

Menschen in gewissen Situationen von den gleichen Möglichkeiten des Denkens und Handelns Gebrauch machen können. Diese Perspektive auf politischen Widerstand erlaubt es, auch affektive Formen der Auflehnung und historisch unsichtbare oder nicht registrierte Resistenzen und Widerständigkeiten in den Blick zu nehmen und als Manifestationen des Politischen zu verstehen.

Sich auf Aristoteles Schriften zur Politik stützend, zeichnet Rancière nach, inwiefern jede Instanziierung einer Herrschaft des einen über den anderen auf einer vorangehenden Annahme von Gleichheit gründet. Jede soziale Ordnung, so argumentiert Rancière, sei zwar hierarchisch strukturiert, gründe aber auf einer fundamentalen Gleichheit.[393] So setzt auch die *Master-slave*-Beziehung ihrem Wesen nach eine Form von Gleichheit voraus, und zwar die Gleichheit des Verstandes bzw. des Verstehens. Einen Befehl zu erteilen ist nur möglich, wenn angenommen wird, dass die untergebene Person in der Lage ist, auf dieselbe Weise von ihrer Intelligenz und Sprache Gebrauch zu machen, wie es derjenige tut, der den Befehl erteilt. Das Gemeinsame, die Fähigkeit des Denkens und Verstehens, sowie der Anteil an der Sprache wird aber unterteilt in zwei Weisen, um daran teilzuhaben: in das Verstehen von *Sachverhalten* und in das Verstehen von *Befehlen*. Anders gesagt: Das Verstehen wird zweigeteilt in eine höhere, geistige Tätigkeit und in eine niedere, bloß körperliche oder ausführende Tätigkeit. Politische Momente, so Rancière, bringen diese unterschwellige Gleichheit an die Oberfläche; das heißt, sie führen auch den angeblichen Widerspruch zwischen geistiger und manueller Arbeit als Lüge vor. Der Raum des Politischen entsteht durch die Bildung einer Gruppe von Anteilslosen, die ihren Anteil fordern.

Emanzipation, folgert Rancière, besteht also gerade darin, dass man die Rechte hat, die man nicht hat. Das heißt, dass man gerade das tut, wozu man „offiziell" nicht in der Lage ist, dass man also zu dem fähig ist, was die Ordnung nicht zulässt oder vorsieht. Gleichheit wird nicht innerhalb einer bestehenden symbolischen Ordnung verliehen, sondern sie stellt immer die Grenzen dieser Ordnung in Frage. Emanzipation ist in diesem Verständnis des Politischen *räumlich* gedacht: Sie betrifft die Abgrenzungen, Trennlinien und Bereiche des Gemeinsamens, die Räume und die Abstände zu den sozialen Zuweisungen, Rollen und Aufgaben.

Materielle Dinge und Objekte spielen dabei insofern eine Rolle, als mit ihnen Möglichkeiten des Handelns verbunden sind. So notiert Rancière in seinem Vorwort zum Ausstellungskatalog *MenschenDinge / The Human Aspect of Objects* von Esther Shalev-Gerz über die ausgestellten Objekte, die Funde aus Konzentrationslagern sind: „Kochgeschirre oder Armbänder, Kämme, Hausschuhe oder

---

393 Rancière, *Das Unvernehmen*, S. 9.

Ringe. Diese Dinge sind da, um von jenen zu sprechen, die zwischen 1937 und 1945 dort gelebt haben und dort gestorben sind; sie sind dort an ihrem Platz, um, so scheint es, ihre Geschichte zu repräsentieren."[394] Die Objekte, die ausgestellt wurden, wurden ausgewählt, weil sie von den Gefangenen angefertigt oder modifiziert worden sind, um den unmenschlichen Bedingungen in den Lagern entgegenzuwirken. Videoinstallationen stellen vor, was die Kurator*innen und Museumsmitarbeiter*innen unter den Dingen verstehen, was sie mit ihnen – professionell oder persönlich – verbinden, wie sie sie auslegen. Rancière stellt fest: „Die Objekte zeugen hier nicht von einer Bedingung; sie belehren uns nicht darüber, wie Menschen gelebt haben, sondern über das, was sie gemacht haben."[395] Diese Dinge seien „stumme Zeugen", die sich den offiziellen Diskursen entgegenstellen können.

Die Nutzungspraktiken, von denen die ausgestellten Objekte zeugen, stellen Formen des Widerstands und der kritischen Subversion dar. Unter den ausgestellten Objekten ist auch eine kaputte Zahnbürste, die jemand repariert hat, indem er die Bürste mit einem Aluminiumgriff befestigt hat. Über diesen Fund schreibt Rancière: „Derjenige, der das tat, hätte am Morgen danach sterben können, und dennoch legte er Wert darauf, sich mit einem geeigneten Instrument die Zähne zu putzen."[396]

Im Mittelpunkt dieses Politikverständnisses stehen die grundlegenden, sozial vermittelten Formen der sinnlichen Erfahrung. Also: Wer oder was ist in der sinnlichen Erfahrung gegeben, oder: Wer oder was hat Anteil am Sinnlichen, das erfahrbar ist? Diese Frage impliziert die Frage nach einem Regime von sinnlichen Evidenzen, das heißt, von Selbstverständlichkeiten der Wahrnehmung, die zugleich die Existenz eines Gemeinsamen und die exklusiven Teile, die Unter- oder Aufteilungen dieses Gemeinsamen bestimmen. Die Objekte bezeugen die Praktiken und Formen der Resistenz, die denjenigen, die sie gebrauchten, zur Verfügung standen. „Sie attestieren also eine Fähigkeit, die eben derselben Ordnung angehört wie diejenige, die sich in anderen Installationen attestiert, in der angewendeten Sprache oder den aufmerksamen Gesichtern der Anonymen."[397]

In Sara Ahmeds Analyse der Eigensinnigkeit als politischer Qualität nimmt die konkrete Physikalität von Objekten ebenfalls eine explizite Rolle ein. Dabei geht es nicht nur darum, dass gewisse Dinge eine hierarchische Ordnung in

---

394 Jacques Rancière, „Die Arbeit des Bildes", in: Esther Shalev-Gerz (Hrsg.), *MenschenDinge / The Human Aspect of Objects*. Weimar: Stiftung Gedenkstätten Buchenwald und Mittelbau-Dora, 2006, S. 8–25; S. 8.
395 Ebd.
396 Ebd., S. 17.
397 Ebd.

sich tragen, wie beispielsweise die Peitsche oder die Rute, die ein Herrschafts-
verhältnis kennzeichnen, oder die Fesseln, mit denen Menschen zur Arbeit ge-
zwungen werden. Es ist auch die Art, wie sich Dinge verhalten, oder wie sie benutzt werden, die zu einer Frage des Politischen werden kann. Die
Widerständigkeit von Objekten kommt dabei in Form einer Verschiebung von
sozialen Positionen und Rollen zum Ausdruck.

Als eigensinnig zu gelten, heißt gemäß Ahmed, zu einem Problem zu werden.
Es geht einher mit der Verweigerung, einen vorgesehenen Platz in der Ordnung
des Sozialen, auch in der affektiven Ordnung von Glück, einzunehmen. Das heißt,
Eigensinnigkeit äußert sich in der Positionierung in Räumen, im Umgang mit
Objekten, sowie in der Handhabung des eigenen Körpers. Überall in diesen Formen und Praktiken des Materiellen, im Umgang mit Objekten, können sich Formen des Widerstands manifestieren. Diesen Zusammenhang ontologisch gene-
ralisierend, schreibt Jane Bennett über die Kraft von Dingen, eine Abweichung
zu artikulieren: „A certain willfulness or at least quirkiness and mobility – ‚the
swerve' – is located in the very heart of matter, and thus dispersed throughout the
universe as an attribute of all things, human or otherwise."[398] Eigensinnigkeit
beschreibt so gesehen schon immer ein Verhältnis, das Dinge und Menschen
gleichermaßen involviert.

Was heißt es, dass Dinge eigensinnig oder widerständig sind? Wie können
Objekte als Instrumente des eigensinnigen Denkens fungieren? Wie Ahmed dar-
legt, beschreibt Eigensinnigkeit in Grimms Märchen weniger ein menschliches
Subjekt, als vielmehr die grundsätzliche Abweichung von einer Ordnung, die
immer schon als Möglichkeit im Willen angelegt ist. Dieser Möglichkeit der Abweichung, der Pervertierung von „vernünftigem" Wollen und Handeln, erhält die
Bezeichnung Eigensinn. „Willfulness is the word used to describe the perverse
potential of will and to contain that perversity in a figure."[399] Dabei sind „willful
objects", Objekte und Artefakte, in Szenen der Herrschaft unmittelbar verwickelt,
ebenso wie in Momenten der Infragestellung von sozialen Ordnungen. Eigensinnigkeit bezieht sich nicht ausschließlich auf die Tätigkeit von menschlichen
Subjekten, sondern sie geht einher mit spezifischen Artefakten, Objekten und
Gegenständen, die der Performanz und Inszenierung des Eigensinns dienen.

Eigensinnigkeit taucht in Ahmeds Analyse als eine politische Form von Dissens auf, in der Affektivität und Materialität zusammenfallen. Das schlichte Bewahren des eigenen Willens ist dabei schon ein Zeichen von Auflehnung und

---

[398] Jane Bennett, *The Enchantment of Modern Life: Attachments, Crossings, and Ethics.* Princeton, NJ: Princeton University Press, 2001, S. 81.
[399] Ahmed, *Willful Subjects*, S. 12.

Widerstand. „Mere persistence can be an act of disobedience."[400] Ungehorsam und Dissens kommen im Märchen vom eigensinnigen Kind in der Form des Arms zum Ausdruck, der immer wieder aus der Erde herausschnellt. Entsprechend aber manifestieren Dinge, die nicht tun, was sie sollen, einen elementaren Dissens; ebenso Körper, die nicht gehorchen; Augen, die nicht dahin blicken, wo sie hinblicken sollen; Geräte und Apparate, die stillstehen oder die ihre Funktion, ihre Aufgabe, ihren Existenzgrund verloren haben. Und so landen wir bei Dingen, die entsorgt wurden, aber nicht aufhören zu existieren, nicht aufhören, zu sein und somit auffallen – Dinge, die sich zum Beispiel auf einer Müllhalde einfinden.

Die Abweichung – von einer Linie, einer Ordnung, einer Geraden – hat dabei ein ganz bestimmtes Potential des Widerstands. Es ist die Fähigkeit, nicht „im Einklang zu sein". An dieser Stelle wird, zumindest im deutschen Wort „Einklang", welches das Übereinstimmen als akustischen Vorgang fasst, die Konfiguration der Welt als einer sinnlichen Aufteilung deutlich. Nicht im Einklang zu sein bedeutet, nicht nur von einer visuellen, symbolischen Ordnung abzuweichen, sondern auch im Sinne einer Ordnung des Klangs, eine Störung darzustellen.

Mit Blick auf die Welt des Abfalls macht sich eine akustische Abweichung in ästhetischen Regimes des Mülls zum Beispiel in den Momenten bemerkbar, in denen die Tätigkeiten und Abläufe, die normalerweise nicht sicht- und hörbar sind, in den Vordergrund der Wahrnehmung treten. Theoretisierungen des Mülls deuten auf verschiedene Formen der Störung und des Dissenses hin. Abhandlungen über Abfall als *matter out of place*, als Rest, der sich nicht fügt in das kohärente Bild einer geordneten Wirklichkeit, oder über das Abjekt, durch das, wie Kristeva es beschreibt, die Ordnung bedroht ist, bestehen aus Narrativen des Widerstands. Es geht um Widerstand gegen eine Welt, in der Abfall nicht vorgesehen ist. Im Folgenden werden exemplarisch solche Szenen einer widerständigen Komplizenschaft zwischen Dingen und Menschen ergründet.

Es geht nun um Momente, in denen sich die Einteilung der Welt der Dinge in Objekte einerseits und Abfall andererseits umkehrt. Es sind Momente, in denen das, was „offiziell" Abfall ist, pervertiert wird, und der Müll zu einer Kategorie – und einem Material – des Subversiven wird. So möchte ich im Folgenden anhand dreier Schlaglichter zeigen, wie Abfall als Ort des Widerstands fungiert, der Veräußerungen von unterwanderten Grenzen, objektiven Gültigkeiten und Aufteilungen des Sinnlichen. Deutlich wird der Doppelsinn von Müll: einerseits als schiere und abjekthafte Materie, andererseits wird durch diese abweichenden

---

400 Ebd., S. 2.

Subjektivierungsformen aus dem Müll ein widerständiges Medium – eine Bühne für alternative Inszenierungen der Wirklichkeit.

Im Fokus stehen Komplizenschaften zwischen Dingen, die als schmutzig, eklig, wertlos gelten, die aus einer symbolischen Ordnung herausgefallen sind, die keinen legitimen Ort haben, und jenen Menschen, die diese Aufteilungen und Zuweisungen in ihrem Alltag in Frage stellen. Es geht um Menschen, die den Müll in den Sphären des Häuslichen zu lagern beginnen, so dass sich Müll aufstaut an jenen Orten, die der Müll eigentlich nur passieren sollte. Die Sturheit, die Persistenz, das Weitermachen, das Festhalten an den Dingen auch über ihre Gebrauchsfertigkeit hinaus, lassen sich als Formen des Widerstands lesen. Es geht um Müll, der nicht zu Müll werden will, und um Menschen, die sich der Entsorgungsinfrastruktur und dem sozialen Stoffwechsel mit der Umwelt verweigern, oder die im Abfall einfach nur Trost finden. „When people who understand themselves to be degraded, dispossessed, or abjected by a dominant order adopt and appropriate (sometimes even celebrate) what is otherwise castigated as filth, there is a possibility of revaluing filth while partially preserving its aversiveness."[401]

Die oben angestellten Überlegungen leiten die Analyse folgender drei Thematiken an. Es geht, erstens, um die Figur des Messies, der sich hartnäckig weigert, sich von dem, was andere als Müll wahrnehmen, zu trennen (Kapitel 4). Anschließend geht es um Beschreibungen der Mülldeponie als dem imaginären Jenseits des Hausmülls (Kapitel 5). Die Mülldeponie, so werde ich argumentieren, ist ein Ort, an dem das aus der häuslichen und alltäglichen Sphäre Verdrängte in Form eines un-dokumentierten Archivs ein Nachleben führt. Zugleich werden die Zonen des Mülls zur poetischen Ressource derer, die aus etablierten Ordnungen herausfallen. Schließlich stehen die widerständigen Praktiken von fiktionalen und realen Müllsammlern*innen im Vordergrund. Im Fokus stehen das Nicht-Entsprechen, das Quer-Liegen und die eigensinnigen Bedeutungen, Verwandlungen und Metamorphosen des Abfalls (Kapitel 6). Dabei kommt die ambivalente Bedeutung des Mülls als Sache am falschen Ort, als Zeichen des Lebens, und als unbändiger Rest in den Blick.

---

401 Cohen, „Introduction", in: Cohen / Johnson (Hrsg.). *Filth. Dirt, Disgust, and Modern Life*, S. x.

4 Pathologien des Entsorgens: Diagnose „Messie"

It is clear that between what a man calls *me* and what he simply calls mine the line is difficult to draw. We feel and act about certain things that are ours very much as we feel and act about ourselves.[402]

William James

Nach einem anonymen Anruf am 21. März 1947 macht sich die Polizei in New York City auf den Weg zu einem Haus in der Fifth Avenue 2078 in Harlem. Es ist das Haus von Homer und Langley Collyer – zwei Brüder, die in der Stadt als seltsame Exzentriker bekannt sind. Als die Polizei eintrifft, versperrt ihnen eine Mauer aus alten Zeitungen den Zugang ins Innere des Hauses. Mithilfe der Feuerwehr gelangen die Officer schließlich durch ein Fenster hinein und finden inmitten von Schutt und zahllosen Gegenständen die Leiche von Homer Collyer, der seit seiner Kindheit blind war, und von seinem älteren Bruder Langley versorgt wurde. Über Jahre hinweg sammelte Langley Gegenstände, die das vierstöckige Stadthaus von unten bis oben füllten. Darunter waren alte Zeitungen, leere Dosen, Regenschirme und Autoteile. Langley legte durch die Ansammlung von Gegenständen ein labyrinthisches Gangsystem mit diversen Fallen und Sicherheitsmechanismen an, die für potentielle Einbrecher gedacht waren. Nachdem man die Leiche von Homer fand, begann die Räumung des Hauses. Dabei wurden insgesamt 90 Tonnen Schutt und Müll entfernt – mehrere Kinderwagen, rostige Fahrräder, verfaulte Lebensmittel, Autoteile, Bestandteile einer Kutsche, Klaviere und Orgeln. Auch in den darauffolgenden Tagen gab es keine Spur von Langley, und es begann eine landesweite Fahndung nach ihm. Nach ganzen drei Wochen Räumungsarbeiten fanden die Behörden schließlich die Leiche von Langley unter einer ungeheuren Menge an Papier und Zeitungen vergraben. Nach Annahme der Polizei ist er Opfer seiner eigenen Fallen geworden, so dass er von seinen eigenen Besitztümern zu Tode gedrückt wurde. Homer, der an Rheumatismus erkrankt war und für den sein Bruder zu diesem Zeitpunkt der einzige menschliche Kontakt war, verdurstete wahrscheinlich kurze Zeit darauf.[403]

---

402 William James, *The Principles of Psychology.* New York: Holt, 1890, S. 291.

403 Scott Herring, „Collyer Curiousa: A brief History of Hoarding", in: *Criticism*, Volume 53, Number 2, Spring 2011, Wayne State University Press, S. 159–188; S. 159; vgl. Auch Randy Frost / Gail Steketee, *Stuff: Compulsive Hoarding and the Meaning of Things.* New York: First Mariner Books, 2011, S. 4.

https://doi.org/10.1515/9783110613360-009

Homer und Langley Collyer tauchen in US-amerikanischen Psychologie- und Ratgeberbücher als Paradebeispiel für eine pathologische Sammelstörung auf.[404] Die Geschichte der zwei Brüder exemplifiziert, wie die Unfähigkeit, sich von Besitztümern und Dingen zu trennen, zu einer völligen Verwahrlosung des privaten Wohnraums mit tödlichen Folgen führen kann.[405] Die Collyers sind in die Geschichte der Psychopathologie eingegangen, weil sie sich dem, was Italo Calvino in seinem Essay über das tägliche Ritual der Müllentsorgung als stillschweigenden Vertrag mit den öffentlichen Behörden beschreibt, auf spektakuläre Weise widersetzt haben.

Wie verändern sich die Vorstellungen vom Zuhause, wenn diese einfache Voraussetzung, auf der das alltägliche Leben beruht – *den Müll herausbringen* – in sich zusammenbricht? Wenn die industriell gefertigten Dinge, nachdem sie ihre Aufgabe erfüllt haben, nicht als Abfall den Wohnraum verlassen und an die Müllabfuhr übergeben werden, sondern umgekehrt, der Abfall in das eigene Leben inkorporiert wird, bis der Wohnraum von oben bis unten mit ihm angefüllt ist? So wie es Bestandteil des täglichen Lebens ist, Müll zu produzieren, so gehört es auch zum Alltag, zum „domestic life", dass jene Dinge, die in den Wohnraum hineingeraten, auch wieder heraustreten; dass die wertlosen von den wertvollen Dingen getrennt, die leeren Verpackungen, Dosen, Behälter und alten Zeitungen, in die Tonne geworfen, und die verwertbaren Stoffe in Form eines sozialen Zirkulationssystems der Gemeinschaft zurückerstattet werden. Aufgebrauchten Dingen einen Platz im Leben einzuräumen ist nicht nur ungewöhnlich, sondern stellt, jedenfalls nach offizieller Lesart, eine psychische Störung dar, die in manchen Fällen zu einer Sache des Gesundheitsamts, der Justiz oder der Feuerwehr wird. Die Diagnose lautet: *Messie*.

Im Folgenden geht es um das, was passiert, wenn Menschen sich dem „natürlichen Gang" der Dinge, den eingerichteten materiellen Kanälen, auf denen der Alltag beruht, entziehen. Die leitende Frage dieses Kapitels lautet wie folgt: Kommt in der Diagnose Messie ein materieller Dissens zum Ausdruck und, wenn ja, inwiefern? Anders gesagt: Lässt sich im leidenschaftlichen Sammeln von Dingen, die für andere nichts als Müll sind, eine widerständige Praxis erkennen? Diese Frage verfolgt das Kapitel ausgehend vom Mythos der Collyer-Brüder und

---

404 Vgl. Frost / Steketee, *Stuff.*
405 Vgl. Michael A. Tompkins / Tamara L. Hartl / Randy Frost, *Digging Out: Helping Your Loved One Manage Clutter, Hoarding & Compulsive Acquiring.* Oakland, CA: New Harbinger, 2009.; vgl. auch Frost / Steketee, *Stuff.* In diesem Ratgeberbuch, das auch auf die kulturgeschichtliche Perspektive von pathologischem Sammeln eingeht, widmen Frost und Steketee den Collyer Brüdern ein ganzes Kapitel.

der kulturellen Figur des *hoarders* im US-amerikanischen Kontext bzw. des Messies im deutschen Kontext.

4.1 Die ersten Messies: Homer und Langley Collyer

Homer und Langley stehen in dem Ruf, die ersten Messies gewesen zu sein. Die zwei Brüder sind dermaßen zu Symbolen für exzessives Sammeln im 20. Jahrhundert avanciert, dass das, was heute *hoarding disorder* heißt, lange Zeit als *Collyer Syndrome* bekannt war. Kinder, die in der Gegend von New York aufwuchsen, haben es oft von ihren Eltern zu hören bekommen: *Wenn Ihr Eure Zimmer nicht aufräumt, dann endet Ihr eines Tages wie die Collyers!*[406] Die Geschichte der Collyers ist insofern der Ursprungsmythos für den Zusammenbruch des eigenen Zuhauses durch Abfall.

Der Fund der Leichen von Homer und Langley machte Schlagzeilen in fast allen New Yorker Zeitungen.[407] Als das Haus geräumt wurde, versammelten sich hunderte Zuschauer*innen. Bilder von dem Haus kursierten in den Zeitungen, sowie allerlei Spekulationen darüber, wo sich Langley aufhalten könnte, bevor bekannt wurde, dass sich seine Leiche unter den Müllbergen im Haus befand. Die Bilder, die abgedruckt wurden, zeigen den Schutt und die Masse an Gegenständen, die das Haus füllten, und deren Räumung die Polizisten von damals als reinen „Alptraum" erlebten.[408] Überhaupt sind die Collyers zu einem apokalyptischen Beispiel für den Zusammenbruch des „domestic life" geworden (Abb. 11).

Schon während ihrer Lebzeiten schafften es die Collyers immer wieder in die lokalen Nachrichten. Die beiden Brüder, die aus einer wohlhabenden New Yorker Familie stammen, waren bekannt dafür, dass sie sich komplett zurückgezogen hatten aus dem öffentlichen Leben, und es kursierten viele Theorien darüber, was wohl hinter den Türen ihres Hauses stattfinden mochte. So zirkulierte das Gerücht, dass sich wertvoller Schmuck im Haus befindet; infolgedessen kam es immer wieder zu Einbruchsversuchen.[409] Mit der Zeit nahm die soziale Isolation der Brüder zu und schließlich verbarrikadierten sie ihre Fenster mit Holzbrettern. Weil sie keine Gebühren für Wasser- und Strom bezahlten, kamen sie immer wieder in Konflikt mit den Behörden.

---

406 Frost / Sketetee, *Stuff.*
407 „Langley Collyer Dead near Month. Probably Smothered by the Debris Falling on Him, Autopsy Discloses", *New York Times*, 10. April 1947.
408 „Collyer Home Search 'Nightmare' to Police", *New York Times*, 5. April 1947.
409 „Collyer in News Again. Burglas Suspect Seized in Building at 2077", *New York Times*, 24. Juli 1946.

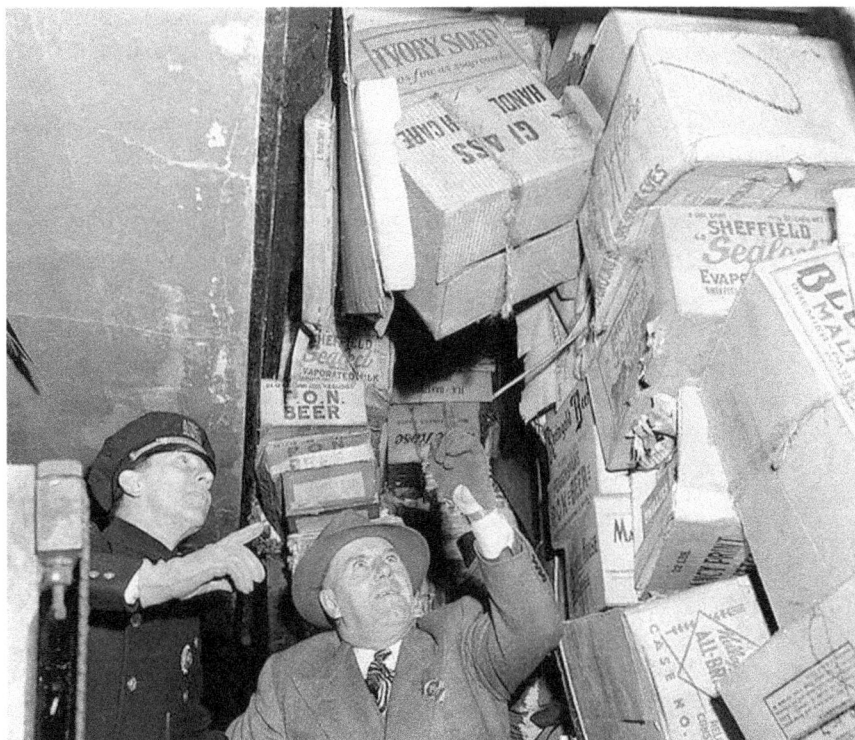

Abb. 11: Räumung des Hauses von Homer und Langley Collyer (1947)

In seinem Roman *Homer und Langley* aus dem Jahr 2009 beschreibt E. L. Doctorow eine fiktive Version des Lebens der zwei Brüder. Das Buch ist aus der Perspektive des blinden Homer erzählt. Die Besitztümer und Möbelstücke, die sich im Haus befinden, bilden, wie es Doctorows Homer beschreibt, ein Archiv, das die Reisen und das Leben der Eltern widergibt:

> [I]t was all very eclectic, being a record of our parents' travels, and cluttered it might have seemed to outsiders, but it seemed normal and right to us and it was our legacy, Langley's and mine, this sense of living with things assertively inanimate, and having to walk around them.[410]

Das Zusammenleben mit den Dingen im Haus bildet dabei den Hintergrundrahmen von Doctorows Roman. Die Unordnung taucht hier aber weniger als patho-

---

410 E. L. Doctorow, *Homer and Langley.* London: Abacus, 2009, S. 6f.

logischer Zustand auf, und mehr als logische Konsequenz der Familiengeschichte und der Vergangenheit, die sich im Haus fortschreibt. Das, was andere für Unordnung halten, gründet hier auf systematischen Prinzipien und dahinterstehenden Weltbildern, die hauptsächlich auf die Weltanschauung von Langley Collyer zurückgehen. So führt Homer die Leidenschaft seines Bruders für das Sammeln von Zeitungen auf dessen Weltsicht zurück. Homer erinnert sich, wie sein Bruder zu ihm sagt: „I have a theory, he said to me. Everything in life gets replaced. We are our parents' replacements just as they were replacements of the previous generation."[411] Langley sieht die Welt und sein Leben in der Perspektive eines solchen steten Austauschs des einen durch den anderen. Er fängt an, Zeitungen zu sammeln, um seine Hypothese zu überprüfen: Die Annahme, dass alles ein Austausch für etwas anderes ist, dass es nichts genuin Neues gibt, sondern dass das Vergehen der Zeit nur dazu führt, dass die Positionen neu besetzt werden. Schließlich stellt Homer fest, dass diese Weltsicht seines Bruders eine „bitterness of life or despair of it" ist. „Langley, I remember saying, your theory needs more work. Apparently he thought so too, for it was at this time that he began to save the daily newspapers."[412]

Doctorow hat seinen Roman als eine Interpretation des Mythos um die Collyer Brüder beschrieben. „These are my Collyers," sagt er in einem Interview mit der *New York Times*.[413] So geht Langleys Sammlung von Zeitungen im Roman darauf zurück, dass er ein Archiv für die Ewigkeit erstellen will; ein Archiv, das dokumentiert, was an jedem einzelnen Tag geschieht, um, wie Homer spekuliert, seine Theorie der fortwährenden Ersetzung des einen durch das andere – seine Überzeugung davon, dass nie jemals etwas wirklich Neues geschieht – zu beweisen.

Scott Herring weist in seiner Kulturgeschichte des „Hoarders" darauf hin, wie die Collyer-Brüder zu einem Paradigma für das gegenwärtige Verständnis von Sammelstörungen avanciert sind. Vor den Collyers war exzessives Sammeln vor allem mit Gier, Geiz und der Anhäufung von Reichtum verbunden, nicht mit dem Sammeln von Müll. Es waren die Collyers, die einen kulturellen Wechsel markierten im Verhältnis zu den Dingen: vom Sammeln aus Geiz und Gier hin zum krankhaften Sammeln von wertlosen Gegenständen.

Im Folgenden wird es darum gehen, inwiefern der Bedeutungshorizont des Abfalls im Sinne von Aufhebung, Zurückweisung und Destruktion das *Hoarding*-Narrativ prägt. Herring macht deutlich, dass zu dem Zeitpunkt, an dem eine

---

411 Doctorow, *Homer & Langley*, S. 13.
412 Ebd., S. 15.
413 Steven Kurutz im Gespräch mit E.L. Doctorow. „At Home with E. L. Doctorow. Writing About the Stuff of Legend", 2. September 2009. Online: http://www.nytimes.com/2009/09/03/garden/03doctorow.html (10.01.2020).

bestimmte Form des Zusammenlebens mit Gegenständen zu einer psychischen Störung erklärt wird, diese Abweichung in engem Zusammenhang steht mit diffusen, rassistisch konnotierten Vorstellungen von Verfall. Zwar waren viele der Gegenstände, die Homer und Langley sammelten, Zeichen eines gewissen Wohlstands, ihre häusliche Sammelökonomie wurde aber weniger im Narrativ des Überflusses und Geizes ausgelegt als im Sinne eines kuriosen Haushaltens, das mit der Pathologisierung ihres sozialen Umfeldes einhergeht.

Die Geschichte der Collyers geriet zu einer Legende von häuslicher Unordnung, in der die psychische Krankheitszuschreibung eng mit kulturellen Imaginationen über Harlem verflochten war. „[T]he Collyers were pivotal in advancing a sea change in a curious identity category – the hoarder – that proved inextricable from their 'mysterious' household effects as well as the 'unfashionable' district of Harlem."[414] Auch heute noch beginnt die Faszination, die von der Geschichte der Collyers ausgeht, in vielen Schilderungen mit der Verwunderung darüber, dass zwei ältere *weiße* Männer in einem Stadtteil leben, in dem ihre Nachbarn und alle sonstigen Bewohner*innen fast ausnahmslos schwarz sind. Angesichts der Frage, wieso die Brüder eine Sammelstörung entwickelt haben, sieht der Autor eines Aufsatzes im *New York Inquirer* den Beginn eines pathologischen Verhaltens bereits in dem „stubborn refusal to leave Harlem, even as it descended into an entropic urban wasteland."[415] Er schlägt vor, das „bizarre Verhalten der Brüder", was sich ebenso auf den Zustand ihres Haushalts bezog, wie darauf, dass sie als *weiße* Männer in Harlem wohnten, als „Harlemitis" zu beschreiben. Wie Scott Herring bemerkt, stelle sich die Frage, wieso ein *weißer* Körper am Sammeln und Festhalten an Dingen im Harlem der 1930er und 1940er Jahre erkranken sollte.[416] Die Verbindung von „Harlem" und der Endung „-itis" erklärt den Stadtteil zu einer organischen Entzündung, zu einem infektiösen und toxischen Ort. Zu einer Zeit, in der viele *weiße* Bewohner*innen den Stadtteil schlagartig verlassen, wird Harlem zu einer urbanen Wüste erklärt, zu einem „slum replete with 'deteriorating' houses and 'immoral' bodies".[417]

Das urbane Chaos, das man Harlem attestierte – als Ort des sozialen Verfalls, als eine Wohngegend mit „working class inhabitants" – versinnbildlichten die zwei Brüder mit dem abweichenden Verhalten in ihrem Haushalt.[418] Harlem

---

414 Scott Herring, „Collyer Curiosa: A Brief History of Hoarding", in: *Criticism*, S. 159.
415 Mik Awake, „Harlemitis", in: *New York Inquirer*, 16. November 2006; vgl. Auch Scott Herring: *The Hoarders. Material Deviance in Modern American Culture*. Chicago: University of Chicago Press, 2014, S. 23.
416 Herring, „Collyer Curiousa", S. 163.
417 Ebd., S. 164.
418 Ebd.

entwickelte sich zu einem Symbol von „sozialer Unordnung", das von den Collyer-Brüder medial personifiziert werden sollte.[419] „Unwittingly and unknowingly, the Collyers began to personify pathological stories of Harlemitis."[420] Die Pathologisierung der zwei Brüder hängt so gesehen eng mit der sozialen und rassistisch begründeten Pathologisierung von Harlem zusammen – mit „theories of racial and immigrant disorganization".[421] So spielt der rassistisch begründete Blick auf den Stadtteil Harlem eine wesentliche Rolle für die Rezeptionsgeschichte des „Collyer Syndroms" und ihrer Auswirkung auf das gegenwärtige Verständnis von Horten. Das kulturelle Narrativ des *hoarders* ist aus dieser Sicht von Beginn an eng verbunden mit der Idee von urbanen Zonen des Verfalls, sozialen Störungen, Desorganisation und prekären Lebensbedingungen. Rassistisch motivierte Imaginationen von Harlem als demoralisierte Zone vermischten sich auf diffuse Weise mit dem Narrativ der miserablen Zustände des Hauses der *weißen* Brüder. Zugleich fügten sich ihre desaströsen Lebensumstände in die rassistischen Narrative ein, die Harlem als Ghetto zeichnen und die systematische Vernachlässigung des Stadtteils durch die Behörden rechtfertigen sollten.

Herausgefallen aus der sozialen Ordnung der US-amerikanischen Kleinfamilie, galten die Collyers als sonderbar und exzentrisch. Das Zuhause taucht in der Legende der Collyers als Topos der Verwüstung auf. Das Haus, in dem sie lebten, ist schließlich zu ihrem Grab geworden. Wenn die Collyers das Ursprungsnarrativ des heutigen Messie-Syndroms bilden, dann sind die Vorstellungen von Harlem als urbane Zone des Verfalls ein zentraler Bestandteil der Genealogie des „Messies". Die Collyers symbolisieren einen Zusammenbruch, der zugleich materiell und sinnbildlich ist, persönlich und politisch.

Die Collyer Brüder sind auch als „ewige Junggesellen" in das kulturelle Gedächtnis eingegangen. Das Zusammenleben der zwei Brüder stellt eine Abweichung dar im Bild der häuslichen Sphäre als Ort von heteronormativen Familienkonstellationen. Das Motiv des Single-Seins beschränkt sich nicht auf das singuläre Narrativ der Gebrüder Collyer – es hält sich als narrative Linie bis zum heutigen Messie durch. Beispielsweise erwähnen Frost und Sketetee in dem Ratgeberbuch *Stuff*, dass alleinlebende Singles gefährdeter seien, zu Messies zu werden, als verheiratete Personen.[422] Die Figur des Messies symbolisiert eine Form von Verweigerung, die sich nicht nur auf Produkte und Objekte im Haushalt bezieht, sondern sich auch auf den Umgang mit Behörden und Institutionen er-

---

419 Ebd., S. 162.
420 Herring, *The Hoarders*, S. 27.
421 Ebd., S. 31.
422 Vgl. *Frost / Sketetee, Stuff*, S. 32–36.

streckt und ebenso in der Abweichung von normativen Familienkonstellation zum Ausdruck kommt.

Das Haus, ebenso wie das Leben von Homer und Langley insgesamt, galten auch deshalb als Kuriosität, weil die beiden kein Verhältnis zu Institutionen pflegten. Gerade in diesem Rückzug sahen sie offenbar ihre Freiheit. Für Langley Collyer bedeutete Freiheit nicht, an Öffentlichkeit teilzuhaben, sondern von den öffentlichen Institutionen in Ruhe gelassen zu werden. Das Leben der Collyer-Brüder lässt sich in Figuren der Verweigerung und des Widerstands gegenüber unterschiedlichen öffentlichen Behörden und Ämtern beschreiben. Zwar hatten Homer und Langley ausreichend Geld, sie hörten jedoch irgendwann auf, ihre Rechnungen zu bezahlen, woraufhin die Versorgungsbetriebe Heizung, Wasser, und Telefon abstellten. Homer und Langley versuchten, ihr Haus mit einem Petroleumofen zu beheizen und Energie mithilfe eines Automotors zu erzeugen. Zuletzt verweigerten die zwei Brüder auch den ökonomischen „Stoffwechsel": Als sie eine von der Bank geforderte Zahlung für das Haus nicht beglichen und die Bank ihnen drohte, das Haus zu verkaufen, brachte Langley nach langwierigen Hadern einen Beutel voller Geld zur Bank. Er tat dies in einem Gestus der Verweigerung, indem er den gesamten Weg von Harlem bis zum Sitz der Bank im südlichen Teil von New York zu Fuß lief, anstatt die U-Bahn zu nehmen. Bei den Collyer-Brüdern kann man so gesehen von einer *Stoffwechselverweigerung* in ganz unterschiedlichen Formen sprechen: Eine Verweigerung der Teilnahme am öffentlich geregelten Versorgungs- und Entsorgungssystem, einen Rückzug aus dem sozialen Leben in Harlem, eine Absage an die behördlich geforderten ökonomischen Transaktionen. Es deutet sich hier an, wie zentral die Spannung zwischen behördlichen Einrichtungen und privaten Angelegenheiten für die Legende der Collyer-Brüder ist. Der durch die Brüder verweigerte Stoffwechsel setzt sich in der gegenwärtigen Figur des Messies fort. Die Legendenbildung der Collyers vereint Elemente des Widerständigen und des Eigensinns. Sie sind Teil der kulturellen Imagination des *hoarders* im US-Amerikanischen bzw. der Rezeption des sogenannten Messie-Syndroms im deutschen Kontext.

Die Geschichte der Collyers wird meistens von ihrem Ende her erzählt, von der Geschichte ihres Sterbens, das zugleich eine Geschichte über die Schrecknisse häuslicher Unordnung und des Mülls ist. Die Unfähigkeit, Dinge zu entsorgen, und die Narrative des Verfalls, die in den Medien um die zwei Brüder kursierten, die voyeuristischen Fiktionen, die sich damit verbanden, reduziert die Collyers auf das Paradigma eines Krankheitsbildes. E. L. Doctorows Imagination der Collyers ist insofern mehr als nur ein Perspektivwechsel auf das Leben zweier seltsamer Geschwister. Doctorows Narrativ markiert einen Bruch mit dieser Interpretation. Der Reduzierung auf einen pathologischen Lebensstil setzt die Erzählung eine andere Imagination der Wirklichkeit entgegen: eine erdachte

Wirklichkeit, in er es Gründe und Motive gibt, die mit den jeweils eigenen und spezifischen Lebensumständen und Überzeugungen von Langley Collyer und dem Leben mit seinem Bruder zusammenhängen. Doctorows Geschichte nimmt dem psychopathologischen Narrativ zumindest in der Fiktion seine Eindeutigkeit.

4.2 Diagnostik und Ratgeberliteratur

Während man die Anhäufung von scheinbar wertlosen Sachen lange Zeit als eine spezifische Form von Zwangsstörung einstufte, ist der „Hoarding-Disorder" in der aktuellsten Ausgabe des amerikanischen *Diagnostic and Statistical Manual of Mental Disorders* (DSM-V) erstmals als eigene Krankheit aufgelistet. [423] Die *American Psychiatric Association* (APA) argumentiert, *hoarding* sei eine autonome Störung mit spezifischen Symptomen. Zu diesen gehören ein Mangel an Entscheidungsvermögen, Aufmerksamkeitsprobleme, Stress, Probleme mit der Organisation und Kategorisierung, und eine enge Bindung an Besitztümer. Es handelt sich dabei um ein Verhalten, das als psychische Störung eingestuft wird und sich dadurch auszeichnet, dass es *behind closed doors* stattfindet, im privaten Haushalt, der für die Öffentlichkeit normalerweise nicht sichtbar ist. [424] Es stellt sich die Frage, wie es kommt, dass komplexe materielle Verhältnisse im eigenen Zuhause zu einer ‚psychischen Störung' erklärt werden, vor allem dann, wenn die Patienten selbst, was nicht selten der Fall ist, sich nicht als leidend oder krank verstehen, sondern als leidenschaftliche Sammler*innen.

In *Stuff: Compulsive Hoarding and the Meaning of Things* schreiben Randy Frost und Gail Steketee, dass chronische Sammler an einem kognitiven Defizit leiden, in kurzer Zeit Informationen zu bearbeiten und Entscheidungen zu treffen: Sie sammelten eine Menge Dinge, nur für den Fall, dass sie die Sachen in Zukunft einmal bräuchten. [425]

> Hoarding appeared to result, at least in part, from deficits in processing information. Making decisions about whether to keep and how to organize objects requires categorization skills, confidence in one's ability to remember, and sustained attention. To maintain order, one also needs the ability to efficiently assess the value or utility of an object. [426]

---

423 American Psychiatric Association: *Diagnostic and Statistical Manual of Mental Disorders (DSM-V)*. Washington, DC: American Psychiatric Association. 2013.
424 Frost / Steketee, *Stuff*, S. 10.
425 Ebd., S. 10.
426 Ebd., S. 32.

Den Unterschied zwischen normalem Sammeln und pathologischem Zwangs-sammeln sehen Frost und Randy im lebensunwürdigen Zustand der Wohnräu-me von Betroffenen – die „unlivable conditions" von *hoarders*. [427] Die Angst vor Verschwendung und verpassten Möglichkeiten, sowie „the comfort and safety provided by objects" würde die Betroffenen zum exzessiven Sammeln treiben.[428] Frost und Sketetee führen die Gründe für das Sammelverhalten der Betroffenen auf soziale Faktoren wie Familienstatus (Alleinstehende und Geschiedene seien öfter betroffen als Verheiratete), auf das Verhältnis zu den Eltern, auf Faktoren wie Übergewicht, bis hin zu einem neurochemischen Ungleichgewicht zurück.[429] Es handelt sich beim *hoarding* demnach um eine kombinierte Kondition, bei der sich psychische bzw. kognitive Merkmale mit extremen Umweltbedingungen wie Ar-mut und verwahrlosten Lebensumständen verbinden. Die Autoren machen aber auch immer wieder deutlich, dass *hoarders* die sehr ungewöhnliche Fähigkeit besitzen, in jedem Ding ein ungeheures Maß an Potential zu sehen, und Dinge mit einem Reichtum an Details zu erkennen: „In this way, the physical world of ho-arders is different and much more expansive than that of the rest of us".[430] In ihrer Analyse zum *Hoarding Disorder* diskutieren Frost und Steketee das Sammeln nicht nur im Sinne eines kognitiven Defizits, sondern sie zeigen, inwiefern es sich um abweichende Formen der kognitiven Verhaltens- und Ausdrucksweise handelt.

Selbsthilfeangebote und Ratgeber zum Thema „hoarding" richten sich nicht immer an Betroffene, sondern oft an ihre Angehörigen. Tompkins und Hartl be-merken in ihrem Ratgeber zum Thema Sammelstörung, dass jene Menschen, die auf krankhafte Weise Dinge sammeln, ihr eigenes Verhalten oft nicht als Stö-rung betrachten.[431] Das Buch ist für Angehörige von Messies verfasst. Die Autoren verweisen auf eine Frau, die ihrer Mutter dabei helfen will, ihr Sammelverhalten in den Griff zu bekommen. In der Erläuterung der Problematik stellt sich heraus, dass sie und ihre Mutter sehr unterschiedliche Ansichten darüber haben, was es heißt, auf bedeutsame Weise mit Dingen zu leben. Tompkins und Hartl zitieren die Tochter, die sagt:

> I wanted my mom to wake up and smell the coffee. I wanted her to let me help her clear out her home so that she could sleep on her bed, eat at her kitchen table, and use her stove and refrigerator. The bottom line for me was that I wanted my mom to get rid of the stuff so that she could live more comfortably in her home. My mom saw it very differently. She wanted to

---

427 Ebd., S. 14.
428 Ebd., S. 15.
429 Vgl. ebd., S. 32–36.
430 Ebd.
431 Michael A. Tompkins / Tamara L. Hartl / Randy Frost, *Digging Out: Helping Your Loved One Manage Clutter, Hoarding & Compulsive Acquiring.* Oakland, CA: New Harbinger Pubn, 2009.

figure out a way to live more comfortably in her home with her stuff. That meant figuring out a way to make more room in her life for more stuff rather than clear out her stuff to make more room for her life.[432]

Anders als ihre Mutter, der es darum geht, den Dingen in ihrem Leben so viel Raum wie möglich zu geben, sieht sie den Sinn des Wohnens dann erfüllt, wenn die Dinge, die einen umgeben, in ihrer jeweils eigenen Funktion benutzt werden und dabei möglichst in den Hintergrund treten.

Das Messie-Syndrom

Im deutschsprachigen Raum leiden Personen, die exzessive Mengen an Dingen in ihrem privaten Wohnraum sammeln, am sogenannten Messie-Syndrom, das manchmal auch als „Vermüllungssyndrom" bezeichnet wird. Den Begriff „Messie" hat die US-amerikanische Autorin Sandra Fulton in den 1980er Jahren geprägt. Abgeleitet vom englischen Wort „mess" soll er das Verhalten von Menschen beschreiben, die nicht in der Lage sind, Sachen zu entsorgen und Ordnung aufrechtzuerhalten. Sandra Fulton betrachtete sich selbst als betroffen und gründete in den USA 1981 die Selbsthilfegruppe *Messies Anonymous*. Amina Wettstein stellt in ihrem Buch *Messies* mit Hinblick auf die Begriffsgeschichte des Wortes fest, dass die Bezeichnung Messie als Verniedlichungsform von *mess* zu verstehen ist.[433] Seit den 1990er Jahren gibt es auch im deutschsprachigen Raum Selbsthilfegruppen und Ratgeberliteratur zum Thema „zwanghaftes Sammeln". In Deutschland zählt man ungefähr 300.000 Betroffene.[434]

Das „Messie-Syndrom" stellt eine Zuschreibung dar, in der sich die vermeintliche psychische Krankheit auf komplexe materielle Verhältnisse von persönlichen Gegenständen und sozialen Normen von Sauberkeit in privaten Wohnräumen bezieht.[435] Dabei spielt die soziale Kodierung von Müll eine zentrale Rolle im heutigen Verständnis und in der Beschreibung der Messie-Störung. Die Figur des Messies stellt eine pathologisierte Lebensform dar; eine Lebensform, in der die üblichen Strukturen der Entsorgung zusammenbrechen. Wie Elisabeth

---

432 Ebd., S. 5.
433 Vgl. Amina Wettstein, 2005. „‚Messies'-Alltag zwischen Chaos und Ordnung", in: *Züricher Beiträge zur Alltagskultur* (Hrsg. Volkskundliches Seminar der Universität Zürich). Bd. 14.
434 Elisabeth Vykoukal, „Was macht unsere Seele mit dem Abfall? Anmerkungen zum Messie-Syndrom", in: Anselm Wagner (Hrsg.): *Abfallmoderne. Zu den Schmutzrändern der Kultur*. LIT Verlag: Graz, 2012, S. 123–132; S. 125.
435 Scott Herring, „Collyer Curiousa: A brief History of Hoarding", in: *Criticism*, S. 160.

Vykoukal schreibt, stellen Messies „ihre eigenen Normen für Abfall auf. Sie wollen für sich selbst festlegen, was zu behalten ist und was aussortiert werden muss."[436] Da sie oft Dinge sammeln, die anderen sinnlos und nutzlos erscheinen, wie Verpackungsmaterial, Dosen, Schachteln, Plastiktüten, Joghurtbecher, sind die „Vermüller", so Vykoukal, auch „Abfallexperten", deren Wohnung „von Unrat zugeschüttet" ist.[437] Außerhalb ihrer Wohnräume fallen Messies nicht unbedingt als pathologische Subjekte auf. Ratgeber und psychologische Handbücher betonen, dass die hygienischen Missstände in den Wohnungen von Messies nicht nur ein Problem der darin lebenden Menschen sind, sondern auch eine Frage der *public health*, und dass Messies eine Gefahr für die Öffentlichkeit darstellen.[438] Der private Wohnraum von Messies wird zu einer Sache der öffentlichen Gesundheit, was zu Maßnahmen wie behördlich angeordneten Entrümpelungen bis hin zum Verlust der Wohnung führen kann. In Fernsehsendungen über „Messie-Wohnungen" dringen allerlei „Experten", wie professionelle Entrümpler und Therapeuten, in die privaten Räume der Menschen ein und erklären ihre Lebensweise zu einer Krankheit.

Messies in der Populärkultur

Zurückblickend auf die Ursprungslegende, auf die ersten Messies Homer und Langley, zeigt sich die kulturelle Dimension und Überlieferung in der Thematik Abfall, Unordnung und Chaos im Haushalt. Kulturelle Vorstellungen von Sammelstörungen sind historisch verflochten mit einem medialen Spektakel und Voyeurismus, der von Beginn an Teil der Legende der Collyers war und sich in den heutigen Versionen fortschreibt. Fernsehsendungen wie „Messie-Alarm!", „Das Messie-Team" oder „Mietprellern auf der Spur" machen aus dem Leben von Menschen, denen es schwerfällt, sich von Dingen zu trennen, ein Spektakel des Mülls. Die Sendungen operieren dabei mit einer Sprache der Kriminalisierung, wenn sie in die Wohnungen von Menschen, nicht selten ohne deren Einwilligung, eindringen.[439] Das Leben der Betroffenen wird dabei mit voyeuristischer Neugier im Modus der Entblößung thematisiert. Die Fernsehsendungen über Messies entdecken die privaten Wohnungen auf sensationelle Weise und zeigen sie als

436 Ebd., S. 126.
437 Ebd., S. 128.
438 Vgl. *DSM-V*.
439 Vgl. Kabel 1: *Messie-Alarm!* D 2011. 1 Staffel, 6 Folgen; RTL II: *Das Messie-Team: Start in ein neues Leben.* D 2011–2013. 3 Staffeln, 22 Episoden. Shine Germany Film- und Fernsehproduktion; RTL: *Mietprellern auf der Spur.* D 2011–2012. 2 Staffeln, 7 Folgen. Imago TV.

Räume, die ihre ursprüngliche Funktion verloren haben. Dabei spielt oft der Schritt in den Wohnraum und das erste Entsetzen beim Anblick des Mülls eine zentrale Rolle. Die Aufnahmen präsentieren abgelaufene Lebensmittel, leere Flaschen, Papier, Zeitungen, Zigarettenstummel, manchmal auch menschliches oder tierisches Urin und Kot.

Der Zustand der Wohnung und das Zusammenleben mit den Dingen, die sie aufbewahren, sollen Schlüsse auf den psychischen Zustand der Bewohner*innen gewähren, wobei es stets um einen Mangel an Fähigkeiten geht – in ökonomischer, psychischer und sozialer Hinsicht. Diese Repräsentationen von Messie-Wohnungen zentrieren um ein Porträt von Personen, die dabei selbst nicht zu Wort kommen, die ihrer Selbstbeschreibung grundsätzlich beraubt sind. Die Betroffenen erhalten keine Stimme im Diskurs über sie. Die Messie-Wohnung taucht als apokalyptische Szene auf. Es wird eine grundsätzliche Andersartigkeit von Messies beschworen; betont und ins Bild gesetzt werden die Unterschiede ihres Mülls vom Müll der anderen. So entsteht ein Bild von Personen, die ihr eigenes Verhältnis zu den Dingen, die sie kaufen und besitzen, nicht angemessen einschätzen können, in deren Wohnungen deshalb der Müll sein Grauen verbreitet.

4.3 Unerfüllbare Versprechen

„Messies" tauchen aber nicht nur als Gegenfigur zu „normalen" Verhältnissen zu Dingen auf. Die Faszination für das Thema Zwangssammeln rührt vielleicht auch daher, dass Sammelstörungen eine Erweiterung oder Überspitzung von gewöhnlichen Ding-Beziehungen repräsentieren; weil sie die affektive Beziehung zu Dingen, die unerfüllbaren Versprechen, die von Objekten ausgehen, verbildlichen. Die US-amerikanische Kulturwissenschaftlerin Lauren Berlant spricht in diesem Kontext, bezüglich der affektiven Beziehung zu Objekten – seien es physische Gegenstände, Besitztümer, oder Personen und Vorstellungen – von einer affektiven Struktur des *cruel optimism*.

Für Berlant sind alle Bindungen an Objekte optimistisch, insofern als sie die Struktur eines Versprechens teilen. *Cruel optimism* bezeichnet eine Form von „attachment", eine Art Bindung, in der die Fähigkeit eines Objektes, Versprechen zu verkörpern, kompromittiert wird. Das Objekt verspricht Möglichkeiten, deren Realisierung sich aber als unmöglich, als reine Fantasie herausstellt oder als schädlich bzw. „toxisch".[440] Ein solches Objekt des Begehrens hört dann auf,

---

440 Lauren Berlant, „Cruel Optimism: on Marx, Loss and the Senses", in: *New Formations 63* (Winter 2007/2008), S. 33.

Versprechen zu verkörpern, die realistisch oder wünschenswert sind. Dennoch hält die Bindung an diese Objekte an, eben durch die Struktur des Versprechens. *Cruel optimism* ist demnach die „condition of maintaining an attachment to a problematic object".⁴⁴¹

Dinge, die man sich wünscht, oder die man gerne besitzen würde, stellen aus dieser Perspektive ein Netz aus Versprechen dar.⁴⁴² Die subjektiven Wünsche und Hoffnungen gehen dabei mit einer Unberechenbarkeit einher, die zur Struktur des Versprechens gehört. Berlant erkennt eine derartige Struktur von *cruel optimism* nicht zuletzt in den Versprechen des *American Dreams*, mit Blick auf Sehnsüchte nach Erfüllung durch Phantasien vom guten Leben, sei es durch Konsum, finanzielle Sicherheit, beruflichen Erfolg, oder heteronormative Vorstellungen von Familie, Liebe und Intimität. Die Materialität von Dingen spielt in dieser Affektstruktur eine zentrale Rolle. Die physischen Resistenzen und materiellen Widerständigkeiten des Objektes bedrohen die Struktur des Versprechens. Das Problem ist dabei nicht nur, dass das fragliche Objekt die Versprechen vielleicht nicht erfüllen kann. Seine harte Materialität zeigt auf, inwiefern die Logik des Begehrens an sich problematisch und gestört ist; inwiefern der Wunsch immer uneinlösbar bleiben wird.

Für Berlant sind die affektiven Strukuren des Alltags in der US-amerikanischen Gegenwart von Erschöpfung und Zermürbung gezeichnet: „the conditions of ordinary life in the contemporary world even of relative wealth, as in the US, are conditions of the attrition or the wearing out of the subject."⁴⁴³ Das Optimistische in der Formel *cruel optimism* ist insofern grausam, als der Alltag von Versprechen strukturiert ist, die nicht erfüllt werden können. Einem unerfüllbaren Versprechen weiterhin nachzuhängen, führt auf die Dauer zu Abnutzung und Auslaugung des Begehrens und der Lebensfreude (*attrition, wearing out*).

Der *hoarder* stellt in gewisser Hinsicht eine Grenzfigur dieses Szenarios dar. Die Praktiken des Sammelns von Gegenständen, die potentielle Verwendungen bereithalten, sind – betrachtet man sie im Lichte von Berlants Beschreibungen – keine bloße Gegenfigur des Normalen, sondern eine Zuspitzung der affektiven Strukturen im Alltag. In gewisser Weise ist die kulturelle Figur des *Hoarders* eine Bühne, in der die unerfüllten Versprechen, die von Dingen ausgehen, sichtbar werden.

Wie sehr die Betroffenen in ihrem Alltag mit Entscheidungen und ambivalenten Gefühlen zu kämpfen haben, bringt Ulrich Grossenbacher in seinem Do-

---

441 Ebd.
442 Ebd.
443 Ebd., S. 35–36.

kumentarfilm *Messies – Ein schönes Chaos* (2011) zum Ausdruck. Der Film zeigt vier Menschen mit Sammelstörungen in der Spannung zwischen der Überforderung im alltäglichen Umgang mit Dingen und einem widerständigem Verhalten in einer Gesellschaft, in der Wegwerfen zur Normalität gehört.[444] Der Film porträtiert vier Sammler*innen und ihr Verhältnis zu Dingen. Der Landwirt Arthur sammelt verrostete Traktorteile, Elmira versinkt in alten Akten, Karl steht kurz davor, seine Familie zu verlieren, weil das Bauernhaus, in dem er wohnt, mit Schrott gefüllt ist, und Thomas baut aus unzähligen Kleinteilen Apparate. Dabei zeigt der Film kreative Erfindungen, Basteleien und Stöberarbeiten in riesigen Archiven. „Welches Gesetz schreibt mir denn Ordnung vor?", hört man einen der Protagonisten im Film sagen. Zuschauer*innen erhalten einen Einblick in die Konflikte, die mit Familienangehörigen, Nachbarn und staatlichen Behörden entstehen. Unterdessen stellt der Film den Unterschied zwischen einem pathologischem und einem „gesundem" Verhältnis zu Objekten in Frage. Das Sammeln stellt aus dieser Perspektive weniger eine Pathologie dar, als vielmehr eine Strategie von Selbstbehauptung und Subjektivierung.

Viele der Menschen, die von Familienmitgliedern zum Psychologen geschickt werden, oder im Fernsehen als Messies bezeichnet werden, sehen sich selbst nicht als Messies. Sie sehen sich als Sammler. Dann kommen aber professionelle Entrümpler und Psychologen und drängen ihnen eine Diagnose auf. Es ist interessant zu sehen, wie die Betroffenen mit diesen Diagnosen umgehen. In seinem Buch beschreibt Scott Herring zum Beispiel eine Frau namens Jill, die einen alten und verfaulten Kürbis nicht als Müll betrachtet, sondern als die Quelle von besonderen Samen. Sie beharrt auf ihrem Standpunkt auch als ein Therapeut versucht, sie davon zu überzeugen, dass der Kürbis nur Müll ist, und dass sie es ist, die ein Problem hat.[445]

Selbst die herabwürdigenden Sendungen über Messies bergen in gewisser Weise ein subversives Potential in sich, zum Beispiel, indem sie zeigen, was nicht hätte gesehen werden sollen: eine aufdringliche Präsenz von aufgebrauchten Produkten, verfaulten Nahrungsmittel usw. – kurz, das Leben der Dinge, nachdem sie ihre Funktionen verloren haben. Die Fernsehbilder machen aus der Messie-Wohnung eine Bühne der Sichtbarmachung, die eine visuelle Störung mit Bezug auf die häusliche Müll-Ästhetik entfaltet. Die Figur des Messies setzt darin den Bruch im Kreislauf von Konsum und Entsorgung performativ in Szene: Die Menge an Müll, der Geruch, der verkümmerte Anblick, der in „gesunden" Haushalten die

---

444 Ulrich Grossenbacher (Reg.), *Messies – ein schönes Chaos*. Fair & Ugly Filmverleih, 2011.
445 Herring, *The Hoarders*, S.10.

privaten Räume zügig passiert und durchquert, hinterlässt hier seine Spuren und besetzt regelrecht das Häusliche.

Im Falle der Diagnose Messie gerät die Verhandlung darüber, wann Dinge als Müll einzustufen sind und wann nicht, zu einer Aufhebung der Grenzen des Privaten. Im Falle einer Zwangsräumung wird die Sphäre des Privaten zu einer Angelegenheit für Psychologen, Vermieter, Hauseigentümer, Fernsehreporter, die Feuerwehr und das Gesundheitsamt. Diese Reportagen zeigen den Müll, der aus den Häusern getragen, transportiert und verlagert wird, als eine kaum kontrollierbare Masse. Nicht selten kommt Abfall im Sinne von Kristevas Theorie des Abjektes zum Ausdruck: als Materie, die sich nicht an Regeln hält, als etwas Monströses, das die Ordnung stört, sich ihr widersetzt, keine Grenzen kennt oder einhält. Müll ist, wie Kristeva verdeutlicht, dasjenige Element schlechthin, das die Grenze zwischen innen und außen, Natur und Kultur, vertraut und fremd markiert und veräußert. Das Private als Zone wird selbst pervertiert, gebrochen.

Es ist dann freilich ironisch, dass die Fernsehsendungen, die sich auf die „Vermüller" der Gesellschaft konzentrieren, selbst oft als kultureller „Müll" beschimpft werden. Die bildliche Sensation des Mülls trifft auch auf die „Trashiness" der kulturellen TV-Produktionen zu, die sich in den Darstellungen entfalten.

Die Figur des Messies – sei es als eine kulturelle Anomalie, als Legende, oder als Reality-TV-Konzept – zeigt das ganze Ausmaß des Grauens, das der Müll potentiell in sich trägt; die Metarmophosen von Metall, Plastik, Konserven, Papier und Essensresten. *Messies* symbolisieren dabei auch Brüche in den Vorstellungen vom Häuslichen als eine Zone, die in ständigem Austausch mit der Außenwelt steht. Es handelt sich dabei um einen Bruch mit einer ästhetischen Ordnung, die für jedes Objekt im Haushalt einen bestimmten Ort und eine Funktion vorsieht.

An dieser Stelle kommt ein Denkmotiv des Politischen bei Rancière zutage: Politik als eine Verschiebung in der ästhetischen Ordnung, die Personen und Dinge einzunehmen haben – wobei diese ästhetische Ordnung mit Narrativen von Armut und Destruktion einhergeht. Die Verweigerung des geforderten Austauschs mit der öffentlichen Ordnung durch die „Müll"-Sammler*innen und deren alternative Bindungsform an Dinge lässt sich auch als eine Verschiebung in der Wahrnehmung von Abfall betrachten. Es ist die Errichtung einer alternativen Grenzziehung zwischen Müll und Nicht-Müll, einer alternativen affektiven und temporalen Positionierung zur „Lebensdauer" von Dingen. Als kulturelle Denkfigur stellen Messies die Selbstverständlichkeit der sozialen und ökonomischen Zirkulation von Müll in Frage.

4.4 Kreislauf der Dinge

Die Imagination von Abfall als etwas, das scheinbar aus dem Nichts kommt und in dieses Nichts wieder verschwindet, das wie in einem Kreislauf „fließt", hängt mit der Vorstellung einer gewissen Lebensspanne der Dinge zusammen. David Graeber weist darauf hin, dass die Existenz industriell hergestellter Dinge, so wie auch das menschliche Leben, in gewisser Hinsicht als zyklisch imaginiert wird.[446] Über das Motiv des Zirkulären in der Imagination einer Lebensspanne von Menschen schreibt Graeber: „We can only imagine lives as circular if we concentrate solely on the fact that we end up in the same place that we began – in nothingness – which flows directly from the way that beginning and end are both seen as being fundamentally unknowable."[447] Das Gleiche gilt für die Vorstellung vom „Leben" hergestellter Objekte: „They are imagined as having magically appeared, proceeding to ‚circulate' [...], and then, finally, disappear into that abyss from whence they came."[448] Der Weg von der Fabrik bis zum kommerziellen Handel, Kauf und Gebrauch, präsentiert sich als ein in sich geschlossener Zyklus – als ein Kreislauf, beginnend bei der Entstehung von Gütern bis zu ihrer Entsorgung.[449]

Der Typus „Messie" bringt so gesehen nicht nur den Status von Müll, sondern auch das Verständnis von Dingen an sich ins Wanken: Die Vorstellung eines kreisläufigen Prozesses, eines Zyklus, den Produkte durchlaufen, und der die Grundlage der industrialisierten Konsumproduktion bildet, erfährt durch ihn eine Stilllegung. Die in den Messie-Wohnungen gestapelten Gebrauchsdinge, die ihre Lebensspanne überdauert haben, verweigern sich der Zirkulation und bringen dadurch den vermeintlich natürlichen Kreislauf des Lebens und der Materie zum Zusammenbruch. Andere Bilder vom „Weiterleben" der Dinge präsentieren sich hier. Die hauspolitische Ordnung des Mülls, in der die Küche ein paradigmatischer Raum des materiellen Stoffwechsels und Durchgangs von Müll ist, wird radikal in Frage gestellt.

Daran zeigt sich die gewissermaßen ontologische Tragweite von *hoarding*: Das Sammeln von „Müll" ist in dieser Sichtweise nicht nur eine Resistenz gegen die Aufforderung, die Reste des eigenen Lebens aus dem Blickfeld zu beseitigen, – es ist damit zugleich eine Auflehnung gegen die Form der kulturell etablierten

---

446 David Graeber, „Afterword: The Apocalypse of Objects – Degradation, Redemption and Transcendence in the World of Consumer Goods", in: Catherine Alexander / Joshua Reno (Hrsg.). *Economies of Recycling. The Global Transformation of Materials, Values and Social Relations.* London/New York: Zed Books, 2012, S. 277–290; S. 279.
447 Ebd.
448 Ebd.
449 Ebd.

Dingwelt selbst, die Dinge, Tätigkeiten und Personen in einem sozialen Gefüge platziert und ihnen eindeutige Funktionen zuschreibt.

Das, was „Messies" tun, lässt sich insofern als subversiv beschreiben, als sie eine Unterbrechung eines ästhetischen Regimes der häuslichen Müllentsorgung herbeiführen und damit auch eine grundlegende Neubestimmung der Kategorie „Müll". In „gesunden" Wohnräumen ist Müll unsichtbar: Müllbehälter sind in den randständigen Zonen der Wohnräume versteckt oder direkt in die Küchenmöbel eingebaut. Ein Imperativ des Müllentsorgens – das Verbergen und die notwendige Verborgenheit von Müll – prägt das „gesunde" Haushalten. Die Art, wie wir Dinge wahrnehmen, unterteilen, Kontrolle über sie gewinnen, sie recyceln, all die täglichen Routinen, bilden ein sinnliches Verhältnis zur Dingwelt des Abfalls. Müll und Abfall haben einen *proper place:* unter der Spüle, im Küchenschrank, den alltäglichen Blicken entzogen. Dennoch wird Müll täglich neu produziert, er ist das unweigerliche Nebenprodukt des Lebens, des Alltags. Jede einzelne Alltagshandlung, so viel Müll sie auch produzieren mag, gründet darauf, dass der Müll unsichtbar bleibt und die Illusion eines stets verschwindenden Abfalls aufrechterhalten wird.

Die Ordnung der Dinge, die Kreisläufe von hergestellten Gegenständen, die zu dem unbekannten Ort, von dem sie herkommen, zurückkehren, oder der Gemeinschaft durch Wiederverwertung zurückgeführt werden: Es ist das Bild eines statischen Kreislaufs – zwar stets in Bewegung, durchlaufen die Dinge doch immer nur dieselben Routen. Abweichende Müllpraktiken durchbrechen insofern eine etablierte und vielfach normalisierte Einrichtung der Wirklichkeit. Indem die Sammler ihre eigene und eigensinnige Einteilung von Dingen vornehmen – den Müll nicht sehen, weil „Müll" im Auge des Betrachters liegt, wie Jill, die in ihrem verfaulten Kürbis wertvolle Samen vermutet –, unterwandern sie die Grenze, auf der Müll als jene Kategorie von Dingen, die entsorgt und beseitigt werden müssen, überhaupt beruht.

Es kommt somit nicht zuletzt ein polizeiliches Verständnis des Hauses, der eigenen Privatsphäre, zum Vorschein – als dessen Negativ. Der Müll in den Wohnungen von Messies scheint der Öffentlichkeit ein besonderes Recht auf einen Blick in das Häusliche zu gewähren, verglichen mit „normalen" Wohnungszuständen. Die Intimität und persönliche Beziehung zu den Dingen, die das Häusliche ausmachen, erfahren von Entrümpelungsexperten eine Objektivierung und scheinen sich dem Messie grundsätzlich zu entziehen. In der Faszination mit dem Phänomen Messie zeigt sich, wie Müll als strategische Logik auftritt, um Menschen ihre Selbstbestimmung und ihr Verhältnis zu persönlichen Dingen sowie ihre Zugehörigkeit zu einer funktionierenden Gesellschaft streitig zu machen.

Frost und Steketee stellen in ihrer Studie fest, dass die Betroffenen, die sie untersucht haben, nicht von Angststörungen getrieben waren, sondern eher von positiven Emotionen. Die Angst tritt erst dann ein, wenn sie Dinge entsorgen sollten. Frost und Steketee warnen daher in ihrem Ratgeber davor, Menschen zur Zwangsentrümpelung zu zwingen: Es komme immer wieder zu Suizidversuchen bei Zwangsentrümpelungen.

Menschen, die sich weigern, Dinge wegzuwerfen, die für andere Müll sind, sehen Qualitäten und Möglichkeiten in diesen Dingen, die andere nicht sehen. Die Idee, dass sich doch noch ein geheimer Wert in dem verbirgt, was für alle anderen wie ein Haufen Müll aussieht, leitet ihre Handlungen an. Die Figur des Messies erinnert an Walter Benjamins Beschreibung der kindlichen Neugier und Unordnung – eine Freude am Sammeln, die nicht etwa Zeichen von Unreife ist, sondern von einem unmittelbaren, sinnlichen Verhältnis zur Welt der Dinge zeugt.

> Unordentliches Kind. Jeder Stein, den es findet, jede gepflückte Blume und jeder gefangene Schmetterling ist ihm schon Anfang einer Sammlung, und alles, was es überhaupt besitzt, macht ihm eine einzige Sammlung aus. [...] Kaum tritt es ins Leben, so ist es Jäger. Es jagt die Geister, deren Spur es in den Dingen wittert; zwischen Geistern und Dingen verstreichen ihm Jahre, in denen sein Gesichtsfeld frei von Menschen bleibt. Es geht ihm wie in Träumen: es kennt nichts Bleibendes; alles geschieht ihm, meint es, begegnet ihm, stößt ihm zu. [...] ‚Aufräumen' hieße einen Bau vernichten voll stachliger Kastanien [...].[450]

Während viele der Dinge, die sogenannte Messies sammeln, den anderen als wertlos erscheinen würden, bringen die Sammler die Trennlinien und Unterscheidungen zwischen wertlos und wertvoll an sich durcheinander, und stellen der „objektiven" Einteilung von Dingen (und Menschen) ihr eigenes Urteil entgegen. „Messies" treten hierbei als Figuren der Verwahrlosung in Erscheinung, die aber selber sehr viel verwahren – und damit andere, alternative Ordnungen und Wertzuweisungen in die Welt bringen.

Das Leben der Betroffenen zeugt von einem mimetischen Verhältnis zu Dingen. Es sind nicht die Dinge, die das Wohnen einrichten, vielmehr richten sich die Personen in den Dingen ein. Sogenannte Messies stellen auf diese Weise der Wahrnehmung von Müll eine andere Wahrnehmung entgegen – eine, die mit ihren jeweils spezifischen Sehweisen, affektiven Bindungen und persönlichen Urteilen verbunden ist; und genau darin macht sich ein quasi-politischer Dissens auf der Ebene von Alltagsentscheidungen, im Mikrokosmos des Privaten, bemerkbar. Sie finden Hoffnung, Trost und Bedeutung in den Objekten, die sie sammeln und die sie umgeben. Die Dinge werden zu Teilen ihres Selbst, ihrer Erfahrungen, Erinnerungen und Gefühle.

---

450 Walter Benjamin, „Einbahnstraße", in: ders. *Fundbüro: Kurzwaren aus der Einbahnstraße.* Wiesbaden: Marix Verlag, 2012, S. 45.

Resümee

In diesem Kapitel ging es darum, den Typus *Messie* – oder den *hoarder* im angloamerikanischen Kontext –, als eine kulturelle Denkfigur heranzuziehen, anhand derer stellvertretende Diskurse über Abfall in der Gegenwart geführt werden. In diesen Diskursen zeigt sich, inwiefern das Produzieren und Beseitigen von Müll eine kritische Dimension des modernen Alltags ist. Als kulturelle Denkfigur machen *Messies* deutlich, dass Abfall nicht einfach verschwindet, nur weil er nicht mehr sichtbar ist. Es manifestiert sich eine Ästhetik des Mülls, die einen Bruch darstellt mit den üblichen Rhythmen der Müllabsorption. Das Nichtstun der Dinge, ihre Beliebigkeit und Eigensinnigkeit, ist in einem mimetischen, komplizenhaften Verhältnis verstrickt mit einem Bruch gegen die Logik, in der jeder und alles seinen Platz, seine Position und Aufgabe hat. Dabei rückt insofern die verdrängte Kehrseite von Müll im Alltag in den Fokus, als der häusliche Raum selbst den Charakter einer Mülldeponie annimmt.

Der Zusammenhang zwischen Müll und Institutionenverweigerung ist nicht zufällig. Die Grundlage modernen Entsorgens ist, dass Haushalte von ihrem Müll getrennt werden, dass Müll entsteht, der keiner individuellen Person gehört und der keinem zugeschrieben werden kann.[451] Dass Horten ein pathologisches Verhalten ist, welches *behind closed doors* stattfindet, ist dabei wesentlich. Messies stehen deshalb so sehr unter Rechtfertigungsdruck für ihr Verhalten, weil der Abfall, den sie nicht entsorgt haben, Zeuge ihres Lebens und ihrer Lebensführung ist. Dagegen erlaubt der „normale" Umgang mit Objekten, die eigenen Tätigkeiten, Verhaltensweisen und Lebensvollzüge geheim zu halten. „The hidden self is partly a product of a waste management system that allows households to conceal their activities from observation."[452]

Die pausenlose Müllbeseitigung ist ein paradoxes Unterfangen. Es besteht in dem unaufhörlichen Transport, der Verwandlung und Verwertung von Müll, und erschafft zugleich die Illusion, dass Müll verschwindet. Saubere Straßen, Wohnräume und müllfreie Zonen sind nur möglich, weil der Müll woanders gelagert und verarbeitet wird. Die Infrastruktur der Müllabfuhr hält eine Aufteilung des Sinnlichen parat: zwischen Zonen der Sauberkeit und Orten des Mülls; zwischen jenen Individuen, deren tägliche Müllproduktion spurlos absorbiert wird, und jenen, die mit dem Müll, neben ihm oder in ihm leben. Nicht nur existiert der Müll,

---

451 Vgl. Joshua Reno, „Waste", in: Paul Graves-Brown / Rodney Harrison (Hrsg.), *The Oxford Handbook of the Archaeology of the Contemporary World*. Oxford: Oxford University Press, 2013, S. 261–272; S. 266.
452 Ebd.

der aus Wohnungen täglich verschwindet, an anderen Orten fort, der Müll ist ein Zeuge unseres Alltags.

Der Ausdruck *Messie* ist eine Verhandlung darüber, inwiefern Müll immer und überall um uns herum ist, auch wenn er nicht direkt in unserer Nähe ist. Die Figur des Messies als mediales Spektakel, als ambivalenter Umgang mit Dingen, als tägliche Aushandlung und als Kampf mit sich selbst, macht einen anderen Bezug zu Müll, zu einer unsichtbaren Sphäre der Müllabladung offenbar; eine alternative Realität. Messies zeigen, was sonst nicht sichtbar wäre: Müll, der sonst verschwindet. Das Messie-Syndrom lässt sich auch im Sinne einer Medialität des Mülls lesen. *Messies bezeugen die narrativen Potentiale des Abfalls.* Was wir entsorgen, erzählt von uns. Aber die Erzählmöglichkeiten von Abfall bleiben normalerweise verborgen. Die apokalyptischen Motive, die die Mülldeponie verkörpert, finden sich hier im eigenen Haushalt wieder.

Das bedeutet, dass der Messie nicht einfach eine Gegenfigur zum normalen Entsorgen ist. Vielmehr bringt er zum Vorschein, was immer schon da ist: Der Abfall, der immerzu entsteht, verschwindet und woanders fortlebt. Die normalisierte Verheimlichung von Müll kehrt sich um und alles, was sonst heimlich ist, ist nun deutlich sichtbar. Die Prozesse des Verfalls, die Metamorphosen des Abfalls, die Essensreste, die ihre Substanz verändern – das alles ist sonst nur für jene zu sehen, die den Müll abholen, beseitigen, wiederverwerten, wieder aneignen oder recyceln. Das apokalyptische Szenario der Messie-Wohnung besteht somit darin, zu zeigen, was immer schon da ist – die Performativität des Abfalls: das Eigenleben, das hinterlassene Reste entwickeln, ob wir wollen oder nicht. Messies bringen den Müll als Teil von uns allen zum Vorschein. Sie zeigen, dass die Hoffnung darauf, sich vom Müll zu trennen, letztlich aussichtslos ist. Sie brechen mit der Logik der Reinheit, um den Preis des Verlustes ihrer Privatheit.

Die Figur des Messies lässt sich als subversive Kraft lesen, die nicht nur mit der Logik des Reinen bricht, sondern auch die Ambivalenz der Kategorie Abfall zum Ausdruck bringt: die fortwährende Gegenwart der Dinge, die beseitigt wurden, die Vergangenheit, die an die Oberfläche kommt. Wie Lisa Blackman in ihrer von Derrida inspirierten Theorie des Spuks verdeutlicht, können Dinge wiederkehren.[453] Die Bilder von sich auftürmendem Müll deuten auch auf die tragende, wenn auch verdrängte Rolle, die Müll spielt; darauf, wie der Müll, der weggeschafft wurde, auf verschiedene Weisen zurückkehrt.

---

453 Lisa Blackman, *Immaterial Bodies: Affect, Embodiment, Mediation.* London/New York: Sage, 2012.

5 Im Jenseits des Hausmülls

Before I wanted to be an astronaut I wanted to drive a garbage truck. [...] I remember ca-vorting around the grounds of the space center in Huntsville, Alabama under the menacing clouds of an approaching storm, buoyant, in complete ecstasy. But before all of this I had been an even smaller child, looking out the window at the approaching dump truck, flab-bergasted at its size and capabilities, fascinated by its slow and free movements up and down every block and away to some unknown place where everything it scooped up was spit back out again and hidden in some remote spot on earth. From an early age, outer space and garbage dumps fascinated me in equally measure as mysterious elsewheres, and they have been conjoined in my mind as twin passions ever since.[454]

Brian Thill

Für Brian Thill, der sich in diesem Ausschnitt aus seinem Buch *Waste. Object Lessons* daran erinnert, wie fasziniert er als Kind von Raumschiffen und Müll-fahrzeugen war, steht fest: Die Mülldeponie erscheint in gewissen Hinsichten als ebenso außerirdisch wie das Weltall. Die Müllhalde und der Weltraum haben in der Tat mehr gemeinsam, als man vermuten würde. Es handelt sich in beiden Fällen um geheimnisvolle Orte, die kulturell ein Außerhalb der vertrauten Welt präsentieren. Die Mülldeponie ist wie ein fernes Universum, scheinbar im *outer space*. Wir wissen, dass sie existiert, aber sie scheint nicht zu der Welt zu gehören, die wir kennen. Dabei ist, nebenbei bemerkt, der Weltraum mittlerweile selbst zu einer Müllhalde geworden. Hunderttausende Schrottteile umkreisen die Erde: defekte Satelliten, ausgebrannte Raketenstufen und Trümmerteile, verursacht durch Kollisionen oder Abschüsse. Da ist es nur konsequent, dass zukünftig eine eigens dafür eingerichtete Müllabfuhr den Abfall im All beseitigen soll.[455]

Ein solches fremdartiges Universum war lange Zeit die ehemals größte Mülldeponie der Welt, *Fresh Kills Landfill*, im New Yorker Stadtbezirk Staten Is-land. Es handelt sich dabei um eine 890 Hektar große, hügelige Landschaft, die 150 Millionen Tonnen Müll unter sich konserviert. Diese Deponie ist derart großflächig, dass sie zu den wenigen von Menschenhand geschaffenen terrestri-schen Gebilden gehört, die vom Weltall aus mit bloßen Augen sichtbar sind.[456] Sie wurde im Jahr 1948 eröffnet und entwickelte sich innerhalb von fünfzig Jahren zur weltweit größten Müllkippe. Im März 2001 wurde die Deponie stillgelegt, ehe sie

---

454 Brian Thill, *Waste. Object Lessons*. London: Bloomsbury Academic, 2015, S. 38.
455 „Müllabfuhr im All soll Weltraumschrott beseitigen", Zeit Online vom 24. April 2017: http://www.zeit.de/wissen/2017-04/raumfahrt-esa-konferenz-weltraumschrott-muellabfuhr-all (10.01.2020).
456 Vgl. Heather Rogers, *Gone Tomorrow. The Hidden Life of Garbage*. New York: The New Press, 2006, S. 1.

https://doi.org/10.1515/9783110613360-010

nach dem Terroranschlag am 11. September 2001 zeitweilig wieder geöffnet wurde, um die Trümmer des World Trade Center, mitsamt den Überresten der Opfer, dort zu lagern. Man versuchte, den Schutt von den unzähligen Fragmenten menschlicher Leichenteile zu trennen und die knapp dreitausend Opfer, die bei dem Anschlag ums Leben gekommen sind, soweit wie möglich zu identifizieren. Von mehr als vierzig Prozent der Toten fehlt jedoch bis heute jede Spur.[457]

Die Lagerung der Trümmer des Anschlags mit den Überresten der Opfer auf Fresh Kills Landfill löste damals eine Kontroverse aus, da Familienangehörige es als unwürdig empfanden, dass die Opfer gewissermaßen zusammen mit Müll beerdigt werden und sie ihre Toten auf der Müllkippe besuchen müssten. „A landfill is no place to honor the dead. And yet, the families of those killed in the largest attack on American soil are forced to pay their respects at our nation's largest garbage dump", notiert die *Daily News*, nachdem das Aufschütten der Trümmer auf Fresh Kills Landfill bekannt wurde.[458]

Heute wird das zwölf Quadratkilometer große Areal in eine neun Quadratkilometer große Parkanlage umgewandelt – ein Vorgang, der 2005 begann und 30 Jahre in Anspruch nehmen wird. Ein Mahnmal soll an den 11. September 2001 erinnern. Der auf Fresh Kills vergrabene Müll kann heute teilweise in Energie umgewandelt werden, die in das New Yorker Stromnetz eingespeist wird. Das geschieht auf der Basis eines bei der Zersetzung der organischen Abfälle entstehenden Gasgemisches aus Methan und Kohlendioxid; eine Raffinerie auf dem Deponiegelände wandelt es in zur Energiegewinnung nutzbares Erdgas um.[459] Nicht nur deswegen wird dem lange nach der Stilllegung weiterwirkenden und „wesenden" Müll von Fresh Kills oft ein Eigenleben attestiert.[460]

„Fresh Kill's history is marked by transience: from salt marsh, to land, to cemetery, and finally to future park", stellt Martin Melosi fest.[461] Die Landschaft von Fresh Kills ist von Beginn an von einer Spannung zwischen Vorstellungen von Natur und Technik geprägt. Ironischerweise geht die Bezeichnung *fresh kills* auf hollän-

---

457 Michael Remke, „Warten auf die Toten", 2013, *Die Welt*, online: https://www.welt.de/ver mischtes/article115010964/World-Trade-Center-Warten-auf-die-Toten.html (10.01.2020).
458 Vgl. Anthony Gardner / Diane Horning, „9/11 victims should not be left in the Fresh Kills dump, families say", *Daily News*, 2008, online: http://www.nydailynews.com/opinion/9-11-vic tims-not-left-fresh-kills-dump-families-article-1.307359 (10.01.2020).
459 Kate Ascher / Frank O'Connell, „From Garbage to Energy at Fresh Kills", *New York Times*, 2013, online: http://www.nytimes.com/interactive/2013/09/15/nyregion/from-garbage-to-energy-at-fresh-kills.html (01.02.2020).
460 Vgl. Rogers, *Gone Tomorrow*, S. 6.
461 Martin V. Melosi, „Fresh Kills: The Making and Unmaking of a Wastescape." In: „Out of Sight, Out of Mind: The Politics and Culture of Waste", in: Christof Mauch (Hrsg.), *RCC Perspectives: Transformations in Environment and Society* 2016, no. 1, S. 59–65; S. 60.

dische Siedler zurück, die es nach den „frischen Gewässern", die sie hier fanden, benannten. Auf einem Plan des Landschaftsarchitekten James Corner basierend, soll nun aus der ehemaligen Mülldeponie ein Volkspark mit Grünflächen, Wanderwegen und Restaurants werden. Die Projektleiter des Freshkill Parks sehen in ihrem Projekt ein Vorbild für zukünftige ökologische Sphären. Hinter dem Projekt steht die Idee, dass die unter Müll begrabene Landschaft der Natur zurückgegeben werden soll. Die Parkleiter betonen, dass alle schädlichen Stoffe im Boden versiegelt wären. Die Berge voller Müll seien mit einem undurchlässigen Überzug aus Plastik abgeschirmt und von zusätzlichen Schichten von Materialen, die den Boden der Landschaft von dem Müll unter ihm trennen, überdeckt. Ein umfassendes Netzwerk aus Rohrleitungen und Ableitungskanälen hilft bei der Sicherung und ermöglicht zum Teil die Verarbeitung der unsichtbaren Müllstoffe. Der harte Lehmboden würde sicherstellen, dass keine Schadstoffe durchsickern und sich die Vegetation entfaltet. Die Hoffnung ist, dass sich der Ort, an dem einst tonnenweise Müll verfracht wurde, zu einem Naturschutzgebiet für Vögel und andere Tiere wandelt.[462] An einem Ort, der zu einem Sinnbild für die destruktiven Elemente industrieller Gesellschaften wurde, soll ein neuartiges Ökosystem entstehen.

Mülldeponien bringen beispielhaft zum Ausdruck, wie die Beziehung zu Müll von dem Wunsch nach Beseitigung geprägt ist. Sobald Dinge als Müll klassifiziert sind, werden sie aus dem Bereich des Sichtbaren entfernt, und aus dem Gedächtnis verbannt, zumindest für jene von uns, die auf ein verlässliches Müllentsorgungssystem vertrauen können. Wir leben in der Hoffnung, dass unsere unerwünschten Reste und Abfälle in eine riesige unsichtbare Grube verschwinden, und damit mehr oder weniger aus unserem alltäglichen Leben ausradiert sind. Aber wie der Umwelt-Philosoph Timothy Morton argumentiert, gibt es keine imaginäre Abwesenheit, kein „Fort" mehr, an das wir uns halten können.[463] Morton ist der Ansicht, dass wir in einer Welt leben, in der bestimmte Einteilungen – zum Beispiel jene zwischen Natur und Kultur, aber auch die zwischen den zugehörigen Landschaften und Lebenssphären für Menschen und Tiere – überdacht werden müssen. Es gibt kein „away", keine imaginäre Zone, in der das stinkende Klowasser und die verfaulenden Abfälle auf Nimmerwiedersehen verschwinden. Die Dinge, die wir entsorgt haben, kehren auf die eine oder andere

---

462 Laura Bliss, „The Wild Comeback of New York's Legendary Landfill", 2017, online: https://www.citylab.com/solutions/2017/02/the-wild-comeback-of-new-yorks-legendary-landfill/516822/ (20.01.2020); vgl. auch Fresh Kills Park, „NYC Parks Is Mapping Raptor Nests In Freshkills Park And Beyond", 2017, online: http://freshkillspark.org/blog/nyc-parks-mapping-raptor-nests (10.01.2020).

463 Timothy Morton, *Hyperobjects: Philosophy and Ecology after the End of the World.* Minneapolis, MN: University of Minnesota Press, 2013, S. 31. Vgl. Thill, *Waste*, S. 27.

Weise zu uns zurück. Heute bedeutet *away* zumeist: Mülldeponien, Recycling-höfe, Wiederverwertungsfabriken.

Im Folgenden steht die Frage nach den materiellen Widerständigkeiten und charakteristischen Eigensinnigkeiten von Müll im Zentrum. Es geht um die politische Performativität des Hausmülls und um die Formen der Abwesenheit und der Leere, die der Müll, der abtransportiert und deponiert wird, entstehen lässt – und um seine ungebetene, oft unheimliche Wiederkehr, um sein Fortwähren entgegen aller Bemühungen, ihn verschwinden zu lassen. Dabei kommen die Räumlichkeiten von Schmutz, Müll und Reinigung zu Sprache, ebenso wie die klangliche und visuelle Aufteilung der Welt in schmutzige und saubere, laute und leise, sanitäre und toxische Zonen.

Um die widerständigen Momente von Müll herauszuarbeiten, soll zunächst ein Blick auf die Wege geworfen werden, die Hausmüll in Mülltonnen und -säcken bis hin zum Transport und schließlich zur Müllkippe geht. Ausgehend von der Materialität von Müll, die sich auf diesen Routen bemerkbar macht, proklamieren manche Stimmen eine eigene Handlungsmacht von Dingen. Schließlich wirft dieses Kapitel mit dem Anthropologen Joshua Reno einen Blick auf das, was auf Müllkippen passiert, und wie Mülldeponien das Verständnis von Abfall in Frage stellen können. Angesichts von Prozessen der Müllsammlung und seiner Deponierung geht es um folgende Fragen: Was wird aufgezeichnet, erfasst und archiviert, wenn Müll von Häuserfronten, Straßen und Containern eingesammelt wird? Welche Eigenschaften entwickeln die Stoffe und Materialen, die täglich beseitigt werden, nachdem sie aus den Zentren verbannt sind? Welche Metamorphosen durchlaufen sie auf ihrem Weg? Und: Was erzählen die Dinge, die wir wegwerfen, über uns?

5.1 Autobiografien des Mülls

„Letzte Woche war ich in einem neuen Restaurant, hübscher neuer Laden, ja, und da steh ich und schau mir die Essensreste auf den Tellern anderer Leute an. Übriggelassenes. Ich sehe Kippen in Aschenbechern. Und als wir nach draußen gehen."
„Du siehst überall Müll, weil er überall ist."
„Aber das hab ich doch vorher nicht."
„Jetzt bist du erleuchtet. Sei dankbar".[464]

Don DeLillo, Unterwelt

---

464 Don DeLillo, *Unterwelt*. Übersetzt von Frank Heibert. Köln: Kiepenheuer & Witsch, 1997, S. 332.

Hat man einmal angefangen, die Welt aus Sicht der dauerhaft produzierten Abfälle, des Aufwands der Müllsammlung und der Abläufe der Müllbeseitigung zu betrachten, fällt es schwer, diesen Blick wieder abzulegen. In ihrem Buch *Garbage Land: On the Secret Trail of Trash* unternimmt Elizabeth Royte eine persönliche Reise auf den Wegen und Spuren des Abfalls und stellt fest, wie die neue Aufmerksamkeit, die sie ihrem Müll zuteil werden lässt, ihre gewohnten Wahrnehmungsweisen herausfordert und schließlich transformiert. Royte will nicht nur wissen, wie viel Müll sie produziert, sie will wissen, wie schwer ihr Müll ist, aus was er hauptsächlich besteht, wie er sich zusammensetzt und was die Dinge, die sie täglich entsorgt, über ihr Leben erzählen. „What would my garbage say about me?"[465]

Die Autorin beschließt, den Selbsttest zu machen und beginnt, das Gewicht des von ihr täglich produzierten Hausmülls zu messen. Mit der Akribie einer Forscherin entnimmt sie den Müll aus dem Abfalleimer in der Küche und stellt ihn auf die Waage. „After weighing, I untied the sack and started removing items one by one, writing down their names and placing them in the new bag. This sounds straightforward, but it wasn't. My pen got sticky; coffee grounds spilled onto the floor".[466] Die Ergebnisse, die sie tagebuchartig festhält, sehen so aus:

> October 3. Foil packaging from Fig Newmans, empty box of sandwich bags, waxed paper bag from muffin shop, 2 plastic bags from vegetables, plastic bread bag, coffee grounds, receipt from grocery store, grapefruit and watermelon rinds, misc. Food scraps from dinner, 1 slice stale bread, 1 banana peel, 5 basil stems, 1 half gallon plastic milk bottle, 2 half-gallon juice cartons, 1 beer bottle, 1 jelly jar, 1 wine bottle, 1 half-liter plastic bottle of chocolate milk, 1 peanut butter jar, miscellaneous 'fines'. Total weight: 7 pounds, 9 ounces.[467]

Die Müllentsorgung, stellt Royte fest, ist eine Art unfreiwillige Autobiografie. Die Produktion von Müll gibt Auskunft über den Ablauf ihres Alltags. Der Müll transkribiert ihr eigenes Leben, er stellt eine Aufzeichnung dar. Royte erstellt ein Inventar ihres Hausmülls, das zu einem persönlichen Mikroarchiv ihres Alltags wird. Die Konfrontation mit ihrem eigenen Abfall stellt die gewohnten Wahrnehmungen in Frage und wirft neue Fragen auf. Royte reflektiert schließlich die Erkenntnisse, die sie von ihrem Müll am ersten Tag des Selbstexperiments gelernt hat: Nasse Essensreste machen den Müll so richtig eklig, Weinflaschen schwer,

---

465 Elizabeth Royte, *Garbage Land. On the Secret Trail of Trash.* New York: Back Bay Books, 2005, S. 12.
466 Ebd.
467 Ebd., S. 12f.

und der neue Plastiksack, mit dem sie eben den vorherigen ersetzt hatte, war nach kurzer Zeit schon wieder gut gefüllt.

> Was there no relief from it? Did the flow ever stop? I wondered if sanitation workers ever felt a sense of futility. They cleaned one street after another, until the district was officially clean. But no sooner were the bins tipped than they immediately began to fill. Emptiness – cleanliness – was a condition so brief as to be nearly undetectable.[468]

Auf diese unaufhörliche Präsenz – die ständige Wiederkehr – des Mülls verweist die Anthropologin Robin Nagle in ihrem Buch *Picking Up*. Die Arbeit mit Müll verändert ihre Sicht auf die Welt des Abfalls ebenso wie ihre Selbstwahrnehmung. „I was no longer just someone who thought a lot about trash; now I was one of the people picking it up, and instead of upscale residential blocks lined with lovely homes and trees, I saw clots of dark bags, metal cans, plastic bins that went on and on."[469] Die Tätigkeit verändert ihren Blick auf das Verhältnis von Menschen und Abfall. Nagle beschreibt, wie sie Eigenschaften des Mülls entdeckt, die ihr vorher nicht aufgefallen waren, so zum Beispiel das schlichte, aber unerbittliche *Weiterexistieren* des Mülls: „Garbage is, always. We will die, civilization will crumble, life as we know it will cease to exist, but trash will endure, and there it was on the street, our ceaselessly erected, ceaselessly broken cenotaphs to ephemera and disconnection and unquenchable want".[470] Die Arbeit mit Müll lässt Nagle Dinge sehen, die sie sonst nicht kannte. Nicht nur der Müll selbst, auch die Geräte der Müllsammlung, die Transporter und Sammelhallen, scheinen eine eigene Lebendigkeit zu entwickeln und sich den menschlichen Bedürfnissen gegenüber gleichgültig zu verhalten.

> The smell hits first, grabbing the throat and punching the lungs. The cloying, sickly-sweet tang of household trash that wrinkles the nose when it wafts from the back of a collection truck is the merest suggestion of a whiff compared to the gale-force stink exuded by countless tons of garbage heaped across a transfer station floor.[471]

Nicht nur die Nase ist vom Müll betäubt, auch das Gehör befindet sich in Alarmzustand. Die Müllsammelfahrzeuge sind sowieso schon laut, aber wenn mehrere Fahrzeuge zugleich in dem Lagerhaus aus Metall sind und ihre Ladungen entleeren, ist der Lärm unerträglich. Um das Geräusch von Metall, das gegen

---

468 Ebd., S. 14.
469 Nagle, *Picking Up*, S. 49.
470 Ebd.
471 Ebd., S. 5.

Metall prallt, auszuhalten, tragen die *sanitation worker* dicke Kopfhörer. Die Kulisse inspiriert die Chronistin zu poetischen Notizen: „The mounds quake beneath its weight like the shivering flanks of a living being, some golem given sentience by an unlikely spark that animated just the right combination of carbon, discards, and loss."[472]

Die weggeworfenen Dinge, die abtransportiert werden, sind nicht mehr identifizierbar, sondern sie verschwimmen zu einer einzigen Masse von Müll. Dinge, die so unterschiedlich sind, dass sie ansonsten kaum in einem Zusammenhang genannt werden würden, sickern ineinander. Einmal am Bestimmungsort angekommen, auf der Mülldeponie, der Ruhestätte für Abfall, stellt Nagle fest: „The garbage here and in every other dump the world over reflects lives lived well, or in desperation, or too fast, or in pain, or in joy."[473] Die Dinge in den Deponien tragen Spuren ihrer Besitzer*innen. Es sind die untrüglichen, unverlierbaren Zeichen des Lebens. Es ist eine Autobiografie, verfasst in der materiellen Textualität des Mülls; in Form von Spuren, die vom gelebten Alltag übrigbleiben.

Nagle entwickelt eine Poetik des Mülls, mit der sie diese Unvergänglichkeit und Unverfügbarkeit des Abfalls beschreibt. Müll, so Nagle, ist überall. Er ist schwer und kaum zu beherrschen. Anders als das menschliche Leben kenne Müll kein Vergehen. „Bis zu 450 Jahre benötigen eine Kunststoffflasche oder eine Wegwerfwindel, bis sie sich zersetzt haben".[474] Den Ewigkeitscharakter der modernen Müllmaterialen symbolisieren insbesondere Plastikstoffe. Plastik ist laut dem Bundesumweltamt „biologisch ‚inert', also sehr stabil und löslich, und daher kaum einer Mineralisation unterworfen". [475] Plastikpartikel können zwar mit der Zeit kleiner werden, aber sie werden nicht vollständig abgebaut.

5.2 *Animacies:* Lebendige Materie

Der Eindruck, Müll würde ein eigenes Leben und eigenständige Verhaltensweisen entwickeln, die sich nicht kontrollieren lassen, dabei auch noch die Sinne und Wahrnehmungen betäuben, stellt die gewohnte Annahme in Frage, dass wir es sind, die den Müll verwalten und produzieren, und nicht umgekehrt. Seit einiger Zeit gibt es vermehrt Stimmen, die auf die spezifische Form von Handlungsmacht

---

472 Ebd., S. 6.
473 Ebd., S. 7.
474 Umweltbundesamt, „Verrotet Plastik gar nicht oder nur langsam?", 2017, online: http://www.umweltbundesamt.de/service/uba-fragen/verrottet-plastik-gar-nicht-nur-sehr-langsam (10.02.2020).
475 Ebd.

verweisen, die von unbelebten Dingen ausgeht: Materielle Objekte sind demnach nicht nur passive, leblose Gestalten, die wir für bestimmte Zwecke gebrauchen, sondern sie prägen unsere Handlungen, Erfahrungen und Identitäten. Müll spielt in diesen Debatten immer wieder eine zentrale Rolle. Die umweltschädlichen Gefahren, die von weggeworfenen Abfällen ausgehen, oder die ungeahnten Folgen und weitreichenden Metamorphosen von Plastik und anderen Materialen, tauchen als prototypische Beispiele auf, um über die Handlungsmacht von Dingen zu sprechen. In ihrem Buch *Vibrant Matter* zieht die Theoretikerin Jane Bennett beispielsweise die Mülldeponie als Vorzeigebeispiel heran, um die „Kraft von Dingen" zu verdeutlichen. Mülldeponien würden die weittragenden Fähigkeiten von Dingen offenbaren: „the curious ability of inanimate things to animate, to act, to produce effects dramatic and subtle."[476]

Was die Handlungsmacht weggeworfener Objekte betrifft, so ist diese das Ergebnis von Interaktionen und von Skripten, die immer schon das Zusammenleben prägen. Oder wie Iris Därmann mit Bezug auf die Handlungsmacht der Dinge und mit Blick auf Autoren wie Latour, Heidegger, Serres und Mauss formuliert:

> Eine Handlungsmacht, die Menschen und Dingen, Personen und Sachen, Subjekten und Objekten, gleichermaßen zukommt, rührt nicht von einer ominösen magischen Kraft her, sondern von den vorgeschriebenen Transaktionen, verbindlichen Riten, kodifizierten Performativen, habituellen Sprachspielen, Körpertechniken und Gesten, die Personen und Sachen in eine spezifische Konstellation, operative Verbindung und Verkettung, kurz: in verschiedene und aufeinander bezogene Modi der Interaktion und Interpassion bringen.[477]

Diese Konstellationen sind nicht neutral. Die Politik der Narrative von Lebendigkeit hat Mel Y. Chen beispielweise in ihrem Buch *Animacies* verdeutlicht.[478] Der Grad an Aktivität und Handlungsvermögen, oder aber Passivität und Leblosigkeit, den wir Personen, Dingen oder Naturphänomenen zuschreiben, ist immer eine Aushandlung, die mit politischen Unterteilungen verbunden ist. In ihrem Buch macht Chen deutlich, inwiefern Materie, die als leblos, tödlich oder starr angesehen wird, in Debatten rund um Sexualität, Rassismus und Affekt eine Rolle spielt. Chen untersucht die diffuse Unterscheidung zwischen den Lebenden und den Toten, zwischen Subjekten und Objekten. Dabei analysiert sie die Kriterien,

---

476 Jane Bennett, *Vibrant Matter. A Political Ecology of Things*. Durham, NC: Duke University Press, 2010, S. 6.
477 Iris Därmann, *Theorien der Gabe*. Hamburg: Junuis Verlag, 2010. S, 162–168.
478 Mel Y. Chen, *Animacies: Biopolitics, Racial Mattering, and Queer Affect*. Durham, NC: Duke University Press, 2012.

die tätiges Handeln und bloße Rezeptivität, Gesundheit und Toxizität, Produktivität und Passivität ausmachen und verdeutlicht, wie affektive Zuschreibungen von Materie, Stoffen und Dingen die gewohnte Aufteilung der Welt aufbrechen.[479]

Das Wort *animacy*, so Chen, verweist auf die spezifische Qualität von Handlungsmacht, Bewusstsein, Bewegungsfähigkeit, und Lebendigkeit der Dinge.[480] Innerhalb der Linguistik beschreibt *animacy* die grammatischen Effekte der „sentience or liveness of nouns", also den Grad an Lebendigkeit und Vitalität von Substantiven.[481] Chen greift diese Hierarchie von Lebendigkeit aus der Sprachtheorie auf, um sie jenseits der disziplinären Grenzen aufzuspüren. Ihr Ziel ist es, eine „Ontologie von Affekt" zu skizzieren. „Animacy hierarchies", sind, wie Chen andeutet, „precisely about which things can or cannot affect—or be affected by— which other things within a specific scheme of possible action"[482]. Der Rückgriff auf Ordnungen von Lebendigkeit würde Ontologien der Sprache und damit die hierarchische Logik und die Grenzen von Aktivität und Passivität, von Subjekten und Objekten bestätigten, manipulieren oder in Frage stellen.[483].

> Animacy activates new theoretical formations that trouble and undo stubborn binary systems of difference, including dynamism/stasis, life/death, subject/object, speech/nonspeech, human/animal, natural body/cyborg. In its more sensitive figurations, animacy has the capacity to rewrite conditions of intimacy, engendering different communalisms and revising biopolitical spheres, or, at least, how we might theorize them.[484]

Chen zeigt auf wie die entstehenden *Disability Studies* und die *Animal Studies* einen wichtigen Beitrag zu dem leisten, was in den Kulturwissenschaften als *material turn* bezeichnet wird. Das neue Interesse an Fragen von Lebendigkeit und Handlungsmacht jenseits des Menschen, angefangen bei neueren Theoretisierungen von Affekt bis hin zu philosophischen Ansätzen des spekulativen Realismus, hat die rassifizierenden, misogynen und exklusiven Dimensionen der Beschreibungen von Materialität oft ausgeblendet. Chens Buch ist in dieser Hinsicht ein wichtiger Beitrag zum *material turn* in politischer Orientierung. Denn ihr Buch verdeutlicht, wie sie schreibt, dass „abstract concepts, inanimate objects, and things in between can be queered and racialized without human bodies present, quite beyond questions of personification."[485] Jane Bennett und Mel Y.

---

479 Vgl. ebd., 42.
480 Vgl. ebd., S. 2.
481 Ebd.
482 Ebd., S. 30.
483 Vgl. ebd., S. 42.
484 Ebd., S. 3.
485 Ebd., S. 265.

Chen betonen beide auf jeweils unterschiedliche Weise die Verflechtung von Materialität und Agency – und unterwandern binäre Kategorien von Handlungsmacht und Passivität. Dabei wird deutlich, dass die neueren Diskussionen um Materialität und Agency nicht nur abstrakt-theoretisch, sondern auch politisch von Belang sind.

Wie William Viney in seiner *Philosophy of Waste* betont, ist Müll durch ein ambivalentes Narrativ charakterisiert. Die Verwendung von Dingen erschafft eine zeitliche Struktur. Zugleich ist es aber auch die Zeit, die wir Dingen „geben", also die wir mit der Verwendung oder der Betrachtung von Dingen verbringen, die Art und Weise, wie diese Dinge bedeutsam bleiben. Dinge geben oder nehmen Zeit. Sobald ein Objekt aus dieser Struktur, dieser „mediation of events" und dem verbundenen Akt der Narration, herausfällt, handelt es sich um Abfall.[486]

Müll ist so gesehen nicht nur ein Herausfallen aus einer sozialen, symbolischen Ordnung, sondern vor allem auch aus einer zeitlichen Ordnung. Für Dinge, die zu Müll geworden sind, gibt es keine Verwendung mehr, das bedeutet, keine Zukunft. Zugleich ist Abfall eben gerade eine Form von Materie, die verweilt und andauert: Abfall taucht als etwas auf, das einmal war – und das fortwährt, verweilt.[487] So manifestiert sich jenseits der offiziellen, linearen, geordneten Zeit des Alltags eine zweite, eine verdrängte, geisterhafte Zeitlichkeit: die hartnäckige Persistenz jener Dinge, deren Zeit abgelaufen ist. Die Vergangenheit bewegt sich im Müll nach vorne. Entsorgte Dinge überdauern ihren vorgesehenen Lebenszyklus und existieren weiter, auch nachdem sie aus privaten und öffentlichen Zonen verbannt wurden.

„Every thought about waste seems much too big or much too small", notiert Brian Thill.[488] Reflektiert man die Größenordnung von Abfall, merkt man schnell, dass dieser sich nicht in fest umgrenzte Kategorien und Einteilungen fügt. Müll lässt sich schwer greifen; er hält sich nicht an Rahmen und Maßstäbe. „If you wanted to consider an object more resistant to capture, you would be hard pressed to find one. Waste challenges our ability to adjust our contemplation of it to the proper place, to the proper scale."[489] In Anbetracht von Kristevas Begriff des Abjektes lassen sich jene Dinge, die ausgeschlossen wurden aus der Ordnung des Sichtbaren, als Figuren von Dissens lesen. Das, was aus dem Diskursiven herausfällt, ist zugleich das, was auf die Brüchigkeit des jeweiligen Regimes verweist. So vermag Abfall auch als Zeugnis dafür zu fungieren, dass die offiziellen Auf-

---

486 Viney, *Waste: A Philosophy of Things*, S. 4.
487 Vgl. ebd.
488 Thill, *Waste*, S. 5.
489 Ebd.

teilungen der Welt in saubere und schmutzige Zonen illusionär sind. Gerade dadurch, dass er ausgestoßen ist, hat Müll das Potential, die Grenzen des Denkbaren und Sichtbaren in Frage zu stellen.

Aber was genau wird gesammelt, wenn Abfall eingesammelt wird; und was bleibt bestehen, wenn Müll beseitigt wird?[490] In *Rubbish: An Archaeology of Garbage* beschreiben William Rathje und Cullen Murphy das Handwerk der Archäologie als eine anspruchsvolle Form der Müllsammlung. William Rathje, Gründer des *University of Arizona Garbage Project*, behauptet, dass Abfall die Wahrheit über Menschen wiedergibt. Müll zeige, inwiefern unsere Selbstwahrnehmung und das, was wir wirklich tun, oft zwei verschiedene Dinge sind.[491] „The stuff of garbage reminds us that it is a rare person in whom mental and material realities completely coincide. Indeed, for the most part, the pair exist in a state of tension, if not open conflict."[492]

Die organisierte Müllabfuhr ermöglicht es, Müll zu verbergen, ihn rapide aus dem Bereich des Sichtbaren und Spürbaren auszuschließen – das hat Folgen für die Art und Weise, wie wir Müll wahrnehmen und verstehen.

> To understand garbage, you have to touch it, to feel it, to sort it, to smell it. You have to pick through hundreds of tons of it, counting and weighing all the daily newspapers, the telephone books, the soiled diapers, the foam clamshells that once briefly held hamburgers [...].[493]

Diese Perspektivierung von Rathje stellt eine polemische Intervention dar, die darauf hinausläuft, zu hinterfragen, was Abfall eigentlich ist, und was es bedeutet, Müll einzusammeln, wegzuschaffen und zu deponieren. Es handelt sich um eine archäologische Perspektive auf Abfall, die Abfall nicht als etwas Gleichbleibendes und Statisches versteht, sondern als eine bewegliche und wandelbare Kategorie. Wie wird das, was heute auf Mülldeponien archiviert wird, in die Geschichte eingehen? Was verraten Mülldeponien über die Zusammensetzung der Gesellschaft und die Verteilung von Ressourcen? Und schließlich: Wenn Müll als Zeuge des Alltags figuriert, was sagt er über die Gegenwart aus?

---

490 Vgl. Viney, *Waste: A Philosophy of Things*, S. 55.
491 William Rathje / Cullen Murphy, *Rubbish! The Archaeology of Garbage.* Tucson, AZ: University of Arizona Press, 2001.
492 Ebd., S. 13.
493 Ebd., S. 9.

5.3 Performativität der Mülldeponie

„It's one thing about this business: the garbage never stops for nothing", sagt Bob, Leiter der Mülldeponie *Four Corners* im US-Amerikanischen Bundestaat Michigan, im Gespräch mit dem Anthropologen Joshua Reno.[494] Reno beschreibt in *Waste Away* (2016) die Herausforderungen, die mit der Arbeit auf einer Müllhalde einhergehen. Sein Chef Bob schildert, wie er Zeuge eines tödlichen Unfalls wurde, der sich im Jahr 2003 auf der Mülldeponie ereignete. Der neue Mitarbeiter war erst seit zwei Tagen im Dienst, als er gerade die Ladung Müll, die er aus Kanada befördert hatte, mithilfe des Schalters seines Transportwagens in eine Schlammgrube entleeren wollte. Aber er stand zu nah an der Grube, und bevor er reagieren konnte, wurde er von der Ladevorrichtung seines Transporters kopfüber in die Grube geworfen und unter der Masse von Abfall begraben. Bob eilte dem Mann zu Hilfe und versuchte ihn an den Füßen aus dem Müll hochzuziehen, aber der Widerstand war zu groß. Die schiere Masse war unkontrollierbar und der Mann erstickte unter den 35 Tonnen Abfall, die er gerade noch entladen hatte. Während er von dem schrecklichen Unfall erzählt, sagt Bob immer wieder: „Garbage is coming here no matter what [...] [T]his place won't stop for nothing."[495] Wenn Bob von diesem Unfall und insgesamt von der Arbeit auf der Mülldeponie erzählt, dann erscheint der Abfall als eine selbstständige Entität, die mit eigenem Willen und einer Lebendigkeit versehen ist. „It was as if all this waste had a life of its own."[496] Noch Tage, nachdem Reno diese Geschichte von Bob hört, bleibt ihm dieser eine Satz, den Bob ein paar Mal wiederholte, im Gedächtnis haften: „The garbage keeps coming, the garbage keeps coming, the garbage keeps coming."[497]

Die Mülldeponie verhält sich in Renos Beschreibungen zum Teil wie ein lebendiger Organismus. Tatsächlich befinden sich viele Lebewesen, etwa Mikroben, in den Deponien. Prozesse der Biodegradation sind Bestandteil des Alltags der Mülldeponien. „While a landfill only resembles a living body, it is directly associated with and contains life, including many millions of microbial beings that reside within its bowels."[498]

Reno beschreibt in *Waste Away* die Performativität und das Eigenleben des Abfalls, das fernab von sauberen Straßen und entleerten Mülleimern zum Vorschein kommt. Während die Abfälle, die täglich in Müllbehälter geworfen werden,

---

494 Joshua Reno, *Waste Away: Working and Living with a North American Landfill.* Oakland, CA: University of California Press 2016, S. 4
495 Ebd.
496 Ebd., S. 5.
497 Ebd.
498 Ebd., S. 51.

das Ergebnis von menschlichen Aussortierungsprozessen sind, entwickelt der abtransportierte Müll Eigenschaften, die nur diejenigen beobachten können, die tagtäglich mit ihm arbeiten.

In seiner Untersuchung zur Mülldeponie schlägt Reno ein Verständnis von Müll vor, das auf einer alternativen Perspektivierung von Müllhalden gründet. Reno macht den Vorschlag, Mülldeponien nicht nur im Sinne eines ethischen und zivilisatorischen Versagens gegenüber der Natur zu denken, sondern die Deponie in ihrer grundsätzlichen Sozialität zu verstehen: „Follow the contents of your garbage bag, recycling bin, or toilet and they will lead you to people and places to whom you are unknowingly connected“.[499]

Reno lenkt das Nachdenken über die Mülldeponie weg von der Frage, was wir mit dem Müll machen, hin zu einer Perspektive darauf, was der Müll und die Menschen, die ihn beseitigen, transportieren und sortieren, *mit uns machen*. Er verweist auf die auffällige Abwesenheit von Schmutz in den meisten Umgebungen der Alltagswelt, – eine Abwesenheit, die aktiv erzeugt wird, jeden Tag aufs Neue, von jenen Personen, die Müll anfassen, wegräumen und sortieren. Es geht um die Betonung der auffälligen Abwesenheit von Schmutz und Abfall, die der Müll auf der Deponie woanders herstellt; die sauberen Orte und Lebensräume, die der Müll der Mülldeponie, ermöglicht. „To see waste as a social relationship means recognizing the subtraction of unwanted material from our lives as a form of care provided by others.“[500] Müll ist demnach kein passives Objekt, das einfach übrigbleibt, sondern gewissermaßen ein ständiger Prozess der Absorbierung. Die Arbeit mit Abfall knüpft ein unsichtbares „soziales Band“ zwischen jenen, die in leer gefegten und müllfreien Straßen wohnen und jenen, die in sinnlicher Verstrickung mit dem Müll arbeiten und leben.

Die pausenlose Müllbeseitigung ist ein paradoxes Unterfangen. Es besteht in dem unaufhörlichen Transport, der Verwandlung und Verwertung von Müll, und erschafft zugleich die Illusion, dass Müll verschwindet. Saubere Straßen, Wohnräume und müllfreie Zonen sind nur möglich, weil der Müll woanders gelagert und verarbeitet wird. Grundlage des modernen Entsorgens ist, dass Haushalte von ihrem Müll getrennt werden, dass Müll entsteht, der keiner individuellen Person gehört. Die organisierte Müllabfuhr erlaubt es Individuen, ihren Müll zu verbergen. Es entstehen „hidden selfs“ – geheime Teile unseres Selbst –, die stillschweigend abtransportiert werden und an entfernten Orten weiterexistie-

---

499 Ebd., S. 2.
500 Ebd., S. 14.

ren.[501] Die Anonymität und die Schweigsamkeit des alltäglichen Mülls bildet die Grundlage für die Trennung zwischen privaten und öffentlichen Angelegenheiten, die sich in der organisierten Müllabfuhr manifestiert. „Waste is not only a sign of behaviour behind closed doors, in other words, but is precisely one of the modern elements that has allowed for such concealment."[502] Die Infrastruktur der Müllabfuhr hält eine Aufteilung des Sinnlichen parat: zwischen Zonen der Sauberkeit und Orten des Mülls; zwischen jenen Individuen, deren tägliche Müllproduktion spurlos absorbiert wird, und jenen, die mit dem Müll arbeiten und leben.

Schmutz und Sauberkeit sind nicht nur konzeptuell aufeinander verweisende Kategorien, sondern auch in materieller und sozialer Hinsicht unmittelbar voneinander abhängige Formationen der Alltagswelt. Die Mülldeponie hinterlässt eine vorübergehende Leere an Müll – in privaten Wohnungen und Häusern, auf den Straßen, in öffentlichen Gebäuden und in allen Bereichen des Lebens –, indem sie Müll aus den sichtbaren Alltagsräumen entfernt. Der abtransportierte Müll auf der Deponie ist Zeugnis einer Ambivalenz von Nähe und Distanz: „the movement of waste elsewhere creates a distancing effect – a separation between waste workers and waste makers – yet what goes on at landfills continues to shape our lives, behind our backs and beneath our notice."[503] Der Müll der Mülldeponien hinterlässt eine Leere, er produziert Abwesenheit, woanders.

Um die Mülldeponie von ihrer Bedeutung als „outer space" zu erlösen und sie als Bestandteil unseres alltäglichen Lebens zu sehen, macht Reno am Ende seines Buches einen drastischen Vorschlag: „Here is my policy recommendation; let us bury our dead in landfills and not graveyards. In fact, let us merge the two. In death, let us reconnect with the waste we spend our lives refusing."[504]

Als die Überreste der Opfer des Anschlags vom 11. September in New York zusammen mit den Trümmern auf Fresh Kills deponiert wurden, waren viele Menschen, insbesondere die Angehörigen der Toten, empört und traurig darüber, dass sie ihre Toten nicht in Würde verabschieden und beerdigen konnten. Eine Müllhalde, hieß es immer wieder, sei kein angemessener Ort, um Menschen zu begraben. Menschen beerdigt man, man betrauert sie und der Akt der Beerdigung hat eine Bedeutung. Man beseitigt sie eben nicht wie Müll, und man bringt sie nicht an denselben Ort, an den man die häuslichen Abfälle schafft. Müll ist gerade

---

501 Joshua Reno, „Chapter 19: Waste", in: P. Graves-Brown / R. Harrison (Hrsg.). *The Oxford Handbook of the Archaeology of the Contemporary World.* Oxford: Oxford University Press, 2013, S. 261–272; S. 266.
502 Ebd.
503 Reno, *Waste Away,* S. 5.
504 Ebd., S. 218.

das, was man nicht betrauert, was man gerne und bereitwillig, ohne einen Gedanken daran zu verschwenden, beiseiteschiebt.

Aber Renos Polemik will eben diese Unterscheidung unterwandern und das Verhältnis zum eigenen Abfall überdenken. Es geht um die Frage: Was würde es bedeuten, die Sozialität von Müll angemessen zu würdigen? Wie würde das aussehen? Dahinter steht die Annahme, dass uns die Arbeitsabläufe und Prozesse, die zu unserem Müll gehören, etwas angehen und uns bewegen (sollten). Denn: „if waste is an inevitable and necessary force in our lives, we ought to care about what becomes of it rather than leave it to other people and places to care for it on our behalf."[505] Diese Perspektivierung der Mülldeponie zielt auf die Räume des Zugehörens, die mit Müll entstehen. Wir alle sind demnach Teil der Mülldeponien. Das bedeutet auch, das enge Verhältnis zwischen den Dingen, die auf Mülldeponien landen, und uns selbst zu sehen. Dinge, die entsorgt und beseitigt worden sind, kehren möglicherweise auf die eine oder andere Weise wieder.[506]

An anderer Stelle hat Reno über die seit Mary Douglas tradierten Theoretisierungen von Müll als Sache am falschen Ort geschrieben. Er argumentiert, dass man neue Perspektiven bräuchte, die Müll nicht nur als „matter out of place" betrachten, und als gesellschaftlich konstruiert, sondern als ein „sign of life", als Zeichen des Lebens und des Lebendigen. „Exploring the cross-species lives of non-human animals also offers a different strategy to challenge anthropocentric interpretations of waste."[507] Abfall und Verunreinigung tauchen insbesondere in Umweltdiskursen vor allem als Beispiele für die Zerstörung der Natur durch Menschen auf. In seiner Analyse baut Reno auf diese Ideen auf und er schlägt ein anderes Verständnis von Abfall vor; sein Ansatz basiert auf „animal scat". Abfall versteht Reno als „semi-biotic, that is, as a sign or remnant of a form of life, whether human or otherwise."[508] Das stellt eine Kritik des anthropozentrischen Denkens dar, wie Reno es formuliert. Nicht nur solle das Verständnis von „unbewegter Materie" überdacht werden, auch die geteilte Körperlichkeit von Menschen und anderen Spezies sei zu betonen, die „embodied animality that humans share with many other species".[509]

Renos Überlegungen erinnern an dieser Stelle an die von Mel Y. Chen unternommene Kritik an der Grammatik von Lebendigkeit und Passivität, die das Sprechen über Dinge und Personen strukturiert. Die sprachliche Konvention er-

---

505 Ebd.
506 Ebd., S. 5.
507 Joshua O. Reno, „Toward a New Theory of Waste: From ‚Matter out of Place' to Signs of Life", in: *Theory Culture & Society* 31, 6 (2014), S. 3–27; S. 6.
508 Ebd.
509 Ebd.

fordert, dass man zwischen den Abfällen, die Menschen produzieren, und denen, die Tiere hinterlassen, unterscheidet.[510] Aber bricht man mit dieser Logik, dann ergibt sich ein speziesübergreifendes Verständnis von Abfall. Erweitert man den Blick auf die Welt anderer Lebewesen, Insekten, Tiere, so wird man feststellen, dass Abfall nicht nur im Sinne einer Störung zu verstehen ist, sondern in erster Linie auf die Kontinuität des „Am-Leben-Seins" verweist. Anhand des Mülls würden Lebewesen einander erkennen, die Reste würden die kontinuierliche Existenz des anderen zeigen.

Müll, der eingesammelt wird, bezeugt die Existenz von Menschen und erzählt von ihrem Leben, ihren Erfahrungen, ihrem Tageslauf. Diese kontinuierliche Präsenz des Mülls, die Unaufhörlichkeit, auch nachdem er beseitigt wurde, kann deshalb zu einer politischen Sache werden, weil die weggeworfenen Dinge ursprüngliche Kategorien und Zuweisungen überdauern und aus diesen herausfallen. Müll kann in Komplizenschaft treten mit Menschen und mit Belangen, die politisch sind, auch deshalb, weil sie die Zeit, in der ihnen eine Rolle oder Funktion zugewiesen wurde, zu überdauern vermögen; weil sie in ihrer Bedeutung von Menschen angeeignet und umgedeutet werden können. Müll lässt sich nicht nur als die „Kehrseite" einer produzierenden Konsumindustrie verstehen; als eine bloße Negativfolie, vor deren Hintergrund dann vermeintlich grundlegendere Fragen der Kultur diskutiert werden. Vielmehr tauchen Müll, Abfall und weggeworfene Stoffe als Objekte auf, die als Denkfiguren und kulturelle Narrative eigenständig zu Diskursen beitragen. Die hier diskutierten Analysen stellen den Versuch dar, die strukturellen Kontinuitäten in den Vorstellungen von Abfall zu beschreiben, und zugleich die Perspektive auf das, was Schmutz und Abfall ist, zu verschieben. Mit Blick auf den Müll lassen sich die ästhetischen und disruptiven Potentiale von Dingen erkunden. Damit rücken mögliche Momente des Widerständigen und der subversiven Komplizenschaft zwischen Personen und Müll ins Blickfeld.

Resümee

Im Grunde ist jedes Archiv eine Sammlung von Dingen, die irgendwann einmal zu Abfall wurden, weil sie ihren Zweck verloren haben oder als wertlos eingestuft wurden.[511] Wie Aleida Assmann notiert, müssen die Dinge, die ihre früheren

---

510 Ebd.
511 Vgl. Aleida Assmann, „Beyond the Archive", in: Brian Neville / Johanne Villeneuve (Hrsg.), *Waste-Site Stories: The Recycling of Memory*. New York: SUNY Press, 2002, S. 71–82; S. 71.

Gebrauchsaufgaben verloren haben, eine gewisse Art von Stabilität und Robustheit aufweisen, ein Überstehen des Vergehens der Zeit, um ein *Nachleben* im Museum oder in einer Sammlung führen zu können.[512] Archive und Mülldeponien lassen sich so gesehen als Formen eines kulturellen Gedächtnisses verstehen. So übt die Mülldeponie, wie das Archiv, eine Anziehung auf Künstler*innen, Philosoph*innen und Wissenschaftler*innen aus, die sich der Erforschung von Müllsammlungen widmen.[513] Das, was von den Dingen, die zu Abfall werden, überrigbleibt, ist ihre physische Existenz, die trotz ihres Herausfallens aus einem Gebrauchskontext und einer kulturellen Bedeutung fortbesteht. Es sind Dinge, die, nachdem sie ausgesondert wurden, beispielsweise in alternative Ökonomien eingebunden werden, in neue Prozesse der Verwertung, Umwertung, und neue Gebrauchspraxen. Dieses Archiv – die Räume und die Formen, in denen Abfall in dieser Weise umgewertet wird – geht dabei über offizielle oder allgmein anerkannte Archive hinaus. Der Avantgarde-Historiker Boris Groys weist diesbezüglich auf die Archive hin, die nicht als solche erkannt oder gesehen werden:

> Die Frage ist, inwieweit diese Archive, die wir besitzen, diese Museen, diese Galerien, Biblio- und Filmotheken usw., alles umschließen, was geschichtlich zu produzieren wäre. Sicherlich ist dies nicht der Fall, vielmehr befindet sich außerhalb dieser doch immerhin endlichen Archive ein Meer von Ungeschichtlichem, von Alltäglichem, nicht Relevantem, vielleicht nicht Bedeutendem, nicht Bemerkbarem, von all dem, was geschichtlich gar nicht zur Kenntnis genommen wird. Das ist ein potentielles Reservoir für das Neue. Für mich ist das Neue nicht die von der Zeit diktierte Entwicklung, sondern ein Spiel zwischen dem, was man schon kennt und schon in die Archive aufgenommen hat, und dem, was außerhalb dieser Archive bleibt: dem Unscheinbaren, nicht zur Kenntnis Genommenen. Und diese Ebene des Ungeschichtlichen, des Nicht-Archivierten, des bloß Alltäglichen kann sich nicht auflösen. Jedes Leben der Gesellschaft und des einzelnen hat diese nicht-artikulierte, vielleicht auch nicht artikulierbare Dimension des bloß Vorhandenen.[514]

Diese Bemerkung von Groys gibt dem Verständnis der Sichtbarmachung und Erscheinung von Dingen, die, aus der offiziellen Ordnung ausgeblendet sind, noch einmal eine zusätzliche Bedeutung. Aus dieser Perspektive lässt sich auch das im Verborgenen Liegende, das an die Oberfläche Kommende, als latent politisch verstehen. So führt der Blick auf Abfall die Ambivalenz zwischen Sichtbarkeit und Unsichtbarkeit, dem Vergangenen und Gegenwärtigen vor.

---

512 Vgl. ebd.
513 Vgl. ebd.
514 Boris Groys / Wolfgang Müller-Funk, „Über das Archiv der Werte. Kulturökonomische Spekulationen: Ein Streitgespräch", in: Wolfgang Müller-Funk (Hrsg.). *Die berechnende Vernunft: Über das Ökonomische in allen Lebenslagen.* Wien: Picus, 1993, S. 175.

Das, worauf Groys hier hinweist, das strukturell Absente, das nicht-Artiku-lierbare, eröffnet eine Dimension des Politischen, die auf einem Moment des Ungeschichtlichen gründet. Ungeschichtlich in dem Sinne, dass es nicht „erfasst" wurde, dass es aus dem Kanon der Geschichte herausfällt. Diese unscheinbaren Spuren lassen sich als Mikroformen des Widerständigen lesen, als nicht doku-mentierte Brüche und Dissens-Momente. Es handelt es sich um den Eigensinn der Materie selbst als Zeichen des Lebens.

6 Mit dem Müll, gegen den Müll: Szenen der Subjektivierung

The promise is that again and again, from the garbage, the scattered feathers, the ashes and the broken bodies, something new and beautiful may be born.[515]

John Berger

Dieses Kapitel handelt von den vielfältigen visuellen und poetischen Formen der Komplizenschaft, die zwischen Menschen und Müll entsteht. Zum einen geht es um eine Analyse von Latife Tekins *Berji Kristin: Tales from the Garbage Hills* (1996). Der im Jahr 1983 veröffentlichte Roman beschreibt eine Gruppe marginalisierter Einwohner*innen, die über Nacht am Rande einer türkischen Großstadt Hütten aus dem Abfall der Mülldeponie errichten. Zum anderen widmet sich das Kapitel dem Projekt *Pictures of Garbage* – eine Serie von Fotografien, die der Künstler Vik Muniz mit Müllsammlern*innen auf der Mülldeponie Jardim Gramacho in Brasilien entwickelt, und die der Film *Waste Land* (2010) dokumentiert. Dabei geht es vor allem um die Frage, inwiefern die Ästhetik und die Inszenierung von recyceltem Material für die die Müllsammler*innen, die auf der Mülldeponie Jardim Gramacho in der Nähe Rio de Janerios arbeiten, zu einer Form der Selbstbehauptung wird.

Ob etwas Müll ist, hängt auch immer vom Betrachter ab. Oder wie Susan Strasser feststellt: „What counts as trash depends on who's counting".[516] Mit Blick auf die Figur des Lumpensammlers, auf die Mülldeponie-Bewohner*innen in Tekins Roman und die Teilnehmer*innen an Vik Muniz' Kunstprojekt geht es um die Frage, wie jene, die aus ökonomischen und imaginären Gemeinschaften ausgeschlossen sind, sich selber dazuzählen. Die Erarbeitung dieser Zusammenhänge erfolgt in Anlehnung an Jacques Rancières Beschreibung von *Subjektivierung*. Damit ist ein emanzipatorischer Prozess der Infragestellung und der Desidentifikation mit den Kategorien einer bestehenden Ordnung gemeint. In diesem Sinn geht es in diesem Kapitel um Formen der Subjektivierung anhand der Kategorie „Müll"; um disruptive Vorgänge, die in Komplizenschaft mit Dingen, die entsorgt wurden, entstehen. Dazu gehört auch die Infragestellung dessen, was Müll überhaupt ist.

---

515 John Berger, „Vorwort", in: Latife Tekin, *Berji Kristin: Tales from the Garbage Hills*. Trans. from Turkish by Ruth Christie and Saliha Parker. London: Marion Boyars, 1996 [1983], S. 8.
516 Strasser, *Waste and Want*, S. 3.

https://doi.org/10.1515/9783110613360-011

6.1 Archive des Alltags

„Hier ist der Mann, der die Aufgabe hat, die Abfälle eines Grossstadttages zu sammeln. Der alles, was die grosse Stadt fortgeworfen hat, alles, was sie verloren hat, alles, was sie verachtet, alles, was sie zerschlagen hat, verzeichnen und sammeln wird."[517] Diese Sätze formuliert Baudelaire mit Blick auf die Pariser *chiffoniers*. Die Lumpensammler*innen der Hauptstadt zeichnen für Baudelaire ein melancholisches Gegenbild zur Moderne. Nachts geht der *chiffonier* durch die Straßen und sammelt ein, was die Stadt tagsüber ausgeworfen hat. Mit seiner Sammlung erstellt er einen Katalog des Verfalls, ein Register des Abfalls.

> Er trifft eine kluge Auswahl; wie der Geistige den Schatz, sammelt er den Schmutz auf, der durch die Gottheit der Industrie wiedergekaut, wieder zu brauchbaren oder Luxusgegenständen wird. Nun durchschreitet er im dunklen Licht der Kandelaber, die im Nachtwind flackern, eine jener langen gekrümmten, von kleinen Leuten bewohnten Gassen der Montagne Sainte-Geneviève. Er trägt seinen Sammelkorb mit der Nummer sieben. Er geht, indem er den Kopf schüttelt und auf dem Pflaster stolpert, wie junge Dichter, die den ganzen Tag herumlaufen und Reime suchen. Er spricht zu sich selbst. Er giesst seine Seele in die kalte und nebelige Nachtluft.[518]

Baudelaire hat das Lumpensammeln als einen Subjektivitätstypus der Moderne entdeckt, nicht nur randständig und prekär, nicht nur als „Beruf ohne Vergnügen"[519], sondern als geistige Tätigkeit eines Archivars der ausgeworfenen Dinge der Stadt. Der Lumpensammler katalogisiert das Reservoir an Träumen, Gegenständen, Erfahrungen der Stadt.

Walter Benjamin wiederum hat in Baudelaire selbst einen literarischen Lumpensammler gesehen. Für Benjamin wird im Lumpensammeln die Tätigkeit des Dichtens, eine literarische Methode erkennbar, die zugleich eine Methode des Denkens und des Schreibens ist. Über die Verwertung der Reste und des Abfalls als literarische Methode, als Montage, schreibt Benjamin: „Ich habe nichts zu sagen. Nur zu zeigen. Ich werde nichts Wertvolles entwenden und mir keine geistvollen Formulierungen aneignen. Aber die Lumpen, den Abfall: die will ich nicht inventarisieren, sondern sie auf die einzig mögliche Weise zu ihrem Rechte

517 Charles Baudelaire, „Der Wein. Vom Wein als Mittel, die Individualität zu steigern", in: ders., *Die künstlichen Paradiese. Ausgewählte Werke*, hrsg. von Franz Blei, Bd. 2, übersetzt von Erik-Ernst Schwabach, München: Georg Müller Verlag 1925, S. 69 f.
518 Ebd.
519 Ebd.

kommen lassen: sie verwenden."[520] Im Müll liegen erzählerische Potentiale. Die Dinge werden damit ihrer angestammten Kategorie (der des Vergänglichen) entzogen und erhalten neue Bedeutungen.

Müllsammler*innen taucht als beobachtende Figuren auf. Sie halten sich am Rande des Geschehens, und sind doch mittendrin. Die Figur des Lumpensammlers, der auf der Suche nach verwertbaren Abfällen eine besondere Art der Wahrnehmung seiner Umgebung entwickelt, kommt auch in Paul Austers erstem Teil der New York-Trilogie *City of Glass* vor.[521] Der Detektiv Quinn erhält darin den Auftrag, dem mysteriösen Stillman auf dessen täglichen Spaziergängen durch die Stadt zu folgen. Quinn versucht herauszufinden, was der Zweck von Stillmans scheinbar wahllosen Routen durch die Stadt ist. Er sieht dabei, wie sich Stillman regelmäßig bückt, um etwas von der Straße aufzuheben.

> As he walked, Stillman did not look up. His eyes were permanently fixed on the pavement, as though he were searching something. Indeed, every now and then he would stoop down, pick some object off the ground, and examine it closely, turning it over and over in his hand. It made Quinn think of an archeologist inspecting a shard at some prehistoric ruin.[522]

Quinn folgt Stillman auf seinen Wegen durch die Stadt und ist verwundert über dessen Verhalten. Er versucht zu verstehen, wieso Stillman Dinge von der Straße aufhebt und sie in einer mitgebrachten Tüte verschwinden lässt. Es erscheint Quinn, als hätte die Tätigkeit Stillmans weder Ziel noch Sinn. „As far as Quinn could tell, the objects Stillman collected were valueless. They seemed to be no more than broken things, discarded things, stray bits of junk."[523] Stillman taucht einerseits als eine Art Flaneur auf, der die Stadt durch das Sammeln von Dingen auf der Straße erkundet. Andererseits ist er ein Sammler im Sinne von Baudelaires *chiffonier*, der zugleich ein Archivar ist. In einem Gespräch mit Stillmann erfährt Quinn, welchen Zusammenhang Stillman zwischen dem eingesammelten Müll und der Sprache sieht.

> When things were whole, we felt confident that our words could express them. But little by little these things have broken apart, shattered, collapsed into chaos. And yet our words have remained the same. They have not adapted themselves to the new reality. Hence, every time

---

520 Walter Benjamin, *Gesammelte Schriften. Das Passagen-Werk*. Bd. V. Hrsg. von Rolf Tiedemann. Frankfurt/M.: Suhrkamp, 1982, S. 574.
521 Paul Auster, „City of Glass", in: ders. *The New York Trilogy*. New York: Faber & Faber, 1987.
522 Auster, „City of Glass", S. 59.
523 Ebd.

we try to speak of what we see, we speak falsely, distorting the very thing we are trying to represent.[524]

Als die Dinge noch kompakt und ganz waren, so scheint es Stillman, war es einfacher, die Welt zu verstehen, als es jetzt der Fall ist, wo sie nur noch aus Fragmenten besteht. Das Hier und Jetzt des Romans, der in New York City spielt, ist die Welt der Postmoderne, für die der Abfall zu einem epochalen Sinnbild wird. Die Brüchigkeit der Dinge geht für Stillman einher mit einer Fragilität der Sprache. Aleida Assmann macht in ihrem Essay *Beyond the Archive* auf diesen Aspekt des „Falls", der im deutschen Wort Abfall steckt, und auf die damit verbundene metaphysische Qualität aufmerksam. Die mythologische Bedeutung des Abtrennens, der Abfall von einer Gemeinschaft mit Gott, die biblische Bedeutung im Sinne einer ursprünglichen Sünde, kommt, wie Assmann feststellt, auch in Austers *City of Glass* zum Vorschein.[525] Stillman sagt zu Quinn:

> My work is very simple. I have come to New York because it is the most forlorn of places, the most abject. The brokenness is everywhere, the disarray is universal. You have only to open your eyes to see it. The broken people, the broken things, the broken thoughts. The whole city is a junk heap. It suits my purpose admirably. I find the streets an endless source of material, an inexhaustible storehouse of shattered things. Each day I go out with my bag and collect objects that seem worthy of investigation. My samples now number in the hundreds – from the chipped to the smashed, from the dented to the squashed, from the pulverized to the putrid.[526]

Dieser primäre Abfall habe auch die Sprache „deformiert" und somit den Zugang der Menschen zur Welt korrumpiert. Die Zerstörung, Fragmentierung und die Destruktion von Dingen, die Stillman der postmodernen Welt im Allgemeinen, und New York City im Besonderen, zuspricht, zerstöre die Fähigkeit, die Welt zu verstehen. Um diesen Prozess des Sprachverfalls und des Unverständnisses der Welt entgegenzuwirken, sammelt Stillman weggeworfene Dinge und gibt ihnen einen Namen.[527] Er erfindet neue Namen, die mit den Dingen korrespondieren. Assmann notiert dazu: „Stillman collects waste in an attempt to cure the primal trauma of mankind, to restore prelapsarian humanity."[528] Das Umbenennen der Welt durch den Abfall soll diesen Prozess umkehren, es soll den mythologischen

---

524 Ebd., S. 77.
525 Vgl. Assmann, „Beyond the Archive", S. 72.
526 Auster, „City of Glass", S. 78.
527 Assmann, „Beyond the Archive", S. 76.
528 Ebd.

Ab-Fall aus einer kohärenten Ordnung reversieren.[529] Abfall taucht in *City of Glass* so gesehen als eine Möglichkeit auf, um aus einer fragmentarischen Welt neuen Sinn zu schöpfen.

Das Sammeln von Müll geht in der kulturellen Imagination mit randständigen und prekären urbanen Figuren einher. Die prekären Bedingungen der Moderne und deren Subjektformen tauchen aber auch als Folien für unkonventionelle Betrachtungen und Perspektiven auf, wie sie sich Baudelaire, Benjamin, Auster auf unterschiedliche Weisen zu Eigen machen. Die Figur des Müllsammlers und seine Explorationen des Stadtraums tauchen auf, um zu zeigen, wie das Randständige und Periphere ins Zentrum rücken und den jeweiligen Zeitgeist verkörpern kann. Indem sie Müll sammeln, betreiben sie eine Form von Geschichtsschreibung, eine, die im Sinne Groys unsichtbar bleibt, flüchtig ist, aber dennoch stattfindet. Im Folgenden soll es um die fiktive Darstellung einer Gemeinschaft gehen, die nicht nur ihren Alltag aus dem Müllsammeln bestreitet, sondern ihre gesamte Lebensgrundlage auf dem und aus dem Müll erbaut.[530]

6.2 Poesis und Müll: Latife Tekins *Honigberg* (1993)

In ihrem Roman *Berji Kristin: Tales from the Garbage Hills* (1996) erzählt die türkische Autorin Latife Tekin eine fiktive Geschichte über die Entstehung eines Slums auf der Mülldeponie am Rande einer Großstadt. *Berji Kristin* ist Latife Tekins zweiter Roman.[531] 1993 ist er auf Deutsch unter dem Titel *Der Honigberg* erschienen.[532] Die englische Übersetzung von Saliha Parker (1996) dient im Folgenden als Grundlage der Analyse. Tekins Erzählstil, als magischer Realismus

---

529 Vgl. ebd.

530 Ein weiterer Sammler, der im Kontext dieser Diskussion zu nennen wäre, ist der Pfandsammler. In seiner soziologischen Untersuchung *Pfandsammler: Erkundungen einer urbanen Sozialfigur*, beschreibt Sebastian Moser die symbolische, soziale und oft sehr persönliche Bedeutung des Flaschensammelns und die politisch-ökonomischen Strukturen, in denen Pfandsammler sich in Deutschland seit einigen Jahren wiederfinden. Im medialen Diskurs figuriert der Pfandsammler als Symbol für die präkeren sozialen Bedingungen in Deutschland, insbesondere seit den Hartz-IV-Reformen. Aber Moser macht deutlich, dass sich das Pfandsammeln nicht alleine im Sinne des ökonomischen Mangelns verstehen lässt, sondern Teil einer komplexen gesellschaftlichen Isolierung und Prekarisierung ist. Vgl. Sebastian Moser, *Pfandsammler. Erkundungen einer urbanen Sozialfigur*. Hamburg: Hamburger Edition HIS, 2014.

531 Latife Tekin, *Berji Kristin: Tales from the Garbage Hills*. Trans. from Turkish by Ruth Christie and Saliha Parker. London: Marion Boyars, 1996 [1983].

532 Latife Tekin, *Honigberg*, Org. Titel: *Berci Kristin Çöp Masalları* [1984], aus dem Türk. übersetzt von Harald Schüler, Unionsverlag 1993.

beschrieben, zeichnet sich durch die besondere Verwendung von Sprache aus, mit Elementen von Folklore und der Beschreibung von übernatürlichen Ereignissen. Tekin verbindet in ihrem Schreiben Wirklichkeit, Magie und Fantasie.

Der Roman beschreibt eine Gruppe von mittellosen Menschen, die in die Nähe einer Großstadt ziehen, um nach Arbeit zu suchen. Sie lassen sich auf einer Müllhalde nieder und errichten windschiefe Hütten aus allem, was sie auf der Mülldeponie finden können. Die inoffiziellen Siedlungen, die der Roman beschreibt, basieren auf einem realen Phänomen des Istanbuls der 1960er Jahre. Millionen von Menschen zogen auf der Suche nach Arbeit in die Nähe der Großstadt. Die Armut trieb sie dazu, notdürftige Behausungen und Siedlungen außerhalb der Stadtgrenzen zu errichten. Es sind an den äußeren Rändern der Stadt gelegene Viertel, die über Nacht gebaut, am nächsten Tag von der Polizei abgerissen und in der darauffolgenden Nacht wiederaufgebaut werden, wieder zerstört und wieder aufgebaut werden, bis die Behörden der Auseinandersetzung müde werden.[533] Die türkische Bezeichnung für einen Slum, „gecekondu", bedeutet „über Nacht gebaut".[534]

Aus den slumartigen Siedlungen von damals sind heute mehrstöckige Häuser und Apartments entstanden. Eine Bushaltestelle mit dem Namen *Rubbish Road* erinnert an die *gecekondular* von damals. Ausgehend von Zeugnissen und Erzählungen der Generation der damaligen Slumbewohner*innen erzählt Tekin die Geschichte eines fiktionalen Slums, das aus dem Müll der Stadt entsteht.

Der episodenartige Roman verläuft nicht entlang eines linearen Narrativs, sondern anhand der Erfahrungen verschiedener Figuren. Die Erzählung beginnt mit acht Hütten, die am Abhang der Müllhalde gebaut werden. Aus Papp- und Papierstücken, Metall, Holz und Plastikteilen, die auf der Deponie zu finden sind, werden sie errichtet.

> One winter night, on a hill where the huge refuse bins came daily and dumped the city's waste, eight shelters were set up by lantern-light near the garbage heaps. In the morning the first snow of the year fell, and the earliest scavengers saw these eight huts pieced together from materials bought on credit – sheets of pitchpaper, wood from building sites, and breezeblocks brought from the brickyards by horse and cart.[535]

Die Zahl der Hütten wächst und es kommen immer mehr Menschen hinzu, um nach Arbeit in den Fabriken zu suchen. Die Existenz der Menschen in Tekins Erzählung hängt dabei völlig vom Müll ab. Die Bewohner*innen der Siedlung

---

533 Vgl. Saliha Paker, „Introduction", In: Tekin, *Berji Kristin*, S. 9–14; S. 12.
534 Ebd.
535 Tekin, *Berji Kristin*, S. 15.

mit dem Namen Blumenhügel („Flower Hill") gehen tagsüber auf die Suche nach brauchbaren Bestandteilen für ihre Behausungen. Sie durchwühlen den Müll und wenn es Nacht wird, erschaffen sie mit den Dingen, die sie gefunden haben, ihre Unterkünfte. Aber sobald sie morgens aufwachen, sind bereits Transporter mit neuen Ladungen Müll im Anmarsch und zerstören ihre provisorischen Unterkünfte.

> Plastic bags and baskets provided roofs for the huts; homes were built part rubble, part moulds, part shards. In the morning the wreckers kicked them to the ground. By night the hut people had erected mounds from all kinds of materials they had salvaged during the day from the garbage: metal, stone, wood. But in the morning the wreckers returned and razed them all to the ground again.[536]

In der Nacht errichten die Bewohner*innen ihre Siedlung erneut und verwenden dafür alles, was sie im Müll finden. „Rusty tins, heads of light bulbs, china, cardboard boxes scavenged from the refuse, bottles, bits of plastic, and anything they could lay hands on, were all put to use in rebuilding the huts."[537] Tagsüber kommt die Polizei und reißt ihre Hütten nieder, nachts bauen sie mit dem gesammelten Müll ihre Hütten wieder auf, die am nächsten Tag wieder zerstört werden.

Der sie umgebende Abfall inspiriert die poetische Sprache der Bewohner*innen von *Flower Hill*. „Factories, waste and garbage crept into Flower Hills songs alongside the wind: the cranes took wing, and the deer stole away. On Flower Hill young people in love would complain, 'My heart is ravaged like the mountains of garbage.'"[538] Weil die brüchigen Hütten keinen Schutz vor Wind oder Regen bieten, sehen die Bewohner die Natur zunächst als Bedrohung an. Das Wasser, der Wind, die Erde tauchen mal als Kräfte auf, die es mit Gedichten und Liedern zu bekämpfen gilt, mal als Verbündete.

> That night they erected new huts half the size of those demolished. On the roofs they spread spoils from the garbage heap, bits of plastic, tattered cotton rugs and kilims and, dragging fragments of broken crockery up from the ground below the china factory, they used them as tiles. They retired to their new homes after midnight, weary and disheartened and drifted into sleep listening to the shards singing in the wind.[539]

---

536 Ebd., S. 22.
537 Ebd., S. 22f.
538 Ebd., S. 47.
539 Ebd., S. 19.

Das, was entsorgt wurde, wird von den Bewohnern auf unterschiedliche Weise angeeignet, und für das, was ihnen wichtig ist, in Funktion gesetzt.

> The children stole plastic baby dolls with broken legs and heads from the rubbish heap and played with them in secret. The women kept an eye open for the watchmen and thrust the cracked fancy mirrors they found into their pockets, and at night they looked in these mirrors and combed their hair with combs from the garbage.[540]

Sie sammeln und verwenden den Abfall, um ihre Existenz zu sichern. Dabei äußert sich ein Machtkampf um die Frage, wem der Müll gehört. Denn die „Garbage Agha", ein Unternehmen, das Müllverwertung betreibt, beansprucht das rechtmäßige Eigentum an dem Müll. Mit dem Einzug von Fabriken und Industrialisierung entwickelt sich *Flower Hill* mit der Zeit zu einer öffentlich anerkannten Gemeinschaft. Die Anzahl der Fabriken nimmt zu, und immer weniger Bewohner*innen sind auf das Sammeln und Verwerten von Müll angewiesen, um ihren Unterhalt zu verdienen. Zugleich entstehen illegale Fabriken, die mysteriöse chemische Substanzen und Nahrungsmittel produzieren. Die Waschmittel, mit denen die Bewohner*innen ihre Kleidung reinigen, und die Schokolade, die sie essen, erweisen sich als giftig und gesundheitsgefährdend. Die Verunreinigung der Luft, Schwermetalle und toxische Stoffe, die von den Fabriken ausgestoßen werden, und sich in dem Müll ansammeln, dringen tief in die Haut und in die Organe der Bewohner*innen von *Flower Hill* vor. Die Bewohner in Tekins Roman stellen mit der Zeit Veränderungen in ihren Körpern fest. Ihre Haut löst sich ab, ihre Gesichter verfärben sich und ihre Haare erbleichen. Sie versuchen, sich vor den toxischen Schäden der Umwelt zu schützen, indem sie die Türen ihrer Häuser schließen und Joghurt essen. „With the mingled stench of refuse and factory, the wind blew continuously into the huts and into people's noses, so they sealed their doors and windows and ate bowlfuls of yoghurt to avoid being poisoned. At night they wore plastic sacks to escape flies."[541] Auch die Fabriken verschmutzen die Luft, chemische Stoffe und toxische Substanzen lösen mysteriöse Krankheiten aus. „The factory waste would alter the colour of the earth, the howling wind would scatter, and murmurs would turn into screams."[542]

Tekin beschreibt die Transformationen von *Flower Hill* und macht dabei, wie Banu Akçeşme hervorhebt, auf die verschiedenen Formen der Ausbeutung von marginalisierten Gruppen aufmerksam; auf die „victimization of economically depressed and ecology abused subaltern communities of the society who are

---

540 Ebd., S. 31.
541 Ebd., S. 31.
542 Ebd., S. 46.

denied a voice and subdues to carry the burden of industrial capitalism."[543] Die gesundheitlichen Gefahren und die tödlichen Folgen, die für die Bewohner von *Flower Hill* bestehen, kommen in dem Roman immer wieder zur Sprache.

Tekins Roman lässt sich als Beitrag zum Genre des *Ecocriticsm* lesen, insofern, als der Text von einem Bewusstsein von ökologischen Krisen und ihren politischen Bedeutungen gezeichnet ist.[544] Tekin widmet sich der Destruktion und den schädlichen Folgen von Industrialisierung, Kapitalismus, toxischem Abfall und Umweltungerechtigkeit.[545] Dabei geht es um die räumliche Organisation der urbanen Räume – die Aufteilung der städtischen Zonen nach Herkunft und Geschlecht.[546] Es sind Frauen, die am unteren Ende der Hierarchie stehen und die für das kleinteilige Müllsammeln verantwortlich sind. Und es sind insbesondere Zugehörige der Roma, die unter besonderer Diskriminierung bei der Suche nach Arbeit leiden und die von den anderen Bewohnern für Seuchen und Krankheiten verantwortlich gemacht werden. Ökologische Krisen vermischen sich mit politischen Diskursen; der Roman versucht, Bewegungen gegen Umweltzerstörung und gegen Rassismus gleichermaßen eine Stimme zu geben. Das Buch ist so gesehen eine Pionierarbeit in der literarischen Darstellung von Umweltungerechtigkeit in der türkischen Literatur der 1980er Jahre.[547] Tekins Roman verhandelt die Ausbeutung von marginalisierten Menschen ebenso, wie er Mikroformen von Resistenz und Widerstand ins Licht setzt.

Die Sprache, die Tekin in ihrer Erzählung verwendet, ist ein zentraler Aspekt des Narrativs und untrennbar mit dem Geschehen verbunden – mit dem Leben der Bewohner*innen, umringt von Müll, aber auch erschaffen aus Müll. „She knows deeply how nick-names, stories, rumors, jingles, gossip, jokes, repartees constitute a kind of home, even the most solid home, when everything else is temporary, makeshift, illegal, shifting and without a single guarantee."[548] Müll taucht dabei als ambivalente Figur auf. Die umweltzerstörerischen und toxischen Effekte der Abfälle der Fabriken werden ebenso beschrieben wie jener Müll, aus dem die marginalisierten Einwohner ihr Leben schöpfen und ihren Alltag aufbauen.

543 Vgl. Banu Akcesme, „Green Literature: Cross-Fertilization between Literature and Ecology in Latife Tekin's Berji Kristin: Tales from the Garbage Hills", In: Eugene Steele (Hrsg.). *Interdisciplinarity, Multidisciplinarity and Transdisciplinarity in Humanities*. Newcastle upon Tyne/UK: Cambridge Scholars Publishing, 2016, S. 10 – 24; S. 11.
544 Ebd., S. 10.
545 Vgl. ebd., S. 10.
546 Vgl. ebd., S. 11.
547 Vgl. ebd., S. 12.
548 John Berger, Vorwort zu Latife Tekins *Berji Kristin*, S. 7.

Die Spitznamen, die Geschichten und die Legenden, die entstehen, errichten eine Art des Wohnens und ein Zuhause, das fortbesteht, auch wenn die physischen Dächer und behelfsmäßigen Häuser zusammenfallen: „the tales save from oblivion more effectively than the roofs give shelter. Everything is polluted on the hills except the legendary names people earn with their lives, and the laughter provoked by those names."[549] Die erfundenen Geschichten errichten eine Welt, die stabiler ist als die physische Welt, und die zugleich auch das Anrecht auf eine eigene Wahrnehmung und Sichtweise auf die Welt evident macht. Der Müllberg ist somit nicht einfach ein Symbol für Armut, Elend und Ausbeutung, sondern zumindest ebenso ein Symbol für die erfundenen Erzählungen und Welten jener, die darin wohnen.

Es ist die poetische Konstruktion einer Welt, in der natürliche, industrielle und menschliche Stimmen und Effekte sich vermischen, und in einer Gleichzeitigkeit von verschiedenen Erzählweisen kulminieren: in Märchen, Poesie und magischer Realismus.[550] Tekin nimmt die lokalen Sprechtraditionen jener, die sie interviewt hat, in ihre Erzählung auf. Das führt dazu, dass ihre Erzählung mit den Traditionen, Ritualen, Sprech- und Seinsweisen der damaligen Slumbewohner*innen regelrecht angefüllt ist. Banu Akçeşme stellt dazu fest: „the story is tinted with the local colours of oral traditions, customs, folk tales, superstitions, chanting, rumours, and songs, which at the same time inspire hope and relief, empowering the residents to withstand their miseries and predicaments."[551]

Der Erzählstil des Romans ist nicht nur eine ästhetische Wahl, sondern auch eine politische. Tekins Roman erzählt das Leben der Bewohner*innen der Müllhalde um ihrer selbst willen. Bis dahin, schreibt John Berger im Vorwort zur englischen Übersetzung, habe man *Shanty Towns* hauptsächlich als Orte des Verfalls betrachtet, die nur deshalb besprochen wurden, um soziale Probleme zu exemplifizieren. Das, was er bei einem Besuch einer sogenannten *Shanty Town* übersehen und nicht wahrgenommen habe, komme in dem Buch zum Vorschein. „And suddenly what I was watching, what I was brushing shoulders with, what I was turning my back on, what I would never see, what I was deaf to, was given a voice in her book."[552]

Eine eigene Bedeutung, ein eigener Existenzsinn, wurde diesen Orten nicht beigemessen. Anders in Tekins Roman. Die Bewohner*innen erhalten Gesicht und Stimme, ihre Geschichten Kontur, vor den Augen der Leser entstehen spezifische

---

549 Ebd., S. 7.
550 Vgl. Akcesme, „Green Literature", S. 10.
551 Ebd., S. 12.
552 Berger, „Vorwort", S. 5f.

Gedanken- und Gefühlswelten. Tekin macht so möglich, die Positionen zu tauschen und die Welt von der Perspektive eines Slums aus zu sehen: „she showed that it was possible, possible for any reader anywhere in the world, to at last imagine the center of the world as a shanty-town".[553] Die Erzählweise spiegelt dabei das Leben auf der Müllhalde. Das Gerücht ist der eigentliche Erzähler der Geschichte, wie Berger bemerkt.[554] „Rumour is born of the irrepressible force of a community's imagination deprived of shelter or any guarantees."[555]

Tekin verwendet allegorische und metaphorische Stilmittel um die Ereignisse im Roman zu beschreiben – dabei greifen Fantasie und Wirklichkeit, Magie und Alltäglichkeit ineinander. Die schädlichen Folgen der Arbeit in den Fabriken und die gesundheitlichen Folgen des toxischen Mülls, den die Herstellung hinterlässt, kommen in der Erzählung in märchenhaften Ausdrücken und Wendungen vor.

Tekins *Tales from the Garbage Hills* stellt eine fiktive Gruppe von Anteilslosen vor, die ihren Anteil fordern. Das Buch selbst ist ein Manifest der Widerständigkeit jener, die in Slums mit und vom Abfall leben. Was den Roman zu einem Moment des Politischen mit Bezug auf Müll und Emanzipation macht, ist der Umstand, dass der Müll die Menschen nicht festlegt oder sie auf ihre sozialen Rollen reduziert. Der Slum ist hier kein Code für Verfall und Destruktion, sondern eine Welt, die eine eigene Form von Sprache und Poetik entwickelt; eine Welt, in der Müll und Hoffnung ineinandergreifen. Die Siedlung wird im Roman 37 Mal von den Autoritäten zerstört, aber die Bewohner geben nicht auf und konstruieren ihre Hütten jedes Mal aufs Neue mit dem, was übriggeblieben ist.[556] Müll ist dabei das Material, der Stoff, der verarbeitet, umgearbeitet und eingesetzt wird, mit dem die Anteilslosen ihren Anteil fordern. Tekins Roman stellt eine Gruppe von Menschen dar, die um Anerkennung kämpfen, die aber, während sie das tun, trotz der institutionellen Ausschließung und der ökonomischen und ökologischen Formen der Gewalt, ihre Forderung nach Anerkennung immer wieder zur Schau stellen.

Die Geschichte rückt das Verhältnis zwischen Abfall und Kreativität, Zerstörung und Widerständigkeit immer wieder in den Fokus. Müll ist der überflüssige Schmutz und Rest, den die Stadt an ihre Ränder und Außengrenzen abführt, die Gefahr, die aus den Fabriken kommt, aber ebenso die Substanz, aus dem provisorische Häuser und Schutzräume gebaut werden. Die Bewohner*innen von *Flower Hill* exemplifizieren in dieser Hinsicht ein spezifisches Verhältnis zwischen Müll und Kunst, das auch die Analysen des Lumpensammlers von Walter Ben-

---

553 Ebd., S. 6 f.
554 Ebd., S. 7.
555 Ebd., S. 8.
556 Vgl. Akcesme, „Green Literature", S. 15.

jamin oder Charles Baudelaire wiedergeben: Abfall als Methode, um Grenzziehungen zwischen dem Wertvollen und Wertlosen in Frage zu stellen und zu verrücken. Das Müllsammeln wird zur künstlerischen Betätigung.

Ein wesentlicher Aspekt in diesem Moment des Widerstands, der in Tekins Roman zum Ausdruck kommt, ist das Verhältnis von Müll und Sprache. Die Dinge, die die Bewohner*innen auf der Müllhalde finden, werden in ihr Vokabular einbezogen. Die Lieder und Geschichten, die man sich erzählt, sind von der Müllhalde inspiriert. Im Slum, den Tekin beschreibt, wird der Müll in seiner Bedeutung umgewandelt, nicht nur physisch und praktisch umgearbeitet zu Materialien des Wohnens und Lebens, sondern auch sprachlich. Weggeworfene Dinge erhalten ihren Namen zurück, sie werden wieder zu einem Kamm, einer Puppe oder einem Spiegel. Oder sie erhalten neue Funktionen, Kartons werden zu Dächern, Metallschrott zu einem Gerüst für Häuser. Aus der Masse der differenzierbaren Objekte, die nur noch Müll heißen, werden einzelne Dinge *herausgelesen* und mit Namen versehen. Die Müllhalde ist nicht nur ein *dump*, in dem Müll versinkt. Sie ist auch ein Archiv: Ein Archiv von Dingen, deren Status als Müll in Frage gestellt werden kann – Dinge, die angeeignet werden oder ganz neue Bedeutung erhalten können: Materialien einer neuen, ungeplanten Existenz außerhalb der etablierten Ordnung.

In einem Interview aus dem Jahr 1987 spricht Latife Tekin über die Vorstellungen von Armut und den „Armen“, die meistens von außen betrachtet werden.

> I want somehow to claim poverty as mine. It is something like being without alternatives. Of course, my insistence on poverty has something to do with the fact that poverty is my past. But at the same time, I want to reverse many things that have been said about poverty. And for this, the only source I can cite is my own life, what I have written, my own past. Only by beginning from there can I persuade people, or myself. [...] You know how a poor person is one that does not exist, one that lacks so many things. Well, how do these people who lack many things live while lacking many things, how do they carry themselves in this world, all these interest me deeply. But these are never included in all that is written, all that is said about poverty.[557]

Der literarische Stil – der magische Realismus –, mit dem Tekin das Romangeschehen beschreibt, hat mit ihrem Verständnis von ihrer Tätigkeit als Schriftstellerin zu tun. Sie sieht sich nicht als intellektuelle Beobachterin des Gesche

---

557 Latife Tekin / Iskender Savasir, „Yazi ve Yoksulluk", in: Defter No. 1, October/November 1987, S. 133–148; S. 140. Zitiert in: Sibel Irzik, „Narratives of Collectivity and Autobiography in Latife Tekin's Works", in: *Istanbuler Texte und Studien*, Band 6. Herausgegeben vom Orient-Institut Istanbul. *Autobiographical Themes in Turkish Literature: Theoretical and Comparative Perspectives.* Hrsg. Olcay Akyildiz, Halim Kara, Börte Sagaster. Würzburg: Ergon Verlag, 2016, S. 157–164, S. 159.

hens. Stattdessen versucht sie, eine Sprache zu finden, die das Imaginäre mit dem Wirklichen verbindet. Der Roman ist keine Darstellung der elenden Zustände der Bewohner*innen des fiktiven Slums. Vielmehr taucht das Leben um die Mülldeponie herum als eine Welt mit eigenem ästhetischen und poetischen Formeln auf. Zugleich ist der Roman eine literarisch geäußerte Kritik an der strukturellen Gewalt, die mit den ungerecht verteilten Gefahren durch Umweltgifte und Müllablagerungen einhergeht.

Seit dem Erscheinen des Romans im Jahr 1984 ist in lateinamerikanischen Ländern, ebenso wie in den Philippinen und in Ägypten die Anzahl von Menschen, die in *Favelas* und auf Müllhalden ihre Existenz mit dem Suchen nach Verwertbarem zu sichern versuchen, rasant gestiegen. Die informellen Ökonomien des Mülls vermischen sich dabei mit Systemen der kapitalistischen Müllverwertung. Im philippinischen Manila beispielsweise leben viele Menschen auf den beiden Müllhalden Smokey Mountain und Payatas – riesige Müllberge, die bis zu 40 Meter hoch sind. Die Müllsammler werden auch „Scavengers" (engl. für Müllsammler*in) genannt. Der Verkauf von Müll findet in sogenannten „Junkshops" statt und bringt den „Scavengers" im Schnitt täglich zwischen 50 und 65 Pesos (knapp 1 €) ein. Auf Indonesiens größter Müllhalde Bantar Gebang leben 6000 Menschen. Auch sie bauen ihre Existenz auf dem aus, was die Gesellschaft nicht mehr braucht.[558] Diese Menschen werden systematisch in den Ablauf der Müllindustrie einbezogen. Für geringste Bezahlung sammeln sie kiloweise wiederverwertbaren Abfall und verkaufen den Müll weiter.

„Under capitalism, the only thing worse than being exploited is not being exploited", schreibt Michael Denning in einem Aufsatz über die Beschäftigung im informellen Sektor. Die Lebens- und Arbeitsbedingungen der Müllsammler stellen in gewisser Hinsicht eine Form von moderner Sklaverei dar. Das Spektrum von erwerbsloser Arbeit in den *shanty towns* und Favelas von Asien, Afrika und Lateinamerika verzerrt, wie Denning feststellt, eine klare Trennung zwischen einem Leben mit und ohne Einkünfte.[559] Denning bezieht sich mit dieser Aussage auf die marginalen Ökonomien der Müllsammlung und -verwertung. Menschen, die aus dem Kapitalismus ausgeschlossen sind, versuchen, ihre Existenz mit dem Sammeln und Verkauf von Abfall zu sichern. In den letzten Jahren haben sich in Asien und Lateinamerika politische Kämpfe, Streiks und widerständige Gruppen von Müllsammlern gebildet, die um die Anerkennung ihrer Tätigkeit als legitime Form von Arbeit kämpfen, um das Recht darauf, sich in Gewerkschaften zu organisie-

558 Simone Utler, „Auf der Kippe: Indonesiens größte Müllhalde", 2012, online: http://www.spiegel.de/panorama/indonesiens-groesste-muellhalde-auf-der-kippe-a-813980.html (20.01.2020).
559 Vgl. Michael Denning, „Wageless life", in: Andreas Eckert (Hrsg.). *Global Histories of Work*. Berlin/Boston: De Gruyter, 2016, S. 578–604.

ren, und für einen fairen Lohn. Die informellen Müllverwerter*innen suchen nach wiederverwertbaren Stoffen auf den Mülldeponien, sie sammeln und verkaufen ihre Erträge an Recyclingunternehmen oder an Zwischenhändler. Sie leben in der Regel außerhalb der Stadtgrenzen und am Rande der Gesellschaft. Im Folgenden soll ein näherer Blick geworfen werden auf eine Gemeinschaft von Müllsammler*innen in der Nähe Rio de Janeiros, die im fotografischen Projekt *Pictures of Garbage* des Künstlers Vik Muniz im Zentrum stehen.

6.3 Müll und Subjektivierung in Vik Muniz „Pictures of Garbage"

Abb. 12: The Bearer (Irma)   **Abb. 13:** Marat/Sebastiao

Diese beiden Bilder (Abb. 12 und Abb. 13) sind Teil der Fotoserie *Pictures of Garbage*, die der Künstler Vik Muniz im Jahr 2008 gemeinsam mit einer Gruppe von *catadores* (Müllsammler*innen) auf Rio de Janeiros größter Mülldeponie Jardim Gramacho entwickelt hat. Es handelt sich um eine Re-Inszenierung von bekannten Motiven der Kunstgeschichte. Das Porträt *The Bearer* zeigt die Müllsammlerin Irma in ihrer Pose als „the bearer", als Trägerin eines Korbs mit recycelten Stoffen. Die Bezeichnung *the bearer* spielt auch auf die soziale Rolle von Irma in der Mülldeponie ein: Sie bereitet Mahlzeiten für die Sammler aus weggeworfenen Lebensmitteln zu, sie ist Trägerin der Deponie. Die zweite Abbildung zeigt den Müllsammler Sebastiao (Tiao). Er nimmt dieselbe Pose ein wie Jean-Paul Marat in Jacques-Louis Davids Gemälde *La Mort de Marat* von 1793. Tiao sitzt in einer Badewanne, die er auf der Deponie fand, in Plastikflaschen und weggeworfenen Materialen. Es ist ein Porträt, das eine andere Sichtweise auf die Berufsbezeichnung „Müllsammler*in" einfordert.

Der Film *Waste Land* aus dem Jahr 2011 dokumentiert den Entstehungsprozess der Bilder, ebenso wie ihren anschließenden Verkauf an eine internationale Kunstgemeinde. Die *catadores*, ungefähr dreitausend Personen insgesamt, sind eine marginalisierte Gruppe, die fernab der Stadt, in der Nähe der Müllhalde Jardim Gramacho leben. Insgesamt arbeiten rund eine Million Menschen in Brasilien als *catadores*. Ausgeschlossen und arm, sind sie jedoch unverzichtbar für das Funktionieren der brasilianischen Städte. Die Abfallwirtschaft in Brasilien gestaltet sich seit Jahrzehnten als Tagelöhner-Dasein armer Familien auf ungesicherten Deponien und auf den Straßen der Metropolen. Die *catadores* leben von dem Müll der Mülldeponie, sie sammeln verwertbare Stoffe unter gesundheitsschädlichen Bedingungen und verkaufen diese an kommerzielle Firmen. Die Firmen beahlten rund 90 Prozent des Profits ein. Oft wohnen die *catadores* in selbstgebastelten Häusern aus Holz, Pappe, Blech und Abfall. Innerhalb der letzten zwei Jahrzehnte haben sich viele Müllsammler*innen zu Kooperativen zusammengeschlossen.

Muniz hat das Leben der catadores als Grundlage für sein Projekt genommen. Gemeinsam mit den *catadores* hat er die Materialen, die in der Mülldeponie liegen, verwendet, um damit Porträts der Müllsammler zu erschaffen.[560] Jardim Gramacho in Rio de Janeiro war, bevor sie 2012 geschlossen wurde, gemessen am Gewicht des täglich dort abgeladenen Abfalls, die größte Mülldeponie der Welt.

Der Film *Lixo Extraordinario* (*Waste Land*), der T. S. Eliots Gedicht in Erinnerung ruft, dokumentiert den Prozess der Produktion der Porträts auf eindrucksvolle Weise.[561] Regisseurin Lucy Walker zeigt die Entstehung des künstlerischen Projektes und der Bilder. Die *catadores*, die Muniz für das Projekt auswählt, stellen berühmte Szenen der Kunstgeschichte nach. Die Welt der Kunst ist es auch, worum es wesentlich in diesem künstlerischen Projekt geht. Muniz stellt zunächst einzelne Porträts der Müllsammler an, die für ihn posieren. Dann vergrößert er in seinem Studio die Fotografien. Ausgedruckte Poster dieser Fotos schmücken die *catadores* anschließend mit Müll aus, den sie aus der Deponie

---

560 Vgl. Frank Möller, „Photo-Activism in the Digital Age", in: Nancy S. Love / Mark Mattern (Hrsg.). *Doing Democracy: Activist Art and Cultural Politics.* New York: SUNY Press, 2014, S. 42.
561 Lucy Walker (Reg.), *Waste Land.* New Video, 2011. DVD.

selektieren. Eine Fotografie der fertigen Assemblage, der Kollage, ist das endgültige künstlerische Produkt.

Peter Bradshow stellt in seiner Rezension zum Film in *The Guardian* die Frage, ob das künstlerische Projekt seine Subjekte ausbeutet. Bradshaw fragt sich, ob die teilnehmenden Müllsammler*innen wie „rubbish" behandelt werden, die dann als wertvolle Kunstobjekte „recycelt" werden, um von reichen Kunsthändlern erworben und weiterverkauft zu werden.[562] Frank Möller argumentiert in einem Aufsatz hingegen, dass dieses Projekt von Muniz nicht „von" den *catadores* handelt, und sie einfach zum Thema macht, sondern dass die Kunstwerke ihre eigenen Versionen und Sichtweisen ihres Lebens, ihre Beobachtungen und künstlerischen Tätigkeit involvieren. Es handele sich um dabei um eine performative Ästhetik, in der die künstlerischen Räume mit den *catadores* geteilt werden.[563]

Während die ökonomische Verwertung des Lebens der *catadores* in diesem Projekt kaum zu leugnen sein dürfte, und sicherlich nicht unproblematisch ist, bedeutet das nicht, dass die entstandenen Bilder alleine als Ausbeutung zu verstehen sind. Betrachtet man das Projekt nicht nur von seiner Wirkung aus, sondern von den Entstehungsprozessen, dann sind die *catadores* keineswegs Objekte in einer ihnen fernen Kunstwelt. Bedenkt man, dass die Müllsammler*innen die Bilder durch ihre individuellen Biografien und affektiven Ausdruckformen, sowie die Materialen, die sie auswählten, selbst konstruiert haben, dann sind sie selbst nichts Geringeres als die Künstler*innen des Projekts. Die Bilder sind auch das Ergebnis ihrer eigenen Behauptung.

Paternalistische Gesten und Tendenzen bleiben jedoch im Projekt vorhanden. Im Film hört man Muniz sagen, dass er mit dem Projekt vor allem bezwecke, einen Wandel herbeizuführen für das Leben der Sammler*innen. Er will den *catadores* ermöglichen, ihre Existenz zu verbessern und zwar mit ihren eigenen Mitteln. „What I really want to do, is to be able to change the lives of a group of people with the same material that they deal with every day".[564] An einer Stelle spricht Muniz sogar davon, dass es den Müllsammler*innen wohl kaum nach dem Film schlechter gehen könne als zuvor. Während Muniz in seinem Projekt mit der Wahrnehmung von Müllsammlern brechen will, und es als emanzipatorisches Projekt betrachtet, tappt er immer wieder selber in die Fallen der Bevormundung. So zum Beispiel in einer Szene, in der er den Müllsammler*innen das richtige

---

562 Peter Bradshow, „Waste Land – Review", 2011, online: https://www.theguardian.com/film/2011/feb/24/waste-land-review (20.02.2020).
563 Vgl. Möller, „Photo-Activism in the Digital Age", S. 43.
564 Walker, *Waste Land*, 6'15".

Betrachten von Kunstbildern beibringen will. Doch Muniz wird von seinen Subjekten eines Besseren belehrt. So revidiert er seine anfängliche Naivität und Arroganz, wenn er sich fragt, „how am I to help anybody?"[565], und damit andeutet, dass seine Rolle in dem Projekt weniger die eines Helfers ist, und mehr die einer Kooperation auf Augenhöhe mit den Sammlern. „These people are at the other end of consumer culture," sagt Muniz. „I was expecting to see people who were beaten and broken. But they are survivors."

Während einige kritische Stimmen in der visuellen Darstellung von Leid eine Form von Ausbeutung sehen, oder in der Ästhetisierung der *catadores* eine Depolitisierung erkennen, besteht der politische Moment, das Widerständige, gerade in der ästhetischen Arbeit, die in den Bildern steckt. Ausbeutung, Ästhetisierung und Darstellung von Leid sind zwar Bestandteile des Projekts, aber das Projekt lässt sich nicht darauf reduzieren.[566] Wenn man in einem solchen Geschehen nur Ausbeutung sieht, dann blendet man die eigene Tätigkeit, das Gespür und die Haltungen der *catadores* damit aus. Die Bilder alleine als Beispiel für Ausbeutung zu sehen, bedeutet auch, den Ausdruck in den Gesichtern der *catadores*, die Arbeit des Denkens, die in den Bildern steckt, für unwichtig und belanglos zu halten; nicht zu sehen, was die Mitwirkenden tun und anrichten, wie sie einbringen, was sie sind und wohin sie streben.

Die fotografischen Collagen stellen eine Verdoppelung der Wirklichkeit dar, sie stellen das Monopol des Realen in Frage, und vervielfältigen es. Die Subjekte, die die Bilder füllen, erstellen diese zugleich. Die *catadores* haben das Material des Projektes, den Müll, selbst gesammelt, sie haben ein Bild von sich selbst erschaffen. Sie treten in eine imaginäre Achse ein mit den anerkannten Kunstwerken, sie sind Kopien und Originale zugleich. Die Bilder von Taio und von Irma sind Formen der visuellen Selbstinszenierung und Reflexion. Die kritischen Stimmen, die von Ausbeutung sprechen, reproduzieren die Dichotomie zwischen Ästhetik und Politik, zwischen feingeistigen Tätigkeiten und schmutziger Arbeit, zwischen dem Kanon der Kunst und dem Archiv der Mülldeponie – eine Grenze, die selber zum Gegenstand der Bilder wird. Die mimetische Nachahmung, das Eintreten in eine imaginäre Beziehung zu den Ikonen der Kunst, erschafft etwas Neues, ganz Eigenes. Die Müllsammler*innen sind in den Bildern nicht auf ihre soziale Rolle als *catadores* reduziert. Sie spielen sich selbst, indem sie eine Landschaft ihres Selbst inszenieren und damit eine ironische Position zum Künstler einnehmen, ebenso wie zu den Betrachter*innen der Bilder und zur Mülldeponie. Es ist ein Spiel mit den Aufteilungen und Zuteilungen der sozialen Rollen. Die Müll-

---

565 Ebd., 1:23'30".
566 Vgl. auch Möller, „Photo-Activism in the Digital Age", S. 44.

sammler*innen nehmen szenische, historische und ästhetische Positionen ein, die über ihre Tätigkeit hinausgehen.

Zwar gründet das Projekt, ebenso wie der Film, auf der Prämisse, dass die Müllsammler am anderen Ende der Kunstwelt stehen, am anderen Ende eines Spektrums aus Konsumption und Extravaganz. Aber bei diesen Prämissen bleiben die Werke nicht stehen. Das Politische des Projektes, und des Filmes, rührt weniger von den Absichten des Künstlers Muniz her als von dem, was die *catadores* selber tun. „We are not pickers of garbage; we are pickers of recyclable materials," sagt Tião, ein *catadore* zu einem Talkshow-Moderator in Lucy Walkers Film. Eine derartige Stellungnahme, ebenso wie einige der Handlungen der *cataodres*, stellen, so meine These, Szenen des Dissenses im Sinne Rancières dar. Sie zeigen, wie auf polemische Weise mit einer bekannten Welt und Aufteilung des Sinnlichen gebrochen wird.

Die Müllsammler*innen beanspruchen für sich selbst, als Gruppe marginalisierter Menschen wahrgenommen zu werden, die in der Lage sind, sich im Register der Kunst Ausdruck zu verschaffen – und damit Prozesse von politischer Subjektivierung zu verkörpern. Sie beanspruchen für sich, als Menschen wahrgenommen zu werden, und das, was sie sind, das Skript der Wahrnehmung ihres Selbst umzuschreiben. Indem sie in Frage stellen, dass die Dinge, die sie sammeln und trennen, „Müll" sind, also nicht zählen, fordern die *catadores* dazu auf, zu sehen, dass die Materialien, mit denen sie arbeiten, bedeutsam sind; dass also auch ihre Tätigkeit zählt; und letzten Endes, dass sie selbst zählen.

Es stellt einen Akt der Emanzipation und, im Sinne Rancières, der Subjektivierung dar, wenn sich die *catadores* weigern, sich mit der allgemeinen Kategorie „Müllsammler*in" zu identifizieren oder vorgefertigten Bildern zu entsprechen. Die Politik, die der polizeilichen Ordnung gegenübersteht, ist gemäß Rancière dadurch gekennzeichnet, dass sie das Gegenteil einer spezifischen Zuordnung ist. Die politische Tätigkeit entfernt einen Körper von dem Ort, der ihm zugewiesen wird, oder ändert die Aufgabe dieses Ortes. Die politische Tätigkeit macht sichtbar, was sonst unsichtbar ist, und lässt etwas als Rede hören, was sonst nur als Lärm gehört wurde.[567] Eine solche widerständige politische Subjektivierung teilt das Erfahrungsfeld neu ein, und markiert damit einen Bruch mit jener Ordnung, die jedem seine Aufgabe und seinen Anteil gibt. Eine solche politische Subjektivierung lässt sich demnach als Form von Emanzipation verstehen. Eine Gruppe oder eine Person entfernt sich von dem ihr zugewiesenen Platz und beansprucht für sich neue Räume, Plätze und Selbstbeschreibungen.

---

567 Rancière, *Das Unvernehmen*, S. 41 f.

Nichts Geringeres als einen Bruch mit der Aufteilung des Sinnlichen, der Kodierung von der Arbeit auf der Deponie als „schmutzige" und unwürdige Tätigkeit, erwirkt Tiao, wenn er dem Moderator im Interview sagt, er müsse etwas richtigstellen: Wir sind keine Müllsammler, wir sammeln wertvolles Material. In dieser Bewegung wird etwas sichtbar gemacht und ein Bruch in der Aufteilung des Sinnlichen anhand von spezifischen Menschen, ihren Schicksalen, ihren Geschichten und subjektiven Wahrnehmungen erzählt. Was ist Müll? Wer legt das fest? Und was ist Kunst? Die Brüchigkeit der Grenze zwischen Kunst und Müll, zwischen Kultur und Abfall, wird hier deutlich. Die Porträts zeigen die brasilianischen Müllverwerter*innen dabei, wie sie ihr Leben imaginieren; sie inszenieren eine Poetisierung der Wirklichkeit und stellen die Kategorien, die für sie im hegemonialen Diskurs bereitstehen, in Frage. Die *catadores* sind in vielen Hinsichten als Anteilslose zu verstehen, die ihren Anteil fordern – und darum kämpfen, dass ihre unsichtbare, informelle Arbeit als ein Beitrag zur Gesellschaft staatlich anerkannt und besser bezahlt wird.

Resümee

Festhalten lässt sich, dass die widerständigen Momente, die in der Interaktion mit Abfall entstehen, Imagination und Wirklichkeit miteinander verbinden. Die voranstehenden Analysen sollten zeigen, wie Individuen und Gruppen, die aus symbolischen Ordnungen des Sozialen herausfallen, unter Rückgriff auf Figuren des Abfalls – und unter Kontestierung der Katgeorie des Wertlosen – ihren Anteil am Gemeinsamen einfordern. Die Lebensbedingungen von Arbeiter*innen auf Mülldeponien sind natürlich nicht mit denen von Pfandsammler*innen in Deutschland vergleichbar.[568] Aber die Subjektivierungen mit Bezug auf Abfall, die performative Ästhetik, die Sprache und Poetik, die sich in den hier besprochenen Beispielen wiederfindet, sollte zeigen, inwiefern die Beschreibungen von Müll als dasjenige, was unterhalb der Oberfläche weiter fortlebt, ein politisches Potential für Partizipation und Dissens bereithält.

Latife Tekins *Tales from the Garbage Hills* macht auf verschiedene Weise, aber ebenso effektiv wie die *Pictures of Garbage*, strukturelle Abwesenheiten sichtbar. Es sind abstrakte Ideen, die beispielsweise Tekin in ihrem Schreiben anleiten, von Armut, Anteil und Ausgeschlossenheit, die sich in den konkreten Stimmen und Ausdrucksformen, umringt von Abfall, wiederfinden. Der Müll fungiert dabei als

---

568 Moser, *Pfandsammler*, S. 12.

poetische Ressource, als semiotische Materie, die zur Umbenennung von Dingen und zum Neubeschreiben der Wirklichkeit eingesetzt wird.

Mit Blick auf Rancières Verständnis von Dissens lässt sich Emanzipation als ein Vorgang verstehen, in dem eine Gruppe von Anteilslosen ihren Anteil fordert. Im Kern geht es dabei um die Ambivalenz des Politischen, die sich zum Beispiel darin äußert, dass man immer zu mehr in der Lage ist, als wozu man – nach Ansicht der Autoritäten – sein sollte. Man hat, wie Rancière betont, immer die Rechte, die man nicht hat, was auch bedeutet, dass man zu mehr fähig ist, als es ist die Ordnung für einen vorsieht. Was bedeutet das übertragen auf die Verhältnisse der *catadores*, der Metallsammler*innen oder der Pfandsammler*innen in heutigen Städten, die sich zugleich mitten im Geschehen, und doch am Rande bewegen?

Betrachtet man diese widerständigen Momente, die in Bezug auf Abfall entstehen – das Suchen nach recycelbaren Gütern in einer Masse von Müll, das Sammeln und Finden von Bedeutungen, die über die objektiven Realitäten des Mülls hinausgehen, dann ergibt sich ein Bild des Politischen, das in einigen Elementen dem von Rancières Begriff der Emanzipation entspricht, und in anderen davon abweicht bzw. darüber hinaus noch anderes zeigt. Die Messies, die Arbeiter*inen auf Mülldeponien, die brasilianischen *catadores* und die fiktiven Bewohner*innen von Tekins *Flower Hill* haben alle eins gemeinsam: Sie stellen das Verhältnis zwischen wertlosen und wertvollen Dingen in Frage. Sie führen vor, inwiefern die Nähe zu Müll nicht nur mit struktureller Abjektion und sozialer Herabsetzung einhergeht, sondern Ermächtigung, Behauptung und Artikulation möglich macht: Behauptung nicht nur der eigenen Würde, sondern auch der Fähigkeit, sich ein Bild von sich selbst zu schaffen, die eigene Geschichte selbst zu erzählen, und Gleichheit performativ zur Schau zu stellen. Es ist eine Bewegung, die darüber hinaus die Willkür der sozialen Ordnung zeigt. Genau das, möchte ich behaupten, tun zum Beispiel die Bilder der brasilianischen Müllsammler*innen. Wenn Taio zum Beispiel in die Badewanne aus der Müllhalde steigt und die Pose von Marat einnimmt, führt er eine derartige Form von Subjektivierung vor. Es ist ein performativer Akt, der auf die Kontigenz der sozialen Positionen verweist.

Während in Rancières theoretischer Analyse von Dissens und Emanzipation Sprache und sprachliche Artikulation im Zentrum stehen, weist er in vielen Texten auch auf die sprachlosen und in Interaktion mit Dingen stattfindenden Momente von Dissens hin, wie zum Beispiel in der Beschreibung des Arbeiters, der stumm seinen Blick umherschweifen lässt. Mit Blick auf die kulturelle Figur des *hoarders* und auf die hier porträtierten Müllsammler*innen, die für sich einen Anteil fordern und ihre Gleichheit performativ vorführen, kommen noch weitere Bilder hinzu. Es geht um Vorformen dieses Artikulierten, um Widerständigkeiten, die, wie Groys in seiner Analyse zum Archiv schreibt, zunächst nicht wahrnehmbar oder nicht artikulierbar sind, die so klein und alltäglich sind, dass sie stattfinden, ohne aufgezeichnet oder weitergegeben zu werden.

In diesem zweiten Teil der Arbeit zu den *Eigensinnigkeiten des Mülls* ging es darum, die ästhetischen und brüchigen Potentiale von Dingen zu erkunden, nicht zuletzt, um Momente der Komplizenschaft zwischen Personen und Figuren des Abfalls zu entdecken. Diese kann sich in der Abweichung vom „normalen" *domestic life* ausdrücken, in einer mimetischen Beziehung zu Objekten oder in einem Austausch der Positionen: Die Müllabfuhr als Autobiografie. Ob Messies, Pfandsammler*innen oder Müllsammler*innen: An vielen Orten durchbrechen sie die etablierten Ordnungen des Wissens, des Denkens, der materiellen Einteilungen, der eingeschliffenen Sprechweisen. Sie stellen in Frage, was selbstverständlich ist, und transformieren den Müll vom notorisch unsichtbaren, Bedeutungslosen und Überflüssigen zu einer Methode des Sehens, des Sprechens und des Verstehens; Transformationen, die nicht nur die Gegenwart betreffen, sondern auch den Blick auf die Zukunft prägen.

Teil III: **Zukünfte des Mülls**

Our lives and bodies and thoughts, all the things we desired and the things we discarded, will appear as ghosts, as enigmatic bits of drift in whatever minds or machines remain to pick up from the long and crowded beach of history and wonder at what we were.[569]

Brian Thill

Es ist das Jahr 802701. Ein anonymer Forscher reist mit einer selbst gebastelten Maschine aus dem späten 19. Jahrhundert in die Zukunft. Die Welt, die der Zeitreisende aus H. G. Wells' *The Time Machine* (1895) vorfindet, ist in vielen Hinsichten verstörend. Auf der Erdoberfläche leben die freundlichen, aber infantilen Eloi. Sie wirken naiv und kindlich, gehen keiner Arbeit nach, und ernähren sich nur von Obst. Und sie scheinen keine Spuren zu hinterlassen: Es gibt keine Rückstände, die auf ihre Existenz verweisen, auch nicht auf ihr Ableben. Es gibt weder Grabsteine noch Friedhöfe. Stattdessen sind überall in der Landschaft brunnenartige, trockene Schächte verstreut. Als der Zeitreisende die Brunnenschächte bemerkt, hält er sie zunächst für ein Abwasser-System. „I was at first inclined to associate it with the sanitary apparatus of these people. It was an obvious conclusion, but it was absolutely wrong."[570] Er vermutet, dass die Brunnen ein Hinweis auf die Existenz einer Unterwelt sein könnten, in der die Eloi Arbeitssklaven beschäftigen. Um seine Vermutung zu überprüfen, steigt er einen Brunnenschacht hinab. Unten angekommen, findet er eine zweite Spezies Menschen vor, die bei völliger Dunkelheit eine gewaltige Maschine betätigen. Er erkennt nun, dass die wasserlosen Quellen ein unterirdisches Tunnelsystem sind. Es ist die einzige Verbindung zwischen dem friedvollen Leben der Eloi und den Morlocks, den Arbeiter*innen der Unterwelt. Anders als er vermutet, sind die Morlocks aber keine Sklaven, die von den Eloi ausgebeutet werden, sondern eine parallele Spezies von Menschen. Sie leben und arbeiten in einer finsteren Unterwelt, ganz ohne Tageslicht. Und der Grund, wieso er keine menschlichen Spuren in dem augenscheinlich paradiesischen Leben der Eloi findet, ist dieser: Die Morlocks steigen regelmäßig durch die trockenen Brunnen empor, um sich von den Eloi zu ernähren. Als der Zeitreisende seinen Irrtum hinsichtlich des Machtverhältnisses dieser zwei Gruppen von Menschen erkennt, führt er seine Fehleinschätzung auf mangelnde Kenntnisse der Entsorgungsinfrastruktur zurück. „I must admit that I learned very little of drains and bells and modes of conveyance, and the like conveniences, during my time in this real future."[571]

---

569 Thill, *Waste*, S. 57.
570 H. G. Wells, *The Time Machine*. New York: Henri Holt and Company, 1985, S. 95.
571 Ebd.

Convenience ist ein viktorianischer Ausdruck für Toiletten.[572] Weil ihm die Entsorgungsinfrastruktur der Bewohner*innen dieser Zukunftswelt unbekannt war, konnte er auch die grundsätzlichen Vorgänge ihres Lebens und ihre sozialen Hierarchien nicht verstehen.

„Victorian futurists have their minds in the gutter", stellt Natalka Freeland fest.[573] Viktorianische Science-Fiction-Autoren würden optimierte Entsorgungssysteme zur Grundlage ihrer Zukunftsbilder machen. In den möglichen Welten, die viktorianische Utopien entwerfen, seien der Schmutz, der Abfall und die hygienischen Belastungen, die im England des 19. Jahrhunderts vorherrschten, auffällig abwesend oder umcodiert. Gerade in diesem Eskapismus, so Freeland, nähmen Abfall, Abwasserkanäle und Entsorgungsstrukturen eine besondere Rolle ein. „The invocation of imaginary (or impossible) futures responds to a cultural anxiety about the crushing accumulation of history and its material artifacts – in utopian novels, the weight of the past is represented (both metaphorically and metonymically) by the weight of the objects it has left behind."[574] Szenen der Entsorgung würden die Bemühungen des Genres symbolisieren, sich von den historischen Bedingungen zu lösen. Indem sie Fragen der Entsorgung zum Thema machten, würden viktorianische Utopien von der Entsorgung der Geschichte handeln.

Modelle und Visionen der Zukunft gehen mit bestimmten Vorstellungen davon einher, wie Menschen ihre Abfälle produzieren und beseitigen. Die Präsenz oder Abwesenheit, die Sichtbarkeit oder Unsichtbarkeit von Müll hält oft bereits die Antwort auf die Frage bereit, ob es sich um eine grauenvolle oder utopische Vision der Zukunft handelt; ob es eine Welt ist, in der man gerne leben würde, oder ein Endzeitszenario. Müll ist einerseits als Störungselement codiert, das auf verschiedene Weisen aus den Bereichen des Sichtbaren beseitigt wird. Zugleich taucht Müll als kulturelles Motiv auf, das mit Visionen und Vorstellungen einer besseren Zukunft in Verbindung steht.

Unzählige Kinofilme führen Zuschauer*innen vor, wie es wäre, sich am Ende der Zeit zu befinden. Dabei zeichnen sich Dystopien oft dadurch aus, dass sie eine Welt präsentieren, die voller Unordnung, Chaos, Müll und Schmutz ist, während die Straßen, Häuser und Infrastrukturen in utopischen Visualisierungen vor Sauberkeit strahlen und glänzen.

---

572 Vgl. Natalka Freeland, „The Dustbins of History: Waste Management in Late-Victorian Utopias", in: Cohen / Johnson (Hrsg.). *Filth. Dirt, Disgust, and Modern Life*, S. 225–249; S. 225.
573 Ebd., S. 225.
574 Ebd., S. 226.

> Trash functions as a convenient punch line, and not just in science fiction, but throughout popular culture as well. The ability to eliminate, contain, hide, or transcend landscapes of waste has been one of the most enduring visual and linguistic signifiers of traditional utopian science fiction (especially science fiction on film), whereas nearly every dystopia must embed its share of trash, filth, scunge, and wreckage.[575]

Im Folgenden geht es um die Utopien, Zukunftsvorstellungen und Lebensentwürfe bis hin zu den Todesbildern, die sich ausgehend von Themen der Nachhaltigkeit und Fragen des Mülls entwickeln. Mit Blick auf Vorstellungen des Entsorgens soll der Frage nachgegangen werden, wie Unterscheidungen zwischen Müll als kulturellem Objekt und sozialer Problematik, als Sache am „falschen Ort" oder als Spur des Lebendigen, sich neu formieren und politisch relevant werden. So steht zunächst eine Analyse von Müll als post-apokalyptisches Motiv an (Kapitel 7). Anschließend geht es um die Frage, wie im Kontext von aktuellen *Zerowaste*-Bewegungen Spuren des menschlichen Lebens ausgehandelt werden und spezifische Objekte – wie das Einmachglas, das ein gesamtes Jahr an Müll-Erzeugnissen fasst – als Vorreiter einer neuen Müllkultur gefeiert werden (Kapitel 8.). Schließlich endet die Untersuchung mit einem Blick auf unsichtbare Schadstoffe und Toxizität und den damit einhergehenden Diskurs von einem „Müll in uns allen" (Kapitel 9.). Hier steht die Frage im Vordergrund, wie die symbolische und die reale Verteilung von Schadstoffen zusammenhängt. Dabei werde ich herausarbeiten, inwiefern in den Diskussionen um Toxizität der Körper als Sammelstelle für chemische Abfälle konzipiert wird – wie und unter welchen Umständen „der Müll in uns allen" zu einer symbolischen und politischen Streitsache wird.

---

575 Thill, *Waste*, S. 44.

7 Apokalypsen des Mülls

You came by the tens of millions to become part of a historic movement the likes of which the world has never seen before. [...] But for too many of our citizens, a different reality exists: Mothers and children trapped in poverty in our inner cities; rusted-out factories scattered like tombstones across the landscape of our nation; an education system, flush with cash, but which leaves our young and beautiful students deprived of knowledge; and the crime and gangs and drugs that have stolen too many lives and robbed our country of so much unrealized potential. This American carnage stops right here and stops right now. [...] America's infrastructure has fallen into disrepair and decay.[576]

Donald Trump

Diese Worte Donald Trumps aus seiner Antrittsrede am 20. Januar 2017 zeichnen ein derart apokalyptisches Szenario der Vereinigten Staaten, dass selbst der ehemalige Präsident George W. Bush die Rede seines republikanischen Nachfolgers mit Staunen als bizarren „Schrott" bezeichnete. „That was some weird shit", soll Bush Anwesenden zufolge gesagt haben, als die düstere Vorstellung vorbei war.[577] In Trumps apokalyptischem Bild der USA verbinden sich verwahrloste Innenstadtviertel, heruntergekommene Häuser, sozialer Verfall und leerstehende Fabriken zu einer diffusen Untergangsphantasie. *The Nation* schrieb über Trumps Einführungsrede: „For Trump, it's not morning in America, it's just a few seconds before midnight on the doomsday clock."[578] Welche Rolle kommt dem Motiv des Abfalls in Visionen des Untergangs zu? Inwiefern hängen Figuren der Apokalypse mit Narrativen von Müll zusammen? Und welche politischen Effekte äußern sich in Untergangsphantasien?

Die apokalyptischen Imaginationen, die sich am Motiv des Mülls entfalten, arbeite ich heraus, indem ich zunächst einen kurzen Blick auf die Genealogie des apokalyptischen Denkens werfe, um dann näher auf gegenwärtige Untergangerzählungen einzugehen, in denen Müll den Untergang prägt. Es geht dabei insbesondere um den Pixar-Film *WALL-E* (2008) und die Frage nach der narrativen und ästhetischen Funktion, die Müll in der post-apokalyptischen Darstellung übernimmt. Schließlich sollen die Untergangsphantasien hinsichtlich ihrer poli-

---

576 Aus der Niederschrift von Donald Trumps Antrittsrede am 20. Januar 2017. Remarks of President Donald J. Trump – As Prepared for Delivery in Inaugural Address, Washington, D.C. (Inauguration Speech Transcript), online: https://www.whitehouse.gov/inaugural-address (20.01.2020).
577 David Remnick, „A Hundred Days of Trump", *New Yorker*, Ausgabe 1. Mai 2017, online: http://www.newyorker.com/magazine/2017/05/01/a-hundred-days-of-trumpNew Yorker (10.01.2020).
578 John Feffer, „Donald Trump's Apocalypse Is a Self-Fulfilling Prophecy", 2016, online: https://www.thenation.com/article/donald-trumps-apocalypse-is-a-self-fulfilling-prophecy/ (10.01.2020).

https://doi.org/10.1515/9783110613360-013

tischen Implikationen diskutiert werden. Welche Vorstellungen von „Gemeinschaft" und Zugehörigkeit setzen die Narrative des Untergangs voraus? Und wie hängen Motive des Weltuntergangs mit Vorstellungen von Müll und angemessener Entsorgung und Spurenbeseitigung zusammen?

7.1 Das Erbe des apokalyptischen Denkens

Ökologische Desaster, Naturkatastrophen und apokalyptische Zukunftsbilder sind allgegenwärtig. Unter dem Titel *Apokalyptische Verschmutzung im Pazifik* berichtete der *Deutschlandfunk* im Jahr 2012 über einen „Teppich aus Abfällen", der zwischen Kalifornien und Hawaii im Pazifischen Ozean schwimmt.[579] Es handelt sich dabei um eine gewaltige Fläche, die aus Plastikmüll besteht. Klimakatastrophen, Umweltverschmutzung, Müll in der Stratosphäre, toxische Stoffe in Lebensmitteln – all diese Themen tragen zu einem apokalyptischen Bild von Verwahrlosung und Zersetzung bei.

Was aber bedeutet Apokalypse? Die älteste Dokumentation des Begriffs geht auf den epikureischen Philosophen Philodemos von Gadara aus dem ersten vorchristlichen Jahrhundert zurück. Darin taucht der Begriff *apokalypsis* weder im Sinne einer Zukunftsvision, noch einer Katastrophe auf, sondern gleichbedeutend mit „Enthüllung" und „Entblößung". Später gebraucht Paulus in seinem Römerbrief den Ausdruck „apokalypsis mystériu", um die „Aufdeckung des Geheimnisses" zu bezeichnen, bevor „Apokalypse" um 90 n. Chr. zum Titel der Offenbarung des Johannes wird. Seitdem bedeutet „Apokalypse" in erster Linie die Prophezeiung des Weltuntergangs.[580]

Die christlichen und jüdischen Formen des apokalyptischen Denkens erzählen davon, wie der Mensch an den ihm von Gott gestellten Aufgaben scheitert und „die himmlische Strafe" erwarten muss.[581] Während der Großteil der Menschheit die Strafe Gottes befürchten muss, werden diejenigen, die seine Gnade verdienen, von der Strafe erlöst, um nach dem letzten Gericht in eine neue Existenzform zu treten, die „frei von Trübsal und Schuld" ist, „in ein Leben, das

---

579 Jan Tussing, „Apokalyptische Verschmutzung im Pazifik. Der Plastikteppich vor Hawaii", 2012, online: http://www.deutschlandfunk.de/apokalyptische-verschmutzung-im-pazifik.697.de. html?dram:article_id=230663 (20.01.2020).

580 Vgl. Alexander Demandt, „Historische Apokalyptik", in: Alexander Demandt / John Farrenkopf (Hrsg.), *Der Fall Spengler: Eine Kritische Bilanz.* Köln/Weimar/ Wien: Böhlau, 1994, S. 21–44, S. 21.

581 Vgl. ebd.

ohne Geschichte ist".[582] Diese Art von Endzeitdenken bezeichnet Alexander Demandt als „mythische Apokalyptik".[583] Sie erzählt von einem in der Zukunft liegenden, mit Gewissheit eintreffendem Ende der Menschheit auf Erden, das zugleich ein Übergang in ein neues Leben ist. Dem Schrecknis eines grausamen Weltuntergangs folgt das ewige, paradiesische Heil, zu dem es eines katastrophalen, alles Bestehende niederreißenden Ereignisses bedarf. Bis zum 19. Jahrhundert dominiert diese Untergangauffassung, basierend auf der Annahme eines notwendigen und schicksalhaften Endes, einem Ende, dem bestimmte Zeichen vorausgehen. Hier äußern sich erstmals Vorstellungen von einer „Vorsehung", dem Zerfall der Weltgeschichte, und dem baldigen Ende der Menschheit.

In *Dies Irae. Eine Geschichte des Weltuntergangs* bemerkt Johannes Fried, dass das Endzeitdenken durch die Entmythologisierung von Bibel und Neuem Testament ab dem 19. Jahrhundert keineswegs abnimmt. Argumente und Narrative des Naturalismus lösen Eschatologie und Apokalypse lediglich ab. „Das Wissen, die Rede, die Reflexion über den Untergang blieben auch ohne den Glauben lebendig."[584] An die Stelle von Altersbestimmungen der Erde und des Kosmos und biblischen Endzeichen treten „apokalyptische Rechenkünste".[585]

Auch Peter Sloterdijk stellt zeitdiagnostisch fest, dass das Hintergrundmotiv der Katastrophe die Mentalitätslage des modernen Menschen konstituiert. Das apokalyptische Motiv im Sinne eines diffusen, allgegenwärtigen Untertons dringt dabei in Sloterdijks eigenes Schreiben ein. So ist seine *Kritik der zynischen Vernunft* (1983) untergründig von einem apokalyptisch-katastrophilen Ton geprägt.[586] In der Beschreibung des panischen und katastrophenaffinen Denkens der Moderne macht Sloterdijk von einem apokalyptischen Stil Gebrauch, der sich insbesondere dadurch auszeichnet, dass er die Ausweglosigkeit und Notwendigkeit einer untergangsbewussten Geisteseinstellung des modernen Menschen beschreibt – eines Menschen, der über sich und seiner Welt das doppelte Damoklesschwert der ökologischen Katastrophe und der atomaren Auslöschung schweben sieht:

> Seit für den historischen Messianismus die Zeit abgelaufen ist, schlägt wieder die Stunde der panischen Welterfahrung. Dies ist die Lage, die erklärt, warum der heutige Stil der Unzufriedenheit mit der Welt nicht anders kann, als ein panischer zu sein. [...] Das Katastrophi-

---

582 Vgl. ebd.
583 Vgl. ebd.
584 Fried, *Dies Irae*, S. 210.
585 Ebd., S. 211.
586 Peter Sloterdijk, *Kritik der zynischen Vernunft*. Frankfurt/M.: Suhrkamp, 1983.

sche ist eine Kategorie geworden, die nicht mehr zur Vision, sondern zur Wahrnehmung gehört. Heute kann jeder Prophet sein, der die Nerven hat, bis drei zu zählen.[587]

Zwar kommt die Apokalypse heute ohne den Glauben an Gott aus, doch das Narrativ von Strafe und Sühne prägt weiterhin das Untergangsdenken: Die Apokalypse als Bestrafung der Menschheit für ihre Lebensentscheidungen, Wünsche und Sehnsüchte. Anders als in der biblischen Fassung wird die Apokalypse aber weniger als schicksalhaftes Ereignis imaginiert, das zu neuer Erkenntnis führt, und vielmehr als ein Worst-Case-Szenario. In den apokalyptischen populären Filmen der Gegenwart bricht der Weltuntergang nicht von außen über die Menschheit hinein, sondern wird selbstverschuldet herbeigeführt.

In *Zukunft als Katastophe* (2014) bemerkt Eva Horn, dass die Apokalypse von einer religiösen Eschatologie zu einem anthropologischen Schreckensbild geworden ist: Für das Ende seiner Art ist der Mensch dabei selbst verantwortlich. Im Verlauf der Jahrhunderte haben die Imaginationen der Endzeit unterschiedliche Formen angenommen. Heute zeichnet sich das apokalyptische Denken insbesondere dadurch aus, dass der Mensch von seiner eigenen Auslöschung träumt, davon, „spurlos verschwunden zu sein".[588] Anhand einer Reihe von literatur- und filmhistorischen Beispielen stellt Horn die zentralen Motive derzeitiger Apokalypse-Bilder heraus. Eine ganze Motivgeschichte breitet sich aus: Von Meteorologie bis zu Anthropologie. Die Natur erobert ihren Raum zurück. Schließlich wird der Mensch zu seiner eigenen Ressource. Das ist die schaurige Konsequenz, von der sowohl McCarthys menschenleere Welt in *The Road* berichtet, als auch Richard Fleischers Science-Fiction-Film *Soylent Green* (1973), der davon erzählt, wie in einer überbevölkerten Stadt Nahrungsmittel aus Menschen hergestellt werden.

In vielen Science-Fiction-Filmen spielt die Zerstörung der Welt, angerichtet von Menschen, eine zentrale Rolle. Post-apokalyptische Bilder des Planeten, in dem es nach Klima- und Umweltkatastrophen bis auf eine Handvoll Überlebender kaum noch Menschen gibt, sind zentraler Bestandteil in populären Kinofilmen. So verhält es sich zum Beispiel in *I am Legend* (2007), der aktuellsten Adaption von Richard Mathesons gleichnamigen Roman von 1954. Die postapokalyptischen Landschaften sind dabei düster und menschenleer, es sind Brachen und *wastelands*. Die Faszination der westlich-zivilisierten Gesellschaft für Verfallsprozesse kommt in der visuellen Schlagkraft des Mülls deutlich zum Ausdruck.

Bilder einer dystopischen Zukunft nehmen auch in einer Reihe von Umwelt-Dokumentationen, wie beispielsweise Al Gores *An Inconvenient Truth* (2006) ei-

587 Peter Sloterdijk, *Eurotaoismus.* Frankfurt/M.: Suhrkamp, 1989, S. 100–103.
588 Eva Horn, *Zukunft als Katastrophe.* Frankfurt/M.: S. Fischer, 2014.

ne zentrale Rolle ein, wie auch in Filmen, in denen es um die zerstörerischen Auswirkungen der Konsum- und Müllwirtschaft geht. Darunter auch Filme wie *Garbage Dreams* (2009), *Waste Land* (2010), *Racing to Zero* (2014) oder *Inside the Garbage of the World* (2014), die sich gezielt dem umweltpolitischen Thema Müll zuwenden. Ein im Jahr 2008 erschienener Science-Fiction-Film, der ein post-apokalyptisches Szenario als das Ergebnis von übermäßigem Konsum und Verschwendung visuell und ästhetisch verarbeitet, ist der Film *WALL-E*. Im Folgenden soll die Ästhetik des Mülls, die in diesem Film zum Ausdruck kommt, näher untersucht werden.

7.2 Pixars *WALL-E* (2008): Die Erde als Heimat des Mülls

Es ist das Jahr 2805 AD, 700 Jahre in der Zukunft. Der Pixar-Animationsfilm *WALL-E: Der Letzte räumt die Erde auf* (2008) beginnt in einer Galaxie von Sternen, bevor der Blick der Kamera zu dem blauen Planeten hinzoomt und an Trümmern von Satelliten vorbeizieht, bis schließlich Umrisse einer nordamerikanischen Metropole zu erkennen sind.[589] Die Erde ist zu einer einzigen Ödnis geworden, mit Bergen von Müll, die sich überall auftürmen. Wir sehen WALL-E, den Protagonisten des Films: ein Roboter, der Müll sammelt und dessen Name ausgeschrieben „Waste Allocation Load Lifter Earth-Class" bedeutet. Unbekümmert und vor sich hin summend spaziert der verträumte Roboter durch eine post-apokalyptische und menschenleere Landschaft aus Müll. Seine tägliche Routine besteht darin, die übrig gebliebenen Reste von menschlichem Leben auf der Erde zu durchforschen, zu sortieren und zu stapeln. Das einzige Lebewesen, das ihm Gesellschaft leistet, ist eine Kakerlake. Das, was an die Skyline aus Wolkenkratzern in New York erinnert, sind Berge voller Müll (Abb. 14). WALL-E ist der letzte funktionierende Roboter seiner Art und neben der Kakerlake der einzig übrig gebliebene Bewohner des Planeten.[590] Der Film präsentiert eine Welt, die als Resultat von übermäßigem Konsum buchstäblich im Müll versinkt. Im Kinoraum entsteht eine Welt, die nur noch aus Müll besteht, und so kontaminiert ist, dass so gut wie kein organisches Leben mehr auf ihr möglich ist.

Die Lektion des Filmes könnte eindeutiger kaum sein: Wenn wir nicht bald etwas ändern, dann wird der ständig wachsende Konsum das Leben auf der Erde zerstören. Während *WALL-E* zweifellos die zerstörerischen Kräfte von Müll als

---

589 Andrew Stanton (Reg.), *WALL-E: Der Letzte räumt die Erde auf.* USA, 2008, 98 Min.

590 Vgl. Christopher Schmidt, *The Poetics of Waste, Queer Excess in Stein, Ashbery, Schuyler, and Goldsmith, Modern and Contemporary Poetry and Poetics.* New York: Palgrave Macmillan, 2014, S. ix.

Abb. 14: Wolkenkratzer aus Müll im Film WALL-E (2008)

Kehrseite des Konsums inszeniert, entwickelt der Film, wie Christopher Schmidt feststellt, eine bemerkenswerte Zuneigung gegenüber dem verteufelten Müll.[591] Denn es ist zwar der Haufen von zerstörendem und toxischem Müll, der die Ende zu einem unbewohnbaren Ort gemacht hat, zugleich aber inszeniert der Film Müll als eine Kategorie von Dingen mit besonderem Charme.

Diesen Charme des Mülls porträtiert der Film mittels der Wahrnehmung seines Protagonisten. Denn WALL-E ist kein Roboter, der sein Handlungsskript – das Sortieren und Stapeln von Müll – einfach befolgt. Vielmehr verliert er sich in den Haufen voller Müll, er findet darin Dinge, die sein Interesse wecken und die er mit nachhause nimmt. Inmitten des post-apokalyptischen Szenarios figurieren einige der Dinge, die WALL-E auf der Müllhalde findet, als Träger von mensch-lichen Affekten. Der Müll-Roboter sieht in den Objekten Bedeutungen, die über ihre ursprünglichen Funktionen hinausgehen. Wie ein posthumaner Charlie Chaplin flaniert er durch die zerstörte Landschaft und die vermüllten Reste des menschlichen Lebens.[592] Oder wie ein Lumpensammler im Sinne Baudelaires oder Benjamins, der verborgene Bedeutungen in den weggeworfenen Dingen sucht, und die Funktion und die Bedeutung der Dinge, die er findet, umwandelt.

Einen wertvollen Diamant-Ring wirft er weg, aber die Schachtel, die den teuren Ring beherbergt, weckt seine Neugier. Wenn WALL-E abends in seinen Bunker heimkehrt, dann archiviert er seine Fundstücke in einer „Wunderkam-mer". Hier sammelt er all die von ihm geschätzten und begehrten Objekten, die er

---

591 Vgl. ebd., S. x.
592 Vgl. ebd., S. ix.

im Müll gefunden hat.[593] Darunter auch einen Videorekorder und eine alte Videokassette: WALL-E betrachtet das junge, verliebte Paar, das im Videofilm zu sehen ist. Es sind Relikte aus einer vergangenen Zeit, nostalgische Sehnsüchte, die WALL-E verkörpert. Während die Menschen den Planeten Erde längst verlassen haben und auf Weltallstationen durch Konsum und Medientechnologien zu roboterhaften Konsumenten abstumpfen, entwickelt der Roboter, der den Müll des Planeten weiter sortiert wahre menschliche Eigenschaften.[594] WALL-E ist hier Symbol für die Lebendigkeit und Animation des Leblosen.

In *WALL-E* bevölkert der Müll, von dem so viel erzeugt und auf Mülldeponien fortgeschafft wurde, die gesamte Erde. Der Planet ist zu einer Heimat des Mülls geworden. Was für das moderne Endzeitdenken gilt, trifft auch auf WALL-E zu: Die Apokalypse gibt eine Form von Kultur- und Zivilisationskritik preis. Im Film ist diese Kritik überdeutlich. Der Mensch hat die Erde durch seine Konsumsucht zugemüllt. Diese apokalyptischen Perspektiven auf die Welt, getragen von Szenarien des Verfalls und überquellenden Müll, sind Teil einer weitreichenden Debatte über die Umweltzerstörung durch die Menschheit. In den umweltkritischen Tönen, die angeschlagen werden, verbirgt sich oft die Idee einer „reinen Natur", die der Mensch zerstört hat.

Der Umwelttheoretiker Timothy Morton schlägt diesbezüglich vor, Ökologie jenseits von Natur zu verstehen: „in order to have 'ecology', we have to get rid of 'nature'."[595] „The ghost of 'Nature', a brand new entity dressed up like a relic from a past age, haunted the modernity, in which it was born."[596] Morton spielt hier auf Bruno Latours These an, dass wir nie modern waren; dass die Moderne zwar konzeptuell die Welt in Angelegenheiten der Natur und der Kultur teilt, aber praktisch immer die Grenzen verwischt: das Ozonloch, das Klima, die Wälder sind allesamt Mischwesen, Hybride aus Natur und Kultur.[597] „Only now, when contemporary capitalism and consumerism cover the entire earth and reach deeply into its life forms, is it possible, ironically and at last, to let go of this nonexistent ghost."[598] Morton zufolge ist es an der Zeit, jenseits von Natur zu denken. Zu den Denkmodellen, die uns in ein derartiges natur-loses Denken der Zukunft bringen, gehört für Morton auch das Konzept der „Hyper-Objekte": „products such as

---

593 Vgl. ebd., S. x.
594 Vgl. ebd.
595 Timothy Morton, *The Ecological Thought*. Cambridge, MA: Harvard University Press, 2012, S. 3.
596 Ebd.
597 Bruno Latour, *Wir sind nie modern gewesen. Versuch einer symmetrischen Anthropologie*. Frankfurt/M.: Suhrkamp, 2008.
598 Ebd., S. 3.

styrofoam and plutonium that exist on almost unthinkable timescales. Like the strange stranger, these materials confound our limited, fixated, self-oriented frameworks."[599]

Wenn ökologisches Denken also nicht zwingend ein Denken von Natur voraussetzt, und Materialen wie Plastik und Styropor unser Verständnis von Natur und Zeit völlig infrage stellen, was bedeutet das für das Verständnis von Müll? Vilém Flusser schreibt über das Verhältnis des Mülls zu Natur und Kultur: „Die Ambivalenz des Mülls ist nicht: zugleich Kultur und Natur, sondern: zugleich Antikultur und Antinatur."[600] Es sei ein Irrtum der Ökologie, „das Antinatürliche am Müll das Kulturhafte und das Antikulturhafte an ihm das Natürliche zu nennen."[601] Flaschenscherben beispielsweise seien keine „Kulturenklaven in der Natur, sondern entnaturierte Natur".[602] Was den Müll demnach auszeichnet, ist „daß er weder Wert noch Form hat, wie die Kultur, noch auch wertlos und formlos ist, wie die Natur, welche mindestens in der Tendenz zum Formlosen hinzielt, sondern daß er entwertet und deformiert ist."[603] Diese Gegenrichtung ist der Grund, wieso Müll, „nicht Zukunft ist wie die Natur, sondern Vergangenheit, welche droht, immer und überall gegenwärtig zu werden, nämlich im Sinn von ‚widerwärtig'".[604] Der Punkt, den Flusser stark macht, ist nicht nur, dass Müll die Grenzen von Begriffen, wie zum Beispiel von Natur und Kultur, sprengt. Vielmehr zeichne Müll sich durch ein spezifisches Verhältnis zu Natur und Kultur aus. Was Müll ausmacht – der Scherbenhaufen, das Plastik, die Reste –, ist, dass der Bedeutungsanteil der Dinge verloren ist, ohne dass die Objekte an sich vergangen sind. „Verbrauchtes ist Antikultur, weil es, wie die Natur, einfach ist und nicht sein soll, und es ist Antinatur, weil es, wie die Kultur, von einem Sollen zeugt, das der Natur aufgedrückt wurde."[605] So widersetzt sich Müll beiden Kategorien: jener der Natur ebenso wie jener der Kultur. In Flussers Betrachtungen kommt zwar auch eine implizite Unterscheidung zwischen Natur und Kultur zum Tragen. Für die Analyse der „Zukünfte des Mülls" lohnt es sich aber, diesen Gedanken festzuhalten: Müll ist Vergangenheit, die nicht vergehen will.

---

599 Ebd., S. 19. Vgl. auch Timothy Morton, *Hyperobjects: Philosophy and Ecology after the End of the World*. Minneapolis, MN: University of Minnesota Press, 2013.
600 Vilem Flusser, *Dinge und Undinge. Phänomenologische Skizzen*. München: Carl Hanser, 1993, S. 23.
601 Ebd.
602 Ebd.
603 Ebd.
604 Ebd.
605 Ebd.

7.3 Planetarische Ungleichheit. Der *Anthropos* im Anthropozän

Das Verhältnis zwischen Natur und Kultur, Mensch und Erde steht auch im Zentrum des Anthropozän-Konzepts. Weil sich das Klima auf dem Planeten in den kommenden Jahrtausenden deutlich von „der natürlichen Entwicklung" verschiebt, schlägt Meteorologe Paul Crutzen vor, „die gegenwärtige, vom Menschen geprägte geologische Epoche als ‚Anthropozän' zu bezeichnen."[606] Fraglich ist aber, wer genau die Menschheit ist, und was sich hinter der augenscheinlichen Universalität der Figur des „Anthropos" verbirgt. Inwiefern verzerrt die Imagination eines Erdzeitalters des Menschen die Allgegenwart von struktureller Gewalt und Umweltrassismus? Welche Wirklichkeiten der Umweltzerstörung sind in Narrativen des Anthropozäns sichtbar und welche bleiben unsichtbar? Und wie ließen sich Fragen zum Klimawandel im Kontext von Differenz und Vulnerabilität denken?

Die Tendenz zur Entpolitisierung in Umweltdebatten hatte Jean Baudrillard bereits um 1970 beschrieben, als er über die apokalyptische Rhetorik in Umweltdiskurse sagte: „Nothing better than a touch of ecology and catastrophe to unite the social classes."[607] Und auch Jürgen Manemann notiert in seiner Schrift zur Kritik des Anthropozäns: „Die These, dass die Menschheit Täter dieser Schandtat sei, ist unsinnig. Die Menschheit ist kein handelnder Akteur, so hat auch nicht ‚die Menschheit' absichtlich die Klimaprobleme geschaffen."[608] Manemann weist zum einen auf das „allgemeine Unwissen" hin, das die Klimaprobleme begleitet hat, auch wenn vereinzelt manche Wissenschaftler*innen gewisse Dinge schon gesehen oder geahnt haben.[609] Die These vom Anthropozän enthält darüber hinaus einen „Entschuldigungsmechanismus, da nicht von konkreten Menschen in konkreten Kontexten gesprochen wird, sondern die verhängnisvolle Tat ganz allgemein der Spezies ‚Mensch' zugesprochen wird."[610] Anstatt die Schuld aufzuarbeiten und konkret zu erforschen, also eine „Schuldgeschichte zu

---

606 Paul Crutzen, „Die Geologie der Menschheit", in: Paul J. Crutzen / Mike Davis / Michael D. Mastrandrea et al. (Hrsg.). *Das Raumschiff Erde hat keinen Notausgang.* Berlin: Suhrkamp, 2011, S. 7–10, S. 7.
607 Jean Baudrillard, „The Environmental Witch-Hunt: Statement by the French Group: 1970", in: Reyner Banham (Hrsg.), *The Aspen Papers: Twenty Years of Design Theory from the International Design Conference in Aspen.* New York: Praeger, 1974, S. 208–210.
608 Jürgen Manemann, *Kritik des Anthropozäns. Plädoyer für eine neue Humanökologie.* Bielefeld: Transcript, 2014, S. 35.
609 Vgl. ebd., S. 35.
610 Ebd., S. 43.

schreiben", werde in den Bewegungen zum Anthropozän ein „Öko-Optimismus" propagiert, der den kritischen Blick auf die Umweltgeschichte „narzisstisch" überdeckt.[611]

Manemann zweifelt daran, dass die These vom Anthropozän wirklich die Katastrophe, die sie prophezeit, verinnerlicht hat. Er spricht in diesem Kontext von der „Katastrophen-Blindheit", welche die Debatte um das neue Zeitalter des Anthropozäns prägt, und fragt: „leiden wir wirklich an einer Apokalypseangst oder nicht viel mehr an einem Mangel an Katastrophensensibilität?"[612] Risiken aber seien lediglich die Kalkulation von Unsicherheiten. Katastrophen hingegen seien „unkalkulierbare Ereignisse".[613] Katastrophen bringen Schäden hervor, die nicht reparierbar sind. Der Begriff des Risikos, so wie die Rede von Gefahren, würde die Irreparabilität und die Unkalkulierbarkeit der Katastrophe, beschwichtigen. Anstelle einer Katastrophen-Blindheit plädiert Manemann für eine „aufgeklärte Apokalyptik".[614] „Apokalyptisches Denken ist der Versuch, Handeln in einer ausweglosen Situation möglich zu machen. Dadurch lässt die Apokalyptik in einer hoffnungslosen Situation Unmögliches aufblitzen und relativiert so die Hoffnungslosigkeit radikal."[615] Aus dieser Perspektive stellt sich die Frage, ob die zahlreichen Visualisierungen des Untergangs im Kino, in Romanen oder Dokumentationsfilmen die Zuschauer*innen dazu befähigen, eine Katastrophe *als* Katastrophe vorzustellen.

Das *Institute for Public Policy Research* (IPPR) beschreibt das apokalyptische Denken im gegenwärtigen Umweltdiskurs als ein „quasi-religious register of death and doom".[616] Das IPPR legt nahe, dass Katastrophenfilme und populäre Umweltdebatten mit einer geheimen Lust am Untergang einhergehen.[617] Auch Philipp Hammond und Hugh Ortega Breton machen in ihrem Aufsatz *Eco-Apocalypse* auf die entpolitisierenden Tenzen in Umweltdebatten aufmerksam.[618]

---

611 Ebd., S. 44.
612 Ebd., S. 45.
613 Ebd.
614 Ebd., S. 52f.
615 Ebd.
616 Gill Ereaut / Nat Segnit, *Warm Words: How Are We Telling the Climate Story and Can We Tell It Better?*. London: Institute for Public Policy Research, 2006, S. 7. Vgl. auch Philip Hammond / Hugh Ortega Breton, „Eco-Apocalypse. Environmentalism, Political Alienation, and Therapeutic Agency", in: Karen A. Ritzenhoff / Angela Krewani (Hrsg.), *The Apocalypse in Film. Dystopias, Disasters, and other Visions about the End of the World*. Lanham, MD: Rowman & Littlefield, 2016, S. 105–116; S. 106.
617 Ereaut / Segnit, *Warm Words*, S. 7. Vgl. auch Hammond / Breton, „Eco-Apocalypse", S. 106.
618 Hammond / Breton, „Eco-Apocalypse", S. 113.

Das Problem mit dem Narrativ der Schuld der Menschheit ist, dass die Beschreibung Differenzen verzerrt und verschweigt, dass keineswegs alle Menschen, Länder und Regionen an der Erzeugung der ökologischen Krise beteiligt waren oder sind. Der Begriff des Anthropozäns bemüht das Bild einer in sich geschlossenen, einheitlichen „Menschheit". Dadurch werden soziale und gesellschaftliche Fragen womöglich entpolitisiert. Das Narrativ, die kollektive „Menschheit" sei Täter der Umweltkatastrophe, dorht, die Auf- und Zuteilungen des Gemeinsamen zu verzerren, und die Tatsache zu verschweigen, dass eine große Zahl von Menschen schon längst im Erbe der Apokalypse leben, weil für sie Krankheit und Bedrohung durch Umweltzerstörung und toxischen Müll Alltag ist.

Ein Begriff des Anthropozäns, der ungeachtet von sozialen Differenzen und strukturellen Ungleichheiten formuliert ist, lässt sich als ein Beispiel für das auf, was Rancière, sowie Chantal Mouffe und Ernesto Laclau als Post-Politik bzw. Post-Demokratie bezeichnen, verstehen.[619] Mit Post-Politik ist zum Beispiel die demokratische Konsenspolitik gemeint, die das Politische neutralisiert und den Streit, den Konflikt sowie die Ungerechtigkeit aus den Fragen des politischen Geschäfts zu verbannen versucht. Post-Politik oder Post-Demokratien, so Rancière, würden von vornherein die Möglichkeit eines Individuums oder einer Gruppe verneinen, für sich zu beanspruchen, keinen Anteil zu haben. Der Begriff des Post-Politischen bezieht sich auf die Unsichtbarmachung sozialer und politischer Differenzen. Post-Politik meint eine Konfiguration der Welt, die manche Dinge sichtbar macht und andere unsichtbar, manche Stimmen zu Wort kommen lässt, während andere ungehört bleiben.

Die apokalyptische Sprache, mit der Klima- und Umweltdiskurse geführt werden, wirkt zum Beispiel dann entpolitisierend, wenn politische Konflikte um Dissens und Gleichheit in technologische und administrative Probleme übersetzt werden. Der Geograph Erik Swyngedouw spricht vom Post-Politischen Denken im Anthropozän, und meint damit die widersprüchliche Mischung aus Katastrophen-Rhetorik und der Verteidigung des Status Quo auf politischer und institutioneller Ebene.[620]

In post-demokratischen Regimes funktioniert diese Aufteilung des Sinnlichen so, dass sie alternative und ausgeschlossene Stimmen für nicht existent erklärt, also die totale Repräsentation von allen beansprucht. Post-Demokratie besagt,

---

619 Vgl. Jacques Rancière, „Demokratie und Postdemokratie", in Rado Riha (Hrsg.), *Politik der Wahrheit*, Wien: Turia+Kant, 1997, S. 94 – 122. Zum weiteren Debattenkontext siehe auch Marchart, *Die politische Differenz.*

620 Erik Swyngedouw, „Trouble with Nature: ‚Ecology as the New Opium for the Masses'", in: Jean Hiller / Patsy H. Farnham (Hrsg.), *The Ashgate Research Companion to Planning Theory: Conceptual Challenges for Spatial Planning.* Farnham/UK: Ashgate, 2010, S. 312.

„es gibt keine Anteilslosen", und so verzerrt sie das Politische. Ausgeschlossenheit wird undenkbar, auch wenn sie konstitutiv ist für Politik. Es gibt dann nichts, was außerhalb dessen liegt, was sagbar und sichtbar ist.

Die Rede von der „Menschheit", die Schuld an der Umweltproblematik trage, verbindet alle Menschen zu einem imaginären Ganzen, selbst jene, die keinerlei Anteil am Zustandekommen der globalen Lage hatten. Dieses Narrativ setzt die Menschheit als konsenshafte Einheit voraus und wirkt dadurch entpolitisierend. Es wandelt Fragen des Unrechts in Probleme der Lebensführung und der Verwaltung von Interessen. Damit wird die Illusion aufrechterhalten, dass Probleme des Klimawandels und der Umweltzerstörung alle gleichermaßen betreffen, so unterschiedlich sie auch sein mögen; Menschen und Nicht-Menschen, Tiere und Pflanzen, Lebewesen und Objekte. Aber eben vor allem auch: Menschen *hier* und Menschen *dort* – ganz so, als ob geografische, politische, ökonomische und kulturelle Realitäten keine Rolle mehr spielten. Das imaginäre Band einer Verwandtschaft, das zwischen Menschen postuliert wird, verschweigt die politischen Auf-und Zuteilungen von Umweltzerstörung und Klimawandel; und macht die Erfahrungen all jener unsichtbar, die nicht gemeint sind, wenn vom Menschen an und für sich die Rede ist. Die rhetorische Verbindung aller Menschen zu einem einheitlichen Ganzen setzt eine Form von planetarischer Zivilgesellschaft und Solidarität voraus, die auf ein System der Differenzierung und der Hierarchie gründet; ein System, in dem das Leben mancher Menschen mehr bedacht und betrauert wird, als das von anderen. In diesen allzu bekannten diskursiven Manövern wird die Art und Weise, wie Marginalisierung fortwährend produziert und aufrechterhalten wird, unsichtbar gemacht. Die Rede vom Planetarischen setzt eine einheitliche Umwelt voraus, die politische Räume und differente Klimavulnerabilitäten ausgrenzt.

Dabei sind strukturelle Ungleichheit und Umweltrassismus eine unverzichtbare Dimension der Wissensgeschichte der Umweltbewegung, sowie der planetarischen Vergangenheit und Gegenwart, um die es geht. Wie würde ein Narrativ des Klimawandels aussehen, das strukturelle Ungleichheiten und konkrete Vulnerabilitäten in ihrer Tragweite entsprechend reflektiert? Wie könnte das Planetarische re-imaginiert und repräsentiert werden, um diesen historischen Gegebenheiten Rechnung zu tragen? Welche Ikonografie und welches Vokabular sind dafür nötig?

Um sich diesen Fragen zu nähern, ist est zunächst nötig, anzuerkennen, dass die tiefgreifenden Veränderungen des Planeten Erde mit Verletzungen und Gefährdungen von Körpern im Alltag verknüpft sind; Verletzungen, die manche Personen mehr oder andere weniger betreffen. Die Literaturwissenschaftlerin Stephanie LeMenager hat den Begriff des *everyday Anthropocene* entworfen, um die konkreten, körperlichen Dimensionen und affektiven Erfahrungen des Klimawandels zu beschreiben, die in Diskursen zum Epochalen des Klimawandels unsichtbar bleiben. „Epochs are not attentive to the wearing away of bodies, their slow depletion. (...) the idea of epochs works to organize new modes of forgetting."[621] Im *Everyday Anthropocene* geht es demnach um die Frage, wie sich die ökologische Gegenwart konkret, im Alltag, auf Personen, Körper und Lebewesen auswirkt. Mit dem Begriff des *everyday anthropocene* versucht LeMenager das Partikulare mit dem Universalen zu denken. Inwiefern das gelingt, ist noch offen, denn auch in dieser Erzählung ist ein einheitlicher anthropos der Protagonist. Es ist aber ein Versuch, um Narrative des Anthropzäns aus kritischer Perspektive zu entwerfen.

Es bleibt die Frage, inwiefern der Fokus auf das Konkrete, das Fragmentarische, und das Lokale, es ermöglichen kann, das Planetarische und eine globale Politik des Klimawandels neu zu denken? Dafür braucht es mehr als die Rhetorik der Verwandtschaft, die der Begriff des Anthropozän bedient. Denn der Mensch ist, wie Rancière immer wieder betont, keine gegebene Kategorie, sondern eine politisch umkämpfte; deren Bedeutung nur durch die Sichtbarmachung der konstitutiven Grenzziehungen und Auslassungen des augenscheinlich „Gemeinsamen" entsteht. In politischen Fragen gibt es keine festgelegte Gruppe namens Menschheit, sondern nur Menschen.

Wie die Untersuchungen der vorliegenden Arbeit zeigen, wirkt der Müll in seiner Ambivalenz – einerseits als polizeiliche Logik der Grenzziehung, anderseits als widerständige Fläche – auf besondere Weise in diesem Diskurs hinein. Im Sinne von Rancières Begriff der *Partage du Sensible*, kommt im Müll die mehrfache Bedeutung von *Partage* zutage: im Sinne einer von allen geteilten Eigenschaft, und zwar die, Müll zu produzieren; und ebenso im Sinne von Auf- und Zuteilungen, die aber immer wieder kontestiert werden. Gerade aufgrund seiner „Zugehörigkeitslosigkeit" – der Eigenschaft von Müll, aus Ordnungen und Zuteilungen herauszufallen –, taucht er auch als Komplize für Formen des politischen Dissenses und der Des-Identifikation auf. Hier zeigt sich die Ambivalenz des Mülls, da dieser sowohl Einheitsvisionen einer globalen Menschheit, die für ihre Lebensgrundlage zu sorgen hat, verankert, aber zugleich auch die entgegengesetzten Tendenzen einer Infragestellung der herrschenden Repräsentationen und Aufteilungen: abweichende Müllpraktiken und Selbstinszenierungen der vermeintlich Marginalisierten als Artikulation eines politischen Dissenses. Was sich in den Abweichungen – wie zum Beispiel die der brasilianischen Müllverwerter aus dem vorherigen Kapitel –, zeigt, läuft auf eine Abkehr von der Einheitsvision hinaus, auf einen Streit um Anteile am Gemeinsamen.

---

621 Stephanie LeMenager, „Climate Change and the Struggle for Genre", in: Tobias Menely / Jessy Oak Taylor (Hrsg.), *Anthropocene Reading. Literary History in Geologic Times*. University Park, PA: Penn State University Press, 2017, S. 220 – 237; S. 225.

8 *Zero Waste:* Vorbilder des Mülls

> I believe that the simple, sustainable life and the good life are one and the same – living my environmental values makes my life more beautiful and more joyful. Delight, not deprivation, is what I'm after.[622]
>
> *Celia Ristow*

Mit diesen Worten stellt Celia Ristow ihren Blog *Litterless: Living Trash-free in the Big City* vor, in dem sie über die Beweggründe, Vorteile und Möglichkeiten eines Lebens ohne Müll schreibt. Seit einigen Jahren ist *Zero Waste* zu einem Schlagwort geworden, das den Versuch eines müllfreien Lebens bezeichnet. Bereits dem Namen nach erscheint es als eine Form der Reinigung und Distanzierung von Müll. *Zero Waste*, das heißt soviel wie null Abfall, null Verschwendung, eine Zukunft ohne Müll. Die Bezeichnung *Zero Waste* gibt es als solche seit den 1970er Jahren, sie wird im Kontext der Wiederverwertungsökonomie in Verbindung mit der Idee von hundert Prozent Recycling gedacht; im Sinne einer vollständigen Kreislaufwirtschaft und totalen Wiederverwertungsökonomie – weshalb die Wiederverwertungsindustrie das Wort Müll streng meidet und lieber von Abfall spricht.

8.1 Der Traum von der ewigen Erneuerung

> Im Ritus des Wegwerfens würden wir gern, ich und der Müllmann, das Versprechen der Vollendung des Zyklus wiederfinden, das dem bäuerlichen Produktionsprozeß eigen war, in dem – wie erzählt wird – nichts verlorenging: Was in der Erde begraben wurde, stand wieder auf. [623]
>
> *Italo Calvino*

Als Terminus der Abfallindustrie bezeichnet *Zero Waste* den Traum von der hundertprozentigen Rückführung aller Abfallstoffe. Als extreme Form der Ideen der ökologischen Abfallvermeidung könnte man die Anzüge der „Fremen" verstehen: der Bewohner des Planeten „Arrakis" in Frank Herberts Science-Fiction-Roman *Der Wüstenplanet* (engl. Originaltitel: *Dune*) von 1965, den David Lynch 1983 verfilmte. Diese Anzüge sind in der Lage, jeden Tropfen Flüssigkeit und jede Form von Ausscheidung, die Menschen produzieren, zu recyceln. Beim Tod eines

---

622 Celia Ristow: *„Litterless: Living Trash-free in the Big City"*, online: http://www.litterless.co/about/ (08.01.2020)
623 Calvino, „Die Mülltonne", S. 92.

https://doi.org/10.1515/9783110613360-014

Mitglieds wird der Wasseranteil des Fremen an die Gemeinschaft zurückgeführt, und in großen Zisternen gesammelt. Weder im Leben noch im Tod wird etwas verschwendet, es gibt in dieser Zivilisation keinen Abfall.[624] In dieser Zukunftsvision sind die Bewohner*innen des Planeten Arrakis fähig, ihre körperlichen Reste, wie den Wasseranteil im Körper, zu recyceln und der Gemeinschaft zuzuführen.[625]

Die Logik der Trennung von Abfall und die ewige Erneuerung von Müll taucht als Strategie auf, um den ökologischen Krisen und Untergangsprognosen zu begegnen. Die Idee von ewiger Erneuerung ist aber nicht nur eine umweltpolitische, sondern auch eine Idee, die Vorstellungen von Gemeinschaft impliziert: Der Müll wird nicht verschwendet, sondern der globalen oder nationalen Gemeinschaft zugeführt.

Im Zuge des ökologischen Diskurses der letzten Jahrzehnte entstehen Wegwerfpraktiken, die über die einfache Entsorgung hinausgehen: Sie beginnen bei Einkaufsentscheidungen, Speisezubereitung, Sortieren der Abfälle und Errichtung von „Müllzwischenlagern" in den Wohnungen, und reichen bis hin zur „Müllerziehung" der Mitbewohner*innen. Mit der Einführung des „Grünen Punktes" und unter dem Motto „Trennen mit System" entstehen Wegwerfpraktiken, deren Ziel die restlose Erfassung von wiederverwertbaren und brauchbaren Materialen ist.

Die politische Rolle von Abfällen und privaten Wegwerfhandlungen lässt sich analog zu dem (u. a. von Ulrich Beck propagierten) Konzept des Konsumbürgers verstehen: Konsumbürger*innen sind Verbraucher*innen, die aus der Privatsphäre heraus politische Entscheidungen treffen; als Konsument*innen partizipieren sie in einer politischen Gemeinschaft. „Der Bürger entdeckt den Kaufakt als direkten Stimmzettel, den er immer und überall politisch anwenden kann."[626] Ebenso wie der „Konsumbürger" als neue politische Figur die Grenzen des Privaten und des Politischen unterläuft (und seinerseits neue politische Grenzen zieht), stellt der richtige bzw. falsche Umgang mit Müll eine politische Tätigkeit dar, die privat verhandelt wird. Abfallbeseitigung wird zu einer Kulturtechnik, an der sich Modi und Grenzen der Zugehörigkeit, Ablehnung oder Ausgrenzung in der ökologisch aufgeklärten Gemeinschaft äußern, wie beispielsweise in der Bürgerinitiative in Duisburg vor einigen Jahren gegen das (in der Einleitung beschriebene) Mietshaus, in dem sogenannte „Armutsflüchtlinge" wohnen, wobei einer der ersten Vorwürfe der ist, dass die ungeliebten Bewohner*innen ihren Müll nicht ordentlich trennen. Die kulturellen Imaginationen vom angemesse-

---

624 Ponte, „Müllschlucker", S. 83.
625 Ebd.
626 Beck, *Was ist Globalisierung?*. Frankfurt/M.: Suhrkamp, 1997, S. 124.

nen Umgang mit Abfall sind auf diffuse Weise mit einer Logik der Trennung und der Grenzziehung verbunden, deren sprachlichen Vorraussetzungen und Implikationen oftmals unhinterfragt bleiben. In Ressentiments gegen Menschen, die „achtlos" ihren Müll beseitgen, drückt sich womöglich mehr aus als nur eine pragmatische Haltung der Umwelt gegenüber. Oftmals sind es ganz spezifische Personen und Gruppen, die unter Verdacht stehen, egoistisch, verantwortungslos und unsozial zu handeln.

Während vor einigen Jahren Wiederverwertung und maximales Recycling die wesentlichen ökologischen Ziele waren, setzt sich derzeit immer mehr die Auffassung durch, dass es wichtiger ist, Müll gar nicht erst entstehen zu lassen. Aus Fairtrade, Cradle-to-Cradle und Share Economy entsteht ein neues Phänomen, das zum zentralen Thema des nachhaltigen Konsumierens wird: Zero Waste. „Die Idee dahinter ist, statt Müll zu recyceln und wiederzuverwerten, erst gar keinen Müll entstehen zu lassen."[627]

8.2 *Zero Waste*

Bea Johnson, die als junge Frau aus der französischen Provinz in die USA zog und heute mit ihrer Familie in San Francisco lebt, hat mit ihrem Buch *A Zero Waste Home* (2013) als eine der ersten Stimmen in einem neuen Diskurs die Vorstellung von einem müllfreien Lebensstil geprägt.[628] „The zero waste life starts with saying no", schreibt Bea Johnson in einem Blogbeitrag.[629] In ihren fünf Schritten zu einem müllfreien Leben beschreibt sie den ersten Schritt als „refuse" – im Sinne von Nein sagen. Das Wort „refuse", das sich hier auf die Abwehrhaltung gegenüber der konsumorientieren Entsorgungskultur bezieht, ließe sich anders ausgesprochen auch als Synonym für Abfall lesen. So gesehen steht am Anfang eines Zero-Waste-Lebens der Müll selbst – der Müll, zu dem man Nein sagt. Die Zero Waste Philosophie gründet auf fünf Grundpfeiler, die Bea Johnson populär gemacht hat. Die Schritte zu einem *zero waste life* beschreibt Johnson wie folgt: „1. Refuse what you do not need, 2. Reduce what you do need, 3. Reuse what you consume, 4. Recycle what you cannot, 5. Rot (Compost) the rest".[630] Johnson hat mit ihrem

---

627 ZukunftsInstitut, „Zero Waste: Zukunft ohne Müll", online: https://www.zukunftsinstitut. de/artikel/umwelt/zero-waste-zukunft-ohne-muell/ (20.02.2020).
628 Bea Johnson, *Zero Waste Home. The Ultimate Guide to Simplifying Your Life.* New York, NY: Penguin Random House, 2013.
629 Bea Johnson, „The 5 Rules for a Zero Waste Lifestyle", Eintrag ohne Datum, online: http:// www.mattprindle.com/zero-waste-lifestyle/ (22.01.2020).
630 Ebd.

Buch viele Blogger*innen dazu inspiriert, ihre eigenen Versionen und Modelle für ein müllfreies Leben vorzustellen. Die Bekanntesten unter ihnen sind junge Frauen, die in amerikanischen Großstädten leben. Dazu gehört auch die Bloggerin Lauren Singer aus New York City, die durch Ted Talks, Auftritte in Fernseh-Sendungen und ihren minimalistischen, modebewussten Blog, zu einer Stilikone der Zero-Waste-Bewegung geworden ist. Auf ihrer Homepage schreibt Lauren Singer: „To me, living a zero waste lifestyle means that I don't make any trash, so no sending anything to a landfill, no sending anything into a garbage can and no spitting gum on the ground and walking away."[631] Um in Einklang mit ihren Überzeugungen zu leben, hat Lauren Singer beschlossen, Müll aus ihrem Leben völlig zu verbannen – zumindest jenen Müll, der nicht wiederverwertbar oder kompostierbar ist.

In ihrem Blog *Trash is for Tossers* zeigt Lauren Singer auf, inwiefern nahezu jeder einzelne Aspekt des täglichen Lebens mit dem Verbleib von Resten verbunden ist, die sich belastend auf die Umwelt auswirken: Aufstehen, Zähne putzen, Duschen, Kaffee trinken, Wäsche waschen, Einkaufen, Kochen, Essen. Die Beschäftigung mit der Frage, wie sich Müll vermeiden lässt, führt unweigerlich zu einer Auseinandersetzung mit den selbstverständlichsten, intimsten und abjektreichsten Aspekten des eigenen Lebens. So seziert die Rubrik „Zero Waste Alternatives: The Ultimative List" das alltägliche Leben als junge Frau in einer Metropole in allen Einzelheiten auf die verwendeten Dinge und Spuren, die sie hinterlassen und bietet müllvermeidende Gegenvorschläge an – von der selbstgemachten Körperpflege, der Menstruationstasse bis hin zum Recycling-Klopapier. Müllvermeidung, das macht die Autorin unmissverständlich deutlich, ist kein Zustand, sondern ein Prozess, ein steter Wandel und fortdauernde Problemlösung.

Um Müll zu vermeiden – und um toxische Stoffe aus ihrem Körper fernzuhalten –, stellt Lauren Singer ihre eigene Zahnpasta mithilfe von Backpulver her; sie kreiert ihr eigenes Duschgel und Shampoo, und kauft nur in mitgebrachten Glasbehältern ein. Ihre Kleidung bezieht sie aus Second-Hand-Shops. Im Leben ohne Müll sieht Lauren Singer klare Vorteile. Es sei günstig, einfach, umweltschonend und gesund – sie wisse dadurch, welche Stoffe sie in ihren Körper lässt und welche nicht.[632] Auf Twitter und Instagram kann man an ihrem *zero waste life* visuell teilhaben, ihr Nachrichten schicken, sich mit ihr vernetzen, sie um Rat fragen, und sogar die selbstgemachte Zahnpasta, Duschgel und Waschmittel bei

---

631 Lauren Singer, „Trash is for Tossers", unter: http://www.trashisfortossers.com/p/about.html (23.01.2020)
632 Vgl. ebd.

ihr einkaufen – was dann in einer kompostierbaren Verpackung geliefert wird. Lauren Singer schließt einen öffentlichen Vortrag mit dem Satz ab: „I want to be remembered for things I did on this planet, not for the trash I left behind."[633]

Zero Waste stellt den Versuch dar, andere Dingbeziehungen zu entwickeln. Dabei ist der Beschluss, Müll weitestmöglich zu vermeiden, eine radikale Umstellung der Lebensweise, die nicht spurlos oder einwandfrei geschieht. Wenn Heather Trim, Umweltaktivistin und Mitbegründerin von *Zero Waste Seattle*, beispielsweise in ihren Keller geht, dann ist sie mit den Spuren aus ihrem Leben vor der radikalen Müllvermeidung konfrontiert.[634] Da Heather Veranstaltungen bei sich zuhause organisiert, hat sie von früher noch eine große Menge an Plastikbecher, -teller und -geschirr gelagert, die sie ungeöffnet in einem Kellerschrank aufbewahrt. Heute benutzt sie bei ihren Veranstaltungen Behälter aus Glas und Textilservietten. Heathers Plastikobjekte, die aufgrund der Umstellung ihrer Lebensweise im Keller quasi „stecken geblieben" sind, weisen eine figurative Linie zur Stoffwechselverweigerung von *hoarders* auf. Im Fall von Heather sind es die paradigmatischen „Wegwerfobjekte", die im Keller verharren, deren Funktion plötzlich fragwürdig geworden ist. Das, was symbolisch mit dem Konsumleben in Verbindung gebracht wird – Plastikbesteck, das nach dem einmaligen Gebrauch im Mülleimer landet –, kommt hier zum Stillstand und taucht als Relikt der Vergangenheit auf. Wie bei den oben portraitierten sogenannten Messies, deren Stoffwechselverweigerung mit ihrer Umwelt dazu führt, dass sich die Dinge in ihrem eigenen Zuhause ansammeln, ist es auch bei Heather so, dass die Verweigerung einer Teilnahme am Konsumleben zu einem „Stau" und Stillstand im „Waste Stream", im Kreislauf der Dinge führt.

Bloggerinnen wie Lauren Singer, Bea Johnson und Celia Ristow, die Aufklärung betreiben, neue Ideen und kreative Produkte entwickeln, sind *role models* der Müllvermeidung. Sie stellen Vorbilder des Umgangs mit Müll dar, insofern sich Vorbilder, wie Thomas Macho in seinem gleichnamigen Buch schreibt, nicht auf die Vergangenheit oder auf die Gegenwart beziehen, sondern Zukunftsbilder sind, die als „antizipierende[r] Entwurf", als „Versuch einer visuellen Repräsentation von Zukunft", oder als „normatives Ideal" das vorwegnehmen, was eintreten soll.[635] Im Fall von *Zero Waste* handelt es sich dabei um eine Welt ohne Müll. Jede von ihnen zeigt auf Blogs und in Interviews den Ertrag eines müllfreien

---

633 Lauren Singer, „Why I live a zero waste life", Beitrag auf TEDxTee, online: http://tedxteen. com/talks/tedxteen-2015-nyc/295-lauren-singer-why-i-live-a-zero-waste-life (23.01.2020)

634 Diese Schilderungen beruhen auf ein persönliches Interviewgespräch mit Heather Trim, Leiterin der NGO Initiative *Zero Waste Washington*, geführt am 28.05.2016 zuhause bei Heather Trim in Seattle, USA.

635 Thomas Macho, *Vorbilder*. München: Wilhelm Fink Verlag, 2011, S. 13.

Lebens: Ein Einmachglas, das den gesamten Restmüll lagert, den sie in einem Monat oder einem Jahr produziert haben (Abb. 15). Das Einmachglas ist zu einem heroischen Objekt der Zero-Waste-Bewegung geworden. Als Gegenstück zum Plastikbehälter übernimmt es eine zentrale Rolle in den individuellen Erzählungen und Selbstentwürfen. Das Glas ist dabei mehr als nur ein praktisches Hilfsmittel, es ist ein stilistisches Statement. Kathryn Kellogg schreibt über ihr Verhältnis zu Einmachgläsern: „Jars, jars and more jars. I can never have too many jars. Some women covet shoes. I covet Le Parfait jars."[636]

Abb. 15: Der Müll, den Kathryn Kellogg in einem Jahr produzierte

Was die Vorteile eines *Zero Waste* Lebensstils betrifft, so weist Lauren Singer neben den gesundheitlichen Faktoren immer wieder auf die geringen Kosten eines Lebens ohne Müll hin und betont, dass es jedem möglich sei, sich der Bewegung anzuschließen. Gleichwohl ruft die Zero-Waste-Ästhetik kulturelle Assoziationen mit historisch privilegierten *weißen* Vorstellungen von Sauberkeit und Ordnung hervor. So ist das Einmachglas, das zu einem Sinnbild der Bewegung geworden ist, ein Symbol, das an Darstellungen des „guten Haushaltens" der *weißen* Mittelschicht Amerikas anknüpft. Der minimalistische Stil und die aufgeräumte Äs-

---

636 *Le Parfait* ist eine französische Herstellermarke von Einmachgläsern.

thetik der Zero-Waste-Blogs tragen dazu bei, dass die Bewegung als homogen und von privilegierten sozialen Gruppen betrieben wahrgenommen wird. Eine Müllvermeidungs-Bloggerin aus Australien macht auf die mangelnde Diversität in der Zero-Waste-Community aufmerksam. Im Sinne eines zugespitzten Kommentars schreibt sie: „The ultimate archetype of a zero-waster at the moment is a middle-class Caucasian, heterosexual attractive female in their twenties or thirties, who cares a lot about their appearance and thus implements the lifestyle by making a lot of beauty products from scratch, eats a vegan diet and has a fabulous very flattering minimalist wardrobe“.[637]

Auch in Deutschland gibt es eine steigende Anzahl von Bloggerinnen und Haushaltsratgebern zu einem müllfreien Leben. Im Zentrum steht dabei, wie Olga Witt in ihrem Buch *Ein Leben ohne Müll. Mein Weg mit Zero Waste* (2017) schreibt, der „achtsame Umgang mit unserer Welt“ und das „Neu-Denken gewohnter Verhaltensmuster unter Betrachtung globaler Zusammenhänge.“[638]

Zero Waste als Lebensstil greift auf eine Unterscheidung zurück zwischen jenen, die blind wegwerfen, deren Lebensreste Zeichen von Verantwortungslosigkeit und Verschwendung sind, und jenen, die mit ihrem Müll auf eine bessere Zukunft bedacht sind. *Trash is for Tossers*, wie der Blog von Lauren Singer heißt, operiert mit kulturell spezifischen Vorstellungen eines rückstandslosen, gesunden und aufgeräumten Lebens. Die Blogbeiträge beanspruchen einen moralischen Abstand zu jenen Personen, die Müll hinterlassen und der „Natur“ und „Menschheit“ in ihrer imaginierten Gesamtheit schaden. In diesen Perspektive auf das Müllproblem als ein ökologisches Unrecht gegenüber einer abstrakten „Natur“, das alle gleichermaßen betrifft, rückt jedoch das politische Unrecht der ungleichen Verteilung von gesundheitlichen Gefahren, auf die Studien zu Umweltungerechtigkeit hinweisen, in den Hintergrund.

Die gegenwärtigen Zero-Waste-Ideale veranschaulichen, wie sich die Unterscheidung zwischen wertvollem, bedeutsamen, kulturellen „Abfall“ und animalischem, bedeutungslosen, sozialen Abjekt neu formiert und politisch relevant wird. Zero-Waste-Lifestyle-Blogs beruhen auf einer Haltung der Distanzierung gegenüber ganz spezifischen Bildern des Mülls, gegenüber dem Müll, der als zerstörerisch, schmutzig, toxisch und träge gilt – insbesondere gegenüber dem Müll der Mülldeponie. Die Müllhalde ist dabei das post-apokalyptisches Szenario, das zum Handeln motiviert; dazu, selber nichts zur Mülldeponie beizutragen und die umweltschädlichen Belastungen durch Müll nicht voranzutreiben. Der Müll-

---

637 Blogbeitrag „Why we Need More Diversity in the Zero Waste Movement“, 2016, unter: https://myminimalistbaby.wordpress.com/2016/05/29/why-we-need-more-diversity-in-the-zero-waste-movement/ (22.01.2020)
638 Olga Witt, *Ein Leben ohne Müll. Mein Weg mit Zero Waste*. Marburg: Tectum Verlag, 2017, S. 26.

forscher Joshua Reno verweist auf die privilegierte Position, aus der heraus das Ideal von *zero waste* entsteht:

> From this perspective, the virtual fantasy of zero waste is not opposed to the base reality of mass waste – the two are mutually constitutive. It makes sense that 'zero waste' would appeal to people who rely on routine separation from their own waste, who see waste regularly vanish from their toilets, their garbage cans, and their lives at no immediate cost [...].[639]

Müllvermeidung als Lebensweise hängt nicht nur mit Vorstellungen von Autarkie, Selbstbestimmung und umweltpolitischer Aufklärung zusammen, sondern stellt auch eine Körpertechnik dar. Celia Ristow beschreibt, was Zero Waste für sie bedeutet, folgendermaßen: „Zero waste is an attempt to reduce the amount of trash & recycling I make down to almost nothing. A month's worth of trash can now fit in the palm of my hand; a month's recycling can fit in the crook of my elbow."[640] Was hier deutlich wird, ist, dass es bei der radikalen Müllvermeidung auch darum geht, den Müll, den man produziert, wie Ristow schreibt, in den eigenen Handflächen zu halten; die Menge an Müll, die man hinterlässt, im Verhältnis zum eigenen Körper zu imaginieren, und dadurch zumindest soweit es die eigenen Möglichkeiten zulassen, zu einer geringeren Umweltbelastung beizutragen.

Die Zero-Waste-Bewegungen beziehen sich so gesehen nicht nur auf die Problematisierung von Müll und auf Vorstellungen der Natur, sondern auch auf den eigenen Körper. Es geht bei einem Leben ohne Müll ganz wesentlich auch darum, Barrieren zu entwickeln für das, was in den Körper aufgenommen wird. Toxische Stoffe in Waschmitteln, in Kosmetika, im Essen treiben viele der Bloggerinnen zu einer Umstellung ihrer Lebensweise. Zero Waste stellt eine Praxis und Ästhetik der Selbstreinigung dar. Um die Frage nach den Zukünften des Mülls noch einmal aufzugreifen: Wenn es bei Zero Waste um eine radikale Umstellung des Alltags geht, lässt sich fragen, wie diese Rekonfiguration nicht nur in alle Bereiche des Lebens eingreift, sondern auch in den Tod; wie die Zukunftsbilder der Müllvermeidung nicht nur das Leben selbst betreffen, sondern auch das Sterben.

---

639 Reno, *Waste Away*, S. 215.
640 Ristow, „Litterless: Living Trash-free in the Big City".

8.3 Resümee: Nachhaltiges Sterben

My whole life has been spent waiting for an epiphany, a manifestation of God's presence, the kind of transcendent, magical experience that lets you see your place in the big picture. And that is what I had with my first compost heap.[641]

Bette Midler

In diesem Kapitel ging es darum, zu fragen, inwiefern die Impulse von Zero Waste und der Versuch eines müllfreien Lebens auf Imaginationen der Selbstreinigung und ewigen Erneuerung gründen. Dabei ist aber das, was viele Menschen dazu antreibt, ihren Lebensstil auf das Thema Müllvermeidung hin auszurichten, auch die Sorge um gesundheitliche Belastungen durch alltägliche und unsichtbare Schadstoffe im Essen, in Pflegeprodukten, in Verpackungen und dergleichen. Dieser Kampf gegen toxische Stoffe führt sogar über das eigene Leben hinaus. So kommt es, dass der fünfte Schritt in Bea Johnsons Wegweiser zu Müllfreiheit wie folgt lautet: „Rot (Compost the Rest)".[642]

Die New Yorker Künstlerin und MIT-Forscherin Jae Rhim Lee hat für das umweltverträgliche Sterben den *Infinity Burial Suit* entwickelt – einen Anzug, der dafür sorgen soll, dass die toxischen Gehalte von Leichnamen nicht in den Boden sickern und die Umwelt belasten. Lee begann mit ihrer Arbeit an der Selbstkompostierung etwa zur gleichen Zeit, als Studien auf die Verbreitung und unsichtbare Präsenz von toxischen Stoffen in menschlichen Körpern aufmerksam machten. Lee bezieht sich dabei unter anderem auf das US-amerikanische „Center for Disease Control", das im Jahr 2015 berichtete, dass über 200 Toxine, Schwermetalle, Pestizide und andere Stoffe durch Abgase in der Luft, durch chemische Lebensmittelzusätze und Pharmazeutika in menschliche Körper gelangen und in die Umwelt abgesondert werden, wenn Leichen verwesen.[643] Zudem werden in den USA Leichname zur Konservierung einer Einbalsamierung unterzogen, die Chemikalien wie Formaldehyd freisetzt.

Für den *Infinity Burial Suit* hat Lee unterschiedliche Pilze untersucht, die toxische Stoffe aus der Umwelt beseitigen, indem sie den Pilzen ihr eigenes Haar, ihre Haut und Nägel „verfüttert" hat. Sie wählte schließlich jene Pilzspezies für den Entwurf ihres *Burial Suites* aus, die Partikel ihres Körpers besonders gut zersetzen konnte. Darauf basierend hat sie einen Körperanzug entwickelt, der mit diesen Schimmelpilzsporen „besiedelt" ist. Die Idee dahinter ist, dass,

641 Bette Midler, zitiert in Johnson, *Zero Waste Home*, S. 27.
642 Johnson, *Zero Waste Home*, S. 27.
643 Vgl. Katie Herzog, „Mushroom burial suit turns dead bodies into clean compost", 2016, online: http://grist.org/living/mushroom-burial-suit-turns-dead-bodies-into-clean-compost/ (20.01.2020).

nachdem die Pilze einen Leichnam mit seinen toxischen Stoffen konsumiert haben, sauberer Kompost zurückbleibt.[644] Lee sagt dazu in einem TED Talk im Jahr 2011:

> We want to eat, not be eaten by our food. But as I watch the mushrooms grow and digest my body, I imagine the Infinity Mushroom as a symbol of a new way of thinking about death and the relationship between my body and the environment.[645]

Ein Ziel von Zero Waste Bewegungen ist es, nur kompostierbaren Abfall zu produzieren.[646] Während das Kompostieren von Essensresten eine zentrale Rolle in der Zero-Waste-Lebensführung einnimmt, so scheint – mit Blick auf die Zukunft eines umweltschonenden Sterbens – Abfall darüber hinaus selber als Vorbild des Ablebens zu fungieren. Kulturelle Vorstellungen eines Kreislaufs der Natur, in der das, was „aus der Erde" kommt, wieder „in die Erde" zurückgeht, und zwar rückstandsfrei, spielen – wenn auch auf unterschiedliche Weise – in den Zero-Waste-Bewegungen, ebenso wie für die „nachhaltige Bestattung" von Leichnamen, eine zentrale Rolle. Die Idee der rückstandsfreien Existenz, von einem menschlichen Leben, das keine Spuren hinterlassen soll, ist zutiefst ambivalent. Der *Burial Suit* ist auch eine Form von Ursprungsmythologie (aus der Erde, in die Erde), ebenso wie ein Modell des nachhaltigen Sterbens.

Der *Burial Suit* beruht auf der kulturellen Imagination des Sterbens als eines Prozesses der Rückführung in einen ursprünglichen Zustand, nach dem Motto: Asche zu Asche und Staub zu Staub. Wenn die Bedeutung von Müll ohnehin den Denkhorizont von Tod und Vergänglichkeit betrifft, so ist die Vision eines rückstandsfreien Sterbens eine Rückkoppelung an diese Nähe zwischen Müll und Tod, die im Kontext von Nachhaltigkeit neue Maßstäbe erreicht und Tabus herausfordert. Aus dieser Sicht ist die menschliche Leiche selbst nicht zuletzt eine Quelle von Umweltverschmutzung, die auch nach dem Tod giftige Stoffe in die Erde hinablässt.

Der Vorschlag einer Kompostierung von menschlichen Leichen ist aber zugleich auch Teil eines anderen Diskurses, in dem es um die unsichtbaren und folgenreichen Schadstoffe geht, die mit menschlichen Körpern aufs Engste verflochten sind. Davon handelt das folgende Kapitel.

---

644 Vgl. ebd. Bis zum jetzigen Zeitpunkt haben sich 2700 Menschen für die Bestattung mit dem *Mushroom Burial Suit* angemeldet.

645 Jae Rhim Lee in einem TED Talk von 2011: „My Mushroom Burial Suit", 2011, online: http://www.ted.com/talks/jae_rhim_lee/transcript?language=en#t-237000 (24.01.2020)

646 Carlo Krauss / Hannah Sartin, *Wie wir es schaffen, ohne Müll zu leben*. München: mvg Verlag, 2017, S. 9.

9 Toxizität – der Müll in uns allen

I think of globalization like a light which shines brighter and brighter on a few people and the rest are in darkness, wiped out. They simply can't be seen. Once you get used to not seeing something, then, slowly, it's no longer possible to see it.

Arundhati Roy

Während einer Reise mit dem Wohnwagen in einer ländlichen Gegend des US-Südstaates Oklahoma bemerken die Eltern einer Dreijährigen seltsame Veränderungen an ihrem Kind: Kleine rote Punkte erscheinen an ihrem Ohr; ihre Motorik lässt nach, und immer wieder stürzt sie; die blauen Flecken heilen nur langsam ab. Im Bundesstaat Indiana stellt eine ältere Frau fest, wie sich ihr gesundheitlicher Zustand rasant verschlechtert. Ihre Sehkraft schwindet und sie verfällt in einen Zustand von chronischer Erschöpfung. In Florida leidet ein alleinerziehender Vater an Augenbeschwerden, Kopfschmerzen, Schlafstörungen und Müdigkeit. Seine Träume werden immer bedrohlicher, und die Intensität der Symptome lässt nur dann nach, wenn er im benachbarten Haus seiner Großeltern schläft. Kurze Zeit nach dem Umzug in ein neues Haus verliert ein Polizist seinen Geschmackssinn. Seine Frau, die ein ähnliches Abklingen der Sinnesreize erfährt, nimmt ihre Mahlzeiten nur noch mit großen Mengen an Salz ein. In ihrem Zuhause, sagt sie, sei die Luft seltsam geworden.[647]

Was diese Menschen gemeinsam haben, ist, dass sie subtile, fortschreitende physische und affektive Veränderungen bemerken, nachdem sie einige Zeit in Häusern oder Wohnwagen verbrachten, die ein gesteigertes Level von Formaldehyd aufwiesen. Der Ethnologe Nicholas Shapiro hat in seiner ethnografischen Studie „Attuning to the Chemosphere: Domestic Formaldehyde, Bodily Reasoning, and the Chemical Sublime" (2015) die komplexen Verflechtungen von Baumaterial, Herstellerfirmen, Luftqualität und den Kämpfen um Anerkennung der Betroffenen dokumentiert. Formaldehyd ist eine kaum wahrnehmbare chemische Substanz, die in häuslichen Umwelten vorkommt und ab einer gewissen Konzentration gesundheitsschädlich ist. Die Substanz, die in preiswert verarbeitetem Holzmaterial, Teppichen und Möbeln vorzufinden ist, gerät unter längerfristiger Aussetzung in menschliche Körper hinein und kann zu einer Reihe von Krankheitssymptomen führen.[648]

---

647 Vgl. Nicholas Shapiro, „Attuning to the Chemosphere: Domestic Formaldehyde, Bodily Reasoning, and the Chemical Sublime", *Cultural Anthropology* 30, no. 3 (2015), S. 368–393. https://doi.org/10.14506/ca30.3.02
648 Ebd.

https://doi.org/10.1515/9783110613360-015

Eine der betroffenen Personen, mit denen Shapiro im Rahmen seiner Untersuchung sprach, ist Harriett. In den zwanzig Jahren, in denen sie in ihrem Haus im Bundesstaat Nebraska lebte, hat sie nach und nach chronische Verdauungsstörungen, Erschöpfung, Augenirritationen, Kopfschmerzen und andere Symptome entwickelt. Ihre Haustiere wurden krank und verstarben der Reihe nach. Auch der gesundheitliche Zustand ihres Mannes verschlechterte sich. Die Ärzte konnten keine Diagnose stellen und nahmen weder ihre noch die gesundheitlichen Beschwerden ihrer Familie ernst. Harriett vermutete zum ersten Mal, dass das Haus, in dem sie lebt, der Grund für die Krankheiten ihrer Familie war, als sie einige Tage verreiste und sich ihre Symptome verbesserten. Um ihre Annahme zu prüfen, veröffentlichte sie einen Zeitungsaufruf und konnte auf diese Weise andere Betroffene ermitteln. Sie erstellte einen Fragenkatalog, mit dem sie die Symptome der anderen Betroffenen systematisch erfasste und sie besorgte Tests, um die Chemikalie in den Räumen ihrer Kontaktpersonen nachzuweisen. Über die Hälfte der Wohnungen zeigten ein Level von Formaldehyd an, das über dem Maximum des von der WHO empfohlenen Grenzwertes lag.[649]

Die Betroffenen, um die es in Shapiros Studie geht, entwickeln eine Sensibilisierung für die ansonsten unmerkliche chemische Zusammensetzung der Luft in den Räumen, in denen sie sich täglich aufhielten. Ihre Aufmerksamkeit für diese subtilen aber ständig weiter fortschreitenden Veränderungen im Körper und in der Umgebung über längere Zeit hinweg beschreibt Shapiro aus einer umfassenden Perspektive als einen Vorgang, der gleichermaßen desaströs und emanzipativ, intim und sozioökonomisch ist. Shapiro wählt die Bezeichnung „chemical sublime", um diese Verflechtung zu beschreiben. Das „chemisch Sublime" ist demnach etwas, das chemisch vermittelte Begegnungen zwischen Körpern und Räumen in Vorfälle wandelt, die ethische Fragen und Interventionen herausfordern.

> The chemical sublime is both an experience and a practice that emerges out of late industrial material ecologies, one that inverts dominant conceptions of the sublime that hang heavy with Enlightenment-era baggage. [...] [I]n the process I document, indistinct and distributed harms are sublimated into an embodied apprehension of human vulnerability to and entanglements with ordinary toxicity, provoking reflection, disquiet, and contestation.[650]

Shapiro spielt mit der doppelten Bedeutung des Wortes „sublime": die verfeinerte Sensibilität (für die chemische Substanz), die Raffinierung der leiblichen Anteilnahme an der Welt zu einem artifiziellen „attunement". Dies trifft sich mit einer

---

649 Ebd., S. 385.
650 Ebd., S. 369.

profanierten Version des Erhabenen, einer Grenzerfahrung am Abgrund alltägli-
cher Toxizität in prekären Soziallagen, die den Beginn politischer Kämpfe um
Recht und um Anerkennung markieren kann.

Die physischen und affektiven Anpassungen an die Umwelt, ihre *attunements*, wurden zur Grundlage von investigativen Recherchen der Betroffenen.
In seiner Studie untersucht Shapiro das Szenario von öffentlichen und privaten, unternehmerischen und intimen Prozessen, die mit dem chemischen Stoff
Formaldehyd einhergehen. Diese Chemikalie ist allgegenwärtig in häuslichen
Materialien, in synthetischen Stoffen, in Möbeln und Textilien und weist eine
besonders hohe Konzentration bei Fertighäusern, einfachen Wohnungen sowie
in den Wohnwagen (*trailer*) von in Armut lebenden Menschen in den USA auf –
also fast ausnahmslos bei den Behausungen und Besitztümern besonders prekärer Bevölkerungsgruppen. Die Menschen, die Shapiro in verschiedenen Regionen interviewte, lebten vorwiegend unter prekären Umständen. „My inter-
locutors who resided in factory-built housing could be variously classified as
elderly, poor, disabled, tenuously employed, or Native", sagt Shapiro über seine
Interviewpartner*innen.[651] Die Konzentration von Formaldehyd trat in diesen
Fällen auf zweifache Weise hervor: als Indiz der sozialen Vernachlässigung und
als Quasi-Akteur von Prekarität.

In den frühen Stadien der Aussetzung ist die Präsenz der Chemikalie weder
sichtbar noch wahrnehmbar. Erst mit der Zeit absorbiert der Körper die Stoffe durch
die Nasenschleimhaut und produziert vermehrt Ameisensäure in den Prozessen
des Stoffwechsels. Im Zuge dessen macht sich eine Spannweite an Symptomen
bemerkbar, wie Schlafstörungen, Erschöpfung, Krämpfe, und Krebsgeschwüre, von
denen die Betroffenen in Shapiros Untersuchung berichten. Seine Studie dokumentiert, wie menschliche Körper, Individuen, Familien und Gemeinden auf diese
unsichtbaren Bedrohungen reagieren. Der Körper wird zu einem Instrument, das
toxische Belastung wahrnimmt, selbst wenn die Betroffenen sich des Kontakts mit
der Substanz nicht bewusst sind. In einem Interview spricht Shapiro über das
vertrackte Verhältnis zwischen dem konkreten molekularen Gegenstand seiner
Untersuchung und den sozialen, politischen und toxischen Effekten, die damit
einhergehen und die sein Projekt offenlegt:

> On one hand, my research object is obscenely bound: a single compound composed of just
> three elements. On the other, my work is wildly spiraling as formaldehyde is everywhere: it's
> in me, it's in you, my desk is held together by it and at least 20 % of the energy production

---

651 Ebd., S. 371.

that is keeping my computer on right now is chugging it out into the troposphere (the lower slice of atmosphere from which we pull our breath).[652]

Die Verflechtung zwischen lebenden Organismen und ungeahnten Schadstoffen in der Luft, im Wasser oder in Ernährungsprodukten, ist Thema vieler Studien. Dabei sind verschiedene theoretische und kulturwissenschaftliche Ansätze zum Verhältnis zwischen Körpern und chemischen Umgebungen, Substanzen und Atmosphären entwickelt worden; Analysen darüber, wie Körper auf Umwelten nicht nur reagieren, sondern chemische Umgebungen auf somatische Weise beurteilen; wie menschliche Körper nach und nach, infolge länger anhaltender Ausgesetztheit, eine sensible Wahrnehmung und affektive Anpassung an ihre chemische und stoffliche Umgebung entwickeln. Körper werden unfreiwillig zu Fühlern, zu sensiblen Organen, subtil eingestimmt auf Umgebungsgifte, zu leiblichen Medien des Wahrnehmens und Urteilens in einem Bereich, der eigentlich außerhalb der gewöhnlichen Sensibilität liegt.[653] Shapiro versteht seine Untersuchung als eine Erkundung über diese artifiziellen Wissens- und Erkenntnisformen der Körper der Betroffenen, die im Verhältnis zu den materiellen Umgebungen, in denen sie leben, treten. Ihre Körper entwickeln ungeahnte Formen des Erkennens und des Urteilens; neue Engagements mit alltäglichen Substanzen und Materialen, die sonst unbemerkt und unbeachtet bleiben. Dabei zeichnet Shapiro die Menschen, mit denen er spricht, nicht als passive Opfer. Stattdessen betont er die Aushandlungen und Positionierungen zur alltäglichen Umgebung, die die Menschen im Laufe ihrer Erkrankung aktiv einnehmen.

Toxizität – die Giftigkeit einer Substanz hinsichtlich ihrer Wirkung auf einen lebenden Organismus[654] – hat eine nahezu unermessliche Reichweite. Toxische Schadstoffe, Materialen und Abfälle sind buchstäblich überall: Pestizide in Nahrungsmitteln, Schwermetalle, die unbemerkt in Körper eindringen, Plastik und industrielle Abfälle, die Flüsse und Meere verseuchen, Feinstaub in verkehrsreichen Stadtlagen. Entsprechend seiner gesellschaftlichen Virulenz erfuhr auch das Wortfeld des Toxischen in den letzten Jahren und Jahrzehnten eine Ausweitung. Denn der Begriff eignet sich in besonderer Weise, beispielsweise im

652 Julia Sizek und Ned Dostaler im Gespräch mit Nicholas Shapiro, 2015, online: https://culanth.org/fieldsights/attuning-to-the-chemosphere-domestic-formaldehyde-bodily-reasoning-and-the-chemical-sublime-supplemental-material (10.01.2020).
653 Vgl. Lauren Berlant, *Cruel Optimism*. Durham, N.C.: Duke University Press, 2011; Kathleen Stewart, „Atmospheric Attunements", in: *Environment and Planning D: Society and Space* 29, no. 3 (2011), S. 445–453. http://dx.doi.org/10.1068/d9109
654 Vgl. „Toxizität", Eintrag im Duden Wörterbuch, online: http://www.duden.de/rechtschreibung/Toxizitaet (10.01.2020).

Kontext von *toxic masculinities* oder *toxischen Beziehungen*, um Bedrohungen und Verletzungen zu thematisieren, die auf langsame und verdeckte Weise geschehen, und gesellschaftlich oft unbemerkt bleiben. Die Konjunktur der sprachlichen und metaphorischen Verwendung von „Toxizität" hat viele Gründe und wirft viele Fragen auf – im Kontext dieser Arbeit vor allem diese: Welche Formen nimmt Toxizität in der Gegenwart an, und welche Folgen hat es – somatisch, ökologisch, sozial und nicht zuletzt politisch?

In diesem Kapitel skizziere ich Aspekte der Diskussion um Schadstoffe, Schwermetalle und giftige Abfälle. Die Studie von Shapiro zu Luftverseuchung in Wohnräumen, die sich auf die Körper der darin lebenden Personen auswirkt, kehrt die Perspektive, die zu Beginn dieser Studie mit Blick auf einen proklamierten Metabolismus des Hauses eröffnet wurde, gewissermaßen um. Zu Beginn der infrastrukturellen Hygienebewegung waren Körper einerseits Vorbild, was die Stoffwechselfunktion von Räumen betraf, und gleichermaßen Interventionsfeld der behördlichen und sanitären Gesundheitspflege.[655]

Im Kontext toxischer Belastungen sind es die Eigenschaften von Raumsubstanzen, von chemischen Umwelten, die sich auf Körper auswirken – und der Müll, jener schädliche und gefährliche Rest, der täglich produziert wird, lässt sich nicht mehr, wie vorgesehen, aus dem Haus verbannen. Die Allgegenwart, Persistenz und Invasivität des Toxischen stellt insofern die Kehrseite zur imaginären Reinheit, Hygiene und Wohlgeordnetheit des Häuslichen dar. Wie Jens Kersten in seiner Einleitung zum Buch *Inwastement – Abfall in Umwelt und Gesellschaft* (2016) bemerkt, können wir uns beim Abfall sicher sein, „dass [er] wieder auftauchen wird: bei uns selbst, beispielsweise in Form von Chemikalien, Plastikpartikeln oder Schwermetallen, die sich über die Nahrungskette in unseren eigenen Körpern anreichern und ablagern", oder etwa „im Globalen Süden, in den wir beispielsweise unseren Elektroschrott und Krankenhausschrott verschieben".[656] Keine Untersuchung der Praktiken und Diskurse moderner Müllentsorgung wäre vollständig, ohne die subtile Unterwelt und Innenwelt solcher Umwelt- und Alltagsgifte, ohne die unmerklichen Kreisläufe und Lagerstätten des Toxischen zu berücksichtigen.

Im Folgenden möchte ich fragen: Wie wird die Sichtbarkeit und Unsichtbarkeit von schädlichen Chemikalien und Abfällen organisiert, verteilt und als politische Frage ausgehandelt? Wie hängen die symbolische und die reale Verteilung von Schadstoffen zusammen? Nicht zuletzt: Inwiefern stellt die Unsichtbarkeit

---

655 Vgl. Lupton / Miller, *The Bathroom, the Kitchen and the Aesthetics of Waste.*
656 Jens Kersten, „Einleitung", in: Ders. (Hrsg.), *Inwastement – Abfall in Umwelt und Gesellschaft.* Kulturen der Gesellschaft, Band 6, Bielefeld: Transcript, 2016, S. 9–25; S. 9.

gewisser Abfälle eine Form von struktureller Gewalt dar, die sich selektiv gegen bestimmte Menschen und Gruppen richtet? Dabei geht es um die Frage, inwiefern in den Diskussionen um Toxizität Körper als Sammelstellen für chemische Abfälle imaginiert werden – wie und unter welchen Umständen „der Müll in uns allen" zu einer symbolischen und politischen Streitsache wird.

Zunächst geht es um die diskursive Aufmerksamkeit für das Thema Toxizität und Chemikalien und die Idee dahinter, dass Körper zu Fundgruben für unsichtbare Mikroformen von Abfall werden. Die Diskussion um Toxizität suggeriert einerseits eine Universalität von Betroffenheit, andererseits sind es vornehmlich ganz bestimmte Orte, Landschaften und Menschen, die unter den gesundheitlichen Folgen der globalen Müllwirtschaft besonders leiden. Was macht das Narrativ von Toxizität mit den Grenzen des Gemeinsamen und wer bleibt davon ausgeschlossen? Insbesondere soll ein Blick auf den Begriff der langsamen bzw. strukturellen Gewalt *(slow violence)*, den Rob Nixon entwickelt hat, geworfen werden. Ebenso werden Studien zu Umweltrassismus und Umwelt-Ungleichheit Thema, sowie die *Autobiographien des Toxischen*, die in den letzten Jahren und Jahrzehnten entstanden sind. Es sind Arbeiten, die auf die ungleiche Verteilung von Schadstoffen und Gesundheitsrisiken hinweisen. Die grundsätzliche Unsichtbarkeit von Toxinen spielt in diesen Diskussionen und Rekonstruierungen eine zentrale Rolle. Schließlich soll ein Blick auf zwei Beispiele von politischen Bewegungen geworfen werden, in denen diese Toxizität zu einem diskursiven Feld für Kämpfe um Anerkennung und gegen Ungleichheit wird.

9.1 *Body burdens* und unsichtbare Gefahren

Seit den 1960er und 1970er Jahren ist die gesundheitliche Belastung aufgrund von Umweltverschmutzungen ein allgegenwärtiges Thema. Wie Ulrich Beck bereits in *Risikogesellschaft* (1986) festhielt, ist das Denken in Gesundheitsrisiken und die Definition des Toxischen immer auch eine politische Aushandlung. In der Risikogesellschaft, so Beck, ist der normative Gegenentwurf, der tragend ist, die Sicherheit. Beck beschreibt dies als einen Wechsel von „der Logik der Reichtumsverteilung in der Mangelgesellschaft zur Logik der Risikoverteilung in der entwickelten Moderne".[657] An die Stelle der „ungleichen" Gesellschaft tritt die „unsichere" Gesellschaft, die sich in erster Linie durch eine Vergemeinschaftung der Angst definiert. Es ist die Gefahr des Toxischen, so Beck, die Menschen das

---

657 Ulrich Beck, *Risikogesellschaft. Auf dem Weg in eine andere Moderne.* Frankfurt/M.: Edition Suhrkamp, 1986, S. 25.

Gefühl vermittelt, dass sie mit ihren Körpern Teil einer Welt sind und sie aufgrund dieser Teilhabe an der Welt von Gefahren bedroht sind.[658]

Toxizität definiert sich über Maximal- und Grenzwerte, die selbst immer wieder strittig ist. Die Schadstoffdiskussion hängt, wie Beck bemerkt, von der Logik der „Bedenklichkeit" oder „Unbedenklichkeit" der Quantitäten bestimmter Stoffe ab, die zu einer gegebenen Zeit eingeatmet oder verzehrt werden. Aber wie sollte sich die Grenze einer bedenklichen Schadstoffkonzentration im Menschen ermitteln lassen? „Eine natur- und produktorientierte Schadstoffanalyse ist nicht in der Lage, die Unbedenklichkeitsfrage zu beantworten, jedenfalls solange ‚Bedenklichkeit' oder ‚Unbedenklichkeit' etwas mit den Menschen zu tun hat, die das Zeug schlucken, einatmen."[659] Die Risiken und Gefahren – die Schadstoffe der Luft, des Wassers und des Gemüses – lassen sich nicht genau ermitteln oder errechnen, denn wie Ernährungsexperten und Gesundheitszeitschriften immer wieder deutlich machen, lauern sie überall.[660]

Von industriell gefertigten Lebensmitteln, über das Trinkwasser bis zur Luft, die wir atmen, umgeben uns schädliche Chemikalien alltäglich. Toxische Stoffe, wie beispielsweise Pestizide aus der Landwirtschaft, dringen unbemerkt in Körper ein und haben gesundheitlich belastende Folgen. Toxine – wie Schwermetalle oder radioaktive Moleküle – können dabei über Generationen und über Jahrhunderte hinweg Spuren in menschlichen Körpern hinterlassen. Eine Quelle dieser Schadstoffe sind dabei ganz gewöhnliche Konsumprodukte. „There's no polite way of saying this: Your body is a landfill for a mind-boggling array of toxic chemicals. So is mine. So is your child's", gibt die *Huffington Post* zu Bedenken.[661] Den Gehalt an Chemikalien und Schadstoffen in einem Körper bezeichnen Gesundheitsexperten im US-amerikanischen Public-health-Diskurs als „body burden".[662] Diese Belastungen können beispielsweise Blei, Pestizide, ungesunde Ernährungszusätze, das zuvor beschriebene Formaldehyd oder Fluorid sein.[663]

Im Kontext der Thematik Toxizität, in der es um Schadstoffe in der Luft oder im Wasser und neuerdings auch in der Muttermilch geht, tauchen auch Müll und Abfall auf. Das, was Abfall ist, wird im Kontext des Toxischen nochmals neu umrissen. Jane Bennett spricht von einer „shimmering, potentially violent vitality

---

658 Ebd.
659 Ebd., S. 34.
660 Ebd.
661 Sloan Barnett, „What's Your Body's Chemical Burden?", 2011, online: http://www.huffingtonpost.com/sloan-barnett/body-burden_b_995154.html (15.01.2020).
662 Ebd.
663 Mark Hyman, „Is there toxic waste in your body?", 2010, online: http://drhyman.com/blog/2010/05/19/is-there-toxic-waste-in-your-body-2/ (10.01.2020).

intrinsic to matter"[664], einer finsteren Seite von Objekten, Produkten und oft Abfall, den bedrohenden und gefährlichen Eigenschaften von zerfallenden und toxischen Stoffen, die oftmals zunächst jenseits der Sichtbarkeit und damit unmerklich und umso verheerender wirken. Hier deutet sich eine Form der Unsichtbarkeit von Müll an, die noch kaum richtig verstanden und selten thematisiert wird: Müll im Sinne von Materialien und Stoffen, die wir nicht sehen und nicht wahrnehmen, weil sie nicht darstellbar sind.

In Prozessen des *Human-Biomonitoring* erforschen Wissenschaftler*innen in Deutschland seit den 1980er Jahren den Gehalt an Toxinen im Blut, Urin und in der Muttermilch, um die Schadstoffe in menschlichen Körpern zu katalogisieren. Auch wenn die genaue Anzahl von Toxinen in den Körpern von Menschen (und Tieren) ungewiss ist, so steht fest, dass es kaum noch Menschen gibt, in deren Körpern keine Schadstoffe nachweisbar sind. Selbst viele Neugeborene haben bereits einen gewissen Gehalt an Toxinen im Körper.[665] Das hat auch Auswirkungen auf die Vorstellung von Verunreinigung und Umweltverschmutzung, sowie darauf, wie biowissenschaftliche Forschungen praktiziert werden, da es keine unkontaminierten Vergleichsgruppen gibt. Neuere Studien, in Auftrag gegeben zum Beispiel vom Umweltbundesamt, zeigen, dass keineswegs alle Menschen gleichermaßen betroffen sind.[666] Die Verteilung von Risiken und Gefahren variiert je nach sozialer Herkunft. Besonders betroffen sind jene, die am wenigsten privilegiert sind. Schadstoffe, *body burdens* und Gefahren durch toxische Abfälle sind zwar überall und dringen in unsere Körper ein. Aber diese unsichtbaren Gefahren sind nicht gleichmäßig verteilt. Das Ausmaß an Risiken steigt an, wenn man in ärmeren und marginalen Zonen lebt. Besonders unterprivilegierte Bevölkerungsgruppen – in Deutschland vor allem Migrant*innen und Menschen mit geringem Einkommen – sind Schadstoffen häufiger ausgesetzt.

---

664 Bennett, *Vibrant Matter*, S. 61.
665 Frederica Perera, „The Womb Is No Protection From Toxic Chemicals", *New York Times*, 2017, online: https://www.nytimes.com/2017/06/01/opinion/toxic-chemicals-pregnancy-fetus.html?_r= 0 (10.01.2020).
666 Christa Böhme / Thomas Preuß / Arno Bunzel et al., „Umweltgerechtigkeit im städtischen Raum – Entwicklung von praxistauglichen Strategien und Maßnahmen zur Minderung sozial ungleich verteilter Umweltbelastungen", in: *Umwelt & Gesundheit 01/2015*, veröffentlicht vom Umweltbundesamt. Online: http://www.umweltbundesamt.de/publikationen/umweltgerechtig keit-im-staedtischen-raum (10.01.2020).

9.2 Autobiografien des Toxischen

Die Erkenntnisse zu den gesundheitlichen Folgen von Schadstoffen in Luft, Wasser und Boden, sowie die Kontestierung der Umweltverschmutzung, die vor allem Menschen mit geringen sozioökonomischen Kapital betrifft, sind nicht neu. Die Biologin und Autorin Rachel Carson hat in ihrem 1962 publizierten Sachbuch *Silent Spring* bereits die desaströsen gesundheitlichen Folgen und Umweltbelastungen durch Chemikalien beschrieben, eine Pionierarbeit des Umweltaktivismus. Carson argumentierte damals, dass Amerikas Landschaften, Parks, Straßen und Wohnviertel von einer toxischen Invasion gefährdet seien. In dem berühmten Anfangskapitel ihres Buchs, *A Fable for Tomorrow*, zeichnet Carson das Bild einer fiktiven Stadt, in der es keine Singvögel mehr gibt aufgrund der chemischen Zerstörung der Umwelt. „No witchcraft, no enemy action had silenced the rebirth of new life in this stricken world. The people had done it themselves."[667] Carson ging es darum, zu hinterfragen, was kulturell als Gewalt gilt. Mit ihrem Buch hat sie nachfolgende Generationen von Umweltbewegungen und politisch engagierte Schriften im Genre des Umweltaktivismus beeinflusst.

So auch die politischen Stimmen, die sich im Zuge des Love-Canal-Umweltdesasters um das Jahr 1978 herum bildeten. Love Canal ist der Name eines Stadtviertels von Niagara Falls im Bundesstaat New York. Der Name bezeichnet zugleich einen der ersten großen Giftmüllskandale in den USA. Der Kanalgraben um das Stadtviertel wurde zwischen 1920 und 1940 als Müllgrube für Chemieabfälle genutzt. In den 1950er Jahren wurde die Deponie geschlossen, die Chemikalien verblieben unter der Erde. Einige Jahre später wurde das Gelände für die Errichtung von preisgünstigen Wohnungen und Häusern verwendet. Niemand informierte die Eigentümer*innen der neu gebauten Wohnhäuser über die Giftmüllanlage unter ihren Häusern. Mit der Zeit geschah das Unvermeidliche, die vergrabenen Chemikalien unter der Erde diffundierten in die Umgebung.[668]

Die rund 22.000 Tonnen toxischer Abfälle, die Jahrzehnte zuvor auf dem Landstück verklappt worden waren und im Laufe der Zeit in das Quellwasser sickerten, hatten drastische Folgen für die Bewohner*innen: Fehlgeburten, Missbildungen, Suizide und Todesfälle.[669] Die Anwohner bemerkten unangenehme Gerüche, in den Gärten machten sich chemische Substanzen bemerkbar und Kinder bekamen seltsame Krankheiten. In seinem Buch *Love Canal. A Toxic History from Colonial Times to the Present* (2016) rekonstruiert Richard Newman

---

667 Rachel Carson, *Silent Spring*. New York: Harcourt, 2002 [1962], S. 3.
668 Richard S. Newman, *Love Canal. A Toxic History from Colonial Times to the Present*. Oxford: Oxford University Press, 2016, S. 17.
669 Ebd., S. 17.

die Geschichte des damaligen Umweltdesasters. Dabei betont er die Verflechtung von Umweltpolitik und Aktivismus, sowie die Rolle der damals involvierten Akteur*innen, die durch Pamphlete und Recherchen auf die gesundheitlichen Gefahren und die toxische Müllgeschichte in ihrer Nachbarschaft aufmerksam machten. Ab 1978 forderte eine Anwohnerinitiative, geleitet von Lois Gibbs, die Untersuchung der Gesundheitsgefahren und Umweltbelastungen. Die Anwohnerinitiative versuchte, die Verantwortung der Baufirmen und städtischen Behörden nachzuweisen. Sie forderten das Eingreifen der Regierung und eine Umsiedlung.[670] So wurde aus den Bewohner*innen, viele von ihnen Hausfrauen, politische Aktivist*innen.[671] Ihnen gelang es schließlich, öffentliche Aufmerksamkeit für den Skandal zu gewinnen, so dass am 7. August 1978 Love Canal zum Katastrophengebiet erklärt wurde.

Nachdem sich herausstellte, dass die Love-Canal-Nachbarschaft auf eine Mülldeponie gebaut worden war, die Schadstoffe ausstieß, entstanden viele aktivistische Projekte und Schriften. In ihrem Buch *Love Canal: My Story* erzählt Gibbs ihre Autobiografie, die unmittelbar mit der Geschichte der Landschaft und der Gegend, in der sie lebt verflochten ist; mit dem toxischen Müll, der vor Jahrzehnten an Ort und Stelle gelagert wurde. Aus gewöhnlichen Menschen wurden tragende Akteur*innen eines langen Kampfes für ihre Umsiedlung und Entschädigung. Dabei wurden sie von Ärzten, Behörden und Politikern bevormundet und in ihren Forderungen nicht ernst genommen. Man warf ihnen vor, sie würden von Dingen sprechen, von denen sie keine Ahnung hätten, die Situation unnötig dramatisieren und sich Probleme ausdenken, wo es keine gäbe.

In den Love-Canal-Autobiografien zeigt sich, wie die toxische Vergangenheit, der Müll, der in der Hoffnung vergraben wurde, er bliebe unter der Erde, an die Oberfläche kommt. Als Bewohnerin der mit toxischen Müll umweltbelasteten Nachbarschaft dokumentierte Anne Hillis ihre Erlebnisse. In ihrer unveröffentlichten Autobiografie, *Love Canal's Contamination*, die in den Archiven der SUNY-Universität zugänglich ist, beschreibt Hillis, wie sie die Vergiftungen in ihrem eigenen Körper und in ihrer Familie erlebte.[672] Ihre Gesundheit, so wie die ihres Mannes und ihres zehnjährigen Sohnes, verschlechterte sich zunehmend. Der Zustand ihres Sohnes, der seit frühester Kindheit an Asthma und Atemwegserkrankungen litt, wurde immer ernster. Außerdem erlitt Hillis eine Fehlgeburt. In ihren Memoiren betont Hillis den Unterschied zwischen jenen, die in einer toxi-

---

670 Ebd., S. 12f.
671 Ebd.
672 Anne Hillis, „Love Canal's Contamination: The Poisoning of an American Family", in: Love Canal Collection, SUNY Buffalo Archives.

schen Zone leben, und jenen, die außerhalb des Toxischen wohnen.[673] Sie beschreibt eingängig, wie sie sich angesichts der nüchternen Reaktionen von Ärzten
und Behörden hilflos und ungehört fühlte; niemand, der außerhalb der toxischen
Landschaft lebte, wollte hören oder wissen, wie es ihr und den anderen Betroffenen geht. „I don't want to be a Love Canal victim", schreibt Hillis, „but oh God,
I am."[674] Und: „I may be sick from chemicals, but I am not *dead* yet!"[675]

Umweltaktivist*innen und -aktivisten wie Anne Hillis oder Lois Gibbs tauchen als Autorinnen eines neuen Genres auf, das der *toxic autobiography*. Sie
beschreiben ihre Kindheit und Erinnerungen, ihre Erfahrungen mit einem Leben
in einer toxischen Umgebung. Aus der persönlichen Betroffenheit und mit dem
Status von Opfern eines Umweltdesasters verschaffen sie sich als politische
Stimmen Gehör. Im gleichen Zuge, wie die betroffenen Frauen eine Geschichte
über Umweltverschmutzung als persönlich erlebtes Unrecht beschreiben, haben
sie das erfahrene Leid vergemeinschaftet. Ihr kollektives Bemühen um Artikulation hat dieses Leid zu einem Politikum gemacht. „Love Canal women were hard
pressed to define a problem that had no name in 1970s America."[676] Die Autobiografien, die daraus entstanden, stellen Strategien dar, um die Erfahrungen
derjenigen, die in umweltvergifteten Zonen leben, sichtbar zu machen. Die gifti-
gen Substanzen des Love-Canal-Gebiets bringen zum Vorschein, wie Entscheidungen in der Vergangenheit noch zukünftige Generationen betreffen. Sie zeigen
ebenfalls, dass die Entscheidung, wo Müll entsorgt wird, eine Form von struktureller Gewalt ist.

9.3 *Slow Violence*

I think the economic logic behind dumping a load of toxic waste in the lowest-wage country
is impeccable and we should face up to that. [...] I've always thought that countries in Africa
are vastly under polluted; their air quality is probably vastly inefficiently low compared to
Los Angeles. [...] Just between you and me, shouldn't the World Bank be encouraging more
migration of the dirty industries to the Least Developed Countries?
Lawrence Summers, in einer vertraulichen Gesprächsnotiz der Weltbank, 1991

---

673 Vgl. Newman, „Darker Shades of Green", S. 36.
674 Anne Hillis zitiert in Richard Newman, „Darker Shades of Green", in: Stephanie Foote /
Elizabeth Mazzolini (Hrsg.), *Histories of the Dustheap. Waste, Material Cultures, and Social Justice*,
Cambridge, MA: The MIT Press, 2012, S. 21–47; S. 36.
675 Newman, *Love Canal*, S. 154.
676 Ebd., S. 133.

Die gesundheitlichen Schäden, die der größtenteils in Industrienationen produzierte Müll potenziell in sich birgt, und die sich erst mit dem Vergehen der Zeit zeigen, sind Folgen einer Form von Gewalt, die sich gegen bestimmte Menschen und Weltregionen richtet. Es entsteht eine schleichende, allmähliche Zerstörung von Landschaften und Menschenleben in Folge von Müllexporten aus entwickelten in weniger entwickelte Regionen. Mit dem Begriff *slow violence* beschreibt Rob Nixon eine Form von struktureller Gewalt, die nicht auf einmal, nicht auf weithin sichtbare, etwa offen kriegerische Art entsteht, sondern sich über die Zeit erstreckt und somit kaum merklich ist. Aus Sicht der Verursacher handelt es sich um Risiken, die in Kauf genommen werden, weil andere sie tragen. „By slow violence I mean a violence that occurs gradually and out of sight, a violence of delayed destruction that is dispersed across time and space, an attritional violence that is typically not viewed as violence at all."[677] Wir brauchen Nixon zufolge ein Verständnis von Gewalt, die schrittweise und langsam zunehmend ist, die zu einer schleichenden Abnutzung (*attrition*) führt und deren Folgen sich über mehrere Generationen und zeitliche Ebenen und Skalen erstrecken können.[678] Hätte Lawrence Summers vorgeschlagen, die „unterentwickelten Staaten" mit militärischen Mitteln anzugreifen, dann wäre seine Bemerkung sicher ganz anders aufgenommen worden. Aber der gezielte Export von toxischen Abfällen und das perfide Argument, die Luft im globalen Süden sei unzeitgemäß sauber und könnte Vergiftungen daher besser kompensieren als dies in westlichen Industriestaaten der Fall wäre, ist eine Form von struktureller Gewalt, die auf lange Sicht ebenso zerstörerisch ist.

Nixon sieht das Konzept von *Slow Violence* in der Tradition von Rachel Carson, die mit *Silent Spring* eine der ersten Stimmen eines umfassenden umweltpolitischen Denkens war. Denn auch in Carsons umweltkritischen Schriften ging es die Frage, inwiefern sich Formen der Zerstörung und Abnutzung als Gewalt verstehen lassen; und so die Vorstellung davon, was Gewalt ist, und wie sie aussehen kann, zu hinterfragen. Im Fall der *Slow Violence*, die Nixon beschreibt, zeichnet sie sich dadurch aus, dass sie sich auf unspektakuläre Weise entfaltet: sehr langsam, zum Teil über Generationen hinweg, und dass sie vor allem den „globalen Süden" betrifft.

Nixon macht deutlich, dass sich die Umweltbewegungen der ökonomisch ärmeren Länder im globalen Süden in den letzten Jahren deutlich verändert haben. Während Umweltdiskurse anfangs mit Skepsis betrachtet wurden und als

---

677 Rob Nixon, *Slow Violence and the Environmentalism of the Poor.* Cambridge, MA: Harvard University Press, 2011, S. 2.
678 Ebd.

neokoloniales westliches Diktat wahrgenommen wurden, gab es in den letzten Jahren eine deutliche Wendung. Das liegt, wie Nixon betont, einerseits an der inzwischen stärker zutage tretenden Sichtbarkeit der Umweltverschmutzung. Zum anderen liegt es an der politischen Orientierung von Umweltgerechtigkeitsbewegungen, die den klassischen Strang des „antihuman environmentalism" herausgefordert haben.[679] Damit sind die Umweltbewegungen gemeint, die im Sinne westlicher Nationen und NGOs grüne Programme entwickeln, die dem Schutz der Umwelt dienen sollen, die aber keine Rücksicht auf politische Fragen nehmen, welche die konkreten Lebenslagen von Menschen betreffen. Auf bevormundende Weise wollte man die Länder des globalen Südens in puncto Umweltschutz aufklären, ohne zur Kenntnis zu nehmen, dass die „armen" Länder bereits eigene Umweltschutzpraktiken pflegten.[680] Im Gegensatz zu den westlichen Vorstellungen von Natur- und Umweltschutz, die mit einer Rhetorik des Anti-Menschlichen operierten, weisen Studien zu Umweltungerechtigkeit, wie im Feld der US-amerikanischen Environmental-Justice-Bewegung, auf die Verflechtung von Rassismus, Herkunft, Geschlecht und Belastungen durch Umweltverschmutzung hin.

Eine Art des toxischen Mülls, der auf den Müllhalden ärmerer Länder landet, ist Elektroschrott. Weggeworfene Computer und Elektroteile, die in afrikanische Länder exportiert werden, haben oft gesundheitsschädliche Auswirkungen auf das Leben der Menschen, die auf den Deponien Metall sammeln und verkaufen. Die Unmengen entsorgter Computer, alter Radios oder Drucker aus dem Westen stellen eine gesundheitliche Bedrohung für die Menschen dar, die in der Nähe der Mülldeponie leben oder arbeiten. In Dandora, der größten Müllkippe in Nairobi, kommen jeden Tag 2000 Tonnen Abfall auf der 30 Hektar großen Deponie an. Dazu gehören weggeworfene Computer, Plastikflaschen, Radios, Ladegeräte und ebenso medizinische Abfälle wie Spritzen und Ampullen. Das United Nations Environment Programme (UNEP) warnt, dass die Mülldeponie in Kenia eine ernsthafte Gefahr für die Menschen, insbesondere die Kinder in der Umgebung darstellt. In einer Studie von 2007 zur Schadstoffbelastung durch die Mülldeponie untersucht der Biochemiker Njoroge Kimani in Kooperation mit der UNEP die chemische Zusammensetzung des Bodens und Wassers nahe der Deponie.[681] Zudem wurden Blut- und Urinproben von Kindern, die in der Nachbarschaft der

679 Ebd., S. 4.
680 Ebd.
681 Njoroge G. Kimani, „Environmental Pollution and Impact to Public Health; Implication of the Dandora Municipal Dumping Site in Nairobi, Kenya. A Pilot Study Report", Studie durchgeführt in Kooperation mit und herausgegeben vom United Nations Environment Programme (UNEP). 2007, online: https://architectafrica.com/sites/default/files/UNEP_Dandora_2007.pdf (30.01.2020)

Müllkippe lebten, entnommen. Kirmani fand heraus, dass das Blut von Hunderten von Kindern, die in der Nähe der Müllkippe leben, stark mit Blei belastet war. Die Hälfte unter ihnen litt an Atembeschwerden, Asthma und chronischer Bronchitis.[682]

9.4 Umweltrassismus und strukturelle Gewalt

Auf die Zusammenhänge zwischen gesundheitsgefährdenden Stoffen und struktureller Gewalt, die sich gegen marginalisierte Gruppen richtet, weisen die US-amerikanischen Bewegungen und Untersuchungen im Feld der Enviromental Justice (EJ) seit den 1960er Jahren hin.[683] Es handelt sich dabei um politische Bewegungen, die sich gegen Formen der Umweltungerechtigkeit einsetzen und zum Beispiel die Ansiedlungen von Mülldeponien an prekären Orten oder Gift im Trinkwasser von marginalen Ortschaften problematisieren. Dabei geht es vor allem um die Aufmerksamkeit für und den Widerstand gegen Umweltverschmutzungen, die unverhältnismäßig stark zu Lasten von afroamerikanischen und indigenen Bevölkerungsgruppen sowie von Working-class-Regionen gehen. Studien zu Umwelt(un)gerechtigkeit weisen beispielsweise darauf hin, dass arme Bevölkerungsgruppen und *people of color* deutlich stärker von Krebs, Asthma und anderen Krankheiten und gesundheitlichen Beeinträchtigungen betroffen sind als die weiße Mittelschicht. Die Environmental-Justice-Bewegungen und -Untersuchungen führen diese Unterschiede auf eine höhere Umweltverschmutzung allgemein in ärmeren Bezirken, und im Besonderen in Zonen, in denen *people of color* leben, zurück. Einer der Faktoren für diese strukturelle Ungleichheit ist die Standortwahl für die Deponierung von Müll.[684]

Die Topografie von Abfall spielt auch mit Blick auf den Widerstand gegen Formen des Umweltrassismus in der USA eine zentrale Rolle. So ist für die Geschichte der antirassistischen Umweltbewegung der *Memphis Garbage Strike* von 1968 ein bedeutendes Ereignis. Wie bereits in Kapitel 3.3 erwähnt, waren jene Arbeitskräfte der Müllabfuhr, welche die gefährlichsten Aufgaben zu übernehmen hatten, größtenteils Afroamerikaner*innen. Als eines Tages zwei der Arbeiter während eines Einsatzes, auch aufgrund von rassistischen Vorschriften zum

682 „Kenya: waste dump poses health hazard to children", *United Nations News Centre,* 2007, online: http://www.un.org/apps/news/story.asp?NewsID=24197&Cr=UNEP&Cr1=hazard#.WbbR6 VL5y8U (30.08.2019).
683 Zimring, *Clean and White.*
684 Dorceta E. Taylor, *Toxic Communities: Environmental Racism, Industrial Pollution, and Residential Mobility*, New York, NY: NYU Press, 2014.

Aufenthalt während der Arbeit, ums Leben kamen, war dies der Beginn eines langen Protests gegen strukturelle Ungleichheit und Rassismus. Mit dem Slogan „I am a Man" protestierten die Mitarbeiter der Müllabfuhr gemeinsam mit Martin Luther King und anderen Bürgerrechtler*innen für die Anerkennung ihrer Würde und Menschlichkeit.[685]

Vierzig Jahre nach dem Streik in Memphis wurde eine andere afroamerikanische Gemeinde zu einem historischen Schauplatz für den Kampf gegen rassistisch begründete Umweltpolitik und Mülldeponierung: Warren County in North Carolina. Die NAACP hatte im Jahr 1982 eine Klage eingereicht, die Fragen von Rassismus explizit mit der Entscheidung, wo toxische Abfälle gelagert werden, zusammenbringt. Die Organisation argumentierte, dass ein wesentlicher Grund für die Entscheidung, eine Mülldeponie in der Nähe des Ortes Afton in Warren County zu errichten, derjenige war, dass die Bevölkerung in der Gemeinde arm und ländlich war, und vorwiegend aus Afroamerikaner*innen bestand. [686] Wie Dorceta Taylor in *Toxic Communities* deutlich macht, hatte Warren County – der Landkreis, in dem die Mülldeponie errichtet wurde –, den größten Anteil von Schwarzen Bürger*innen im Bundesstaat. Zugleich war es der Bezirk mit dem geringsten Durchschnittseinkommen.[687] Die Klage war nicht erfolgreich, der Staat sah keinen Beweis dafür, dass Formen von strukturellem und systematischen Rassismus bei der Entscheidung eine Rolle gespielt hatten. Von 1982 an wurden Abfälle auf der Deponie abgelagert. Aktivist*innen waren bereits vor Ort und es wurden 55 Menschen am ersten Tag des Betriebs der Mülldeponie festgenommen.

In den darauffolgenden Jahren und bis heute haben zahlreiche Studien dokumentiert, wie *people of color*, Menschen mit niedrigem sozioökonomischen Status, indigene Bevölkerungen und Einwanderer, sowie andere marginalisierte Gruppen, disproportional oft von ökologisch schädlichen Infrastrukturen wie Mülldeponien oder Müllverbrennungsanalgen betroffen sind.[688] Diese Perspektiven auf die ungleiche Verteilung von gesundheitlichen Risiken und Umweltverschmutzungen machen deutlich, inwiefern die Verteilung von Abfall eine Aufteilung des Sinnlichen darstellt. Die Produktion, Entsorgung, Verarbeitung und Verfrachtung von Müll bezeugt eine Aufteilung der Welt in saubere und schmutzige Zonen, in Orte, die erhalten und versorgt werden, und Orte, die missachtet und vernachlässigt werden. Das äußert sich auch – und vielleicht gerade – im molekularen Register, im Bereich des Alltäglichen. Im Rahmen dieser Topografien

---

685 Zimring, *Clean and White*.
686 Vgl. Taylor, *Toxic Communities*, S. 17.
687 Ebd.
688 Ebd.

und Mikroformen von Schadstoffen, die oftmals unterhalb der Schwelle der öffentlichen Sichtbarkeit und Thematisierung bleibt, wird die Erkrankung von sozioökonomisch unterprivilegierten Menschen in Kauf genommen, sowohl globalwirtschaftlich als auch national und regional.

Auch in Deutschland hängt die gesundheitliche Belastung aufgrund von Umweltschadstoffen vom sozialen Status ab.[689] Sozial- und umweltepidemiologische Untersuchungen der vergangenen Jahre machen deutlich, dass je nach sozialer Herkunft die Gesundheit von Kindern, Jugendlichen und Erwachsenen durch Umweltschadstoffe unterschiedlich stark gefährdet ist. Dabei spielen Faktoren wie Bildung und Einkommen oder Migrationshintergrund eine Rolle, wenn es um die Wohnbedingungen und die verfügbaren Ressourcen sowie die damit verbundenen Gesundheitsrisiken der Menschen geht.[690]

Resümee

Zu Beginn dieser Studie ging es darum, wie Müll aus den Bereichen des Hauses entfernt und abtransportiert wird; und wie die organisierte Entsorgung von Abfall durch die Müllabfuhr die Vorgänge in privaten, intimen Zonen zu Angelegenheiten der Öffentlichkeit macht, die auch polizeilich verwaltet und kontrolliert werden. Das vorliegende Kapitel hat hingegen den Fokus darauf gelegt,, wie unsichtbare Formen des Abfalls, in Form von gesundheitsgefährdenden Reststoffen, Chemikalien und Umweltgiften, in menschliche Körper eindringen. Neben dem stofflichen Kreislauf, der vom Haus und Wohnviertel zur Müllhalde führt, wirken andere Kreisläufe und Formen des Mülls gegenläufig dazu. Abfall ist aus dieser Perspektive nicht nur eine Kategorie von Dingen, die als wertlos gelten und beseitigt werden. Es ist auch eine Kategorie der realen und diffusen Bedrohung, die alle jene molekularen, unsichtbaren und ungeahnten Folgen beschreibt, die sich schädlich und verunreinigend auf die Gesundheit von Individuen auswirken.

Die hier konturierte Perspektive auf Formen des Toxischen sollte die globalen Auf- und Zuteilungen des Mülls verdeutlichen. Nebenbei bemerkt kehrt sich auch die Rolle von Ungeziefern in den toxischen häuslichen Ökologien um. Nun ist *die Abwesenheit* der einstmals angestammten „natürlichen" Müllentsorger, zum Beispiel Mäuse oder Kakerlaken, ein Hinweis auf eine hohe toxische Belastung.[691]

---

689 Böhme / Preuß / Bunzel et al. „Umweltgerechtigkeit im städtischen Raum".
690 Vgl. ebd.
691 Shapiro, „Attuning to the Chemical Sublime".

Toxizität, Invasivität und Persistenz des Mülls erreichen neue Dimensionen. Damit erhält die Allgegenwart des Mülls und die Spuren, die der Müll an verschiedenen Orten hinterlässt, eine weitere Drastik. Der Müll ist fern und nah zugleich, überall und allgegenwärtig – aber nicht für alle gleichermaßen.

Der Begriff der *body burdens* und die damit verbundene Idee, dass Körper zu Sammelstellen für Toxine werden, stellt gewohnte Verständnisse der Grenzen zwischen Körpern und Umwelt, Menschen und chemischen Stoffen in Frage. Der Müll in uns allen wird zu einem Politikum in dem Moment, wo etwas, das zuvor unsichtbar war, zu einer Streitsache wird. Die Politizität des Mülls wird nach innen verlagert und dadurch gesteigert, dass er die Körpergrenze überschreitet. Zugleich aber verdeckt und verzerrt diese Idee vom *Müll in uns allen* – eine Idee, deren bündige Formulierung nahelegt, dass alle gleichermaßen betroffen sind – die Ungleichverteilung von Risiken und Lebenschancen, sowie die politischen Kämpfe um Anerkennung, die jene, die in toxischen Gegenden leben, tagtäglich führen. Vulnerabilität und Betroffenheit sind radikal ungleich verteilt, und die oft erst spät aufkommende Einsicht, dass dem so ist, verstärkt noch die politische Dringlichkeit und den Zorn der Betroffenen. Es geht um eine Toxizität, die direkt und unmittelbar in affektive und körperliche Zustände der Betroffenen eindringt. Entsprechend verheerend wirken sich Zuteilungen aus: als eine zutiefst folgenreiche Invasivität von Toxinen und Müllbelastungen, die aber ungerecht verteilt ist.

Insofern ist Nicholas Shapiros Studie beispielhaft, weil dort Toxizität als eine Form von struktureller Gewalt auftaucht – als eine Aufteilung des Sinnlichen –, die besonders prekär lebende Menschen und marginalisierte Gemeinden betrifft. Zugleich aber figurieren die erkrankten Körper der Betroffenen als Zeugnisse eines emanzipativen Leids und passiven Widerstands. „In domestic chemical exposures, bodies are both the means of apprehension and the site of damage. Bodies uncover invisible toxins with their wounding."[692] So forderte eine Betroffene ihren Mann auf, dass, falls sie vor ihm sterben sollte, er eine rigorose Autopsie anordnen solle. Immer wieder bringt die Frau in ihren Gesprächen mit Shapiro das Thema der Autopsie und ihren Tod zur Sprache. Das liegt zwar auch daran, dass ihr die chemische Belastung die Bedrohung durch Krankheit und Tod immer wieder vor Augen führt. Zugleich wird der Tod selbst zu einer politischen Angelegenheit. „She takes the logic of bodily reasoning to its conclusion: if wounding intimates the source of harm, then death will surely disclose its ultimate truth."[693] Das, was Shapiro beschreibt, sind Szenen von Menschen, die ihre infizierten Körper zu

---

[692] Ebd., S. 384.
[693] Ebd., S. 386.

Zeugen für das ihnen widerfahrene Unrecht machen. Es ist insofern folgerichtig, dass Shapiro gerade diese Fälle als Ausgangspunkt seiner Beschreibungen der Kämpfe und Aushandlungen mit Behörden und Gesundheitsämterb nimmt, die sich an Umweltgiften entzünden.

Zwar handelt es sich bei den ungleich verteilten Risiken, die mit dem Müll einhergehen, nicht um explizite Formulierungen von Ungleichheit. Die Logik und Rechtfertigung von Ungleichheit aber drückt sich auch in subtileren, aber ebenso effektiven Formen der strukturellen Gewalt und damit einhergehenden Apologien der Ungleichheit aus. Die Parabel der Metalle hat bei Platon die Funktion, Menschen davon zu überzeugen, dass es einen Grund dafür gibt, weshalb sie die soziale Stellung einnehmen und die Aufgaben erfüllen, die ihnen zugewiesen wurden. Das, was Platon als eine Pädagogik formuliert, formulieren die globalen Müllhändler, Entsorgungs-Manager und politischen Akteure zwar selten derart explizit wie es Lawrence Summers, einst Chefökonom der Weltbank, in der oben zitierten Bemerkung von 1991 tat. Die Logik dahinter ist aber die Gleiche, auch wenn sie nicht die Form einer sprachlich formulierten Allegorie annimmt, sondern sich auf chemische, territoriale oder biopolitischen Weise ausdrückt. Es ist eine Logik, die besagt, dass die ökonomisch und politisch Anteilslosen den Müll der anderen und die damit verbundenen Risiken zu tragen haben.

Menschliche Existenzen und die Vergänglichkeit von Dingen, der Abfall und die Reste, ko-artikulieren sich so zugleich als eine Legitimation von Ungleichheit. Auch gegenwärtige diffusere Narrative und Entsprechungen, beispielsweise im Umweltrecht und in der Verteilung von Toxinen, von Umweltverschmutzung und Schadstoffen, explizieren eine Entsprechung der materiellen und sozialen Ordnung. Es handelt sich auch hier um eine Logik der Entsprechungen, die als unsichtbar, als unproblematisch und selbstverständlich auftritt. Auch hier wird eine argumentative Nähe hergestellt zwischen menschlichen und stofflichen Wertigkeiten – Abfall und Gold, Toxine und Eisen, Plastik und Weichmacher – die sich in der Logik einer Aufteilung der Welt ausdrückt.

Ziel dieses Kapitels war es, herauszuarbeiten, inwiefern die Auf- und Zuteilung von Müll als toxischem Schadstoff Formen der Exklusion bereithält. Insbesondere ging es darum, inwiefern dies ganz konkret, auf physische und affektive Weise Menschen die Bürden des Toxischen erleben und ertragen lässt. Diese Bürden werden nicht nur passiv erlitten, sondern Menschen begehren gegen die sinnlichen und toxischen Ordnungen auf. Die symbolische Ordnung von Abfall trifft hier auf die körperlichen Erfahrungen jener, die, in ihrer ganzen Unmittelbarkeit, draußen stehen. Rancière deutet auf die Exklusivität von Wahrnehmung hin, auf das, was unsichtbar ist, auf das, was nicht gesehen und gehört wird. Auch das Leben in toxischen *entanglements* stellt eine derartige Stimm-Beraubung dar, gegen die sich Umweltgerechtigkeitsaktivist*innen wehren, indem sie ihre Stimmen erheben und ihre Anliegen zum Ausdruck bringen. Dieser abschließende Blick auf die Formen von struktureller Gewalt sollte die unsichtbaren und intangiblen Auf- und Zuteilungen von Gefährdungen perspektivieren, die mit der globalen Müllwirtschaft einhergehen.

Fazit

Gegenstand dieser Untersuchung waren die Szenen des Politischen, die sich im und um den alltäglichen Müll herum abspielen. Es ging darum, zu erkunden, wie Müll als Kategorie von Dingen, als widerständige Materie oder als Narrativ auftaucht, um Auf- und Zuteilungen des Gemeinsamen zu legitimieren oder herauszufordern. Im Zuge dessen standen Formen der Unterscheidung zwischen wertvollem, bedeutsamem, hochkulturellem „Abfall" und dem wertlosen, belanglosen, störenden Rest im Zentrum. Dabei ging es um die Erkundung von Apologien der Ungleichheit und von widerständigen Momenten, die anhand von Figuren und Praktiken des Mülls entstehen.

Ich möchte die Frage, die ich zu Beginn gestellt habe, noch einmal wiederholen: Was bedeutet es heute, den Müll herauszutragen? Und wie kommt es, dass zwar jede und jeder Müll produziert, dass aber der Müll von manchen, wenn nicht wertvoller, so doch legitimer erscheint als der Müll von anderen? In der Ausarbeitung dieser Fragen ergab sich die These, dass es nicht zufällig ist, dass sich ausgerechnet am Müll Aufteilungen, Forderungen und Formen der Absonderung und Grenzziehung etablieren, die manchmal auf skurrile Weise zutage treten: zum Beispiel dann, wenn ein Geflüchteter sagt, er fühle sich in Deutschland erst dann integriert, wenn er seinen Müll richtig trenne. Diese Feststellung klingt grotesk und fast komisch, aber gerade diese Kuriosität ist Teil der politischen Geschichte des Mülls. In seiner ganzen Albernheit, Eigenartigkeit und Alltäglichkeit ist Abfall – der Rest, der auf den Tellern bleibt, die leere Plastikflasche, die falsch entsorgte Glühbirne – ein ernstes Thema, eine verbindende und trennende Angelegenheit, nicht erst, aber auch und nicht zuletzt im politischen Gebilde der Bundesrepublik Deutschland. Das war früher so, und ist auch heute so, in Zeiten von Klimawandel und Umweltkrisen. Die Dinge an den richtigen Platz zu stellen ist mehr als nur die pragmatische Seite einer umweltbewussten Orientierung. Es unterstützt oftmals eine Logik des Grenzziehens, die, dadurch dass sie sagt: Tue die Dinge an ihren Platz, auch sagt: *Halte dich an deinem Platz.*

Beim Heraustragen seines Abfalleimers, so bemerkt Italo Calvino, überschreitet er eine imaginäre Schwelle: War er mit seinem kleinen Eimer in der Küche noch eine private Person, tritt er beim Entleeren des Eimers in die städtische Tonne in die Rolle eines Bürgers. Die Beiläufigkeit, mit der alltägliche Rituale der Entsorgung zumeist ausgeführt werden, nimmt den Ritualen nicht ihre politische Bedeutung. Die Zugehörigkeit zum Gemeinwesen, die legitime Einbettung in das große Ganze einer sozialen Welt hängt an profanen Handhabungen des Alltags. Zugleich kommt in diesen täglichen Akten etwas zum Vorschein, das über diese Entstehung eines sozialen Vertrags noch hinausgeht: Das alltägliche Ritual

https://doi.org/10.1515/9783110613360-016

der Müllentsorgung hat eine *kathartische* Wirkung – erst die Entsorgung der Reste von gestern erlaubt es, einen neuen Tag anzufangen und (vermeintlich) unbeschwert in die Zukunft zu blicken.

Müll ist ein Nebenprodukt des Alltags, ein Resultat von intimen, körperlichen und persönlichen Vorgängen, und zugleich eine symbolische Materie, die eine Logik der Ungleichheit perpetuiert. Müllvermeidung und Achtsamkeit, Sparsamkeit und Wiederverwertung – Praktiken und Haltungen, die heute eine zentrale Rolle spielen – haben auch in der Vergangenheit dazu gedient, das Soziale zu organisieren, und in dieser Hinsicht Anteile am Gemeinsamen festzulegen. So hat sich in Deutschland der gute und rechtmäßige Müll auch früher schon dadurch ausgezeichnet, dass er selten produziert wurde. Dabei ist der US-amerikanische Konsumstil, und der damit verbundene *positive Abfall*, gegen den sich bereits die Haushaltsliteratur in der Weimarer Republik abgrenzte und der im Begriff *creative waste* von Christine Frederick unverhohlen zum Ausdruck kommt, von Beginn an eine exklusive Angelegenheit. Gerichtet an Frauen der US-amerikanischen *weißen* Mittelschicht, stellt die Bezeichnung eine Verbindung her zwischen Weiblichkeit und kreativer Entsorgungs- und Konsumarbeit. Es ist die Verknüpfung von *weißen*, weiblichen Körpern in den heteronormativen Familienarrangements der entstehenden *middle class* mit Fragen des Konsums, sowie mit Reinigung- und Aufräumarbeit, die im Genre der Haushaltsliteratur eine lange Tradition hat.

Müll, so eine der Thesen, die herausgearbeitet wurde, ist nicht nur Sache am falschen Ort, wie Mary Douglas behauptet, oder Sache zur falschen Zeit, wie der Philosoph William Viney hinzufügt, und auch nicht nur notorisch unsichtbar und zugleich allgegenwärtig, wie so viele Autor*innen der *Discard Studies* herausstellen, sondern Müll ist darüber hinaus eine Kategorie, die Menschen an Orte, an Aufgaben und an soziale Rollen knüpft; sie an ihren Platz stellt und dort hält – physisch wie im übertragenen Sinn. Im Müll kommt die Exklusivität in der Wahrnehmung zutage, auf die Rancière verweist, wenn er die Polizei als eine *Aufteilung des Sinnlichen* beschreibt – eine Ordnung des Sozialen, die jedem und jeder eine Rolle zuweist, die mit bestimmten Kompetenzen, Aufgaben und Eigenschaften einhergeht. Politik hingegen bricht mit dieser Logik; sie macht sichtbar, was sonst nicht hätte gesehen werden sollen. Jede Gemeinschaft konstituiert sich demnach durch die Anwesenheit eines Anteils der Anteilslosen, und jede Politik dadurch, dass jene, die nicht zählen, die nicht gesehen und gehört werden, sich ihre Stimme und ihre Selbstbeschreibung erstreiten. Die Analysen, die hier vorgestellt wurden, haben diese Formen des Politischen aus Sicht des strukturell Abwesenden, dem *Abjekten*, gedacht und damit den Müll selbst als Politikum konturiert. Im Zentrum standen die Perspektiven jener, die eine gegebene Realität dadurch (mit)prägen, dass sie darin nicht vorkommen, die zugleich aber aus dieser Position der Absenz heraus polemisch oder subversiv gegen die herrschende Ordnung wirken – nicht selten in vielfältigen Allianzen mit dem Müll.

Das ist beispielsweise dann der Fall, wenn den Subalternen anhand des Mülls die Wahrheit über die vornehme Gesellschaft, sowie über die Grundlosigkeit ihrer Überlegenheit, aufgeht. Denn Müll fungiert nicht nur als Objekt der hierarchischen Grenzziehungen. *Müll offenbart auch die Grenzen der Herrschaft der einen über die anderen.* Das erfahren die Dienstboten in Bakers Roman *Longbourn*, die durch den täglich anfallenden Abfall die soziale Hierarchie, in der sie leben, momenthaft umkehren. Die Fragilität der Körper, von der die Abfälle auch der nobelsten Dienstherren zeugen, führt einen Hinweis auf die Brüchigkeit der sozialen Ordnung mit sich. Im Angesicht der Wahrheit über die hohen Herrschaften weisen die Untergebenen die Ordnung in Augenblicken des Hohns und Spotts zurück.

Die hier gewählte Perspektive auf das Politische erlaubt es, auch passive Formen des Widerstands in den Blick zu nehmen. Es ging in dieser Hinsicht auch darum, wie Dinge, die notorisch unsichtbar sind, nicht unsichtbar bleiben; wie die Bemühung um das Verbergen und die Unterdrückung von Spuren des Vergangenen immer wieder scheitert. Die stille Geschichtsschreibung des Abfalls bedroht das Ungesagte im sozialen Zusammenleben, etwa wenn das aus Narrativen und Diskursen Ausgesparte zurück an die Oberfläche drängt oder sich als geisterhafte Präsenz manifestiert und dem Alltag einen unheilvollen Beiklang gibt. Der Müll zeugt unerbittlich von denen, die ihn produziert haben, er schreibt Autobiografien in der Sprache des Realen. Mit Blick auf Abfall lassen sich Biografien, Zeitgeschichte und historische Ereignisse vom Ende her erzählen, ausgehend von den Resten, die auf das, was sich abgespielt hat, verweisen. Selbst wenn Abfall aus dem Blickfeld verschwindet, bleiben Reste übrig; Reste, die nicht immer ungesehen oder ungehört bleiben. Dies macht Saidiya Hartmans *Lose Your Mother* (2017) deutlich. In den Höhlen von Accra, in denen die Versklavten gefangen gehalten wurden, sind die Spuren und der Abfall Zeugen der Geschichte: sie sind das, was die Unschuld widerlegt und die ausgelöschten Lebensgeschichten in ihrer Unverfügbarkeit, und der Unmöglichkeit ihrer Rekonstruktion, exponiert. In solchen Momenten deutet sich eine konspirative Komplizenschaft zwischen vergessenen und verhinderten Historiografien und Abfall an.

Die Allianzen zwischen Menschen und Müll sind vielfältig. Formen des Dissenses und der Subversion mit Blick auf Müll kommen zum Beispiel in alternativen Sammelpraktiken zum Ausdruck. So zum Beispiel im Falle der fiktiven Müllsammler*innen in Latife Tekins Roman *Der Honigberg* (1993), in dem die Protagonist*innen allen behördlichen Übergriffen zum Trotz nicht aufhören, jede Nacht aufs Neue ihre illegalen Häuser aus Müll zu bauen. Hier ist es buchstäblich der Müll, die Materialen und Stoffe aus den Müllbergen, mit dem die Menschen ihren Alltag bewältigen. Es zeigt sich auch die politische Sprache des Mülls, die Tekin als Sprache der Anteilslosen formuliert. Tekins Roman stellt eine Gruppe von Anteilslosen dar, die ihren Anteil fordern und die mit erfundenen Geschichten und Poesien des Mülls eine Welt errichten, die stabiler ist als die physische. Dabei steht Müll in einem spezifischen Verhältnis zu Poesie und Sprache. Die Müllberge am Rande Istanbuls, um die es hier geht, sind nicht nur ein Slum oder eine Müllkippe, sondern sie sind auch ein Archiv, aus dem Bilder, Erzählungen und Gedichte erschaffen werden. Im Müll liegt ein alternatives Bedeutungsreservoir, das einer Umkehr von Wertigkeiten dienen kann.

Die widerständigen und emanzipativen Momente des Mülls bringt auch Taio, einer der Müllsammler aus Vik Muniz' Fotoserie *Pictures of Garbage* auf den Punkt, wenn er in aller Klarheit sagt: „Wir sind keine Müllsammler, wir sammeln wertvolles Material". Indem Taio die Kategorie des Mülls hinterfragt, wandelt er auch die Tätigkeit, die er ausübt, und seine eigene Selbstbeschreibung, in eine strittige Angelegenheit. Im Zuge dessen entstehen visuelle, physische und sprachliche Allianzen zwischen Menschen, die um Anerkennung, angemessene Bezahlung und Sichtbarkeit kämpfen, und Dingen, die entsorgt und für störend und ekelhaft erklärt werden. Die Umdeutungen und Aneignungen von Dingen treten als konspirative Formen des politischen Dissenses auf. Müll fungiert als Kulisse, Instrument und Ressource für widerständige Inszenierungen der Wirklichkeit. Hier, wie auch in Bezug auf Tekins Roman, lässt sich von einem subversiven Potential des Mülls sprechen. Subalterne Müllpraktiken sind von einer Widerständigkeit geprägt, in ihnen liegt eine – bewusst herbeigeführte oder unwillkürliche – Handaufhebung gegen bestehende Ordnungen, wie in Sara Ahmeds Interpretation des Grimm'schen Märchens vom eigensinnigen Kind versinnbildlicht.

Die Art, wie Müll in einem Gemeinwesen wirkt, ist eine paradigmatische Materialisierung von Rancières Politikverständnis: als Polizeilichkeit und subversive Subjektivierung gleichermaßen. Müll ist dabei nicht nur eine Frage des Vergangenen und Verdrängten, sondern ein thematisches Feld, das dazu einlädt, mit denen, die vor uns da waren und mit denen, die nach uns kommen, in Austausch zu treten. So gehen Imaginationen der Zukunft – seien es düstere Endzeitvorstellungen oder utopische Gesellschaftsvisionen – mit Vorstellungen davon einher, wie Menschen ihre Abfälle entsorgen. Zum Beispiel in den postapokalyptischen Motiven und Filmen, in denen der Anfang vom Ende der Welt anhand von katastrophalen Szenen des Mülls erzählt wird. Als Vorbote der Selbstzerstörung offenbart sich Müll in diesen Narrativen als das Menschliche schlechthin.

Die Vorstellungen einer rückstandsfreien Existenz, wie sie in Zero Waste-Bewegungen thematisiert werden, sind Ausdrucksformen der Idee, die eigenen Abfälle – und auch sich selbst – der Gemeinschaft schonend und nutzbringend zurückzuführen. Die Zukunftsvisionen, Lebensentwürfe und Vorbilder des Mülls verhandeln allesamt auf verschiedene Weise die Notlage, dass die Bemühungen um die restlose Beseitigung von Müll nur bedingt gelingen. Früher oder später kommt der Müll zu uns zurück. Oft taucht er in anderer Gestalt wieder auf, wie zum Beispiel in Form von Chemikalien und toxischen Stoffen. Aber so wie jede Gemeinschaft immer schon geteilt ist, sind auch die Reste geteilt, die hinterlassen werden, und die in Form von Toxinen in die Körper zurückkehren. Das zeigen die Studien zu Umweltrassismus und Umweltungerechtigkeit, die auf die ungleiche Verteilung von Schadstoffen und die überhöhte Belastung marginaler und prekärer Gemeinden verweisen. Doch auch hier endet die politische Bilanz des Mülls nicht mit der strukturellen Gewalt und „slow violence", die Umweltgifte über die Betroffenen bringen. Die Körper der Betroffenen, ihr unfreiwillig geschärftes Sensorium und ihre aus geteiltem Leid geschöpfte Ausdrucksstärke werden zum Einsatz in einem Kampf um Anerkennung, Entschädigung und verbesserte Lebensbedingungen. Von den Behörden als ahnungslose Hausfrauen abgestempelt, verschaffen sich die Bewohnerinnen der Love Canal Gemeinde politisches Gewicht, ihre Stimmen und Körper werden zum *logos* im politischen Streitgeschehen.

In Denkfiguren des Mülls manifestiert sich eine unausgesprochene Logik der Legitimation von Ungleichheit, und zugleich das gegenläufige Moment einer Unterbrechung und Subvertierung von Ordnungen. Wenn Müll in der vorliegenden Analyse in Form eines Tableaus disparater aber verketteter Themen auftauchte, dann liegt das auch daran, dass Müll sich nicht auf eine einzige Sache reduzieren lässt. Müll verbindet Gegensätze, die er zugleich einer Dynamik der Umkehrung unterwirft: zwischen oben und unten, nah und fern, zugehörig und ausgeschlossen, vergangen und zukünftig. Müll umschreibt ein Spannungsfeld zwischen kulturellen Ordnungen und ihren Rändern, zwischen Fakt und Fiktion, zwischen Alltag und Subversion. Der Müll zeigt sich an unerwarteter Stelle als Dynamik der Unterbrechung; als eine Unterwanderung von Wertigkeiten; als etwas, das die Kohärenz bricht und die Logik der Trennung in sich zusammenfallen lässt. Trotz der vielfältigen Versuche und der praktischen Anstrengungen, Müll zu verstehen, zu vermeiden oder zu beseitigen, ist und bleibt er unbewältigt.

Literatur

Ahmed, Sara. *The Cultural Politics of Emotion*. New York: Routledge, 2004.

Ahmed, Sara. *Strange Encounters: Embodied Others in Post-Coloniality*. London/New York: Routledge, 2000.

Ahmed, Sara. *On Being Included: Racism and Diversity in Institutional Life*. Durham, NC: Duke University Press, 2012.

Ahmed, Sara. *Willful Subjects*. Durham, NC: Duke University Press, 2014.

Ahmed, Sara. *Living a Feminist Life*. Durham: Combined Academic Publ., 2017.

Akcesme, Banu. „Green Literature: Cross-Fertilization between Literature and Ecology in Latife Tekin's Berji Kristin: Tales from the Garbage Hills", in: Eugene Steele (Hrsg.). *Interdisciplinarity, Multidisciplinarity and Transdisciplinarity in the Humanities*. Newcastle upon Tyne, UK: Cambridge Scholars Publishing, 2016, S. 10–24.

Alkhalaf, Mohamad. „Erst wer recycelt ist in Deutschland richtig integriert", 2016, online: http://www.sueddeutsche.de/muenchen/muelltrennung-erst-wer-recycelt-ist-in-deutschland-richtig-integriert-1.3233499 (20.01.2020).

American Psychiatric Association, *Diagnostic and Statistical Manual of Mental Ddisorders (DSM-V)*. Washington, DC: American Psychiatric Association, 2013.

Anderson, Benedict. *Imagined Communities: Reflections on the Origin and Spread of Nationalism*. London: Verso, 1983.

Arendt, Hannah. *The Origins of Totalitarianism*. New York: Harcourt, Brace 1973 [1951].

Arendt, Hannah. „Es gibt nur ein einziges Menschenrecht", in: Christoph Menke / Francesca Raimondi (Hrsg.). *Die Revolution der Menschenrechte. Grundlegende Texte zu einem neuen Begriff des Politischen*. Berlin: Suhrkamp, 2011, S. 394–410.

Ascher, Kate / O'Connell, Frank. „From Garbage to Energy at Fresh Kills", *New York Times*, 2013, online: http://www.nytimes.com/interactive/2013/09/15/nyregion/from-garbage-to-energy-at-fresh-kills.html (01.02.2020).

Asmus, Gesine (Hrsg.). *Hinterhof, Keller und Mansarde. Einblicke in Berliner Wohnungselend 1901–1920*. (Mit Beiträgen von Gesine Asmus, Rosmarie Beier u. a.). Hamburg: Rowohlt, 1982.

Assmann, Aleida. *Formen des Vergessens*. Göttingen: Wallstein, 2016.

Assmann, Aleida. „Beyond the Archive", in: Brian Neville / Johanne Villeneuve (Hrsg.). *Waste-Site Stories: The Recycling of Memory*. Albany, NY: SUNY Press, 2002, S. 71–82.

Auster, Paul. *The New York Trilogy*. New York: Faber & Faber, 1987.

Awake, Mik. „Harlemitis", in: *New York Inquirer*, 16. November 2006.

Baker, Jo. *Longbourn: The Servants' Story*. New York: Knopf, 2014.

Bal, Mieke. *Travelling Concepts in the Humanities: A Rough Guide*. Toronto: University of Toronto Press, 2002.

Barad, Karen. „Posthumanist Performativity: Toward an Understanding of How Matter comes to Matter", in: *Signs: Journal of Women in Culture and Society*. Vol. 28: Issue 3. 2003, S. 801–831.

Barnett, Sloan. „What's Your Body's Chemical Burden?", 2011, online: http://www.huffingtonpost.com/sloan-barnett/body-burden_b_995154.html (15.01.2020)

Baudelaire, Charles. „Der Wein. Vom Wein als Mittel, die Individualität zu steigern", in: ders. *Die künstlichen Paradiese. Ausgewählte Werke*, hrsg. von Franz Blei, Bd. 2, übersetzt von Erik-Ernst Schwabach, München: Georg Müller Verlag, 1925, S. 69–70.

https://doi.org/10.1515/9783110613360-017

Baudrillard, Jean. „The Environmental Witch-Hunt: Statement by the French Group: 1970", in: Reyner Banham (Hrsg.). *The Aspen Papers: Twenty Years of Design Theory from the International Design Conference in Aspen. The Environmental Witch-Hunt. Statement by the French Group. 1970.* New York: Praeger, 1974, S. 208 – 210.

Beck, Ulrich. *Risikogesellschaft. Auf dem Weg in eine andere Moderne.* Frankfurt/M.: Edition Suhrkamp, 1986.

Beck, Ulrich. *Was ist Globalisierung?.* Frankfurt/M.: Suhrkamp, 1997.

Behrens, Christoph. „Das deutsche Recycling-Märchen", 2017, online: http://www.sueddeut sche.de/wissen/muell-kreislauf-das-deutsche-recycling-maerchen-1.3491734 (01. 02. 2020).

Benjamin, Walter. „Literarische und ästhetische Essays. Erfahrung und Armut", in: *Gesammelte Schriften*, Unter Mitwirkung von Theodor W. Adorno und Gershom Scholem. Hrsg. von Rolf Tiedemann und Hermann Schweppenhäuser. Band II.1. Frankfurt/M.: Suhrkamp, 1977, S. 213 – 219.

Benjamin, Walter. *Gesammelte Schriften. Das Passagen-Werk.* Bd. V. Hrsg. von Rolf Tiedemann. Frankfurt/M.: Suhrkamp, 1982.

Benjamin, Walter. „Einbahnstraße", in: ders. *Fundbüro: Kurzwaren aus der Einbahnstraße.* Wiesbaden: Marix Verlag, 2012, S. 45.

Bennett, Jane. *Vibrant Matter. A Political Ecology of Things.* Durham, NC: Duke University Press, 2010.

Bennett, Jane. *The Enchantment of Modern Life: Attachments, Crossings, and Ethics.* Princeton, NJ: Princeton University Press, 2001.

Berger, Elke. „Abfallzerkleinerer", in Laurent Stadler et al. (Hrsg.), *ARCH+ 191/192 – Schwellenatlas: Vom Abfallzerkleinerer bis Zeitmaschine.* Aachen: Arch+, 2009.

Berger, John. „Vorwort", in: Latife Tekin, *Berji Kristin: Tales from the Garbage Hills.* London: Marion Boyars Publishers, 1996 [1984].

Berlant, Lauren. *The Queen of American Goes to Washington City.* Durham, NC: Duke University Press, 1997.

Berlant, Lauren. „Cruel Optimism: on Marx, Loss and the Senses", in: *New Formations* 63 (Winter 2007/2008).

Berlant, Lauren. *Cruel Optimism.* Durham, NC: Duke University Press, 2011.

Binger, Lothar / Hellemann, Susann. *Küchengeister. Streifzüge durch Berliner Küchen.* Berlin: JOVIS Verlags- und Projektbüro, 1996.

Blackman, Lisa. *Immaterial Bodies: Affect, Embodiment, Mediation.* London / New York: Sage, 2012.

Bliss, Laura. „The Wild Comeback of New York's Legendary Landfill", 2017, online: https://www.citylab.com/solutions/2017/02/the-wild-comeback-of-new-yorks-legendary-landfill/516822/ (20. 01. 2020).

Böhme, Christa / Preuß, Thomas / Bunzel, Arno et al. „Umweltgerechtigkeit im städtischen Raum – Entwicklung von praxistauglichen Strategien und Maßnahmen zur Minderung sozial ungleich verteilter Umweltbelastungen", in: *Umwelt & Gesundheit* 01/2015, veröffentlicht vom Umweltbundesamt. http://www.umweltbundesamt.de/publikationen/umweltgerechtigkeit-im-staedtischen-raum.

Böll, Heinrich. *Der Engel schwieg.* Köln: Kiepenheuer & Witsch, 1992.

Bradshow, Peter. „Waste Land – Review", 2011, online: https://www.theguardian.com/film/2011/feb/24/waste-land-review (20. 02. 2020)

Brooks, James R. (Reg.). *Besser geht's nicht* (Originaltitel: As Good as It Gets), USA 1997, Drehbuch: Mark Andrus. 139 Min.

Brown, Patricia L. „Space for Trash: A new Design Frontier", in: *The New York Times*, 27. Juli 1989.

Brüder Grimm, „Das eigensinnige Kind", in: *Kinder- und Hausmärchen* (Erstfassung 1819) München: Artemis & Winkler Verlag, 1949/1988, S. 564.

Butler, Judith. *Precarious Life: The Power of Mourning and Violence*. London: Verso, 2004.

Butler, Judith. *Frames of War: When is Life Grievable?*. London: Verso, 2009.

Calvino, Italo. *Die Mülltonne und andere Geschichten*. München: Deutscher Taschenbuch Verlag, 1997. (Italienisches Original: Ders. *La Strada di San Giovanni*. Mailand: 1990).

Campkin, Ben / Cox, Rosie (Hrsg.). *Dirt: New Geographies of Cleanliness and Contamination*. New York / London: I.B. Tauris, 2007.

Canetti, Elias. *Masse und Macht*. Frankfurt/M.: Fischer, 2014.

Carson, Rachel. *Silent Spring*. New York: Harcourt, 2002 [1962].

Chen, Mel Y. *Animacies: Biopolitics, Racial Mattering, and Queer Affect*. Durham / London: Duke University Press, 2012.

Churchill, Randolph S. (Hrsg.). *The Sinews of Peace. Post-War Speeches by Winston S. Churchill*. London: Cassell, 1948.

Claviez, Thomas / Wetzel, Dietmar. „Interview mit Jacques Rancière", in: dies. (Hrsg.). *Zur Aktualität von Jacques Rancière. Einleitung in sein Werk*. Wiesbaden: Springer VS, 2016, S. 153–170.

Coates, Ta-Nehisi. *Between the World and Me*. New York: Spiegel & Grau, 2015.

Cohen, William / Johnson, Ryan (Hrsg.). *Filth. Dirt, Disgust, and Modern Life*. Minneapolis, MN: University of Minnesota Press, 2004.

Cohen, William. „Introduction", in: Cohen / Johnson (Hrsg.). *Filth. Dirt, Disgust, and Modern Life*. Minneapolis, MN: University of Minnesota Press, 2004, S. vii–xxxvii.

Corbin, Alain. *Pesthauch und Blütenduft. Eine Geschichte des Geruchs*. Aus dem Französischen von Grete Osterwald. Berlin: Wagenbach, 1984.

Cox, Rosie. „Dishing the Dirt: Dirt in the Home", in: Rosie Cox et al. (Hrsg.). *Dirt: The Filthy Reality of Everyday Life*. London: Profile Books, 2011, S. 37–74.

Crutzen, Paul. „Die Geologie der Menschheit", in: Paul J. Crutzen / Mike Davis / Michael D. Mastrandrea et al. (Hrsg.) *Das Raumschiff Erde hat keinen Notausgang*. Berlin: Suhrkamp, 2011, S. 7–10.

Därmann, Iris. *Figuren des Politischen*. Frankfurt: Suhrkamp 2009.

Därmann, Iris. „Landnahme, Menschennahme", in: Volker Gottowik / Holger Jebens / Editha Platte (Hrsg.). *Zwischen Aneignung und Verfremdung: Ethnologische Gratwanderungen*. Frankfurt/M.: Campus, 2009, S. 69–81.

Därmann, Iris. *Theorien der Gabe*. Hamburg: Junius Verlag, 2010.

Därmann, Iris. „Was ist eigentlich kulturwissenschaftliche Ästhetik?", in: *Forschung & Lehre*. 2/2013, S. 126 f.

Davis, Angela. *Women, Race and Class*. New York: Vintage Books, 1983.

Davis, Oliver. *Jacques Rancière*. Cambridge: Polity Press, 2010.

Dehmer, Dagmar. „Wir sind Müll-Weltmeister", 2016, online: http://www.tagesspiegel.de/politik/abfallpolitik-wir-sind-muell-weltmeister/14879074.html (20.01.2020).

DeLillo, Don. *Unterwelt*. Übersetzt von Frank Heibert. Köln: Kiepenheuer & Witsch, 1997.

Demandt, Alexander. „Historische Apokalyptik", in: Alexander Demandt / John Farrenkopf (Hrsg.). *Der Fall Spengler: Eine Kritische Bilanz*. Köln/Weimar/Wien: Böhlau, 1994, S. 21–44.

Denning, Michael. „Wageless life", in: Andreas Eckert (Hrsg.). *Global Histories of Work*. Berlin/ Boston: De Gruyter, 2016, S. 578–604.

Diehl, Jörg. „Das Haus des Schreckens", 2012, online: http://www.spiegel.de/panorama/ justiz/problemhaus-in-duisburg-roma-hausen-unter-unmenschlichen-bedingungen-a-870340.html (10. 01. 2020).

Doctorow, E. L. *Homer and Langley*. London: Abacus, 2009.

Douglas, Mary. *Purity and Danger. An Analysis of Concepts of Pollution and Taboo*. London: Routledge, 1966.

Douglas, Mary. *Reinheit und Gefährdung*. Berlin: Reimer, 1985 (1966).

Dyer, Richard. *White*. London: Routledge, 1997.

Eliot, T. S. *The Waste Land*. New York: W.W. Norton, 2001 [1922].

Ereaut, Gill / Segnit, Nat. *Warm Words: How Are We Telling the Climate Story and Can We Tell It Better?*. London: Institute for Public Policy Research, 2006.

Eribon, Didier. *Rückkehr nach Reims*. Berlin: Suhrkamp, 2016.

Eribon, Didier im Gespräch mit Felix Stephan, 2016. Online: http://www.zeit.de/kultur/ 2016-07/didier-eribon-linke-angela-merkel-brexit-frankreich-front-national-afd-interview/ komplettansicht?cid=7559308 (20. 01. 2020)

Fanon, Frantz. *Black Skin, White Masks*. New York: Grove Press, 1991 [1952].

Feffer, John. „Donald Trump's Apocalypse Is a Self-Fulfilling Prophecy", 2017, online: https:// www.thenation.com/article/donald-trumps-apocalypse-is-a-self-fulfilling-prophecy/ (10. 01. 2020).

Feld, Rose C. „Vassar Girls to study Home-Making as Career: New Course in Euthenics, the Science of Human Betterment, will adjust women to the Needs of Today and Act as a check on the Spread of Divorce", in: *The New York Times* vom 23. Mai 1926.

Fischer, Erich. „Im Müll lauert der Tod!" in: *Hamburger Elternblatt*, 1 (1955) (Sign. Sammlung Erhard: Z XV Verschiedenes).

Flagmeier, Renate / Werkbundarchiv – Museum der Dinge (Hrsg.). *Die Frankfurter Küche. Eine museale Gebrauchsanweisung*. Berlin: Museum der Dinge, 2012.

Flügel-Martinsen, Oliver. *Befragungen des Politischen. Subjektkonstitution – Gesellschaftsordnung – Radikale Demokratie*. Wiesbaden: Springer, 2017.

Flusser, Vilem. *Dinge und Undinge. Phänomenologische Skizzen*. München: Carl Hanser, 1993.

Frederick, Christine. *The New Housekeeping: Efficiency Studies in Home*. Garden City, New York: Doubleday Management, 1919 [1914].

Frederick, Christine. *Meals that Cook Themselves and Cut the Costs*. New Haven: Sentinel Manufacturing Co, 1915.

Frederick, Christine. *Household Engineering: Scientific Management in the Home*. Chicago: American School of Home Economics, 1920.

Frederick, Christine. *Selling Mrs. Consumer*. New York: Sears Publishing Company, 1929.

Freeland, Natalka. „The Dustbins of History: Waste Management in Late-Victorian Utopias", in: Cohen / Johnson (Hrsg.). *Filth. Dirt, Disgust, and Modern Life*. a. a. O., S. 225–249.

Frost, Randy und Steketee, Gail. *Stuff. Compulsive Hoarding and the Meaning of Things*. New York: First Mariner Books, 2011.

Gardner, Anthony / Horning, Diane. „9/11 victims should not be left in the Fresh Kills dump, families say", *Daily News*, 2008, online: http://www.nydailynews.com/opinion/9-11-victims-not-left-fresh-kills-dump-families-article-1.307359 (10.01.2020).

Genel, Katja / Deranty, Jean-Philippe (Hrsg.). *Honneth and Rancière. Recognition or Disagreement. A critical encounter on the politics of freedom, equality and identity.* New York: Columbia University Press, 2016.

Gidwani, Vinay / Reddy, Rajyashree N. „The Afterlives of 'Waste': Notes from India for a Minor History of Capitalist Surplus", in: *Antipode* 43 (2011), 1625–1658.

Giroux, Henri. *Stormy Weather: Katrina and the Politics of Disposability.* New York: Routledge, 2006.

Graeber David. „Afterword: the apocalypse of objects – degradation, redemption and transcendence in the world of consumer goods", in: Catherine Alexander / Joshua Reno (Hrsg.). *Economies of Recycling. The global transformation of materials, values and social relations.* London / New York: Zed Books, 2012, S. 277–290.

Gregg, Melissa. „The Athleticism of Accomplishment. Speed in the Workplace", in: Judy Wajcman / Nigel Dodd (Hrsg.). *The Sociology of Speed: Digital, Organizational, and Social Temporalities.* Oxford: Oxford University Press, 2017.

Grossberg, Lawrence. *We Gotta Get Out of this Place: Popular Conservatism and Postmodern Culture.* New York: Routledge, 1992.

Grossenbacher, Ulrich (Reg.) *Messies – ein schönes Chaos.* Fair & Ugly Filmverleih, 2011.

Groys, Boris / Müller-Funk, Wolfgang. „Über das Archiv der Werte. Kulturökonomische Spekulationen: Ein Streitgespräch", in: Wolfgang Müller-Funk (Hrsg.). *Die berechnende Vernunft: Über das Ökonomische in allen Lebenslagen.* Wien: Picus, 1993.

Hammond, Philip / Breton, Hugh O. „Eco-Apocalypse. Environmentalism, Political Alienation, and Therapeutic Agency", in: Karen A. Ritzenhoff / Angela Krewani (Hrsg.). *The Apocalypse in Film. Dystopias, Disasters, and other visions about the end oft he world".* Lanham, MD: Rowman & Littlefield, 2016, S. 105–116.

Harpet, Cyrille. *Du déchet: philisophie des immondices: corps, ville, industrie.* Paris: L'Harmattan, 1998.

Hartman, Saidiya. *Lose Your Mother: A Journey along the Transatlantic Slave Route.* New York: Farrar, Straus and Giroux, 2007.

Hartman, Saidiya. „Venus in Two Acts", in: *Small Axe*, 12 (2008), H. 2, S. 1–14.

Hauser, Susanne. *Metamorphosen des Abfalls. Konzepte für alte Industrieareale.* Frankfurt/M.: Campus, 2001.

Heindl, Ines. „Kulinarische Diskurse als Indikatoren sich wandelnder Gesellschaften", in: Manfred Blohm / Sara Burkhardt / Christine Heil (Hrsg.). *Tatort Küche: Kunst, Kulturvermittlung, Museum. Die Küche als Lebens- und Erfahrungsraum.* Flensburg: Flensburg University Press, 2009, S. 65–77.

Herring, Scott. *The Hoarders: Material Deviance in Modern American Culture.* Chicago: University of Chicago Press, 2014

Herring, Scott. „Collyer Curiousa: A brief History of Hoarding", in: *Criticism*, Volume 53, Number 2, Spring 2011, S. 159–188.

Herzog, Katie. „Mushroom burial suit turns dead bodies into clean compost", 2016, online: http://grist.org/living/mushroom-burial-suit-turns-dead-bodies-into-clean-compost/ (20.01.2020).

Heynen, Robert. *Degeneration and Revolution: Radical Cultural Politics and the Body in Weimar Germany.* Leiden/Boston: Brill, 2015.

Hillis, Anne. „Love Canal's Contamination: The Poisening of an American Family", in: *Love Canal Collection*, SUNY Buffalo Archives.

Horn, Eva. *Zukunft als Katastrophe.* Frankfurt/M.: S. Fischer, 2014.

Hyman, Mark. „Is there toxic waste in your body?", online: http://drhyman.com/blog/2010/05/19/is-there-toxic-waste-in-your-body-2/ (10.01.2020).

Irzik, Sibel. „Narratives of Collectivity and Autobiography in Latife Tekin's Works", in: *Autobiographical Themes in Turkish Literature: Theoretical and Comparative Perspectives.* (Hrsg.) O. Akyıldız, B. Sagaster, und H. Kara. Würzburg: Ergon Verlag, 2007, 157–164.

Johnson, Bea. *Zero Waste Home. The Ultimate Guide to Simplifying Your Life.* Penguin Random House, 2013.

Johnson, Bea. „The 5 Rules for a Zero Waste Lifestyle", online: http://www.mattprindle.com/zero-waste-lifestyle/ (22.01.2020).

James, William. *The Principles of Psychology.* New York: Holt, 1890.

Kastner, Jens. *Der Streit um den ästhetischen Blick. Kunst und Politik zwischen Pierre Bourdieu und Jacques Rancière.* Wien/Berlin: Turia und Kant Verlag, 2012.

Kleesattel, Ines. „Ästhetische Distanz. Kritik des unverständlichen Kunstwerks" in: Jens Kastner / Ruth Sonderegger (Hrsg.). *Pierre Bourdieu und Jacques Rancière. Emanzipatorische Praxis denken.* Wien: Turia+Kant, 2014, S. 63–93.

Kersten, Jens. „Einleitung", in: ders. (Hrsg.). *Inwastement – Abfall in Umwelt und Gesellschaft.* Kulturen der Gesellschaft Band 6. Bielefeld: Transcript, 2016, S. 9–25.

Kimani, Njoroge G. „Environmental Pollution and Impact to Public Health; Implication of the Dandora Municipal Dumping Site in Nairobi, Kenya. A Pilot Study Report", durchgeführt in Kooperation mit und herausgegeben vom United Nations Environment Programme (UNEP). 2007, online: https://architectafrica.com/sites/default/files/UNEP_Dandora_2007.pdf

Koschorke, Albrecht. *Körperströme und Schriftverkehr. Mediologie des achtzehnten Jahrhunderts.* München: Wilhelm Fink Verlag, 1999.

Krajewski, Markus. *Bauformen des Gewissens. Über Fassaden deutscher Nachkriegsarchitektur.* Stuttgart: Kröner, 2016.

Kranz, Margarete. „Die Ästhetik des Abfalls", in: *VOKUS. Volkskundlich-kulturwissenschaftliche Schriften* Heft 1, 16/2006, S. 51–72.

Krasmann, Susanne. „Rancière. Polizei und Politik im Unvernehmen", in: Ulrich Bröckling / Robert Feustel (Hrsg.). *Das Politische Denken. Zeitgenössische Positionen.* Bielefeld: Trancript, 2010, S. 77–98.

Krauss, Carlo / Sartin, Hannah. *Wie wir es schaffen, ohne Müll zu leben.* München: mvg Verlag, 2017.

Krausse, Joachim. „Vom Kochtopf zur Fassade bauen", in: Flagmeier, Renate / Werkbundarchiv – Museum der Dinge (Hrsg.). *Die Frankfurter Küche. Eine museale Gebrauchsanweisung.* a.a.O., S. 19–34.

Krausse, Joachim. Interview mit Margarete Lihotzky am 3.10.1982 in den Film „Die Frankfurter Küche" (Das Neue Frankfurt, Folge 2), 3 Filme von J. Geist und J. Krausse, WDR, Köln 1985.

Krausse, Joachim. „Eine Architektur der Raum-Zeit. Joachim Krausse im Gespräch mit Renate Flagmeier" in: Flagmeier, Renate / Werkbundarchiv – Museum der Dinge (Hrsg.). *Die Frankfurter Küche. Eine museale Gebrauchsanweisung.* a.a.O., S. 34–57.

Kristeva, Julia. „Approaching Abjection", in: Neil Badmington / Julia Thomas (Hrsg.). *Cultural Theory Reader.* New York: Routledge, 2008 [1980], S. 245 – 266.

Kristeva, Julia. *The Powers of Horror. An Essay on Abjection.* New York: Columbia University Press, 1982.

Kristeva, Julia. *Strangers to Ourselves.* Ins Englische übersetzt von Leon S. Roudiez. New York: Columbia University Press, 1991.

Kuchenbuch, Ludolf. „Abfall. Eine Stichwortgeschichte", in: Hans-Georg Soeffner (Hrsg.). *Kultur und Alltag.* Soziale Welt – Sonderband 6. Göttingen 1988, S. 155 – 170.

Kühn, Oliver. „Problemhaus in den Peschen soll 2014 geräumt werden". 2013, online: https://www.waz.de/staedte/duisburg/problemhaus-in-den-peschen-soll-2014-geraeumt-werden-id8767474.html (01. 02. 2020).

Kurutz, Steven im Gespräch mit E. L. Doctorow: „At Home with E. L. Doctorow. Writing About the Stuff of Legend", 2. September 2009, online: http://www.nytimes.com/2009/09/03/garden/03doctorow.html (20. 01. 2020).

Kwek, Dorothy H. B. / Seyfert, Robert. „Affekt. Macht. Dinge. Die Aufteilung sozialer Sensorien in heterologischen Gesellschaften", in:, Hanna K. v. Göbel / Sophia Prinz (Hrsg.). *Die Sinnlichkeit des Sozialen.* Bielefeld: Transcript, 2015, S. 123 – 146.

Lee, Jae Rhim. TED Talk von 2011, Vortragstitel: „My Mushroom Burial Suit", http://www.ted.com/talks/jae_rhim_lee/transcript?language=en#t-237000 (24. 01. 2020).

LeMenager, Stephanie. „Climate Change and the Struggle for Genre", in: Tobias Menely / Jessy Oak Taylor (Hrsg.), *Anthropocene Reading. Literary History in Geologic Times.* University Park, PA: Penn State University Press, 2017, S. 220 – 237.

Lepenies, Philipp. „Von Ziege und Hunden. Joseph Townsend, die Armengesetze und der Glaube an die Überlegenheit von Märkten", in: Ders. (Hrsg.). *Townsend, Über die Armengesetze.* Frankfurt/M.: Suhrkamp, 2011, S. 65 – 123.

Liboiron, Max. „Modern Waste as Strategy", in: *Lo Squaderno: Explorations in Space and Society.* Special edition on Garbage & Wastes. No 29, 2013. Open access: https://maxliboiron.files.wordpress.com/2013/08/liboiron-modern-waste-as-strategy-extracted1.pdf.

Light, Allison. *Mrs. Woolf and the Servants: An intimate History of Domestic Life in Bloomsbury.* New York: Bloomsbury, 2008.

Lihotzky, Margarete. „Einiges über die Einrichtung österreichischer Häuser unter besonderer Berücksichtigung der Siedlungsbauten", in: *Das Schlesische Heim,* 8, 1921, S. 221.

Linde, Carl v. d. *Müllvernichtung oder Müllverwertung insbesondere das Dreiteilungssystem. Ein Beitrag zur Hygiene des Mülls mit Rücksicht auf ihre volkswirtschaftliche Bedeutung.* Charlottenburg, 1906. (Sign. Sammlung Erhard A).

Love Nancy S. / Mattern, Mark (Hrsg.). *Doing Democracy: Activist Art and Cultural Politics.* Albany, NY: SUNY Press, 2013.

Lupton, Ellen / Miller, Abbott J. *The Kitchen, the Bathroom, and the Aesthetics of Waste: A Process of Elimination.* New York: Princeton Architectural Press, 1992.

Macho, Thomas. *Das Leben ist ungerecht.* Salzburg: Residenz Verlag, 2010.

Macho, Thomas. *Vorbilder.* München: Wilhelm Fink Verlag, 2011.

Manemann, Jürgen. *Kritik des Anthropozäns. Plädoyer für eine neue Humanökologie.* Bielefeld: Transcript, 2014.

Marchart, Oliver. *Die Politische Differenz.* Berlin: Suhrkamp, 2010.

Marx, Karl. „Der Achtzehnte Brumaire des Louis Bonaparte", in: Karl Marx, Friedrich Engels: Werke [MEW]. Bd. 8. Berlin 1969, S. 115–207.

McClintock, Anne. *Imperial Leather: Race, Gender, and Sexuality in the Colonial Contest.* New York: Routledge, 1995.

McHugh, Kathleen A. *American Domesticity: From How-to Manual to Hollywood Melodrama.* New York: Oxford University Press, 1999.

Melosi, Martin V. „Fresh Kills: The Making and Unmaking of a Wastescape", in: Christof Mauch (Hrsg.). *RCC Perspectives: Transformations in Environment and Society:* Out of Sight, Out of Mind: The Politics and Culture of Waste, No. 1 (2016), S. 59–65.

Menninghaus, Winfried. *Ekel. Theorie und Geschichte einer starken Empfindung.* Frankfurt/M.: Suhrkamp, 1999.

Meyer, Erna. „Wohnungsbau und Hausführung", in: *Der Baumeister,* H.6, 1927.

Möller, Frank. „Photo-Activism in the Digital Age", in: Nancy S. Love, Mark Mattern (Hrsg.). *Doing Democracy: Activist Art and Cultural Politics.* New York: SUNY Press, 2014.

Moore, Sarah A. „The politics of garbage in Oaxaca, Mexico", in: *Society and Natural Resources: An International Journal* 21 (2008), S. 597–610.

Morton, Timothy. *The Ecological Thought.* Cambridge, MA: Harvard University Press, 2012.

Morton, Timothy, *Hyperobjects: Philosophy and Ecology after the End of the World.* Minneapolis, MN: University of Minnesota Press, 2013.

Moser, Sebastian. *Pfandsammler. Erkundungen einer urbanen Sozialfigur.* Hamburg: Hamburger Edition HIS, 2014.

Muhle, Maria (Hrsg.). *Jacques Rancière. Die Aufteilung des Sinnlichen. Die Politik der Kunst und ihre Paradoxien.* Berlin: Polypen, 2006.

Nagle, Robin. *Picking Up: On the Streets and Behind the Trucks with the Sanitation Workers of New York City.* New York, NY: Farrar, Straus and Giroux, 2014.

Newman, Richard S. *Love Canal. A Toxic History from Colonial Times to the Present.* Oxford: Oxford University Press, 2016.

Newman, Richard. „Darker Shades of Green", in: Stephanie Foote / Elizabeth Mazzolini (Hrsg.) *Histories of the Dustheap. Waste, Material Cultures, and Social Justice.* Cambridge, MA: The MIT Press, 2012, S. 21–47.

New York Times. „Langley Collyer dead near month. Probably Smothered by the Debris Falling on Him, Autopsy Discloses", 10 April, 1947.

New York Times. „Collyer Home Search 'Nightmare' to Police", 5. April 1947.

New York Times, „Collyer in News Again. Burglas Suspect Seized in Building at 2077", 24. Juli 1946.

Nixon, Rob. *Slow Violence and the Environmentalism of the Poor.* Cambridge, MA: Harvard University Press, 2011.

Ogden, Annegret S. *The Great American Housewife: From Helpmate to Wage Earner, 1776–1986.* Contributions in Sociology, Volume 61. Westport: Greenwood, 1986.

Paker, Saliha. „Introduction", in: Latife Tekin, *Berji Kristin: Tales from the Garbage Tales.* London: Marion Boyars, 1996, S. 9–14.

Perera, Frederica. „The Womb Is No Protection From Toxic Chemicals", *New York Times,* 2017, online: https://www.nytimes.com/2017/06/01/opinion/toxic-chemicals-pregnancy-fetus. html?_r=0 (10.01.2020).

Ponte, Alessandra. „Müllschlucker. Die Domestizierung des Abfalls", in: *ARCH+. Zeitschrift für Architektur und Städtebau*. Ausgabe: Schwellenatlas. Von Abfallzerkleinerer bis Zeitmaschine. März 2009, S. 78 – 83.

Protevi, John. *Political Affect: Connecting the Social and the Somatic*. Minneapolis, MN: University of Minnesota Press, 2009.

Rancière, Jacques. *Das Unvernehmen. Politik und Philosophie*. Frankfurt/M.: Suhrkamp 2002.

Rancière, Jacques. *Der emanzipierte Zuschauer*. Wien: Passagen Verlag, 2008.

Rancière, Jacques. „Die Arbeit des Bildes", in: Esther Shalev-Gerz (Hrsg.). *MenschenDinge /The human aspect of objects*. Weimar: Stiftung Gedenkstätten Buchenwald und Mittelbau-Dora, 2006, S. 8 – 25.

Rancière, Jacques. *Das Unbehagen in der Ästhetik*. Wien: Passagen, 2007.

Rancière, Jacques. *Zehn Thesen zur Politik*. Zürch/Berlin: Diaphanes, 2008.

Rancière, Jacques. *Der Philosoph und seine Armen*. Wien: Passagen, 2010.

Rancière, Jacques. „The Thinking of Dissensus. Politics and Aesthetics", in: Bowman, Paul / Stamp, Richard (Eds). *Reading Rancière*. London/New York: Continuum, 2011, S. 1 – 17.

Rancière, Jacques., „Wer ist das Subjekt der Menschenrechte", in: Menke / Raimondi (Hrsg.). *Die Revolution der Menschenrechte*. a. a. O, S. 474 – 490.

Rathje, William / Murphy, Cullen. *Rubbish! The Archaeology of Garbage*. Tucson, AZ: University of Arizona Press, 2001.

Reagin, Nancy. *Sweeping the German Nation: Domesticity and National Identity in Germany, 1870 – 1945*. New York, NY: Cambridge University Press, 2007.

Remke, Michael. „Warten auf die Toten", *Die Welt*, 2013, online: https://www.welt.de/ vermischtes/article115010964/World-Trade-Center-Warten-auf-die-Toten.html (10. 01. 2020).

Remnick, David. „A hundred days of Trump", *New Yorker*, Ausgabe 1. Mai 2017, online: http:// www.newyorker.com/magazine/2017/05/01/a-hundred-days-of-trumpNew Yorker (10. 01. 2020).

Reno, Joshua. *Waste Away: Working and Living with a North American Landfill*. Oakland, CA: University of California Press, 2016.

Reno, Joshua O. „Toward a New Theory of Waste: From ‚Matter out of Place' to Signs of Life", in: *Theory Culture and Society* 31, 6 (2014), S. 3 – 27.

Reno, Joshua. „Chapter 19: Waste", in: P. Graves-Brown / R. Harrison (Hrsg.). *The Oxford Handbook of the Archaeology of the Contemporary World*. Oxford University Press, 2013, S. 261 – 272.

Ristow, Celia. „Litterless: Living Trash-free in the Big City", online: http://www.litterless.co/ about/ (08. 01. 2020)

Rogers, Heather. *Gone Tomorrow. The Hidden Life of garbage*. New York: The New Press, 2006.

Royte, Elizabeth. *Garbage Land. On the Secret Trail of Trash*. New York: Back Bay Books, 2005.

Russo, Mary. *The Female Grotesque: Risk, Excess, and Modernity*. New York: Routledge, 1995.

Rutherford, Janice W. *Selling Mrs. Consumer. Christine Frederick and the rise of household efficiency*. Athens, Georgia: University of Georgia Press, 2003.

Schmidt, Christopher. *The Poetics of Waste, Queer Excess in Stein, Ashbery, Schuyler, and Goldsmith, Modern and Contemporary Poetry and Poetics*. New York: Palgrave Macmillan, 2014.

Schmidt & Melmer, Herstellerfirma von Müllgefäßen (Hrsg.). *Zusammenfassende Darstellung des gesamten Aufgabenkreises der Hausmüllbeseitigung*, Feudingen 1940. (Sign. Sammlung Erhard: A 729).

Lihotzky, Margarete. „Rationalisierung im Haushalt", in: *Das Neue Frankfurt* 1. Jg. 1927 Nr. 5, S. 120–123.

Schütte-Lihotzky, Margarete. *Warum ich Architektin wurde*. Salzburg: Residenz Verlag, 2004.

Shapiro, Nicholas. „Attuning to the Chemosphere: Domestic Formaldehyde, Bodily Reasoning, and the Chemical Sublime", Cultural Anthropology 30, no. 3 (2015), S. 368–393. https://doi.org/10.14506/ca30.3.02

Sibley, David. *Geographies of Exclusion: Society and Difference in the West*. New York: Routledge, 1995.

Singer, Lauren. „Trash is for Tossers", online: http://www.trashisfortossers.com/p/about.html (23.01.2020).

Singer, Lauren. „Why I live a zero waste life", Beitrag auf TEDxTee, online: http://tedxteen.com/talks/tedxteen-2015-nyc/295-lauren-singer-why-i-live-a-zero-waste-life (23.01.2020).

Sizek, Julia und Ned Dostaler im Gespräch mit Nicholas Shapiro, online: https://culanth.org/articles/781-attuning-to-the-chemosphere-domestic#supplemental-materials (10.01.2020)

Sloterdijk, Peter. *Kritik der zynischen Vernunft*. Frankfurt/M.: Suhrkamp, 1983.

Sloterdijk, Peter. *Eurotaoismus*. Frankfurt/M.: Suhrkamp, 1989.

Andrew Stanton (Reg.). *WALL-E: Der Letzte räumt die Erde auf*. USA, 2008, 98 Min.

Stewart, Kathleen. „Atmospheric Attunements", in: *Environment and Planning D: Society and Space* 29, no. 3 (2011), S. 445–53. http://dx.doi.org/10.1068/d9109.

Strasser, Susan. *Waste and Want: A Social History of Trash*. New York City, NY: Metropolitan Books, 1999.

Surmann, Antonia. *Gute Küchen – wenig Arbeit: deutsches Küchendesign im westeuropäischen Kontext 1909 – 1989*. Berlin: wvb, Wiss. Verlag, 2010.

Swyngedouw, Erik. „Trouble with Nature: ‚Ecology as the New Opium for the Masses'", in: Jean Hiller / Patsy Healey (Hrsg.). *The Ashgate Research Companion to Planning Theory: Conceptual Challenges for Spatial Planning*. Farnham, UK: Ashgate, 2010.

Taylor, Dorceta E. *Toxic Communities: Environmental Racism, Industrial Pollution, and Residential Mobility*. New York: New York University Press, 2014.

Tekin, Latife. *Honigberg*. Orig. Titel: *Berci Kristin Çöp Masalları* [1984], aus dem Türk. übersetzt von Harald Schüler. Unionsverlag, 1993.

Tekin, Latife. *Berji Kristin: Tales from the Garbage Hills*. Trans. from Turkish by Ruth Christie and Saliha Parker. London: Marion Boyars, 1996 [1983]

Tekin, Latife/ Savasir, Iskender. „Yazi ve Yoksulluk", in: *Defter No. 1*, October/November 1987, S. 133–148.

Teske, Henriette. „Für die Tonne. Mülleimer-Sprüche in Berlin", online: http://www.tagesspiegel.de/berlin/muelleimer-sprueche-in-berlin-fuer-die-tonne/10838764.html (21.01.2020).

Thill, Brian. *Waste*. Object Lessons. New York / London: Bloomsbury Academic, 2015.

Thompson, Michael. *Die Theorie des Abfalls. Über die Schaffung und Vernichtung von Werten*. Stuttgart: Klett-Cotta, 1989. [Original: *Rubbish Theory. Exploring the Practices of Value Creation*, 1979].

Tompkins, Michael A. / Hartl, Tamara L. / Frost, Randy. *Digging Out: Helping Your Loved One Manage Clutter, Hoarding & Compulsive Acquiring*. Oakland, CA: New Harbinger, 2009.

Tomes, Nancy. „The Private Side of Public Health: sanitary science, domestic hygiene, and the germ theory, 1870–1900.", in: Judith W.Leavitt / Ronald L. Numbers (Hrsg.). *Sickness and health in America. Readings in the history of medicine and public health.* Univ of Wisconsin Press, 1997, S. 506 – 528.

Torrado, Valentina. *Die Präsenz des Abjekten in der zeitgenössischen Kunstproduktion – Projekt/Schlafbox.* Weilerswist: Velbrück Wissenschaft, 2014.

Townsend, Joseph. *Über die Armengesetze.* Herausgegeben und mit einem Nachwort von Philipp Lepenies. Berlin: Suhrkamp, 2011 [1786].

Trojanow, Ilija. *Der überflüssige Mensch.* Salzburg: Residenz, 2013.

Trump, Donald J. Inauguration Speech Transcript. Freitag, 20. Januar, 2017. Washington, D.C., online: https://www.whitehouse.gov/inaugural-address (20.01.2020).

Tussing, Jan, „Apokalyptische Verschmutzung im Pazifik. Der Plastikteppich vor Hawaii", 2012, online: http://www.deutschlandfunk.de/apokalyptische-verschmutzung-im-pazifik.697.de. html?dram:article_id=230663 (20.01.2020).

Tyler, Imogen. *Revolting Subjects. Social Abjection and Resistance in Neoliberal Britain.* London: Zed Books, 2013.

Utler, Simone. „Auf der Kippe: Indonesiens größte Müllhalde", online: http://www.spiegel.de/ panorama/indonesiens-groesste-muellhalde-auf-der-kippe-a-813980.html (20.01.2020).

Viney, William. *Waste: A Philosophy of Things.* London: Bloomsbury Academic, 2015.

Vykoukal, Elisabeth. „Was macht unsere Seele mit dem Abfall? Anmerkungen zum Messie-Syndrom", in: Anselm Wagner (Hrsg.). *Abfallmoderne. Zu den Schmutzrändern der Kultur.* LIT Verlag: Grazer Edition, 2012, S. 123–132.

Walker, Lucy (Reg.). *Waste Land.* New Video, 2011. DVD.

Wells, H. G. *The Time Machine.* New York: Henri Holt and Company, 1985.

Wettstein Amina. *Messies. Alltag zwischen Chaos und Ordnung.* Züricher Beiträge zur Alltagskultur. Hrsg. vom Volkskundlichen Seminar der Universität Zürich, 2005.

Windmüller, Sonja. *Die Kehrseite der Dinge. Müll, Abfall, Wegwerfen als kulturwissenschaftliches Problem.* Münster: Lit Verlag, 2004.

Witt, Olga. *Ein Leben ohne Müll. Mein Weg mit Zero Waste.* Marburg: Tectum Verlag, 2017.

Witte, Irene. *Die rationelle Haushaltsführung. Betriebswissenschaftliche Studien.* Berlin: Springer Verlag, 1921.

Wray, Matt. *Not Quite White. White Trash and the Boundaries of Whiteness.* Durham, NC: Duke University Press, 2006.

Zimring, Carl, A. *Clean and White: A History of Environmental Racism in the United States*, New York City, NY: NYU Press, 2016.

Kleinere Schriften im Archiv *Sammlung Erhard*

Allgemeine Rundschau Nürnberg, 02.07.1952: „Der Müllwolf geht um. Gesichtet auf der Ausstellung ‚Die Wirtschaft im Dienste der Hausfrau'" (Sign. Sammlung Erhard: ZA M Müllwolf).

Badische Neueste Nachrichten, Karlsruhe, 9.7.1955.

Berliner Anzeiger, 3.12.1952, Sign. Sammlung Erhard ZA m.

Berliner Anzeiger, 13.9.1950, Sign. Sammlung Erhard ZA m.

Braunschweiger Presse, 25.5.1955: „Ein Vorschlag des Tiefbauamtes: Jeder Mülltonne ihren Schrank!" (Sign. Sammlung Erhard: ZA U Unterbringung von Müllgefäßen).

Norddeutsche Hausbesitzer-Zeitung, Kiel, 20.9.1952, ZA m.

Der Mittag, Düsseldorf, 1.12.1956: „Schrank für Mülltonnen" (Sign. Sammlung Erhard: ZA SCH Schrank für Mülltonnen).

Frankfurter Nachtausgabe, 16.3.1951, ZA m.

Generalanzeiger Leer, 21.10.1955: „‚Hungriger Wolf' frißt Abfälle. Neuer Müllwagen wird ausprobiert – Er nimmt mehr Ballast auf!" (Sign. Sammlung Erhard: Z VX).

Heidelberger Tagesblatt, 15.9.1955, ZA m.

Nürnberger Nachrichten, 3.6.1953, ZA.

Düsseldorfer Nachrichten, 13.3.1952, ZA t.

Westdeutsche Allgemeine, 6.1.1956: „Oft vergessene Mülltonnen kämpfen um Platzrecht", ZA m.

Neue Ruhr-Zeitung, 2.1.1956, „Kalter Krieg um Mülltonnen", ZA m.

Welt der Arbeit, Köln, 30.11.1952: „Wohin mit den Mülltonnen?" (Sign. Sammlung Erhard: Z SCH Schrank für Mülltonnen).

Westdeutsche Allgemeine, Essen, 14.3.1951, ZA m.

Westdeutsche Allgemeine, Essen, 6.1.1956: „Oft vergessene Mülltonnen kämpfen um Platzrecht. Technisch kein Hindernis – Bochumer Müllsatzung musterhaft" (Sign. Sammlung Erhard: ZA U Unterbringung von Müllgefäßen).

Westfalen-Post, Soest, 15.3.1950: „Tu das Deine dabei! Sorg mit für ein schönes und sauberes Stadtbild" (Sign. Sammlung Erhard: Z X III).

Wirtschaft, Berlin, 30.5.1942, ZA m.

Abbildungsnachweise

Abb. 1 „Frankfurter Küche", aus dem Archiv Margarete Schütte-Lihotzky, Wien. Nach: Peter Noever (Hrsg). *Die Frankfurter Küche von Margarete Schütte-Lihotzky*. Berlin: Ernst & Sohn, Verlag für Architektur und Technische Wissenschaften, 1992, S. 2.

Abb. 2 „Wie Polizeiverordnungen befolgt werden", Sign. Sammlung Erhard: F Fotos, Nr. 643.

Abb. 3 „Charlottenburger Trennsystem", Clemens Dörr, *Hausmüll und Strassenkehrricht*, Leipzig, 1912, S. 149, Sign. Sammlung Erhard: A1.

Abb. 4 und Abb. 5 „Ringtonnensystem Es-Em": Schmidt & Melmer, Hersteller von Müllgefäßen (Hrsg). *Zusammenfassende Darstellung des gesamten Aufgabenkreises der Hausmüllbeseitigung*. Feudingen, 1940, S. 30 f, Sign. Sammlung Erhard: A729.

Abb. 6 „Müllabwurfschacht in Hamburg, 1955", Erich Fischer: „Im Müll lauert der Tod", in: *Hamburger Elternblatt*, I (1955), Sign. Sammlung Erhard: Z X V Verschiedenes.

Abb. 7 „Müllbox", *Mitteilungen der JHK Bochum*, 15. 11. 1954. Richtlinien und Beispiele für die Anlage von Mülltonnen (Nr. 44/4), Sign. Sammlung Erhard: ZA U Unterbringung von Müllgefäßen.

Abb. 8 „Jeder Mülltonne ihren Schrank", *Braunschweiger Presse*, 25. 05. 1955. Sign. Sammlung Erhard: ZA U. *Elternblatt*, I (1955), Sign. Sammlung Erhard: Z X V Verschiedenes.

Abb. 9 „Mülleimer im Stadtbild", Fotografie von Michael Glasmeier, 1981. (Nach: Mülleimer im Stadtbild: Eine Ausstellung der Akademie der Architektenkammer Nordrhein-Westfalen, Düsseldorf, 1981.)

Abb. 10 Eigene Bildaufnahme in Herten, Nordrhein-Westfalen, im Februar 2015.

Abb. 11 „Collyer Brothers' Harlem Brownstone at 128th Street and Fifth Avenue", von 1947. Anthony Camerano, Associated Press. Nach: Gina Bellafante, A Discussion of E.L. Doctorow's 'Homer & Langley in New York Times, 21. September 2015. Online: https://cityroom.blogs.nytimes.com/2015/09/21/a-discussion-of-e-l-doctorows-homer-langley/?_r=0

Abb. 12 „The Bearer (Irma), from Pictures of Garbage", 2008. Fotografie von Vik Muniz. Online: http://www.artnet.com/artists/vik-muniz/the-bearer-irma-from-pictures-of-garbage-lnM7gqdRAWbG_osgLmh8RQ2

Abb. 13 „Marat/Sebastiao–Pictures of Garbage", Fotografie von Vik Muniz, 2008, online: http://www.wastelandmovie.com/gallery.html

Abb. 14 Bildausschnitt aus dem Film WALL-E, nach: Christopher Schmidt, *The Poetics of Waste, Queer Excess in Stein, Ashbery, Schuyler, and Goldsmith, Modern and Contemporary Poetry and Poetics*. New York: Palgrave Macmillan, 2014, S. ix. Figure 0.1.

Abb. 15 „The amount of non-recyclable trash Kellogg says she produced in year", Fotografie von Andrew Burton für den Guardian. 2016. Online: https://www.theguardian.com/environment/2016/apr/22/zero-waste-millennial-bloggers-trash-greenhouse-gas-emissions

https://doi.org/10.1515/9783110613360-018

Register

https://doi.org/10.1515/9783110613360-019